Henry G. Tietze · Meine Lügen – Deine Lügen

Henry G. Tietze

Meine Lügen – Deine Lügen

Die falschen Erwartungen an die Liebe

Ernst Kabel Verlag

Für meine Kinder Tanja und Florian
und für meine Lebensgefährtin, Beraterin
und verständnisvolle Helferin in allem,
was ich tue, Renate Fischer.

Umschlag: Theodor Bayer-Eynck
Satz: Satz-Atelier P. Kusel, Hamburg
Druck und Bindung: Clausen & Bosse, Leck
ISBN 3-8225-0107-7

Inhalt

Einführung

Das Bild von der guten Ehe ist vielleicht eine der Klischeevorstellungen, die der Ehe am allermeisten schaden. Die ideale Ehe ist eine Schlinge, eine Falle, ein Bild, dessen Verherrlichung lebenszerstörend wirkt. Die ideale Ehe ist einfach eine Lebenslüge vieler. Mit ihr ist es wie mit dem idealen Körper oder irgendeinem anderen Ideal: Sie nützen nur dann etwas, wenn sie jenen heiligen inneren Drang, jene ständige Suche nach Wahrheit und Echtheit zu entfachen vermögen. Wessen Vorstellung, wie das Zusammenleben zu gestalten sei, soll einer Beziehung als Leitbild dienen?

Das ist die Frage, die jeden angeht, einen Präsidenten und seine Wähler, Arzt und Patient, einen Vater oder eine Mutter und das Kind, einen Forscher und das Forschungsobjekt und einen Mann und eine Frau, die durch die Ehe miteinander verbunden sind.

Soll die Beziehung zu einem Übungsfeld für Versteckspiele und Machtdemonstrationen werden oder will man sich dem Dialog, dem Gespräch verpflichten. Der Abbau des Dialogs ist die Krise, durch die unsere Zeit gekennzeichnet ist — des Dialogs zwischen den Nationen, zwischen uns und ihnen, zwischen Dir und mir.

»Die ganze Welt ist Bühne«, sagte Shakespeare. Wir alle sind Stars und Nebenfiguren, Mechaniker und Kulissenschieber, ob wir das nun wissen und ob wir damit einverstanden sind oder nicht. Nicht Liebe oder Arbeit, sondern Theater scheint das Lebenselement. Wieviel Aufmerksamkeit können wir mit unserem »Lebensdrama« auf uns lenken? Wieviel Rollen übernehmen wir in einem Stück?

Unsere besten Talente widmen wir den Scenarien der Liebe. In vollem Kostüm, und wenn wir in guter Spiellaune sind, können wir jeden, auf den wir unseren Zauber ausstrahlen, davon überzeugen, daß gerade wir der allerwichtigste und wertvollste Mensch auf der Welt sind.

Lebensspiele kennzeichnen sich in der Regel durch ihren Nutzeffekt. Verfahren mögen erfolgbringend, Rituale wirkungsvoll und alle Arten von Zeitvertreib nutzbringend sein, aber ihrem Wesen nach sind sie alle offen und ehrlich; sie können mit einem Wettstreit verknüpft sein, nicht aber mit einem Konflikt, und was dabei herauskommt, mag aufsehenerregend sein, aber dramatisch ist es nicht. Andererseits sind Lebenslügen, Selbsttäuschungen meist erfüllt von einer echten Dramatik. Die Lebenslüge entsteht in der Regel aus Angst oder aus Schuldgefühlen oder aus beidem. Der Mensch benutzt sie, um sich vor einer bedrohlichen Realität zu schützen. Sie ist die Krücke, die ihm Weiterleben ermöglicht.

So zum Beispiel die 45jährige Hannelore. Sie war nach dem frühen Tod ihres Mannes nur noch zu den notwendigsten menschlichen Kontakten bereit: »Es gibt niemanden, der mir Horst ersetzen könnte. Ich denke lieber an ihn, als mich mit anderen zu langweilen«, sagte sie bei unserer ersten Begegnung. Als sie bei mir in der Praxis erschien, meinte sie: »Meine Freunde haben mich dazu gedrängt. Ich bin eigentlich nur hier, um denen einen Gefallen zu tun. Schließlich ist es ja ganz normal, daß ich so einen Mann nicht vergessen kann.«

Ist es wirklich so ganz normal?

Im Laufe mehrerer Gespräche stellte sich schließlich heraus: Hannelore und Horst haben eine ganz normale, eher lauwarme Ehe geführt. In den ersten Jahren gab es mal einen anderen Mann, der Hannelore umwarb. Aber sie blieb ihrem Horst treu. Danach entfernte sie sich innerlich allerdings immer mehr von ihm; unbewußt trauerte sie dem anderen nach, der wohl ein »besseres Leben« geboten hätte. Dann starb Horst. Hannelore begann, ihn als Supermann aufzubauen. Um ihre Schuldgefühle nicht hochkommen zu lassen, überschüttete sie Horst nachträglich mit dem, was sie ihm zu Lebzeiten vorenthalten hatte — mit ihrer Liebe. Die Behandlung bestand vor allem darin, das Bild des Mannes und der Ehe mit ihm behutsam zurechtzurücken.

Hannelores Lebenslüge scheint — gemessen am tatsächlichen Geschehen — kaum tragisch, oberflächlich betrachtet zumindest. Es gibt da aber ein Opfer — die »Lügnerin« selbst. Das Falschspiel mit der Vergangenheit hatte Hannelore zwar einen Panzer geliefert, an dem Schuldgefühle abprallen konnten. Aber um welchen Preis? Ohne die Therapie, in der sie ihre übertriebene Trauer langsam ablegte, wäre sie als einsame, verhärmte Frau gealtert — die typische ewige Witwe, das Opfer ihrer Lebenslüge. In Wahrheit war sie Opfer ihrer

ersten »Lüge«, sie hatte sich nicht eingestanden, daß sie eigentlich unglücklich in ihrer Beziehung zu Horst war.
Fast immer ist die Frage nach den Folgen und Opfern von Täuschung und Selbsttäuschung genauso wichtig wie die Frage: »wahr?« oder »unwahr?«. Wer Lebenslügen entlarven will, muß vorher herauszufinden suchen, was die größeren Leiden fordert: das Enthüllen oder das Verharren in der Scheinwelt.
Nur Sadisten dürften es für sinnvoll halten, eine gealterte Mutter, deren einzig verbliebener Lebensinhalt ihr Stolz auf ihre wohlgeratenen Söhne ist, darüber aufzuklären, daß der eine als Alkoholiker, der andere als betrügerischer Bankrotteur durchs Leben geht. Die erfolglose Tänzerin freilich, die es nicht lassen will, sich als gefeierte Primaballerina zu sehen, wird ein Verantwortungsbewußter von ihrer unzureichenden Mittelmäßigkeit überzeugen müssen — damit sie sich endlich eine neue Laufbahn suchen kann.
Aber nicht immer ist es so leicht, eine Lebenslüge zu entlarven. Wer vermag es überhaupt? Der »Lügner«, die »Lügnerin« selbst oder nur der Außenstehende, der Realität und Scheinwelt im Vergleich vor sich hat? Eine richtig deftige Lebenslüge wie im Fall Hannelore wird kaum im Selbstverfahren auch nur zu diagnostizieren sein. Da bedarf es schon des Hinweises anderer — und damit auch ihres Verantwortungsbewußtseins.
Wer der Lebenslüge zu Leibe rückt, wird schnell bemerken, daß sie sich gerne ins Gewand der Übertreibung hüllt: um eine echte oder vermeintliche Schuld zu verbergen, ein gefährdetes Glück zu verteidigen, einer großen Angst Herr zu werden, wehren sich die »Lügner« nicht mit konventionellen Waffen der leicht dahergeredeten und bald wieder vergessenen kleinen Unwahrheiten, sondern sie wählen die dauerhafte Extremlüge, die jeden Zweifel im Keim erstickt.
Den großen Lebenslügen haftet fast immer eine gewisse Portion Naivität an. Naivität ist nicht mit Arglosigkeit zu verwechseln. Einem Arglosen fehlt die Erfahrung, die er zur Beurteilung von Einstellungen oder Handlungen bräuchte. Er ist anfällig für Täuschungen, aber er lernt schnell daraus: Der Naive hat die Erfahrung gemacht, wie es ist, wenn man durch eine Täuschung verletzt wird, aber er leugnet ihre Bedeutsamkeit. Auch er ist anfällig für Täu-

schungen, weil er ihr Wesen nicht erkennen kann. Naivität ist eine Form der Selbsttäuschung, zu der ein Mensch gezwungen wird, wenn man ihn täuscht und er die Wahrheit nicht zugeben kann oder zuzugeben wagt.
Hannelores Verhalten nach dem Tode von Horst ist so eine Täuschung und Selbsttäuschung. Sie verwandelte die Realität in eine »Vergöttlichung« von Horst.
Weitere Hinweise darauf, daß jemand sich aus der Wirklichkeit zu stehlen versucht, sind die ständige Wiederholung oder das totale Totschweigen. Wenn immer wieder auf einer Behauptung beharrt wird, dann ist Vorsicht geboten, ebenso, wenn ein wichtiger Tatbestand des Lebens überhaupt nicht zur Sprache kommt.
Die Lebenslüge zaubert weg und herbei. Sie verwandelt Macken in Vorzüge und Mücken in Elefanten. Manchmal aber greift sie auch zum Mittel der übertriebenen Verkleinerung, Verniedlichung, Verharmlosung. Ein Vater vergeht sich seit Jahren an seiner 13jährigen Stieftochter. Die Mutter weiß das, ist aber zu schwach, die Sache aufzudecken oder zu verhindern. Langsam hat sie das Entsetzliche so tief verdrängt, daß sie es bewußt nicht mehr wahrnimmt — eine für Lebenslügen typische Entwicklung. Der einzige Hinweis auf die Tat: Wann immer die Mutter über Ehemann und Tochter spricht, betont sie deren inniges Einvernehmen. »Unsere Monika ist Manfreds ein und alles, das war schon so, gleich nach der Hochzeit. Eine Liebe auf den ersten Blick.« — Wer könnte die Tragödie ahnen, die sich hinter so einer poetischen Schilderung verbirgt?
Auch unser Körper ist in unsere Lebenslügen mit einbezogen. Der Konflikt des modernen Menschen wurzelt in den entgegengesetzten Werten, die sein Ich und sein Körper symbolisieren. Das Ich denkt in Leistung, der Körper in Lust oder Unlust. Das Ich arbeitet mit Bildern und Vorstellungen, der Körper mit Gefühlen. Wenn Vorstellung und Gefühl übereinstimmen, ist das Ergebnis ein emotional gesundes Leben. Wenn das Gefühl aber zugunsten des Ich-Ideals in den Hintergrund tritt oder unterdrückt wird, ist das Ergebnis ein Leben der Illusion und Verzweiflung. Die Illusion widerspricht der Realität des Körpers, die Verzweiflung weicht den Bedürfnissen des Körpers aus.
Hinter jeder Illusion verbirgt sich die Sehnsucht nach Freiheit und

Liebe. Der verzweifelte Mensch strebt durch die Illusion von Macht nach Freiheit und Liebe. Er meint, Macht sei der Schlüssel zu Freiheit und Liebe.

In der Regel sagen viele von uns: »Wenn ich diese Eltern nicht gehabt hätte, mein Leben wäre ganz anders verlaufen. Sie sind schuld, daß ich so wurde wie ich bin.« Oder aber: »Wenn ich diesem Mann, dieser Frau nicht begegnet wäre, alles wäre anders geworden. Sie oder er sind schuld, daß ich so verbittert, traurig, wütend, hilflos, verzweifelt bin.«

Ist das wirklich so?

Stellen wir die Fragen einmal anders, etwa so: »Was habe ich bisher aus meinem Leben gemacht?« Oder: »Was bin ich mir selbst schuldig geblieben?«

Das würde bedeuten: Wesentlich ist nicht, was die anderen uns angetan haben, sondern was wir uns selbst zugemutet haben. Wären wir selbstbestimmt, läge es schließlich in unserer Entscheidung, was andere uns antun dürfen oder nicht. Zumindest gilt das für das Erwachsenenalter.

Wir haben uns also selbst etwas angetan oder zugelassen, daß andere uns etwas antun konnten. Damit wären wir schuldig an uns selbst geworden, dann hätten wir damit eine Wurzel unserer Selbstzerstörung. In diesem Fall bekäme der Begriff »Wiedergutmachung« einen Sinn. Nicht Wiedergutmachung an anderen, sondern an uns selbst. Den Schmerz, den wir einem anderen Menschen durch Worte oder Taten zugefügt haben, den können wir ihm nicht wieder nehmen, der ist in den Topf seiner vielen Kränkungen geflossen und es läge an seiner Entscheidung, diesen Topf zu entleeren. Wir können geschehene Dinge nicht rückgängig machen. Wir können nur zeigen, daß wir zukünftig anders mit anderen umgehen.

Was ist an der Wiedergutmachung an uns selbst denn anders? Diese Wiedergutmachung würde voraussetzen, daß wir uns selbst etwas angetan hätten, daß wir »schuld an uns selbst« wären. Das hieße, wir hätten eine Verantwortung für unser Leben. Wir haben es ja den anderen »erlaubt«, so oder so mit uns umzugehen, wir haben nicht gesagt: »Bis hierher und nicht weiter!« Oder: »Das wirst du in Zukunft nicht noch einmal machen.« Wenn wir »schuldig« an uns selbst wurden, dann können wir zukünftig nicht mehr sagen:

»Du bist schuld, daß...« Wir müßten alle unsere Projektionen zurücknehmen und eigenverantwortlich »unsere Schuld« auf uns nehmen.
Wiedergutmachung, Versöhnung mit sich selbst, das wäre dann die wahre Annahme unserer Schattenseite. Das bedeutet schließlich, Ausgleich von Gut und Böse, von Männlich und Weiblich, von Yin und Yang. Würde das nun heißen, der Umgang mit uns selbst wäre künftig leichter? Am Anfang sicherlich nicht. Denn mit der Annahme unserer Eigenverantwortung würden wir zunächst mit Schuld und Schuldgefühlen konfrontiert. Therapeuten legen nicht selten ihr Hauptaugenmerk auf die Ängste, auf Aggressionen ihrer Klienten. Mir scheint aber die Wurzel allen Übels nicht die Angst oder die Aggression, sondern Schuld und Schuldgefühle. Wer Schuldgefühle hat, der wird auch unbewußt Angst vor Strafe, vor Bloßstellung, vor Erniedrigung haben. Wer Schuldgefühle in sich trägt und damit verbundene Ängste, wird stets auf der Hut sein, diesen tief innerlichen »Leidenstopf« jemanden zu zeigen, er wird ihn aggressiv verteidigen. Hier wird Wut zur Schutzfunktion. Andersherum: Wer frei ist von Schuldgefühlen, hat ein gesünderes Selbstbild, Selbstvertrauen, eine gesunde Selbstachtung vor allem. Mit diesem Sosein sind Ängste und Aggressionen überflüssig. Es ist eine der größten Lebenslügen, zu denken, ich bin so, weil andere mich so gemacht haben. Tatsächlich ist es so, daß ich so und nicht anders bin, weil ich zugelassen habe, daß andere mich so behandelt haben.
Wer seine Feindseligkeit verdrängt, sieht sich (falsch) als einen liebevollen und pflichtgetreuen Menschen. Wer seine Wut verdrängt, hält sich für gutherzig und leutselig. Verdrängt er dagegen seine Angst, dann meint er von sich, er sei mutig und tapfer. Normalerweise arbeitet das Ich mit solchen Vorstellungsbildern; so mit dem eigenen Körper, dem Selbstbild, dem Weltbild. Entsprechen diese Vorstellungsbilder der Erfahrung, so steht der Betreffende im Kontakt zu seiner Realität. Eine Vorstellung, die der Erfahrung widerspricht, ist jedoch eine Illusion, manchmal sogar eine »wahnhafte« Täuschung, wenn sie der Selbsterfahrung widerspricht.
Woher weiß man, daß diese Selbsttäuschungen der Realität der betreffenden Persönlichkeit nicht entsprechen? Ist es nicht ganz natürlich, liebevoll und pflichtbewußt zu sein? Durchaus. Aber ebenso

natürlich sind Feindseligkeit und Trotz. Wer in seiner Selbsttäuschung gefangen ist, entwickelt zwanghafte Verhaltensweisen, um die Selbsttäuschung aufrechtzuerhalten. Sein Handeln muß immer liebevoll und pflichtgetreu sein, da jeder Bruch in diesem Verhaltensmuster den Selbstbetrug platzen lassen könnte. Ähnlich hat jemand, der immer gutherzig und wohlgesonnen ist und immer bereit ist, auch die andere Seite der Medaille zu sehen, gegen jedes Wutgefühl heftige Abwehrmechanismen entwickelt. Wahrer Mut bedeutet, handeln zu können, auch wenn man Angst hat. Wer seine Angst verdrängt, fürchtet sich vor ihr.

Wenn wir nun beginnen, im Sinne von Wiedergutmachung an uns zu arbeiten, mit dem Ziel, uns mit uns selbst auszusöhnen, dann bedeutet das, daß so allmählich alle unsere Masken fallen, daß Lebenslügen und Selbsttäuschungen in einem längeren Prozeß mehr und mehr verschwinden. Unsere Erfahrung zeigt, daß Menschen, die in diesem Sinne mit sich umgehen, zunächst sehr hart mit sich selbst konfrontiert werden, daß dahinter aber immer der Akt der Befreiung steht, und am Ende ist da ein Mensch mit gesunder Selbstachtung, mit einem gesunden Selbstbild und einem gesunden Selbstwertgefühl.

Dieses Buch bietet einen erschütternden und unvergeßlichen Einblick in die Ich-Struktur von Selbstverleugnern und beschreibt anhand von Fallbeispielen die psychologische Dynamik und Heilung dieses Verhaltens. Das Buch beschreibt den Weg einer Befreiung. Ein Buch, das jeden betrifft.

Sie können es auf zwei verschiedene Arten lesen: so, wie Sie Bücher immer gelesen haben, verbunden mit einigen »Aha-Erlebnissen«, Dinge erfahren, die Sie immer schon »geahnt« haben: Es wird Sie einige Zeit beschäftigen, bis Sie zum nächsten Thema übergehen. Sie können aber auch überzeugt sein: Dieses Buch wurde nur für mich — für mich ganz alleine geschrieben, denn es betrifft mein Leben, was da beschrieben wird. Mit diesem Gefühl können Sie dann die Chance erkennen: Ich habe mich ein Leben lang selbst belastet, mein »Lebensschiff« überladen, und nur ich kann Ballast abwerfen, damit das Schiff wieder flott wird. Daß Ihnen das gelingen möge, wünsche ich Ihnen von ganzem Herzen.

H. G. T.

Partnerwahl im Spiegel der Illusion

Gott schuf die Zeit. Von Eile hat er nichts gesagt. Auch so einer von den Sprüchen, zu denen einem nur noch ein schiefes Grinsen einfällt. Außerdem, Gott hat's nötig. In sieben Tagen die Welt erschaffen – hat er's da nicht ziemlich eilig gehabt? Aber wir wollen ja nicht bei Adam und Eva anfangen. Halten wir uns an die Gegenwart. Sie ist knapp. Gleich wird sie Vergangenheit sein. Ist das vielleicht der Grund, warum wir uns so anstrengen, möglichst viel in dieses winzige Stück Zeit zu pressen? Eine Stunde hat schließlich nur 60 Minuten. Wir müssen also verdammt schnell sein, um alles das zu schaffen, was wir uns vorgenommen haben. Zum Glück haben wir Hilfen, die uns das Schnellsein erleichtern. Vom Schnellkochtopf zum Mikrowellenherd, von der Schnellreinigung zum Schnellimbiß. Für Rechtsfälle können Schnellgericht und Schnellverfahren eingesetzt werden. In vielen Städten gibt es eine Schnellbahn.

Machen wir uns doch einmal die Mühe, wie oft wir täglich das Wort »schnell« benutzen. »Ich muß schnell noch zum Kindergarten.« »Kannst du für mich mal schnell zum Zigarettenautomaten laufen...« Schnell ist uns in Fleisch und Blut übergegangen. Wir werden nervös, wenn jemand mit 40 Stundenkilometern vor uns fährt und wir ihn nicht überholen können. Was würden wir an Zeit gewinnen, wenn er sechzig fahren würde? Und was würden wir mit dieser Zeit anfangen?

Zeit etwa für uns selbst, Zeit zur Besinnung? Etwa so: Was hast du bisher aus dir gemacht? Warst du schon einmal richtig für dich selbst da?

»Es ist, als hätte ich mein ganzes Leben damit zugebracht, einen sehr steilen Berg zu erklimmen«, sagte Peter R., 33, Computerfachmann. Er saß vor mir, die langen, dünnen Beine übereinandergeschlagen, tiefliegende Augen in einem hageren Gesicht.

»Und du hast nie darüber nachgedacht, warum du das tust?« fragte ich ihn.

Er beugte sich zu mir herüber: »Es war, als hätte ich keine Zeit«,

sagte er. »Ich hatte immer das Gefühl, in mir sei eine Zeitbombe. Ich mußte alles schnell tun. Irgend etwas trieb mich immer vorwärts. Es war immer sehr anstrengend. Selten gab es einmal einen Absatz, wo ich mich ausruhen konnte, wo ich mich ein wenig freuen konnte. Aber ich mußte weiter und mein Berg hat keinen Gipfel.«
Oder Dorthe, 25 Jahre alt, Verkäuferin in einem Kaufhaus: »Um mich war eine Dornenhecke.«
Ich sah sie fragend an, obwohl ich genau wußte, was sie sagen wollte. Sie zupfte an ihrem Rock, der ihr irgendwie immer zu kurz schien. »Je mehr ich versuchte, sie niederzureißen, desto höher und dichter wurde die Dornenhecke, die ich um mich selber wachsen ließ. Ich konnte nicht darüber hinaus, um zu anderen Menschen zu gelangen. Dauernd hatte ich das Gefühl, keine Zeit zu haben. Ich wartete wie Dornröschen, daß einer kam, um mich da herauszuholen.«
Oder Maria, sie wirkte wie eine rundliche Hausfrau mit Teenagergesicht. Es war ein kühler Maitag, als wir uns gegenübersaßen: »Sie wissen, wie das ist in einem Haus ohne Wärmeisolation und mit Rissen in den Wänden. Je mehr Sie heizen, desto mehr entweicht die Wärme. Es wird einem niemals warm. Ich habe immer gewußt, daß es in meinem Leben genauso ist. Habe mir Bewegung verschafft, habe immer etwas getan. Aber irgendwie wurde es nie wärmer. Ich mußte ständig geben, nie bekam ich etwas zurück. Wenn ich innerlich warm werden wollte, mußte ich das ganz alleine schaffen.«
Ein Haus ohne Wärmeschutz.
Ein Dornenbusch ohne Hilfe von außen.
Ein Berg ohne Gipfel.
Der Mensch glaubt, er sei Herr über seine Seele. Aber solange er unfähig ist, seine Stimmungen und Emotionen zu beherrschen und solange er nicht erkennt, daß sich unbewußte Faktoren auf unzähligen geheimen Wegen in seine Entscheidungen hineindrängen, solange ist er ganz sicher nicht Herr seiner selbst. Diese unbewußten Faktoren verdanken ihre Existenz der Autonomie der inneren psychischen Strukturen. Der moderne Mensch schützt sich systematisch davor, seinen eigenen zwiespältigen Zustand sehen zu müssen. Bestimmte Bezirke des äußeren Lebens und seines eigenen Verhal-

tens werden gleichsam in getrennten Schubladen aufbewahrt und nie miteinander in Zusammenhang gebracht.
Carl Gustav Jung hat einmal gesagt: »In unserem wissenschaftlichen Zeitalter stellt man dem Psychotherapeuten die Fragen, die früher in den Bereich der Theologie gehörten. Die Menschen spüren, es würde vieles leichter sein, wenn sie nur an den Sinn des Lebens, an Gott und an die Unsterblichkeit glauben könnten.«
Gott geht über menschliches Begreifen hinaus. Aber wir Menschen brauchen unbedingt Vorstellungen und Überzeugungen, die uns einen Sinn geben und uns in die Lage versetzen, für uns einen Platz im Universum zu finden. Wir können die unsagbarsten Leiden ertragen, wenn wir überzeugt sind, daß sie einen Sinn haben. Das Gefühl einer tieferen Bedeutung des eigenen Lebens hebt uns über die täglichen Erfahrungen hinaus. Haben wir dieses Gefühl nicht, fühlen wir uns elend und verloren.
Elend und verloren...
Karen Horney hat festgestellt, daß es für viele Menschen eine grundlegende Gleichung gibt: »Ich habe mit den anderen keine Verbindung, als wäre ich ein Komet, der durch den Weltenraum fliegt. Darum haben auch Wünsche und Bedürfnisse anderer für mich keine Gültigkeit.«
Und es gibt andere, wo nur die Schlußfolgerung eine andere ist: »... darum haben meine Wünsche keine Gültigkeit!«
Oft habe ich festgestellt, daß eigene Wünsche und Sehnsüchte so unterdrückt waren und die Selbstentfremdung so total war, daß sie mich am Anfang einer Therapie vor die Frage stellten: »Was wollen Sie selbst mit Ihrem Leben anfangen?«
Die Frage, was sie sich selbst schuldig geblieben sind, tauchte nie auf. So frage ich nicht selten: »Was wollen Sie selbst mit Ihrem Leben wirklich anfangen?« Und oft werde ich dann verständnislos angeschaut. Diese Frage war für sie nie von Bedeutung gewesen. Die Faktoren Selbstentfremdung und die Unfähigkeit, zur eigenen Verteidigung aggressiv zu sein, sind meistens eng verknüpft mit einem noch wichtigeren grundlegenderen Lebensgefühl, der Verzweiflung. Ein Grundzug gefühlsmäßiger Verfassung vieler Menschen.
Ihr Gefühlsleben macht deutlich, daß Verzweiflung für sie eine

grundlegende Weltanschauung mit drei sekundären Komponenten ist: Ihre zentrale Gerichtetheit besteht in dem Gefühl nackter Hoffnungslosigkeit im Hinblick auf die Möglichkeit, irgendeinen Sinn, irgendeinen Reiz oder einen Wert dem Leben abzugewinnen.

»Ich muß noch schnell zur U-Bahn...«

Mehr oder weniger geben wir uns alle Selbsttäuschungen hin. Es gibt eine ganze Reihe von Menschen, die in der Überzeugung leben, auf dem richtigen Weg zu sein. Wobei »richtig« eine Wertung beinhaltet, also schon in sich eine Selbsttäuschung sein kann. Es besteht eine Gefahr darin, daß sie die Mechanismen der dadurch verdrängten negativen Gefühle und Gedanken außer acht lassen. Das wird einfach in irgendeine Schublade gekehrt und so getan, als gäbe es das andere nicht.

Weggeschobene Gedanken und Gefühle haben nun allerdings die Fähigkeit, auch dann noch, wenn sie in der Schublade längst vergessen wurden, unbewußt weiter zu wirken und den Menschen zu quälen. Ein typisches Beispiel für diese Art, positiv zu denken, wäre das Klischee von der glücklichen Partnerschaft. Es gibt nicht wenige, die an das Märchen von der glücklichen Ehe glauben. Wie sieht denn nun eine sogenannte glückliche Ehe aus? Menschen in einer glücklichen Verbindung streiten nicht. Glückliche Menschen sind immer nur einer Meinung, nämlich der Meinung des glücklichen Paares. In der glücklichen Partnerschaft verwöhnen sich beide wechselseitig. Mann und Frau ergänzen sich harmonisch. So eine Verbindung müßte traumhaft sein, meinen Sie?

Soviel vorweg: Wer so leben möchte, käme nicht umhin, sich von morgens bis abends selbst zu belügen. Für bewußt lebende Menschen wäre eine solche Verbindung ein Alptraum.

Es ist eine falsche Vorstellung vom Glück, wie sie sich in bestimmten Romanen findet, die uns von Werbeflächen entgegenlächelt, diese Art von Glück wollen uns bestimmte Blätter der Regenbogenpresse vermitteln. Aber ist das eine erstrebenswerte Wirklichkeit?

Liebe besteht aus der aktiven Hingabe an das Du. Wer sich dabei vom Bedürfnis nach harmonischer Ergänzung leiten läßt, verbirgt die interessantesten und aufwühlendsten Seiten der eigenen Persönlichkeit. Wer sich ein scheinheiliges Glück vorgaukelt, belügt und betrügt sich selbst. Er unterliegt ganz bestimmten Trugbildern. Nicht selten lassen Phantasiebilder uns an der Wirklichkeit vorbeileben. Erich Neumann sagt dazu: »Wirklichkeit der Seele bedeutet zu wissen, daß die Folgen einer Phantasie ebenso ernst sein können, wie die einer Tat. Die bestimmte Wirklichkeit der Seele, welche die Tiefenpsychologie zu entdecken eben erst beginnt, ist größer und hintergründiger, als das naive Durchschnittsbewußtsein des Abendländers ahnt. Einzelne und Gruppen, aber auch Völker und Geschichtsabläufe sind geprägt von der Kraft seelischer innerer Wirklichkeit, die oft genug zunächst als Phantasie im Einzelnen aufgetaucht sind. Nicht nur die Religion und die Kunst, auch die Politik und die Technik gehören zu den Äußerungsgebieten der inneren Welt. Das Phantasiebild eines von Machtphantasien Getriebenen verwüstet immer wieder die Welt in Krieg und Zerstörung, ebenso wie das innere Bild des schöpferischen Menschen zum Kulturbesitz der Menschheit wird. Die Wirklichkeit der Innenwelt besagt nun aber auch, daß das Annehmen des Bösen nicht in jedem Falle und für jeden Menschen ein äußerliches Tun bedeutet.« Was Neumann meint, ist, daß es auch genügt, die inneren Einstellungen zu ändern, und uns unsere Phantasien, Selbsttäuschungen und Trugbilder real vor Augen zu führen, sich ein bestimmtes, realeres, autonomeres Gedankenbild unserer Welt zu verschaffen, um freier leben zu können. Beziehen wir das bisher Gesagte auf reale Situationen, dann ist die Lebenslüge »harmonische Partnerschaft« nicht nur ein Selbstbetrug, sondern auf lange Sicht ein Irrweg, der irgendwann ins Nichts führt. Als Monika mir berichtete, wie sie ihren Mann kennengelernt hatte, fielen mir die Worte eines Kollegen ein: »Hungrige Leute sind unkritische Käufer.« Total ausgehungert nach Liebe und Anerkennung, zudem gewöhnt an Zurückweisung, ohne sie jedoch beim Namen nennen zu können, unter diesen Bedingungen war Monika geradezu dazu vorbestimmt, einen Mann wie Erich kennenzulernen. Sie erzählte: »Ich fühlte mich mal wieder ganz allein auf der Welt. In München war gerade Oktoberfest und ich dachte, dort wäre ich vielleicht nicht so allein. Das einzige was aber zunächst geschah, war, daß ich wie ein verirrtes Schaf durch die Menschenmassen trieb, irgendwie unbewußt und weit weg von mir die Gerüche von Bierzelten und Würstchenbuden, von türkischem Honig und Zuckerwatte vorüberzogen. Die Menschen spra-

chen miteinander, ich hörte sie nicht, die Musik floß wie im Traum an mir vorüber. Das einzige was ich spürte, war, daß ich hier noch mehr allein war als anderswo.
Es änderte sich erst, als Erich — er stand an einem der Karussells — mich einlud, mit ihm ein paar Runden zu drehen. Wir machten an diesem Abend eine ganze Menge Blödsinn. Als er mich fragte, ob er mich wiedersehen dürfe, sagte ich schlichtweg nein. Ich sagte: »nein, ich treffe mich nicht mit Männern, die ich auf dem Oktoberfest kennenlerne.«
»Und dann warst du wieder allein«, warf ich ein.
Sie schüttelte den Kopf. »Als ich nein gesagt hatte, fiel mir meine ganze Einsamkeit wieder ein. Ich hatte es satt, alles allein tun zu müssen. Allein spazierengehen, allein ins Kino gehen, allein am Strand liegen, allein schlafen, allein frühstücken.«
»Du hast Erich also wiedergesehen?«
»Mehr noch. Nach zwei Wochen wohnten wir schon zusammen. Erich hatte keine Wohnung, er kam gerade aus dem Knast und ich war sowieso auf der Suche nach einer größeren. Es machte eigentlich keinen Spaß mit ihm, er war gar nicht der tolle Bursche, als der er sich auf dem Oktoberfest aufgespielt hatte. Aber wenn ich ihn nicht geheiratet hätte, wäre ich wieder allein gewesen.«
»Wie lange hat denn die Ehe gedauert?« fragte ich sie. Meine Augen betrachteten sie prüfend. Sie sah adrett aus, modern gekleidet, sie war kaum älter als zwanzig.
»Ich hab mich ganz nach Erich gerichtet«, sagte sie. »Ich hatte schon als Kind gelernt, die Dinge zu tun, die meine Eltern von mir verlangten. Wenn meine Mutter sagte: › Mach die Küche sauber ‹, dann tat ich das. Wenn Vater befahl: › Hol mir Zigaretten ‹, dann lief ich ohne zu murren los. Ich war immer wie eine funktionierende Marionette gewesen. Und dann kam Erich und verlangte, daß ich Zigaretten und Bier holen sollte. Er verlangte, daß ich ihm das Geld gab, das ich verdiente, er hatte noch keine Arbeit und es war schwer, welche zu bekommen. Er war wegen Diebstahl drei Jahre eingesperrt gewesen. Ich tat alles, was Erich wollte. Ich hatte nichts anderes gelernt, als das zu tun, was andere von mir wollten.«
Was hatte mein Kollege gesagt, hungrige Käufer sind unkritische Kunden?

Im therapeutischen Bereich gibt es die alte Auffassung, daß Menschen häufig jemanden heiraten, der dem Elternteil ähnlich ist, mit dem sie die größten Auseinandersetzungen hatten, während sie aufwuchsen. Dieses Konzept stimmt nur zum Teil. Der Punkt ist nicht nur, daß wir einen Partner wählen, der innere Ähnlichkeiten mit einem bestimmten Elternteil hat, sondern daß wir in der Lage sind, bei diesem Partner dieselben Gefühle zu erleben, dieselben Herausforderungen zu erfahren, mit denen wir es früher zu tun hatten; wir lassen die wohlvertraute Kindheitsatmosphäre wiederaufleben und wenden dieselben Manöver an, in denen wir schon so gut geübt sind. Genau das stellt für uns die Liebe dar.

Monika war schon als Kind einsam gewesen. Sie hatte gehorchen, blindlings gehorchen gelernt. Niemals war ihr in den Sinn gekommen, darüber nachzudenken, daß etwas daran nicht stimmen könnte. Sie hatte ihr eigenes Handeln und Reagieren niemals unter die Lupe genommen. Es war ihr nicht in den Sinn gekommen, daß ihr Heiratsmotiv Einsamkeit hieß; nie in den Sinn gekommen, daß ihr Grundmuster Klammern und Rückzug hieß. Wenn Erich nächtelang nicht heimkam, dann überfiel sie panische Angst, er könne nie mehr kommen. War er dann wieder da, las sie ihm jeden Wunsch von den Augen ab, dann, so meinte sie, würde er sie nie verlassen. Es gibt nichts Faszinierenderes als das Gefühl von rätselhafter Vertrautheit, wenn ein Mann und eine Frau zueinanderfinden, deren Verhaltensmuster zusammenpassen wie die Stücke eines Puzzles. Wenn der Mann der Frau dazu noch die Gelegenheit gibt, sich mit ihren kindlichen Gefühlen von Schmerz und Hilflosigkeit herumzuschlagen, zu erfahren, ungeliebt und ungewollt zu sein, und sie hoffen läßt, die Oberhand darüber zu gewinnen, dann ist seine Anziehungskraft auf sie unwiderstehlich.

Monikas Vater hatte das Erziehungsmuster Gehorsam und Strafe angewendet. Von Liebe hatte sie bei ihm nichts gespürt. Und bei Erich hatte sie dann gehofft, zu bekommen, was sie sich so innig ersehnte. Daß sie dabei einem inneren Trugbild, einer Selbsttäuschung erlag, merkte sie nicht. Das Motiv dieser Partnerwahl war nicht Liebe gewesen, sondern Einsamkeit. Diese innere Einsamkeit war auslösend dafür, daß sie sich immer wieder an ihn klammerte. Nie stellte sie sich die Frage, ob Erich auch richtig zu ihr paßte, ob sie mit ihm das Leben meistern würde, mit ihm all das erleben könnte, was eine fruchtbare Partnerschaft ausmacht. Als sie mich aufsuchte, war es schon zu spät. Erich hatte sie verlassen, war zu einer anderen gezogen, und Monika hoffte zu diesem Zeitpunkt immer noch, er würde eines Tages zu ihr zurückkehren.

Die meisten Männer wünschen eine Beziehung zu einer warmherzigen, verständnisvollen Frau, die sie lieben sollte. Und Frauen ersehnen sich einen ebensolchen warmherzigen, verständnisvollen Partner, an den sie sich anlehnen können, dem sie vertrauen dürfen. Aber welche Signale senden sie aus, um einen solchen Partner zu finden? Die Herren der Schöpfung sagen: »Ich wünsche mir eine Frau, die eine interessante Persönlichkeit ist.« Und in der Realität sehen sie Frauen immer noch als Sexualobjekte, als Menschen zweiter Klasse. In den meisten Fällen sind Frauen ihrer Meinung nach dazu da, um mit ihr ins Bett zu gehen und um ihnen den Haushalt zu führen.

Manche Frauen denken: »Ich möchte eine offene Beziehung, in der jeder an den Gefühlen des anderen teilhat« — aber sie gehen ständig davon aus, daß »er« schon wüßte, was eine Frau denkt oder fühlt, ohne daß sie sich die Mühe machen, ihn danach zu fragen. Er hat sich ihrer Vorstellung anzupassen, ganz egal, wie sie eigentlich ist. Wir sagen, wir seien zu einer reifen Partnerschaft zwischen zwei Erwachsenen bereit — aber eigentlich suchen wir jemand, der sich um uns kümmern soll. Wir bringen selbstgekochtes Essen mit Liebe durcheinander und machen uns ständig etwas vor. Diese Lügen führen dann nicht selten zum Scheidungsanwalt. In der Industrie würden wir längst keine Kunden mehr finden, wenn unsere »Prospekte« etwas anderes aussagen würden, als wir zu liefern bereit wären.

Monika und ich saßen draußen im Garten, die warme Maisonne beschien uns. Die hübsche Frau war leicht bekleidet, so daß ich mich im stillen fragte, warum sie eine Ehe hatte führen müssen, die sie alles andere als glücklich gemacht hatte.

»Es war schon schlimm, was Erich gemacht hat«, sagte sie und trank von ihrer kühlen Limonade. »Was zum Beispiel?« fragte ich sie.

»Na alles, so wie solche Männer eben sind.«

»Wie sind solche Männer denn?« bohrte ich weiter.

»Na ja, Erich war so ein Macho-Typ. Nach außen so eine flotte Lippe, immer den Kopf voller Spinnereien. Es gab wenig, was er nicht konnte, mit dem Mund meine ich.«
»Du meinst, er war ein Blender?«
Sie nickte. »So sagt man wohl. Ein paarmal hat er sich einen Job gesucht. Hat's aber nicht lange ausgehalten. Dann mußte ich ihm von meinem Geld abgeben. Nie hat das Geld gereicht. Einmal wollte ich ihm kein Geld geben, da hat er mich geschlagen. Es war schon viel, was er mir angetan hat.«
»Und du? Was hast du gemacht?«
»Na, ich hab den Mund gehalten, ihm gegeben, was er wollte und gearbeitet. Ich hab dann noch einen Nebenjob angefangen, Zeitungen ausgetragen und so, damit das Geld reicht.«
»Ich meine, hast du dich nie irgendwie gewehrt?«
Sie rutschte unruhig auf dem Stuhl hin und her, druckste ein wenig herum. »Ich wollte immer weg von ihm. Hab's zweimal mit einem anderen Mann versucht. Aber ich bin immer wieder zu Erich zurück. War 'ne ganz schöne Strafe für ihn. Der war nur nach außen ein Macho, mußt du wissen. In Wirklichkeit war der weich. Geheult hat er, als er dahinterkam.«
»Und was hast du dir nun selbst mit der ganzen Geschichte eingebrockt?«
Sie sah mich verständnislos an. »Weiß nicht, was du meinst.«
»Hast du ihn geliebt?«
»Eigentlich nicht so richtig.«
»Aber du hast ihn geheiratet.«
»Sonst wär' ich ja allein gewesen.«
»Du hast aus Einsamkeit und nicht aus Liebe geheiratet«, sagte ich zu ihr, »du bist mit einem Mann zusammengezogen, der keine Zukunft hatte und bieten konnte. Du hast gehorcht, dich ausnehmen und sogar verprügeln lassen.«
»Ja aber das hat doch alles er getan.«
»Richtig, aber du hast es zugelassen, hast ihm kein ›Stop‹ vorgehalten, hast gelitten und geschwiegen. Auf deine Weise hast du zugelassen, daß er so mit dir umging, du hast es zugelassen, daß ihr mit gleich mehreren Lebenslügen gelebt habt.«
»Irgendwie stimmt das, was du sagst, aber was hätte ich tun sollen?«

Ja, was hätte Monika tun sollen. Wo sie doch nichts anderes im Leben gelernt und kennengelernt hatte.
Sie hatte sich von einem Macho aufreißen lassen, von einem, der so war »wie dieser Schimanski«, mit dem sie Erich in einem Gespräch verglich. Ob Schimanski, James Bond oder andere Fernseh-Helden, sie haben eines gemeinsam: Sie wirken charmant, weltgewandt und unerschütterlich, und das Bedeutendste: sie zeigen selten Gefühle.
Im Laufe einer Filmhandlung wird gefoltert, entstellt, brutal gekämpft, über Frauen gehen diese Helden hinweg, wie ein Orkan über eine Küstenlandschaft. Die Botschaft solcher Filme heißt in den meisten Fällen: Bleib cool, sei ein echter Mann. Zeig niemals und niemandem deine Gefühle. Steig von einem Bett ins andere und achte dabei darauf, daß dir deine Gefühle nie im Weg stehen. Und laß dich vor allem mit keinem Menschen gefühlsmäßig ein. Diese Filmtypen werden uns als Superhelden vorgestellt, so daß für viele der Eindruck entsteht, ein echter Mann ist niemals herzlich, liebevoll oder gar zärtlich. Sich mit einem anderen Menschen gefühlsmäßig einzulassen sei nichts anderes als Schwäche. Auch Gefühle überhaupt, Liebe, Fürsorge, Verletzlichkeit sind Schwäche — kurz gesagt: jede Menschlichkeit ist nichts als Schwäche!
Und was ist mit der Frau? Die meisten werden von Kindesbeinen an zu Hilfsbereitschaft, Fürsorge und Rücksicht erzogen. Sie darf, sie soll Gefühl zeigen. Sie hat das Recht zu weinen und die Beherrschung zu verlieren — schließlich ist sie das kleine Frauchen. Nur aufbegehren, das sollte sie niemals. So etwa hat Monika es im Elternhaus erlebt. Der Vater bestimmte und die Mutter putzte, kochte, war immer still vor sich herleidend, für Mann und Kinder da. So hatte es Monika im Elternhaus beobachtet und nach diesem Muster richtete sie ihr eigenes Leben aus.
Nie stellte sie dieses Grundmuster in Frage, niemals kam es ihr in den Sinn, daß alles anders sein könnte.
Würden sich alle Menschen, die eine Partnerschaft eingehen, ein wenig genauer ansehen, wie das ursprüngliche Beziehungsgefüge ihrer Kindheitsfamilie im Alltag wirklich aussah, so wäre manche Enttäuschung vermeidbar. Meist geschieht das Gegenteil in der Annahme, daß in der eigenen Ehe alles ganz anders laufen würde. Grund-

sätzlich gestalten wir unsere Beziehungen, wie wir sie von unseren Eltern abgeschaut haben. Wenn Ehen trotzdem gelingen, dann nur darum, weil beide Partner sich als wandlungsfähig erweisen. Es ist durchaus möglich, ein völlig anderes Leben zu leben, wenn es gelingt, die Neigung, ursprüngliche Beziehungsformen immer wieder herzustellen, durch Einsicht den unbewußten Wiederholungszwang zu überwinden.

Zu dem bisher geschilderten Muster des Klammerns gehört auch der Gegenpol, nämlich der des Rückzugs. Dahinter steht die Angst vor Bindung. Klammern und Rückzug ist wohl eines der häufigsten Grundmuster in partnerschaftlichen Beziehungen. Gäbe es nicht diese Ängste vor Bindung und gleichsam vor Trennung, würden die meisten Partnerschaften auf sicheren Beinen stehen. Menschen, die unter Bindungsangst leiden, leben gleichsam wie in einer Art Spiralnebel, dessen das Ganze bewegender Kern unsichtbar und ungreifbar bleibt. Die Spirale kann sich nach außen bewegen in immer schnellerer Drehung, in immer flüchtigere, oberflächlicher werdende Bewegungen, in Abenteuer und Episoden sich verwickelnd, bis das System sich in die gegenteilige Bewegung umkippen läßt, in panikartigen Rückzug, mit gegenläufiger Drehung der Spirale nach innen. Der Abbruch und Verlust aller äußeren Kontakte dauert dann so lange, bis ein neuer Wiederholungszwang die Spirale nach außen zwingt und derselbe Ablauf von vorne beginnt. Monikas Mann Erich war ein Prototyp davon. Kaum hatte er sie gewonnen, kaum hatte sie ihn als Macho durchschaut, begann schon sein kontinuierlicher Rückzug. Er war nicht mehr für sie zuständig, zog sich immer mehr zurück, flüchtete vor ihr in die Kneipe. Und dann ging auch irgendwann die Geschichte mit anderen Frauen los.

Bei diesen Menschen wird Bindung abgewehrt durch Vielfalt der Beziehungen, wodurch die Bedeutung und »Gefahr« jeder einzelnen Verbindung relativiert wird.

Jeder kennt das volkstümliche Sprichwort: »Drum prüfe, wer sich ewig bindet.« Es verliert hier seine Bedeutung. Statt dessen müßte es heißen: »Drum prüfe, *was* sich ewig bindet.« Das ist die Frage nach all jenen Persönlichkeitsanteilen, die jeder der beiden in eine Partnerschaft mit einbringt. Nicht selten sind Unsicherheit der geschlechtlichen Identität, verursacht durch frühe Probleme der Ablösung von der Mutter und Teilidentifizierungen mit dem Gegengeschlecht, die Ursache für tiefverankerte, jedoch unbewußte Zwiespältigkeit. Auch das Symptom des Partnerwechsels mit Hilfe eines anderen, neuen Partners deutet auf den Suchcharakter, der in dieser Art der Schwierigkeit zu lieben zum Ausdruck kommt.

»Du mußt mich so lieben, wie ich mich selber sehe«, ist ein Trugbild. Diese Einstellung stellt eine massive Lebenslüge jener Menschen dar, die unter Bindungsangst leiden. Denn dieses Selbstbild, das sie sich geschaffen haben, steht auf den sehr schwachen Beinen eines Minderwertigkeitskomplexes, der selten der Realität entspricht. Der Partner, der sich auf solche Forderungen einläßt, beginnt, aufbauend auf die Lebenslüge des anderen, sich selbst etwas vorzumachen, nämlich daß gerade er der richtige Partner sei, dem es gelingen würde, den anderen an sich zu binden. Da dieses »an sich binden«, oder besser »sich anbinden« nichts anderes als Klammern ist, beginnt von diesem Zeitpunkt an ein Ping-Pong-Spiel, das etwa so aussieht: Der Rückzugstyp funkt die Meldung: »Wenn du mich nicht so lieben kannst, wie ich mich sehe, dann muß ich eben gehen.« Der Klammertyp antwortet durch die Blume: »Keine Angst, ich halte dich schon, ich umfasse dich mit meinen tausend Armen der (Trennungs-)Angst, daß du gar nicht gehen kannst.«

Das Muster läuft dann etwa so weiter, daß diese Umklammerung den Rückzugswilligen immer mehr in Panik versetzt, er wird nun um jeden Preis versuchen, sich irgendwie aus der Klammer zu befreien, was den Partner mit der Trennungsangst in solche Panik versetzt, daß sich seine vielen Arme wie Stahlklammern immer mehr um den anderen schlingen. Diese Partnerschaft ist dann nicht mehr von Liebe diktiert, sondern beide lassen sich von einer Angst beherrschen, deren Wurzeln bei beiden in der Kindheit liegen.

Bei dem Partner, der ständig Rückzugstendenzen in sich spürt, ist die Schwierigkeit zu lieben von einer geschwulstartig gewucherten, überhöhten Selbstliebe verursacht, die der Angst entstammt. Eine Besonderheit darin ist der unbewußte Sexualneid auf das andere Geschlecht. Man findet nicht selten männliche Partner, die nichtsahnend dauernd demonstrieren müssen, daß sie die besseren »mütterlich-weiblichen« Qualitäten haben. Einer meiner Klienten, ein etwas dicker Mann, jedenfalls um die Bauchpartie herum, demonstrierte dauernd seine »Schwangerschaft«, er zeigte seiner Frau, daß er gut kochen konnte, er konnte, wenn sie gerade einmal wieder getrennt waren, zeigen, wie gut es ihm gelang, den Haushalt »in Schuß« zu halten. Wenn die kleine dreijährige Tochter bei ihm war, versuchte er zu zeigen, daß er die bessere »Mutter« war.

Umgekehrt gibt es weibliche Partner, die dauernd betonen müssen, wieviel entschiedener, entschlossener, aktivitätsbereiter und männlicher sie sind als der jeweilige Partner des Gegengeschlechts.

In beiden Fällen handelt es sich natürlich um eine zwar unbewußte aber massive Lebenslüge. In ihr steckt nämlich die Ablehnung der eigenen Geschlechtsrolle, und das führt nicht selten in die Krankheit. Ich habe persönlich feststellen können, daß alle von mir behandelten Krebspatienten unter der unbewußten Ablehnung der eigenen Geschlechtsrolle litten.

Schauen wir uns einmal an, woraus auf keinen Fall eine krisenfeste Partnerschaft entstehen kann.

Nicht wenige benutzen als Motiv für eine Partnerschaft die Suche nach der Geschlechtsrolle. Endlich Frau sein zu dürfen, endlich als Mann anerkannt zu sein, das ist schon etwas, das wäre doch der Qualitätsbeweis, es endlich geschafft zu haben. Denn mit Kindern läßt sich doch keiner ein, oder? Irrtum, hier finden wir einen großen Bereich an Lebenslügen. Wir finden mehr Ehepaare und lose Partnerschaften, die aus »Jungen« und »Mädchen« bestehen, als reife Paare. Das ist erschreckend, aber doch eine unumstößliche Tatsache.

Ein weiterer Punkt für die Partnerschaftsentscheidung ist, daß es irgend etwas im bisherigen Leben gibt, das die Betreffenden einfach »satt« haben, wie etwa Monika, die aus ihrer Einsamkeit heraus wollte. Die Erfahrung zeigt, daß das, was wir hinter uns lassen wollten, das, was wir satt haben, wir gerade mit in die Partnerschaft hineinnehmen. Und das, weil es in uns lebt. Wir nehmen uns aber nun einmal überall dorthin mit, wo wir hingehen, und auf diese Weise nehmen wir all das mit, was wir loswerden möchten.

Ein weiterer Verhinderungsgrund für eine glückliche Partnerschaft und damit Basis für Lebenslügen ist die Wahl einer bestimmten Lebensform, wir treffen sie mehr bei Frauen als bei Männern. Welche Frau hat nicht schon davon geträumt, die Partnerin eines Arztes, eines Top-Managers, eines Beamten (»Ich möchte Sicherheit — mein Mann ist Beamter und der kriegt eine hohe Pension«) zu sein. Oder, und das trifft auf Männer genauso zu: Der Partner bringt ein Haus mit, ein bestimmtes Kapital oder hat eine Erbschaft zu erwarten. In einem solchen Fall machen wir uns zum Diener der Materie, es geht nicht wirklich um Partnerschaft, sondern darum, in irgendeiner Form abgesichert zu sein. Um autonom leben zu können, müssen wir aber Sicherheit und Geborgenheit in uns selbst entwickeln; wir werden an anderer Stelle uns noch ausführlicher über diesen Punkt unterhalten.

Hinter der Absicht, einen Arzt oder Manager zu heiraten, steht nicht selten auch eine tiefe, verborgene Geltungssucht. Was nun nicht heißen soll, daß alle Arztfrauen geltungssüchtige Frauen sind. Ein weiterer Selbstbetrug in Sachen Partnerwahl ist es, wenn ein sexuelles Verhältnis legalisiert werden soll. Wer aus diesen Gründen heiratet, leidet unbewußt oder gar bewußt unter Schuldgefühlen, er fürchtet sich vor den Moralisten oder ist gar selbst einer.

Eine andere Lebenslüge, die zu einer Partnerwahl führt, ist unter Umständen der Wunsch nach Kindern. Manche Menschen verfügen über Kinder wie über Puppen, mit denen man spielen kann. Außerdem geht es auch hier um die Bestätigung der Geschlechtsrolle. Wer Vater oder Mutter ist, der ist auch Mann oder Frau, oder nicht?

Auf der anderen Seite, die Kinder, die aus Liebe entstehen, wo sich beide Partner im Kind begegnen können, ihre Liebe wiederfinden, ist das ein Teil von Erfüllung.

Wie wir sehen können, ist der »Garten« für Lebenslügen groß und es gibt viele »Beete«, wo sie gut gedeihen können.

Wir nehmen im allgemeinen an, daß die meisten Menschen freiwillig heiraten. Sicher gibt es Fälle, wo Menschen bewußt aus Pflichtgefühl oder aus einer Verpflichtung heraus eine Ehe eingehen. Es gibt auch Fälle, wo ein Mann heiratet, weil »er« es ausdrücklich will. Aber es gibt auch nicht wenige Fälle, wo Mann oder Frau bewußt glauben, sie wollten jemand ganz bestimmtes heiraten, während sie in Wirklichkeit in eine Reihe von Ereignissen hineingeraten sind, die zur Heirat hinführen und die ihnen jede Rückzugsmöglichkeit versperren. In den Monaten vor der Hochzeit sind sie dann fest

allem fertig werden zu können, egal, was Erich in Zukunft anstellen würde. Aber ihre Duldsamkeit gegenüber Erich und seinem Verhalten war nur dem Anschein nach groß. Keiner der beiden erkannte, daß sie nur solange für ihn da sein konnte, wie er nicht für sie da war. Solange Erich seine Touren durchzog, hatte er eine Frau, die »gehorchend« auf ihn wartete. Bereitwillig wartete sie auf ihn in der Hoffnung, er würde sich ändern, dann könnten sie endlich zusammensein. Es war gerade die Unfähigkeit von Monika, Nähe zuzulassen, die diese Partnerschaft zunächst aufrechterhielt. Sie lebte mit der Phantasie, mit dem Traum und schließlich mit der Lebenslüge von einer Liebe, die gar nicht da war.
Monika hatte Erich geheiratet, weil sie einsam gewesen war, weil sie in einer Ehe die Sicherheit und Geborgenheit suchte, die sie im Elternhaus nie so recht gefunden hatte. Im stillen hoffte sie bei Erich all das nachholen zu können, was ihr das Elternhaus verwehrt hatte.
Alexander Lowen sagt dazu: »Noch soviel Ersatzbemutterung kann einem Menschen nicht die Geborgenheit geben, die er in der Kindheit entbehren mußte. Als Erwachsener muß er diese Geborgenheit bei sich selbst finden. Gleichgültig, wieviel Aufmerksamkeit, Bewunderung, Anerkennung oder Liebe man ihm gibt, seine innere Leere wird niemals ausgefüllt. Diese Erfüllung kann ein Erwachsener nur auf der Erwachsenenebene erreichen, das heißt durch Liebe, durch seine Arbeit und durch seine Sexualität. Der Traum, man könne die Vergangenheit umkehren, ist ein Trugbild.«
Was wir nicht sehen, ist schwer zu verändern. Der Mensch kann sich gegen Angst behaupten, indem er dafür einen Teil seiner weitreichenden Aufmerksamkeit opfert: Der Schutz für unsere Selbsttäuschungen liegt gerade darin, daß wir sie nicht sehen. Man ist manchmal beeindruckt, mit welcher Eleganz wir weite Bereiche der Erfahrung einfach ignorieren, wo uns die klare Analyse auch nur eines Teiles dieser Erfahrung vor eine reale Notwendigkeit der Veränderung stellen könnte: der von einer Frau zur nächsten schwirrende Liebhaber, wie Erich zum Beispiel, scheint zu seiner endlosen Abfolge von Romanzen »verurteilt«, die mit verliebten Blicken beginnen und tränenreich enden, der brüske Vorgesetzte, der aus irgendeinem Grunde immer wieder auf widerspenstige Untergebene

trifft, der zwanghafte »Nachtarbeiter«, der seiner Frau die zwingende Notwendigkeit einfach nicht verständlich machen kann, Arbeit aus dem Büro mit nach Hause bringen zu müssen.
Kurzum: die Abwehrmechanismen schotten uns gegen die Lebenslüge — dem Herzstück unseres inneren Elends — ab. Psychotherapeuten wundern sich über die Mittel, die wir aufwenden, um nicht aus den Erfahrungen zu lernen, die wir aufgrund unserer besonderen Schwierigkeiten machen. Man spricht von einem eigenartigen Wiederholungszwang, der uns immer wieder zu schweren Krisen führt. Unfähig, die Lehren unserer persönlichen Geschichte zu lernen, scheinen wir dazu verurteilt, sie zu wiederholen.
Wir haben nicht die Erfahrung, von der wir profitieren könnten. Das heißt, obwohl sie uns widerfährt, bemerken wir ihre Bedeutung nicht, und bei einem Teil werden wir nie zur Kenntnis nehmen, daß sie überhaupt geschehen ist. Das ist ein besorgniserregender Teil innerhalb der Psychotherapie — der völlig leere Blick, mit dem Menschen die offenkundigsten Implikationen bestimmter Handlungen übersehen, oder bestimmte Reaktionen auf die Handlungen anderer, das heißt, das, was sie als die Handlungen anderer wiederzugeben in der Lage sind.
Noch tragischer ist es, wenn sie überhaupt die Tatsache übersehen, daß diese Dinge geschehen sind, sich einfach nicht an sie erinnern, auch wenn sie ihnen auf höchst unangenehme Weise eingeprägt wurden. Das heißt, die meisten von uns leben in Unkenntnis ihrer eigenen Grundmuster.
Je mehr Schmerz wir in der Kindheit erlitten haben, desto stärker wird unser Verlangen als Erwachsene, diese Schmerzen wiederzubeleben und endlich zu überwinden. Lassen Sie uns einmal zurückverfolgen, woher dieses Verhalten kommt: Wenn ein Kind ein bestimmtes Trauma erfahren hat, dann wird es in seinen spielerischen Aktivitäten immer wieder zum Vorschein kommen, bis das Gefühl einsetzt, das traumatische Erleben endlich überwunden zu haben. Ein Kind, das sich einer Operation unterwerfen mußte, spielt vielleicht immer wieder die Fahrt zum Krankenhaus nach, indem es Puppen oder andere Spielzeugfiguren benutzt, oder sich selbst in einer Darstellung zum Doktor und in einer anderen zum Patienten macht, und zwar so lange, bis die mit dem Ereignis verbundene

Angst weitestgehend verschwunden ist. Menschen mit unverarbeiteten Erlebnissen tun im Grunde dasselbe: Sie wiederholen immer wieder unglückliche Beziehungen und versuchen dabei, sie in den Griff zu bekommen.

Beziehungen ergeben sich also nicht zufällig. Wenn jemand glaubt, daß er unerklärlicherweise einen bestimmten Menschen heiraten »mußte«, und zwar einen Menschen, den er niemals bewußt als Ehepartner erwählt hatte, dann ist es für ihn unbedingt notwendig, genau zu untersuchen, warum er bereit war, mit diesem Menschen ins Bett zu gehen, warum er überhaupt das Risiko einging, gemeinsam mit ihm ein Kind zu zeugen. Oder wenn jemand behauptet, er hätte aus Laune heraus geheiratet oder wäre zu jung gewesen, um zu wissen, was er tat, oder aber er wäre nicht bei sich gewesen und hätte keine verantwortungsbewußte Entscheidung treffen können, dann sind dies Lebenslügen, die einer genaueren Untersuchung bedürfen.

Denn ein solcher Mensch hat seine Wahl getroffen, wenn vielleicht auch unbewußt, so doch häufig genug von Anfang an mit einer Fülle von Informationen über den zukünftigen Partner versehen. Dies zu leugnen bedeutet, die Verantwortung für die Entscheidung und das eigene Leben abzulehnen. Damit wird eine positive Veränderung von vornherein völlig ausgeschlossen.

Aber wie kommt es dazu? Worin besteht dieser geheimnisvolle Prozeß, diese undefinierbare gegenseitige Faszination zwischen einer Frau, die zu lieben glaubt, und einem Mann, zu dem sie sich hingezogen fühlt?

Wenn folgende Frage neu formuliert wird, beginnt der Prozeß etwas von seiner Rätselhaftigkeit zu verlieren: Welche Signale werden ausgesandt von einer Frau, die es braucht, gebraucht zu werden, und einem Mann, der nach einer Partnerin sucht, die Verantwortung für ihn übernehmen kann? Oder zwischen einer extrem selbstaufopfernden Frau, wie wir sie bei Monika kennengelernt haben, und einem extrem selbstsüchtigen Mann, wie Erich es war? Oder einer Frau, die sich selbst als Opfer sieht, und einem Mann, dessen Identität sich auf Macht und Aggression gründet?

Fragen wir uns, warum bestimmte Partner einander suchen und finden, so ergibt sich bei oberflächlicher Betrachtung zunächst als Motiv harmonische Übereinstimmung, die in bestimmten Bereichen auf Ähnlichkeit oder Gleichheit des Erlebens beruht, in anderer Beziehung jedoch auf eine Art Ergänzung durch Verschiedenheit. Genauere Betrachtungen würden jedoch enthüllen, daß beide Partner meist ein gleichartiges, unbewußtes Problem haben, nämlich eine unbewußte Erwartung, die aus früheren psychosozialen Erfahrungen stammt, aber bislang unerfüllt und gleichsam unerledigt geblieben ist.

Es gibt den witzigen Ausspruch: »Die Flitterwochen sind vorbei, jetzt sollten wir an die Ehe denken«, der ein Stück Realität anrührt und vor Ent-Täuschung warnt. Die »Täuschung«, die zuvor herrschte, besteht darin, daß oft Verliebtheit, in die ein guter Teil Triebbedrängnis mit einfließt, die Wirklichkeit ausblendet, während Liebe, entgegen dem falschen Spruch »Liebe macht blind«, sehend macht. Auf der anderen Seite steht es schlimm um den, der immer nach der großen Liebe sucht. Er könnte diese Liebe ja nur finden, wenn sie wie ein Blitz, wie aus heiterem Himmel über ihn käme, denn eine sich erst langsam entwickelnde Liebe und vertiefende Beziehung wäre ihm, vor allem in ihren Anfangsstadien, nicht »groß« genug. Eine zart keimende Zuneigung würde er unfehlbar zerstören, denn er könnte es nicht lassen, sie gleich auf die Probe zu stellen, ob sie auch wirklich die große Liebe ist. Und wenn sie diese Probleme, wie zu erwarten ist, nicht besteht, würde er die schroffe Trennung vorziehen; sein Prinzip des »alles oder nichts« ließe ihm ja keine andere Wahl. So ist er von dem ganz unwahrscheinlichen Fall der großen, dauernden Liebe auf den ersten Blick ausgeschlossen und dazu verdammt, immer vergeblich zu suchen. Und während seines besessenen Suchens würde er all das übersehen, was es vielleicht an ebenfalls Schönem und Erstrebenswertem für ihn gäbe: ein gutes Gespräch, eine kollegiale Beziehung, eine Freundschaft, eine Kameradschaft, einen kleinen Flirt, frohe Geselligkeit, vielseitigen Gedankenaustausch, eventuell auch eine Liebesbeziehung oder Ehe, die nicht ganz so leidenschaftlich anfinge, aber sich im Laufe eines längeren Zusammenseins erst zu ihrer vollen Tiefe und Innigkeit entwickelte. Es ist anzunehmen, daß dieser Mensch zeitlebens vergeblich weitersuchte, nie das Gesuchte fände, und sich über seinen erhöhten Anspruch selbst gewaltig betrügt. Ist es doch so, daß

Gefühle, Emotionen und Leidenschaften in uns erzeugt werden. So wie es Menschen gibt, die sich alle naselang »unsterblich« verlieben können, gibt es auch Menschen, deren »Leidenschaft« innerlich blockiert ist, und die immer vergeblich darauf warten, daß »der Mann«/»die Frau« kommen muß, um sie zu entfachen. Daß sie es aber selbst sind, die sich lahmlegen, das wollen sie nicht wahrhaben.

Die nächste Frage ist: kann man derartige Ziele eigentlich wirklich wollen? Kann man sich bewußt, willentlich, methodisch, systematisch um sie bemühen? Das wären doch sicherlich Erfolge, die vom Kopf her gesteuert wären und mit tiefen Gefühlen nichts zu tun hätten. Entstehen nicht gerade unsere großen Lebenslügen, unsere Selbsttäuschungen im Kopf?

Wäre aber nicht das Gegenteil von dieser bewußten Suche nach einem anderen Menschen ein ebensolcher Selbstbetrug, nämlich die ständige Flucht vor der Begegnung?

Manche Menschen »drücken« sich unwillkürlich vor der Begegnung mit anderen, oder sie versuchen diese Begegnung nur insoweit geschehen zu lassen, als ihnen Garantien dafür gegeben sind, daß bestimmte, für sie unheimliche Situationen auf keinen Fall eintreten können. Fürchten sie sich vor Streit, so suchen sie von vornherein die Atmosphäre einer absoluten Friedfertigkeit zu sichern. Können sie sich keine eigenen Fehler eingestehen, so reden sie nur mit solchen Leuten, die ihnen in der für sie wesentlichen Hinsicht ganz bestimmt unterlegen sind. Sehen sie sich als besonders tugendhaften Menschen, so müssen sie sich moralisch minderwertige Partner suchen, um ihnen gegenüber ihre eigenen ethischen Qualitäten recht deutlich hervorkehren zu können. Immer schränken sie damit das Risiko einer freien Begegnung auf das Maß ein, in dem sie sich der Situation noch gewachsen fühlen können.

Die Mittel dazu sind äußerst vielfältig und können bei intelligenten Menschen mit inneren Schwierigkeiten geradezu raffiniert oder genial sein. Je größer die Selbstunsicherheit und je feinfühliger der betreffende Mensch ist, um so komplizierter muß das System der Sicherungen, oder besser ausgedrückt der Selbsttäuschungen und Selbstbelügungen sein. Die Wahl des Berufes, des Wohnsitzes, des Ehepartners, der Religion, der Weltanschauung, der Arbeitsstelle

und Freizeitbeschäftigungen kann mit von diesem Sicherungsbestreben beeinflußt werden und ihm dienen.
Auch bei großen und verdienstvollen Leistungen hat oft das Verlangen eines solchen Menschen, sich vor unheimlichen Situationen zu schützen, eine wesentliche Rolle gespielt. Was hier an diesem Punkt auffällt, ist, daß immer nur Minderwertiges oder Schlechtes durch Lebenslügen bewirkt wird.
Das Sicherungssystem eines selbstunsicheren Menschen hat stets eine doppelte Aufgabe: Es soll einerseits die Wiederholungen negativer Erfahrungen aus der Kindheit verhindern, andererseits aber doch noch möglichst viel an positiven Erfahrungen und ein Verstehen mit anderen Menschen gewährleisten. Niemand schließt sich ja ohne einen für ihn zwingenden Grund, nur aus böser Absicht etwa, von der Möglichkeit echter Begegnung aus. Wo er das zu tun scheint, da liegt in Wahrheit keine freie Entscheidung vor, sondern ein unerbittliches Muß, bei dessen Nichtbeachtung er sofort panische Angst erlebt, die ihm aus der Kindheit bekannt ist.
Zu falschem Verhalten und falschen Erwartungen in der Partnerschaft führen auch nicht selten die falschen Glaubenssätze, die viele mit einbringen.
Zu den falschen Glaubensleitsätzen, die uns in der Partnerschaft begegnen, gehören Sätze wie: Der Mann verdient das Geld und die Frau sorgt für Haushalt und Kinder. Oder: Der Mann hat den Verstand und die Frau das Gefühl. Oder: Der Mann ist aktiv, bestimmend, führend, zupackend und die Frau passiv erduldend, beschützend, wirklichkeitsnah, mütterlich. Auch die verschiedenen biologischen Funktionen von Mann und Frau motivieren nicht mehr zu einer bestimmten Rollenverteilung. Zwar zeigt die unveränderte Anziehung zwischen den Geschlechtern, daß es unabhängig vom jeweiligen Rollenverständnis etwas spezifisches Männliches und spezifisches Weibliches gibt, aber es ist, als ob jedem Mann und jeder Frau unserer Zeit die Last zugeteilt wäre, die ihnen eigene Ergänzung und gemeinsame Ganzheit herauszufinden, ohne sich auf ein allgemeingültiges Beziehungsmodell von Mann und Frau stützen zu können. Dieser neuen Aufgabe sind wenige gewachsen, leider. Wer sich an Rezepte hält, rettet vielleicht seine Ehe, aber er gewinnt noch nicht jene Lebendigkeit und Freiheit, die er in der ersten Ver-

liebtheit wie eine prickelnde Verheißung gespürt hat. Er grenzt sich von seinem Partner ab und ist gleichzeitig nett zu ihm. Nein und Ja im Gesellschaftsspiel der Partnerschaft. Aber das Wichtigste hat er verloren: nämlich das innere Gespür für das Du, für den anderen Menschen, das meditative Auskosten des anderen im eigenen Herzen, das Entzücken beim Anblick dieser bestimmten Gestalt und die Hingabe an sie. Vielleicht hat er dieses Wichtige nie bewußt erlebt, aber sein Unbewußtes kennt es, sofern er wenigstens einmal verliebt war. Wenn jedoch zwei Menschen zusammen nur funktionieren, erliegen sie immer mehr der Langeweile und dem Überdruß, erliegen sie inneren Glaubensgrundmustern von solch negativer Art, daß sie das schöne im Leben kaum noch erkennen können.

Nun blockiert die Zweierbeziehung in der Tat in vielen Fällen die Selbstverwirklichung. Doch tut sie dies nicht von ihrem Sinn her. Der Sinn der Liebe liegt nicht nur in der Ergänzung zweier Menschen im Zusammenleben, sondern auch in der Ganzwerdung zweier Einzelner. Der Ursprung des Eros liegt in der Sehnsucht, daß zwei Menschen — Du und Ich — miteinander, jedoch jeder in sich, vollständiger und menschlicher werden können. Die Liebe zum anderen soll die Entwicklung des anderen in der eigenen Seele stimulieren. Das Kind, das in einer Liebesbeziehung geboren wird, symbolisiert über das Du und das Ich hinaus ein Drittes, nämlich den neuen Menschen. Und jeder kann dank dem Zusammensein mit dem anderen so ein neuer Mensch werden.

Wir haben am Anfang dieses Kapitels gesagt, Menschen können nicht ohne das Gefühl leben, ihr Leben sei bedeutungsvoll. Wir können Menschen als sinnsuchendes Wesen sehen, die im Glauben sich aktiv engagieren.

Der Glaube an das Ich über das Du ist der Weg, der uns zu positiven, lebensbejahenden Grundüberzeugungen führen kann. Nur der Glaube an die Kraft in mir bringt den Glauben an die Kraft in Dir, und darüber finden wir das Vertrauen zu anderen Menschen, erkennen, daß sie genauso ringen wie wir und letztlich genau wie wir auf der Suche nach dem Großen Wunderbaren Einen sind. Die Grunderfahrung der Liebe besteht in der Überwindung der Isolierung des Einzelnen dank dem überwältigenden Gefühl des Einsseins mit einem Du und durch dieses mit der ganzen Welt. Das Ich wird in dieser Erfahrung nicht stabilisiert, sondern relativiert, nicht fixiert, sondern in Bewegung hin auf ein größeres Selbst gebracht. Was jede Liebe letztlich motiviert, ist die dunkle Ahnung, daß ich durch die Hingabe an das Du ein neuer Mensch werden kann. Es handelt sich um die realistische Wahrnehmung sowohl des Partners, der in seiner Persönlichkeit bereits solche Wesenszüge lebt und darstellt, die mir noch fehlen, als auch meiner selbst in einem mir bisher unbewußten Persönlichkeitsanteil. Der Mensch, den ich jetzt liebe, wird mir zum Leitbild, das eigene, mir bisher unbekannte Lebensmöglichkeiten spiegelt. Mit der Spiegelung meine ich den Einblick in jene Tiefen des Du, zu dem nur der Liebende fähig ist. Nur in einem starken gemeinsamen Gefühl können sich zwei Menschen gegenseitig so tief spiegeln, daß sie einander zu Leitbildern werden – nicht bloß zu äußerlichen vielleicht unpassenden Vorbildern. Im Menschen, den wir lieben, leuchtet bei jeder neuen Begegnung ein neues Bild auf, das die Beschränktheit unserer gewohnten Erlebnis- und Sehweise sprengt und zur Botschaft über einen bisher unentdeckten Aspekt meines eigenen Wesens wird. Dadurch wird uns der Partner zum jetzt wirksamen Leitbild. In der Partnerwahl liegt die Wurzel für viel Unglück im Bereich Partnerschaft. Viele Menschen tun so, als hätten sie keine Zeit, den richtigen Partner zu finden, sie experimentieren, versuchen, probieren. Sie sind damit aus einer frühkindlichen Stufe noch nicht herausgekommen, denn diese Phase gehört in jene Zeit der Kindheit, da wir Freunde haben und wieder aufgeben, neue Freunde finden und sie wieder aufgeben. Um in diesem Suchen das Gefühl zu entwickeln, welcher Mensch zu uns paßt.

Mancher findet zu Weihnachten den richtigen Tannenbaum, er findet meistens das richtige Auto, die richtige Wohnung. Nur den richtigen Partner findet er nicht, weil er es verlernt hat, in sich hineinzuhorchen, weil er den Kontakt zu sich selbst verloren hat. Wer stellt sich schon beharrlich und konsequent die Frage: »Wie muß der Mensch aussehen, mit dem ich ein ganzes Leben lang zusammenbleiben möchte. Dem ich vertraue, mich anvertraue, mich ihm überlasse, wenn ich krank bin, wenn ich in seelischer Not bin, wenn sich sonstige Schwierigkeiten ergeben.« Alle suchen möglichst nach dem besten Arzt, wenn sie krank sind, nach dem besten Rechtsanwalt, wenn sie etwas zu klären haben, nach dem besten Lehrer oder Lehrsystem, wenn sie beruflich weiterkommen wollen. Aber diesen besonderen Menschen, »den Menschen an meiner Seite«, die »andere Hälfte von mir«, dem wird viel zuwenig Beachtung geschenkt. Bin ich selbst so wenig wert? Die Schwierigkeiten in der Ehe beginnen nicht irgendwann nach dem Ablaufen der Flitterwochen. Sie beginnen konkret an dem Tag, an dem wir uns für einen Menschen entschieden haben, nämlich dann, wenn wir uns für den falschen entschieden haben. Aber Partnerwahl wird nicht immer sehr ernst genommen.

Ich fragte eine Siebzehnjährige, wie denn der Zukünftige einmal beschaffen sein sollte. Antwort: »Mei, so groß wie i muß er scho sein. Ein Meter dreiundsiebzig. Dann muß er lange Haar haben, des is klar. Wenigstens bis do her. Dann muß er gut angezogen sei, net so gschlampert daherkommen, des möcht i scho. Einer, der wo gepflegt is und net so wie ein Rocker daherkommt. Beruf, daß er die Familie ernähren kann. Reich? Naa.«

Eine 24jährige nach den ersten Erfahrungen mit Männern: »Eifersüchtig darf er auf gar keinen Fall sein. Und nicht zuviel Wein trinken und Schnaps. Ein wenig kann nicht schaden. Aber mehr auch nicht. Und zusammenpassen müssen wir halt. Ob er fremdgehen darf? Was soll ich dazu sagen? Wenn ich das auch dürfte (kichert verlegen). Also, ich möchte es nicht gern, also wirklich.«

Eine 35jährige, einmal geschieden: »Ja mei, er darf halt auf jeden Fall net dick sein. Also zum Beispiel ein runder Max, naa. Er muß vielleicht groß und schlank sein. Er braucht net direkt hübsch sein, also scho ein bißchen, aber net sehr, weil hübsche Männer, die hat man nie lang. Nett muß er a sein.«

Von Liebe sprachen die wenigsten. Und doch gibt es auch heute noch die Liebesheirat. Am häufigsten ist noch diese erste Verliebtheit. »Verknallt sein« ist immer noch »in«.

Auf allen Stufen seelischer Entwicklung, angefangen bei der unbewußten, symbiotischen »Dualunion« von Mutter und Kleinkind, ist unsere Identität eine Beziehungsidentität. Das Ich entfaltet und stärkt sich nicht gegen die Beziehungen, sondern innerhalb gelungener Beziehungen. Auch Trotz- und Abgrenzungsphasen geschehen ja innerhalb von Beziehungen. Darum bedeutet jeder positive Wachstumsprozeß die Erfahrung der inhaltsfreien Beziehungsidentität. Nur dieser ermöglicht die Ausformung stärkerer und flexiblerer »Ich-Strukturen«, die Bewußtmachung von Verdrängungen und Verleumdungen, und darüber die Belebung des Entwicklungspotentials. Die Beziehungsidentität stimuliert unseren Energiefluß und verhindert dessen Umkehrung in Isolierung und Selbstzerstörung.

Sie ist das Gegenteil der psychischen Entgrenzung in der Überschwemmung des Ich durch Unbewußtes, das heißt der zerstörerischen, totalen Verschmelzung zweier Menschen in eine zerstörerische gemeinsame Neurose.

Dort, wo die Entwicklung schon Blockaden aufweist, dort, wo wir uns durch Lebenslügen schon von uns entfernt haben, dort kann nur über die Erkenntnis des Grundmusters eine Wandlung eintreten. Gelingt es uns, unsere Lebenslügen abzubauen, haben wir die Chance, uns selbst zu begegnen, und damit auch partnerschaftsfähiger zu werden.

Wenn Liebe zur Lüge wird

»Hansi und ich kannten uns praktisch seit der Volksschule. Wir waren im selben Sportverein und die Tanzschule haben wir praktisch auch zusammen durchgezogen. Seither sind wir praktisch zusammen.« Karin gebrauchte gerne das Wort »praktisch« und häufig kam bei ihr auch das Wort »irgendwie« vor. »Irgendwie praktisch«, das paßte bei ihr in jedes Thema.

Als ich Karin fragte: »Ja, wart ihr nun eigentlich fest miteinander befreundet, seit ihr mit der Sportgruppe das erste Mal unterwegs wart?«, da meinte sie gedehnt: »Praktisch ja — irgendwie schon.« Ich wiederholte ihre Antwort: »Du warst also — praktisch ja — irgendwie schon — mit Hansi 12 Jahre fest befreundet, und ihr habt praktisch irgendwie zwei Kinder miteinander.«

Karin mußte erst laut lachen, und dann ging das Lachen in anhaltendes Weinen über. Sie weinte nicht irgendwie, sondern aus vollem Herzen. Wie voll ihr Herz und womit es gefüllt war, das wußte sie in diesem Moment noch gar nicht. Aber sie fand eine Spur zu einem fast vergessenen und lange übersehenen Teil ihres Selbst, wie ein Brunnenbohrer in der Wüste, der auf Wasser stößt.

Als sie sich etwas beruhigt hatte, erzählt sie: »Wir hatten schon früh eine schwere Krise in unserer Partnerschaft, als Hansi von seiner Firma in eine andere Stadt versetzt wurde. Nach zwei Jahren zog ich nach und dann heirateten wir. Wir haben ein paar wunderbare Reisen miteinander gemacht. Aber schon damals fiel mir auf, daß wir uns irgendwie im Urlaub besser verstanden und wir praktisch offener miteinander waren als zu Hause. Irgendwie habe ich dem keine Bedeutung beigemessen, obwohl praktisch nicht zu übersehen war, daß sich irgend etwas zwischen uns totgelaufen hatte. Hansi machte berufliche Fortschritte und war öfter mal auf Reisen. Irgendwie wartete ich schon auf diese Momente. Als ich mir das eingestand, bekam ich Schuldgefühle. Dann kam unser erstes Kind. Hansi war sehr lieb zu mir, aber ich nahm ihn nicht mehr richtig wahr. Ich entrückte irgendwie mit dem Kind in eine andere Welt, spann mich dort ein. Nach der Geburt des zweiten Kindes bekam ich irgendwie praktisch eine starke Depression. In diese Zeit fiel auch der Tod meiner Mutter und ich versuchte meine verzweifelte Stimmung auf dieses Ereignis zu schieben. Aber mehr und mehr wurde mir klar, daß in meinem Leben etwas total schief lief. Durch Vermittlung einer Freundin begann ich eine Psychotherapie und mir wurde klar, daß ich mich von Hansi trennen wollte. Als ich ihm das erste Mal davon erzählte, brach er praktisch zusammen. Er fragte, ob ich mich in einen anderen Mann verliebt hätte. Das war nicht der Fall. Ich wollte einfach mit meinen Kindern allein leben. Wir haben dann noch einmal irgendwie die Kurve gekriegt. Aber wenig später waren wir praktisch wieder am selben Punkt.«

Karin sagte das praktisch wie in vielen anderen Fällen ihr »praktisch« genau am richtigen Punkt, der ihre narzißtische Einstellung zeigte.

Unser Grundmuster in diesem Kapitel heißt: Große Liebe — Narzißmus. Das Leben lebt sich leichter, wenn wir nicht allein sind. Wenn wir aber hören, wie gut oder schlecht es in vielen Ehen aussieht, dann schreckt mancher zurück vor der Zweisamkeit. Mancher schreckt vor der Ehe schon zurück, dann nämlich, wenn er schon als Kind erleben mußte, wie schlecht es um die Ehe der Eltern, Nachbarn oder Verwandten bestellt war. Hier ist das »Glück« nicht zu suchen. Als Erwachsene erleben wir im Freundeskreis, am Arbeitsplatz, wie scheinbar harmonische Ehen »aus heiterem Himmel« wieder auseinanderbrechen. Unser Verstand sagt: »Um Gottes willen, bloß nicht heiraten!« Und in uns spüren wir bestimmte Ängste, Frauen haben Scheu, sich den Männern zu öffnen, und Männer machen häufig einen Bogen um die »verschlingende« Frau. Diese Angst verstärkt sich noch, wenn wir erleben, wie andere eine völlig falsche Partnerwahl getroffen haben. Daß jeder etwas anderes unter Partnerschaft versteht, macht die Sache nicht leichter. Einige wollen geliebt und damit anerkannt werden, andere wollen Sicherheit, Geborgenheit und Schutz und begeben sich in Abhängigkeit. Sie nennen es Liebe. Die Tendenz zum Nachgeben, das Streben nach Einfluß, die Neigung zur Distanz, der Wunsch nach Macht und Erfolg stehen häufig an der Tür zu einer Partnerschaft. »Liebe« und Leiden stehen dort ebenso wie Liebe und Auseinandersetzung.

Auf der anderen Seite gibt es mutige Menschen, die sehr viel nachdenken und ihre Partnerschaft als ein Wagnis ansehen, als Dialog zweier Persönlichkeiten, die sich nicht nur ergänzen, sondern durch Wechselwirkung mehr werden, als einer ohne den anderen je werden könnte. Ehe und Partnerschaft als Herausforderung zur totalen Offenheit, zum totalen Akzeptieren des anderen, zum totalen Engagement, das wäre die positive Seite der Partnerschaft, ein Lernprozeß, der nicht sogleich da ist.

Warum sind trotzdem junge Leute so wild aufs Heiraten? Sie selber können es kaum exakt formulieren; manchmal haben sie ein ganzes Bündel von Motiven, manchmal wissen sie es überhaupt nicht richtig. Vielleicht weil sie instinktiv ahnen, daß die Ehe immer noch die besten Möglichkeiten zur Selbstverwirklichung bietet. Empfindungen wie die Liebe haben sich zu allen Zeiten ihren Schutzraum gesucht. Ein Mann, eine Frau, ein Kind, das kleinste Modell der Welt. Hier kann man etwas Eigenes schaffen. Hier kann man selber Chef sein.

Ich fragte eine Rentnerin nach den Motiven des Heiratens: »Das ist so«, antwortete sie, »jedenfalls in unseren Kreisen: eines Tages hat es die Tochter satt, daß das Bad immer besetzt ist, wenn sie rein will. Und da sie sowieso im Alter ist, in dem man sich in einen netten jungen Mann verknallt, zieht sie aus und baut sich ein eigenes Nest. Ihr wird's noch leid tun. So gut kriegt sie's nie wieder.«

Einfach »verknallen«. Genau da liegt die Schwierigkeit. Im allgemeinen beginnt die Liebe durch eine Art Signal, eine Art Appell an die Aufmerksamkeit des Gefühls. Etwa so: »Donnerwetter, dieser Gang, dieser stramme Hintern.« Oder sie: »Er hat ganz sanfte Augen.« Dieses Signal führt zu einer Anziehung, der Betreffende wird neugierig. Sympathie kommt ins Spiel. Und jetzt kommt etwas sehr Gefährliches ins Spiel: die Projektion des eigenen Ideals!

Jeder hat in sich eine unbewußte Vorstellung, wie der andere sein sollte, diese Vorstellung lebt als unbewußter starker Wunschtraum in uns. Und dieses Ideal stülpen wir nun über den anderen Menschen, wir »dichten« ihm also gewissermaßen Fähigkeiten und Eigenschaften an, die er gar nicht hat. Es ist unser eigenes Wunschbild, was wir über ihm ausgießen, und jetzt passiert der eigentliche Blitzschlag: Eine Liebe beginnt zu blühen! Im Körper des Betreffenden gibt es jetzt eine Hormonverschiebung, damit sind zwei junge Leute der Liebe, oder was sie dafür halten, ausgeliefert. Sie können gar nichts anderes mehr tun, als in »Trance« aufeinander zuzugehen. Die Liebe hat sie »blind« gemacht.

Dieser ganze Vorgang vollzieht sich völlig im Unbewußten. Die Projektion, das Überstülpen läuft immer noch auf vollen Touren. Dieser Vorgang zeigt aber auch, warum junge Menschen sich in jemanden verlieben können, der bei rationaler Betrachtung als Partner überhaupt nicht in Frage käme. Das heißt, das Bewußtsein hat uns im Stich gelassen. Darum beruht diese erste Liebe auf unsicheren Grundlagen.

Tatsächlich besteht eine natürliche Beziehung zwischen der Liebesbindung und dem tiefsten Selbstbewußtsein des Ich, das heißt, unser Idealbild hat sich umgekehrt, ins negative umgewandelt, in dem Sinne: »Ich bin nichts wert, ich bin froh, daß mich überhaupt jemand liebt. Ich muß froh sein, daß sich jemand für mich interessiert.« Nach dem Motto: Wenn man nicht hat, was man liebt, liebt man, was man hat. Von solchen Gefühlen heißt es: »Die Liebe gleicht spanischen Gasthöfen, man findet darin nur, was man mitgebracht hat.«

Es dauert im allgemeinen nicht lange, bis die Illusion entlarvt ist, nämlich bis die »fieberhafte« Phase, die Phase des »Liebeswahns« vorbei ist und der tiefe Sturz kommt. Er ist für alle Beteiligten nützlich. Darum ist der erste Liebeskummer so wichtig. Die Liebenden machen die Erfahrung, daß die Liebe nicht in den Himmel wächst, und daß bei aller Verliebtheit der Verstand nicht ganz ausgeschaltet werden darf.

Und trotzdem ist es so, daß, auch wenn diese Phase vorüber ist, die Möglichkeit, an den oder die »Falsche« zu geraten, immer noch offen ist.

Warum ist das so?

Jeder Mensch besitzt in sich selbst ein Bild seiner psychischen Ergänzung des Gegengeschlechts. Die Aufgabe der Liebe ist es, diesen »Gegentyp« zu entdecken, mehr noch, ihn nach »meinem Bilde« zu gestalten. Und hier zeigt sich der positive Aspekt der Liebesprojektion: Liebe ist die Projektion einer Persönlichkeit, die ihr Spiegelbild in einer anderen sucht, ein sinnliches, seeliches oder geistiges Spiegelbild. Ohne die Spiegelung im Wasser hätte der Mensch nie sein Gesicht gesehen. Wenn wir das symbolisch nehmen, dann ist Wasser das Symbol für das Unbewußte überhaupt. So können wir sagen: Ohne die Spiegelung in der Seele des Partners können wir uns selbst niemals entdecken.

Durch die Projektion gewinnen wir den Eindruck, ein zweites Ich im Wesen finden zu können. Durch die Verschiebung verflossener Gefühle, die aus der fernen Kindheit heraufsteigen, und durch die gegenseitigen Projektionen der am wenigsten ausgeprägten Bereiche ihrer Seelen gewinnen die Liebenden den Eindruck, sich seit Ewigkeiten zu kennen. Sie glauben, hoffen zu dürfen, gemeinsam die Erinnerung an frühere Leben wiederfinden zu können. Und tatsächlich können Verschiebung und Projektion — unbewußt und vom Bewußtsein nicht zur Kenntnis genommen — in einem gewissen Sinn den Anschein hervorrufen, das geliebte Wesen habe sich durch alle Gefühlserfahrungen angekündigt, die seinem Erscheinen vorausgingen. Man könnte an eine mystische Vorahnung glauben. Dabei hat sich nur das im Manne lebende, über seine Mutter und andere weibliche Menschen geprägte Bild von einer Frau übertragen. Bei der Frau wird das Vaterbild übertragen. Wir müssen uns aus dieser Sicht vor der Illusion hüten, das geliebte Wesen sei uns von der Vorsehung geschickt worden. Diese Vorahnungen sind nichts anderes als unsere Erfahrungen seit der Kindheit mit der Liebe und unser Bild vom geliebten Wesen, das wir seit der Kindheit als Bild in uns tragen.

Darum ist es so wichtig, daß Sie wissen, wie der Mensch beschaffen sein soll, mit dem Sie ein Leben lang zusammensein möchten. Wir müssen uns erst ein inneres Bild schaffen, und dann darauf warten, daß so ein Mensch auf uns zukommt.

Denken Sie ruhig einmal daran, daß es viele Menschen gibt, die immer alles bekommen. Scheinbar läuft ihnen das Glück nach. Warum ist das so? Weil sie sich ganz fest umrissene Vorstellungen von dem machen, was sie im Leben erreichen möchten. Wenn wir uns also so das »Bild schaffen« von dem Menschen, der an unserer Seite sein sollte, dann müssen wir uns aber auch damit auseinandersetzen, was wir diesem Menschen geben können, denn auch er will ja glücklich sein, will sich auf uns verlassen können. Es gehört also auch eine Liste unserer guten und schlechteren Fähigkeiten dazu.

Und wenn uns dann endlich irgendwann so ein Mensch begegnet, dann sollten wir um ihn werben, wir können uns ihm öffnen. Zuwendung ist Aufmerksamkeit, Achtsamkeit und Wachheit gegenüber dem anderen. Es ist interessierte, positive, verständnisbereite Wachsamkeit. Damit ist die Praxis des Lernens verbunden. Wenn positive Zuwendung und interessierte Aufmerksamkeit die Voraussetzungen für Liebe sind, dann können wir von dieser Aussage etwas lernen. Wir können lernen, uns anderen Menschen gegenüber wachsamer und bewußter zuzuwenden. Durch so eine Einstellung und Entscheidung wird viel bewirkt. Wir verlassen damit den allgemeinen Trott der Passivität und werden aktiv. Wir wenden uns anderen Menschen zu, wir werden aufmerksamer, wacher, bewußter. Unsere Sinne schärfen sich, und diese Zuwendung ist, wenn sie ohne Kritik oder Abwertung geschieht, bereits ein Eintritt in eine liebende Haltung.

Andere Menschen haben Fehler — wir haben Fehler. Manches mögen wir am anderen nicht, manches regt uns auf, anderes mögen wir mehr oder weniger. Menschen sind verschieden und das ist gut so. Nicht auszudenken, wie langweilig die Welt wäre, wären alle Menschen gleich. Stellen Sie sich einmal einen Menschen vor, der in jeder Hinsicht genauso wäre wie Sie. Er sähe genauso aus wie Sie, dächte genau wie Sie, hätte die gleichen Ansichten, die gleichen Werturteile, Wünsche, Ziele und Bedürfnisse. Wäre das nicht schlimm? Menschen müssen verschieden sein, damit wir unsere Erfahrungen austauschen können und die Möglichkeit haben, aneinander zu reifen. Weil es unterschiedliche Menschen, Ansichten und Meinungen gibt, gibt es Ablehnung und Zuneigung, Übereinstimmung und Streit.

Viele Menschen sind überaus vorsichtig, wenn neue Personen in ihr Gesichtsfeld treten. Würde diese neue Person sie, wie erwartet, ablehnen? Irgend jemand sagte einmal zu mir: »Mein Radar arbeitet immer auf fünfzig Meter Distanz.«

Aber während diese Menschen sich immer vor Ablehnung fürchten, fordern sie die Zurückweisung auch immer geradezu heraus. Sie schaffen für jeden potentiellen Freund, Liebhaber oder Ehepartner eine Testsituation nach der anderen. Versagt er oder sie in den Prüfungen, dann ist dies Grund genug, um den Betreffenden davon zu überzeugen, daß seine Ängste geradezu berechtigt sind, daß er oder sie nicht liebenswert ist. So folgt eine Prüfung auf die andere, bis irgendwann einmal der Mißerfolg eintrifft. Da diese Menschen von sich der Meinung sind, zu der »großen Liebe« fähig zu sein, trifft sie dann die Ablehnung besonders hart. So war das auch bei Hansi gewesen, als Karin sich endgültig von ihm löste. Hansi drückte es so aus: »Kein Wunder, daß Karin mich nie so richtig liebte, sie war zu müde, nachdem sie über so viel Stacheldraht geklettert war, um zu mir zu gelangen.«

Daran mag ein Teil Wahrheit sein. Aber eben nur ein Teil. Hansi ist der typische Gegenpol zum Narzißten. Karin hatte ihn sich unbewußt erwählt, weil sie gerade bei ihm jenen narzißtischen Teil ihrer Persönlichkeit leben konnte. Karin liebte — wie die meisten Narzißten — zwei Menschen, Hansi und sich selbst. Aber — und das ist das Maßgebliche — ihre Liebe zu Hansi war nichts anderes als die Projektion ihrer Eigenliebe und so betrachtet liebte sie zwei Menschen: sich selbst und sich selbst in Hansi. Darum dürfte Hansi es schwer haben, Karins Liebe zurück zu holen. Denn es war nichts verlorengegangen, man kann nicht etwas wiederholen, was nicht da war. Kann man Liebe denn überhaupt wieder herbeizwingen?

Nichts wäre gefährlicher, als wenn man eine Liebe, die verlorenzugehen droht, durch einen gesteigerten Aufwand von Gefühl, Affekt oder Leidenschaftlichkeit wieder herbeizuzwingen versucht. Dieses Anklammern am anderen droht diesen zu ersticken, er wird seinerseits versuchen, sich aus der Umklammerung zu befreien und sich höchstens noch mehr abwenden.

Wenn Liebe einseitig wird, wenn sie nicht mehr echt erwidert wird, dann ist nicht in erster Linie die Liebe gestört, sondern dann ist das gegenseitige Verstehen gestört. Zwangsläufig müssen wir nicht in erster Linie zur Liebe, sondern zum gegenseitigen Verstehen zurückfinden.

Liebe, die darauf verzichten müßte, wäre gar keine Liebe mehr, höchstens noch Liebesanspruch; Liebesverlangen oder leere Träumerei nach einer Liebe, die längst leise durch die Hintertür verschwunden ist.

Wer aber den Menschen, mit dem er zusammenlebt, mit Liebesan-

spruch, mit Liebesforderung bedrängt, wird nicht als liebender Mensch erlebt, sondern als Quälgeist. Wir spüren dann, daß hinter diesem Liebesanspruch eine starke Aggression verborgen ist.
Wenn beide Partner den Anspruch erheben, sich zu lieben, ohne zum gegenseitigen Verstehen zu kommen, dann kann das, was sie Liebe nennen, zur Hölle werden, ohne daß sie merken, woran es ihrer Liebe eigentlich fehlt.
Um Liebe können wir uns bewußt nicht bemühen, sie unterliegt nicht unserer willentlichen Kontrolle. Menschen haben aber die Möglichkeit, sich um gegenseitiges Verstehen zu bemühen.
Hansis Verhalten, seine Gefühle, Einstellungen und Lebenserfahrungen entsprechen genau denen eines Menschen, für den Liebe und Leiden zusammengehören. Er hat viele der Eigenschaften, die charakteristisch für Menschen sind, die glauben, aus einem großen, immervollen Liebestopf zu schöpfen. Trotz der Unterschiede in ihren Lebensgeschichten und unabhängig davon, ob sie nun eine lange, schwierige Beziehung zu einem einzigen Menschen durchgemacht haben oder eine Reihe von unglücklichen Affären mit mehreren unterschiedlichen Partnern — alle diese Menschen weisen typische gemeinsame Merkmale auf.
»Große Liebe« bedeutet etwas ganz anderes als zuviele Partner zu lieben, wie es im Don Juanismus vorkommt, oder sich zu oft zu verlieben. »Große Liebe« bedeutet: sich für einen Menschen bis zur Selbstaufgabe zu verzehren, diese Besessenheit mit Liebe gleichzusetzen, zuzulassen, daß sie die eigenen Gefühle und einen Großteil des Verhaltens bestimmt, zu erkennen, daß sie sich auf die eigene körperliche und seelische Gesundheit negativ auswirkt — und trotzdem nicht loslassen zu können. Es bedeutet, den Grad der Liebe zu einem anderen Menschen am Grad der mit ihr verbundenen Qualen ermessen.
Wirklich gelebtes Leben vollzieht sich als Wechselwirkung, in der Gemeinschaft, im Dialog, in der Auseinandersetzung zwischen Mutter und Kind, zwischen Angestellten und dem Chef, zwischen dem, was ein Mensch zu tun hat, zwischen ihm und seiner Aufgabe. Wirklich gelebtes Leben, das heißt, aus dem Leben so viel Erkenntnis, so viel Freude und Lust herauszuholen, als es zu geben vermag. Liebe und Leiden, diese Begriffe stehen nicht zusammen im Buch des

Schicksals, sondern im Buch der Lebenslügen, nämlich an der Stelle, wo wir uns etwas vormachen über unsere Gefühle, über unsere Einstellungen zum Partner, über unsere Bedürfnisse und Wünsche.
Manch einer mag denken: »Wichtig ist für mich das Glück meiner Familie, oder gesund bleiben und arbeiten zu können, damit ich die Familie erhalten kann.« Solche und ähnliche Antworten entsprechen dem, was man allgemeinhin für wichtig hält. Aber nichts von dem ist wirklich konkret. Es klingt allerdings immer höchst bedeutungsvoll, wenn man seine Arbeit und seine Familie in den Mittelpunkt stellt. Nur betrügt man sich selbst damit. Wer an solche Wertungen tatsächlich glaubt, begeht den verhängnisvollen Irrtum, anzunehmen, daß alles, was bei anderen Anerkennung findet, auch wirklich wichtig sein muß. Wir sind mit der ständigen Gefahr konfrontiert, die Wichtigkeit der Dinge, die uns betreffen, nicht selbst zu bestimmen, sondern dies dem Urteil anderer zu überlassen. Damit überlassen wir anderen unser Schicksal, unser Leben, wir werden fremdbestimmt, anstatt selbstbestimmt zu leben.
Gil und Thomas, zwei junge Leute, schafften es, ihr eigenes Spiegelbild im anderen zu erkennen. Sie haben daran gearbeitet, sich von alten Grundmustern zu lösen. Die beiden hatten mindestens zwanzig »Scheidungen« hinter sich, wie sie erzählten. Aber sie waren nie vor dem Scheidungsrichter gestanden. Immer wieder hatten sie sich zusammengerauft, immer sich wieder gestritten und vertragen, zwischendurch hatten sie eine tiefe Kluft zwischen sich gespürt und dennoch den Weg wieder zueinander gefunden.
Zwei trügerische Mythen sorgen immer wieder dafür, daß es in einer Partnerschaft zur Katastrophe kommt. Der eine ist der des »richtigen« Partners; der andere ist der Glaube, daß es jene »richtige« Verhaltensweise gäbe, die Friede, Freude und Glück gewährleistet. So glauben nicht wenige, daß alle Probleme gelöst wären, wenn sie nur den richtigen Partner finden würden. Haben sie dann die richtige Person gefunden und auch einen befriedigenden Weg, der diesem Stadium gemäß ist, versuchen beide Partner, jede Veränderung zu unterbinden. Das läuft etwa auf dasselbe hinaus, als wollten sie Ebbe und Flut zum Stillstand bringen. Veränderung kommt auf jeden Fall zustande, nur geschieht sie so im Untergrund, versteckt, und wenn sie dann ans Tageslicht kommt, wird sie als katastrophal

erlebt. Statt sie zu begrüßen, wird sie von den Partnern als vernichtend empfunden. Es ist dann nicht möglich, daß beide versuchen, einen anderen zu finden, wo Veränderung nicht stattfände, damit sie nie mit der Notwendigkeit konfrontiert werden, sich selbst ändern zu müssen. Die gute Ehe, so wie ich sie mir vorstelle und die mir sinnvoll erscheint, ist eine Beziehung, die gerade darin besteht, daß sie — im Dialog — Veränderungen bewirkt und auf diese Weise sowohl Wachstum wie Identität und ein Gefühl des Verwurzeltseins entstehen können. Nach dieser Vorstellung stellt die Veränderung nicht eine Gefahr für die »gute« Ehe dar, sondern sie ist vielmehr die Frucht davon.

Aber das weiß man nicht so recht in der Zeit, da man heiratet. Da heiratet irgendwann ein Mann eine Frau, die ihn liebt. Er weiß zwar nicht, ob sie die Richtige ist, und ob er sie liebt, aber wer kennt sich schon mit diesen Gefühlen aus? Er sicherlich nicht, er muß an andere Dinge denken — die Karriere, das Hobby, den Sport, später die Kinder. Jedenfalls wird er die Lage schon bewältigen. Sie ist eine »Arbeitgeberin« mehr. Im Arbeitsvertrag steht: »Liebe beweisen!« Weil man jederzeit auch Gegenforderungen stellen kann, und vor allem Geld für die Familie verdienen muß, wird sich die Sache schon bewältigen lassen.

Dieser Mann wird oft bis an sein Lebensende nicht wissen, ob er seine Frau geliebt hat. Aber er gewöhnt sich an sie, wird abhängig von ihr. Er hat den Kopf frei. Das ist sehr angenehm. In vielen Fällen verkraftet die Frau die Situation gut. Sie zieht die Kinder groß, sucht sich vielleicht irgendwann einmal eine Arbeit, beschäftigt sich mit ihren Steckenpferden und ihren Freundinnen. Probleme treten erst dann auf, wenn sie aussteigen will, wenn ihr die Sicherheit nicht mehr reicht. Sie wird dann zunächst versuchen, den Mann zu verändern. Er soll gefühlvoller werden, ihr deutlicher zeigen, daß er sie gerne hat, sie nicht einfach wie ein Werkzeug oder einen Sex- und Haushaltsroboter benutzen, sondern auf ihre Persönlichkeit eingehen, sich für sie interessieren. Sobald sie anfängt, ihre »Dienstleistungen« häuslicher und vor allem emotionaler Art einzuschränken, weil sie sich mit ihnen nicht »wirklich« gemeint fühlt, gerät die Beziehung in eine Krise. Die nicht im Gefühlsausdruck, sondern in wechselseitigen Leistungen wurzelnde Beziehung droht ihre Grundlage zu verlieren. Der Mann ist ratlos: Wieso funktioniert nicht mehr, was so lange funktioniert hat? Er kann es sich schließlich auch nicht aussuchen, ob er damit zufrieden sein will, in der Firma als Werkzeug benutzt zu werden. Er kann sich da viel weniger beklagen, als es seine Frau jetzt bei ihm tut. Er kann seinem Chef nicht empfehlen, psychologische Bücher zu lesen, um ihn besser zu verstehen.

Die Frau ist kaum in einer besseren Lage. Sie spürt zwar, daß ihr etwas fehlt, aber sie tadelt an ihrem Partner ein Stück ihrer eigenen Angst. Schließlich hat sie gewußt, daß er kein strahlender Gefühlsheld war, den sie damals geheiratet hat, sondern ein zuverlässiger, tüchtiger, etwas zugeknöpfter Mann, dessen sie sich sicher sein konnte. Nun muß sie erkennen, daß ihre Mühe, ihn zu öffnen und zu lockern, wenig Erfolg verspricht, ihr Warten unbelohnt bleibt. Aber es ist unsicher und nicht nur wirtschaftlich schwierig, auf eigenen Füßen zu stehen. Das gilt gerade dann, wenn sie schon viel für den Mann getan hat. Sich zu trennen, heißt auch, die Anstrengung abzuschreiben. Es hat nichts gebracht. Im schlimmsten Fall kann das zu einer jener Scheidungen führen, in denen um jeden Teller prozessiert wird und man ihn lieber zerschlägt, als ihm den einst angetrauten Partner zu überlassen. Im »günstigeren« Fall mündet diese Situation in eine tiefe Resignation, in ein emotionales und sexuelles Verstummen der Partner, die nun wirklich wie zwei Roboter nebeneinander leben, ohne die Lebenslügen, die zeitlebens zwischen ihnen bestanden haben und nun vielleicht auf einer anderen Ebene bestehen, zu erkennen.

Unsere Technik ist von den Zwängen geprägt, welche die möglichst wirksame Nutzung von großen Geldmengen schafft. »Ich habe zuviel in diese Beziehung investiert«, lautet eine geläufige Formel, mit der oft die depressive Verarbeitung von Verlusten verbunden ist. ›Wirtschaftliches Denken‹ wie Investitionskontrolle, Risikoverteilung, Kostenüberwachung und Bilanz lassen sich mehr oder weniger deutlich in vielen intimen Beziehungen auffinden. Sie sind dabei selten die Prinzipien erster Ordnung. Sie werden erst dann eingeführt, wenn die Betroffenen ein- oder mehrmals gescheitert sind. Zunächst dienen sie dazu, das Scheitern zu erklären. Man hat zuviel hineingesteckt und nicht aufgepaßt, ob man es wiederkriegt.

Man hat sich getäuscht; der Partner hat um Gefühle betrogen wie ein Handelspartner, der Schwarzgelder auf ein Nummernkonto in der Schweiz transferiert. Hier verbirgt sich ein ernsthaftes Problem. Der unglückliche Mensch, der zu dem Schluß kommt, er habe zuviel in eine Beziehung investiert, begräbt damit eine Hoffnung, es gäbe in dieser Geldwelt einen freien Raum für seine Gefühle. Dies war der Traum, den er beenden will. Wenn er in Zukunft seine Gefühle wiegt, Kostenkontrolle einführt, und sich gelegentlich eine Bilanzprüfung verordnet, dann hat er genau die Gesetze, denen er doch entrinnen wollte. Es wiederholt sich, was sich schon in Millionen einzelner Szenen abgespielt hat: die Gesetze der Geldwelt zerfressen gefühlsbestimmte Werte, deren Unschätzbarkeit erst erkannt wird, wenn sie dahin sind.
Lebenslügen unterscheiden sich von Verfahren, Ritualen und allen Arten von Zeitvertreib hauptsächlich durch zwei Merkmale: 1. durch die Tatsache, daß sie von verdeckten Motiven beherrscht werden, und 2. durch ihren Nutzeffekt. Verfahren mögen erfolgbringend, Rituale wirkungsvoll und alle Arten von Zeitvertreib nutzbringend sein, aber ihrem Wesen nach sind sie alle offen und ehrlich; sie können mit einem Wettstreit verknüpft sein, nicht aber mit einem Konflikt, und was dabei herauskommt, mag aufsehenerregend sein, aber dramatisch ist es nicht. Andererseits ist jede Lebenslüge ihrem Wesen nach unehrlich, vor allem sich selbst gegenüber, und das Ergebnis ist nicht nur erregend, sondern häufig erfüllt von einer echten Dramatik. Lebenslügen nehmen im seriösen Alltagsleben einen sehr breiten Raum ein. Die Frage lautet: Sind sie für den Einzelnen auch etwas, was ihm weiterhilft, sind sie für ihn »ertragreich«? Wo liegt der »Nutzeffekt«? Nun, es gibt für jeden eine ganze Menge (Schein-) Nutzeffekte. Vieles wird übertüncht, eingelagert, zugemauert und nicht mehr gespürt. Daß aber diese »Zeitbomben« in Form von chronischen Krankheiten weiterwuchern, das entzieht sich der Kenntnis des Betreffenden. Häufig stellt sich die Frage: »Warum bin ich so krank?« Auf die verdrängten Lebenslügen kommt keiner. Im Volksmund herrscht das Sprichwort: »Lügen haben kurze Beine«, man kommt damit nicht weit. Aber wie weit kommen wir mit den unentdeckten, den verborgenen Lebenslügen? Haben die nicht auch »kurze Beine«, indem sie unseren Lebensfluß blockieren?

Solange wir keine klaren Begriffe und Vorstellungen von der inneren Wirklichkeit erworben haben, bleiben wir unverstanden und größtenteils in einem Gefühlsnebel verborgen. Wer die innere Wirklichkeit ignoriert, gleicht einem Blinden, der die Realität von Farben leugnet, weil er sie nicht kennt. Wer die Gesetze und Zusammenhänge der inneren Wirklichkeit mißachtet, gleicht einem Kapitän, der nur mit dem Teil des Eisberges rechnet, der aus dem Wasser ragt.
Aus Unwissenheit über die Zusammenhänge in der inneren Realität flüchten sich Laien und Fachleute in äußere Begründungsklischees, womit aber die inneren Ursachen noch nicht geklärt sind. Eltern signalisieren ihren Kindern, daß bestimmte Gefühlsäußerungen »unschön«, »schlecht«, »falsch«, »gefährlich« oder »böse« sind. Das Kind selbst sei »schlecht« oder »böse«, wenn es solche Gefühle habe. Manchmal werden solche Verhaltensäußerungen dem Kind auch unverschlüsselt mitgeteilt: »Wehe, du unterstehst dich...« (zu schreien, Fragen zu stellen, zu lachen, Zuneigung zu zeigen), »das gehört sich nicht«. In anderen Fällen werden solche Gefühlsverbote nonverbal vermittelt. Die Eltern wenden sich ab, runzeln die Stirn, greifen schnell ein anderes Thema auf, sobald sich im Ausdruck des Kindes ein unerlaubtes Gefühl zeigt. In jeder Familie werden andererseits bestimmte Gefühle und Verhaltensweisen positiv gemeistert. Das können Trauer, Trotz, Furcht, überschäumende Fröhlichkeit sein oder andere Gefühle. Welche es sind, hängt jeweils vom familiären oder sozialen Verhaltensmuster ab. Auch innerhalb einer Familie werden bezüglich des Geschlechts unterschiedliche Reaktionen gezeigt. Jungen dürfen etwas anderes als Mädchen, für das ältere Kind gelten andere Gesetze als für das jüngere Kind. Kein Wunder, wenn Kinder schon irritiert sind, wenn es um ihre Gefühle geht. Wir bevorzugen und »erlauben« uns Gefühle, die uns als Kind eingeprägt wurden, die in »unserer Familie« erlaubt waren. Es bilden sich sogenannte Ersatzgefühle, was bedeutet, daß die Lebenslügen schon in der Kindheit beginnen.
Schon in dieser Zeit verursacht der Druck der »unerlaubten« Gefühle Unbehagen. Dieser Druck veranlaßt uns, Ersatzgefühle zu schaffen und uns in ihnen wohl zu fühlen. Aus dieser Situation suchen wir uns andere Menschen, werden mit unseren Ersatzgefühlen

zu Gefühlsausbeutern. Wir versuchen mit anderen eine Beziehung anzuknüpfen, die den anderen nicht wieder so leicht losläßt. Menschen wie Hansi zum Beispiel, der in seiner Kindheit schon ein »angepaßtes« Kind war, wird über »große Liebe« immer wieder vom andern Liebe »fordern«. Wobei diese Forderung nichts anderes als ein Ersatzgefühl darstellt.

Werden im Alter von zwei bis vier Jahren Gefühle und Verhaltensweisen falsch eingeordnet, so entwickelt das Kind auch die entsprechenden Überlebensstrategien. Sie bleiben ein ganzes Leben lang im betreffenden Menschen als Lebenslüge erhalten. Anderen gegenüber äußern sie sich dann in Form von Übertragungen. Eine bekannte Form von Strategie wäre dann: »Ich werde in mir nie Wut, Haß oder Zorn zulassen. Wenn ich das zulasse, riskiere ich, daß andere mich als bös ansehen und sich von mir abwenden.« Das hat dann zur Folge, daß gestaute Emotionen sich in einer unkontrollierten Situation »entladen« oder selbstzerstörerisch sich gegen den betreffenden Menschen richten, was zur Folge haben kann, daß sich eine chronische Erkrankung manifestiert. So eine Strategie ist natürlich nicht bewußt geplant, sie ist über eine frühkindliche »Entscheidung« entstanden und ist ein Bestandteil des Grundmusters.

Ersatzgefühle sind Empfindungen mit falschem Ton, einem schalen Beigeschmack. Wenn wir einen Menschen einigermaßen kennen, erkennen wir auch seine Ersatzgefühle. Ersatzgefühle sind wie eine Unendlich-Tonbandkassette, sozusagen »irgendwie praktisch«. Jemand hat natürlich einen unbewußten Grund, sich so oder so zu äußern. Der Umwelt aber kommt es vor wie eine unendliche Platte. Mit ähnlichen oder neuen Begründungen wird immer wieder dieselbe Sorte Empfindungen gezeigt. Dabei sind viele der so präsentierten Gefühle ab einer gewissen Stufe — die dem Erwachsenen jedoch nicht bewußt ist — in Wahrheit aufgesetzt.

Das ist ja gerade die Funktion der präsentierten Gefühle, wenn auch der Betreffende es selbst nicht wahrnimmt, sich und anderen bestimmte Gefühle vorzumachen, um andere, darunterliegende Gefühle zu ersetzen. Immer dann, wenn in bestimmten Situationen solche unbewußten, verdeckten Gefühle, die die betreffende Person selber nicht identifizieren kann, an die Oberfläche des Bewußtseins treten, macht sich statt dessen ein Ersatzgefühl bemerkbar. Es ist begleitet von dem Verlangen, jemand anderen von der Echtheit des eigenen Empfindens zu überzeugen, also dieses Ersatzgefühl durch »streicheln« bestätigt zu bekommen.

Clarissa, eine junge Frau von 38 Jahren, beispielsweise, lebte auf diese Weise. Sie war immer »lieb«, schmeichelte sich in andere Familien ein, machte sich die Ehefrau zur Freundin, versuchte sich dem Ehemann freundschaftlich zu nähern, um dann in dieser Familie durch Intrigen, die ihr selbst nicht einmal bewußt waren, ein Chaos anzuzetteln, das die jeweiligen Eheleute in schwere Krisen stürzte. Sie selbst war ohne Vater großgeworden, die Mutter lebte zerstörerisch ihren Männerhaß über die Tochter aus. So entstand auch in Clarissa ein unbändiger Männerhaß, den sie aber durch ihr ständiges »Liebsein« kaschierte. Clarissa wollte Macht, wollte nicht mehr hilflos der Mutter ausgeliefert sein, darum suchte sie sich unbewußt eine Familie aus, wo sie diese Macht ausspielen konnte, die sich dieser »Freundin«, die doch soviel von der Welt verstand, unterwarf.

»Wer einmal lügt, dem glaubt man nicht«, heißt es im Volksmund. Das hat zur Folge, daß man einem Gefühlsausbeuter, der über Ersatzgefühle lebt, auch echte, angemessene Regungen nicht mehr abnimmt. Denn wer einmal auf einen Gefühlsausbeuter hereingefallen ist, wird sich natürlich hüten, es ein zweites Mal zu tun. Wenn wir beispielsweise bei einem Menschen schon einmal Traurigkeit, Sorgen oder Angst erlebt haben und erkannten, daß dies »irgendwie nicht echt« war, dann werden wir auf diese »Platte« nicht mehr hereinfallen.

Um derartige Ersatzgefühle besser zu erkennen, möchte ich Ihnen an dieser Stelle die Scala derartiger Gefühle einmal aufzeigen:

1. Körperliche Grundbedürfnisse. Verlangen nach Streichelkontakten, Impulse zu körperlichem Ausdruck (Gesicht, Rumpf, Gliedmaßen), Bewegungsfähigkeit, Empfindungen (Riechen, Tasten, Hören, Sehen), Wut, keimende sexuelle Gefühle.

Ersatzgefühle: Chronisches Unbefriedigtsein, Nervosität, Ekel, Reizbarkeit, Erschöpfung, Verzicht (»Ich brauche das nicht«), Übersättigung, Brechreiz, Nikotin- und Alkoholsucht, Kleptomanie, Hypersexualität, leichte Depression.

2. Wohlgefühl, Unbehagen, Zufriedenheit, Freude, Enttäuschung, Schmerz, Wut, Ärger, Furcht, Verwirrung, Leere (Verlust), Wünsche und Sehnsüchte, Hoffnung, Selbstbewußtheit oder -wahrnehmung, echte Hilflosigkeit, Allmachtsphantasien, Haß, Wunsch zu zerstören oder zu besiegen.
Ersatzgefühle: Psychosomatische Leiden, einschließlich Verdauungs-, Haut- und Atembeschwerden, »lieb und nett-sein«, Trotz, »immer gleich eingeschnappt-sein«, Opferhaltung (Märtyrer), Hoffnungslosigkeit, hartnäckige Bestätigungsforderungen, mäkeln an sich selbst und an anderen, Feindseligkeit und Gewalt, ausbeutende Trauermasche.

3. Neugier, Überschwenglichkeit und Ausgelassenheit.
Ersatzgefühle: Nervöse Wißbegierde und Fragerei, Voyeurismus, klagen, jammern, nörgeln, Geschäftigkeit.

4. Bedürfnis nach Ausdruck und Weiterentwicklung, natürliche Aggressivität, Freude am Wettstreit, Neid, Ärger.
Ersatzgefühle: Krankhafter Ehrgeiz, Wertungen im Sinne von: »Ich bin gut, du bist bös« — »Dir geht es gut, mir nie«.

5. Gefühle, bezogen auf das sich entwickelnde Bedürfnis nach Identität und Selbstbestimmung.
Ersatzgefühle: Hartnäckiger Sarkasmus, Aufsässigkeit: »Mich werdet ihr nie kleinkriegen.« — Gereiztheit, sich geistesabwesend verhalten, Gewalt.

6. Anerkennungsbedürfnis. Gefühle bezogen auf das Verlangen nach Vertrautheit (Einfühlungsvermögen), echte Traurigkeit, echtes Bedauern, sorgen.
Ersatzgefühle: Plump-vertrauliches Gutgelauntsein, zuviel Geselligkeit, Parties, Angst vor dem Alleinsein, Schuldgefühle, Scham.

7. Sexualität, Liebe, Bindung.
Ersatzgefühle: Die Ersatzgefühle für Sexualität sind unzählig, hier wird über die Sexualität sehr viel anderes ausgelebt.

8. Echtes Selbstwertgefühl mit voller Anerkennung des anderen. Realistisches Gefühl des: »Ich bin in Ordnung — Du bist es auch.«
Ersatzgefühle: Aufgesetzte Zuversicht, Euphorie, forcierte Hoffnung,

immer nachsichtig sein, uneinfühlsames, den anderen behinderndes Liebes- und Beglückungsverlangen. Alles, was du brauchst, ist Liebe, Liebe, große Liebe.

Natürlich kann diese Skala nur andeuten, was sich auf diesem Gebiet tut. Die Ersatzgefühle sind vielseitiger und für den Laien kaum zu überschauen. So kann zum Beispiel Traurigkeit ein echtes Gefühl sein, weil es für den Menschen ein Ereignis gegeben hat, das eben echte Trauer zur Folge hat. Auf der anderen Seite sind Menschen traurig, ohne einen konkreten Anlaß zum Traurigsein zu haben. Haß kann als Bestandteil der Liebe ein Notsignal sein, etwa so: »Ich fühle mich von dir vernachlässigt, ich liebe dich noch, aber du beachtest mich nicht.« Auf der anderen Seite kann Haß ein Ersatzgefühl sein, vor allem dann, wenn er mit Neid gepaart ist. Er kann eine Projektion sein, der Haß, der gezeigt wird, gilt eigentlich dem Vater, von dem man sich in der Kindheit vernachlässigt fühlte, statt dessen trifft er den Ehemann aus nichtigem Anlaß. Einem echten Gefühlsausbeuter wird nicht dadurch geholfen, daß man ihn geradewegs auf seine Gefühlsausbeutung hin anspricht. Vielmehr läßt sich nur etwas ändern, wenn er zunehmend fähig wird, sich die darunterliegenden Gefühle bewußt zu machen. Ich möchte Ihnen noch einen weiteren Anhaltspunkt liefern, wie Sie sich eine ungefähre Vorstellung von den verdeckten Gefühlen eines Menschen mit Ausbeutungstendenzen verschaffen können. Denn um Ersatzgefühle zu entlarven, müssen wir erkennen, was sie verdecken und was die eigentlichen Gefühle bewirken.

1. Wut (einschließlich Zorn, Reaktionen auf Frustrationen, Eifersucht, Neid, Grausamkeit, Konkurrenzgefühle, Gier, Rachegedanken usw.). Diese Gefühle erzeugen Veränderungen im Denkvermögen, im Blutdruck, in der Adrenalinausschüttung unter anderem.

2. Liebe (einschließlich des Verlangens nach Zärtlichkeit, Sinnlichkeit, Sexualität, Intimität, Vertrautheit, Treue usw.). Diese Gefühle gehen mit Veränderungen im Blutkreislauf, in den Drüsenfunktionen, in der Muskelspannung einher usw.

3. Trauer (einschließlich weinen, Sehnsucht, Sorgen, Verzweiflung, Verwirrung). Diesen Gefühlen entsprechen Tränen, Veränderung in der Drüsenfunktion und im Blutdruck (Niederdruck, »Ich bin niedergeschlagen«), Reaktionen im Magen (die Situation nicht verdauen zu können).

4. Freude (einschließlich Spontanität, Sich-eins-fühlen, Neugier, Aufregung, Unternehmungslust, Verspieltheit, Kreativität). Diese Gefühle und Verhaltensweisen äußern sich in der Veränderung der Drüsenfunktion in Richtung Ausgeglichenheit, Entspannung.

5. Angst (einschließlich Kampf-Flucht-Reaktionen, Furcht und Schamgefühl). Angst bringt Veränderungen in der Drüsenfunktion im Blutkreislauf, Schweißausbruch mit sich.
Angst gilt als Grundgefühl. Angst wird von so vielen anderen Gefühlen begleitet, so daß man nicht klar erkennen kann, was das tatsächliche Grundgefühl ist. Wie wir noch sehen werden, erscheinen in den meisten Fällen tiefsitzende Schuldgefühle als Grundgefühl.

Wenden wir uns jetzt noch mal unserem Grundmuster zu. Wie wir gesehen haben, ist der Narziß zu keiner eigentlichen Liebe zu einem anderen fähig, weil er in seiner »Liebe« zum anderen nur sich selbst liebt. Ich habe gesagt, daß die Grundmuster zweier Menschen zueinander passen, damit jeder seine Rolle spielen kann. Wie schaut nun die sogenannte große Liebe aus, die Hansi zu Karin empfindet? Ist sie wirklich so groß, oder ist sie voller Ersatzgefühle? Die sogenannte große Liebe ist in der Regel auch immer eine erpresserische Liebe. Sie »kleidet« sich gerne in Überbesorgtheit, hinter der sich in Wirklichkeit Herrschsucht, geboren aus einer Verlustangst, verbirgt. Erreicht der »große Liebende« nicht, was er erreichen möchte, greift er nicht selten zu stärkeren Mitteln, zu Selbstmordandrohungen und vor allem zum Erwecken von Schuldgefühlen im Partner; wenn auch das nicht ausreicht, verfällt der Betreffende in tiefe Depression und Verzweiflung. Formulierungen wie: »Wenn du mich nicht mehr liebst, will ich auch nicht mehr leben«, bürden dem Partner die Verantwortung auf, daß von seinem Verhalten das Leben des »großen Liebenden« abhängt. Der Narziß hingegen läßt sich kaum in die »Schuldecke« drängen. Aus seiner Eigenliebe heraus fühlt er sich in Ordnung, er ist okay, Schuld und Schuldgefühle kennt er kaum. Dieses Abprallen der zugeschobenen Schuld trifft den großen Liebenden um so härter, seine Herrschsucht, seine Verzweiflung und seine Depressionen verstärken sich noch mehr. Ist der Narzißmus aber nicht stark ausgeprägt, neigt der Betreffende zu Weichheit; und nimmt er die zugeschobenen Schuldgefühle an, durchschaut er die Situation nicht, können sich hier Tragödien abspielen, die ausweglos werden, wenn die gegenseitige Verstrickung schon sehr tief ist. Dann ergibt es jene Beziehungen, die vom Partner nur noch aus Angst, Mitleid und Schuldgefühlen gehalten werden, in denen Haß und Todeswünsche unter der Oberfläche schwelen. Auch Krankheit kann als erpresserische Waffe angesetzt werden und zu ähnlichen Tragödien führen.

Für Hansi ergibt sich folgendes Gefühl: Je tiefer er liebt, je mehr hat er zu verlieren, und bei der Gefährdung menschlichen Lebens suchen wir schließlich alle nach einem Stück Geborgenheit, die wir am tiefsten in der Liebe zu finden hoffen. Das Abweichen vor der Selbstfindung bietet keine Sicherheit vor Verlustangst. Im Gegenteil; weil wir damit vor etwas, das uns aufgegeben ist, ausweichen, konstellieren solche Menschen gerade das, was sie vermeiden wollen. Zum Partner-sein gehört eine schöpferische Distanz, die es beiden Partnern ermöglicht, sie selbst zu sein, sich selbst zu entwickeln. Wirkliche Partnerschaft ist nur möglich zwischen zwei eigenständigen Menschen, nicht in einem Abhängigkeitsverhältnis des einen vom anderen. Wer sich nicht traut, ein eigenständiger Partner zu sein, dem droht gerade dadurch die Gefahr des Verlustes; denn durch die Abhängigkeit und die zu geringe Selbstachtung gerät er in die Gefahr, die Achtung des anderen zu verlieren und fordert damit heraus, nicht »für voll« genommen zu werden. Wer andererseits den Partner zum unmündigen Kind zu machen versucht, muß damit rechnen, daß dieser sich irgendwann befreien und seinerseits ernstgenommen werden will, oder daß er seine Toleranzgrenze überschreitet und böse reagiert.

Das Problem der Liebe liegt in unserem Innersten, nicht auf unseren Zungen: es liegt in unseren Absichten, nicht in unseren Wörterbüchern. Wir mißverstehen die Liebe, weil wir uns entschlossen haben, der Macht zu huldigen; uns fehlt es nicht selten an Mitgefühl, weil wir von Kontrollwut besessen sind; wir bringen die Gründe des Herzens zum Schweigen, weil wir uns für den Weg des herzlosen Wissens entschieden haben, ganz gleich, wohin er uns führt; wir bewundern nicht, weil wir darauf beharren, daß jedes Ding und jede Person nützlich sein muß; wir wundern uns nicht, weil wir das Reale auf das Meßbare reduzieren; wir kümmern uns nicht, weil wir zu dem Glauben gelangt sind, daß es sich für einen Mann oder eine Frau besser verzinst, die Ehe einzutauschen gegen ein Stück Teilhabe an der »Aktion«. Wir investieren unsere Hoffnung in die private Erfüllung von Liebe, daß sie unsere Verletzungen und Enttäuschungen heilt, die uns in unserem öffentlichen Leben in Institutionen, Firmen und Bürokratien zugefügt werden. Damit die Liebe existieren kann, muß es zwei Wesen geben, die sich aufeinander zubewegen, aber niemals vollends eins werden. Lieben ist eine nicht endende Wanderung zwischen Bindung und Rückkehr zu unseren Grenzen, ist Zusammenkommen und Auseinandergehen. Liebe ist also nicht nur ein Drängen auf das »Ja«, nicht nur Sehnsucht nach Vereinigung, nach Umarmung und Einklang. Der Drang zum Abenteuer ruft uns auf, uns gegen Vater und Mutter zu wenden, in das Fremdenhaus zu treten und etwas zu schaffen, das es in unserem Leben noch nie gegeben hat. Ohne das Nein, ohne zu negieren, ohne den Mut zu opponieren und die Kühnheit, uns von der Vergangenheit abzunabeln, gäbe es keine Freiheit, keinen Geist, keine Liebe. Die Kraft, die uns dazu treibt, uns mit den inneren Gegensätzen auszusöhnen, wird immer in Widerspruch zu dem Impuls stehen, der uns zu uns selbst zieht. Um unsere Freiheit zu erringen, müssen wir uns entscheiden, wir kommen an eine Weggabelung, entweder — oder. Wir müssen wählen. Wir verzichten auf phantastische Abenteuer, um uns auf eine einzige Richtung festzulegen. Um ein einziges »Ja« zu sagen, müssen wir hundertmal nein sagen.

Das erste und schwierigste »Nein« ist die Entscheidung, unsere Bande mit dem Zuhause zu lösen, die Entfremdung zu ertragen, die sich unweigerlich einstellt, wenn man alles Vertraute hinter sich läßt. Wir sind versucht, in Sicherheit zu bleiben und der Tragödie auszuweichen. Aber wenn wir das tun, werden sich alle Tugenden der

Kindheit in Abhängigkeit und Unselbständigkeit verwandeln. Anstatt Verantwortung zu übernehmen, entwickeln wir uns zu Reaktionären; statt kreativ, werden wir konservativ.

Um etwas zu erschaffen, müssen wir erst zuhören lernen. Kein neues Gebäude kann auf einem Grund entstehen, bevor das alte nicht eingerissen ist. Um ihre Liebe aufrechtzuerhalten, müssen ein Mann und eine Frau sich ständig verbinden und trennen, sich mit dem anderen, gegen den anderen, weg von dem anderen und über den anderen hinaus entwickeln. »Ja« und »nein« sagen. Liebe ist Schicksal und Gnade, nicht Arbeit oder Leistung. Sie verspricht, daß man »eines zauberhaften Abends« auf der anderen Seite des überfüllten Raumes einen Fremden erblickt und sofort spürt: »Du bist mein Schicksal.« Sie lädt uns ein, die Kontrolle zu verlieren und uns Gefühlswallungen hinzugeben. »Der ist es und kein anderer«, hilflos, aber glücklich wie ein Kind, empfänglich aber nicht verantwortlich. »Du hast meine Liebe geweckt, ich wollte es nicht.« Wir können die Bürden der Mäßigung, der Vernunft, all die strengen Tugenden, um die wir ständig uns bemühen, ablegen, wenn »der alte Zauber uns in seinen Bann zieht«. Eine sanfte Gewalt reißt uns aus unseren Gewohnheiten. Liebe ist geoffenbartes Geheimnis. Das Geheimnis ist im Herzen verborgen. Heimat ist da, wo das Herz schlägt. Unsere Hände mögen schuften, unsere Hirne erfinden, aber nur durch die Öffnung des Herzens wird die Welt zu einem heimischen Herd. Liebe ist Bewunderung. Irgendwie fühlen wir uns in Anwesenheit der geliebten Person demütig, als sei uns eine große, unverdiente Ehre zuteil geworden. Auf der anderen Seite: Kein Mensch kann immer nur von Liebe leben. Jede Beziehung zwischen zwei Menschen wird in dem Maße erfolgreich sein, indem der eine die Liebe des anderen annehmen kann. Selbst wenn wir hundert Prozent geben, wird das, was wir geben, um die Hälfte reduziert, wenn der andere nur fünfzig Prozent davon annehmen kann. Das ist das große Dilemma des in diesem Kapitel beschriebenen Grundmusters. Wenn in diesem Grundmuster viele Lebenslügen verborgen sind, reduziert sich das alles durch diesen Punkt des Gebens und Nehmens.

Demaskierung der Abhängigkeit

Jemanden zu besitzen ist Macht und gibt Macht. Wir wissen dies meist nicht im positiven Sinn. Deutlich wird das durch die Erinnerung an jene Situationen, in denen wir uns dadurch in unserem Besitzanspruch bezüglich Mann, Freundin, Freund oder Kind bedroht fühlten. Wer fühlte sich da im Innern nicht gefährdet, wenn unsere Frau über einen anderen Mann — oder auch nur über eine andere Frau begeistert redet, oder das Kind eine andere Mutter oder Vater lobt? So fühlen sich viele Männer dauernd verlassen, gekränkt, angegriffen, verletzt. Das fängt früh an, und dieses Gefühl des sofortigen Verlassenwerdens und des Verrats ist der Bumerang der männlichen Notwendigkeit von Überlegenheit und Herrschaft. Es ist die Rache eines menschen-unwürdigen Vorganges, der Macht für Liebe eintauscht. Eine umfassende Theorie von der Liebe der Söhne zur Mutter und deren Unerreichbarkeit wurde aufgebaut, ohne in Betracht zu ziehen, welche Auswirkungen die Herrschaft der Väter über die Mütter auf die Kinder hat. Wenn Knaben fühlen, daß sie sich nicht von ihren Müttern lösen können, so hat das vielleicht mit der Art und Weise zu tun, mit der solche Frauen ihre Söhne zu einer solchen Bindungsjagd bringen. Direkte Verführung führt da zum selben Resultat wie Unerreichbarkeit. Was dabei gelernt wird, ist, daß das Besitzen von anderen das Wichtige ist. Und dieser Irrglaube hat schon manche Tragödie im Gefolge gehabt.

Es ist die alte Sklavenhalterei, die das Lob- und Tadelsystem für sich beansprucht, das in diesen Irrglauben hineinführt. Unser Schulsystem, unsere Industrie, unsere Bundeswehr und viele andere Gruppierungen der Gesellschaft beruhen auf der Annahme, die menschliche Natur sei so beschaffen, daß man dem Einzelnen nicht trauen dürfe, daß er von Klügeren oder Höhergestellten gelenkt, belehrt, bestraft, belohnt und beherrscht werden müsse. Dieses System kann nur funktionieren, solange »Niedere« glauben, daß es so seine Richtigkeit habe. Freilich, wir leben in einem demokratischen Rechtsstaat, aber leben wir auch in einer demokratischen Zelle dieses Staates in einer demokratischen Familie? Sicher solange nicht, solange das Prinzip des Besitzanspruchs vorherrscht, solange Menschen glauben, sie besäßen die anderen in irgendeiner Form.

»Alle Macht in den Händen des Volkes« besagt auch, daß diese Macht von manchem Glied dieser Kette mißbraucht wird, wenn wir die geprügelten Frauen und Kinder einmal anschauen, aber auch wenn wir uns die ausgebeuteten, ausgenutzten Männer ansehen. Welches psychologische Klima wäre geeignet, die Fähigkeit des Einzelnen zu verstehen, und welches psychologische Klima müßte herrschen, damit der Einzelne in die Lage versetzt ist, sein Leben zu meistern, in optimaler Weise freizusetzen?

Für ein solches wachstumförderndes Klima sind drei Voraussetzungen nötig, ob es sich nun um die Beziehung zwischen Eltern und Kind, Lehrer und Schüler, Chef und Mitarbeiter handelt, sie gelten faktisch für jede Situation, in denen der Glaube an eine persönliche positive Entfaltung im Spiel ist.

Die erste Forderung wäre, jedem Mitglied der Familie, jedem Schüler oder jedem Untergebenen, Raum zu geben. Raum geben bedeutet, den anderen so sein zu lassen, wie sein innerer Zustand es gerade zuläßt. Raum geben bedeutet, ihm Schmerz und Kummer zuzugestehen, wo er sie empfindet. Raum geben bedeutet, den anderen in seinem Menschsein zu akzeptieren, wie er sich der Welt selbst darstellt. Unsere Gefühle des Mitgefühls, des Miterlebens, des Mit-ihm-seins sind es, die anderen helfen und ihm die Einstellung von mehr Raum vermitteln.

Die zweite Einstellung, die sich für das Entstehen eines Klimas der Veränderung als wesentlich erweist, ist das Akzeptieren, die Anteilnahme oder Wertschätzung — die bedingungsfreie positive Zuwendung. Darin liegt der Grundsatz, den Menschen so zu nehmen, wie er ist, zuzulassen, daß er so sein darf, wie er ist. Und eines ist er mit Sicherheit: er ist niemandes Besitz! Um so eine Haltung anderen Menschen gegenüber zu entwickeln, werden wir zunächst uns für uns selbst öffnen, die Bereitschaft, für uns und andere dazusein, beginnt bei uns selbst.

Die dritte Kategorie in diesem Zusammenhang ist das einfühlende Einverständnis in den anderen. Wie wollen wir uns selbst und andere verstehen lernen, wenn es uns nicht gelingt, uns in andere Menschen einzufühlen?

Wenn wir vom Besitzanspruch ausgehen, dann wissen wir, daß dieser Besitzanspruch auch mit einer bestimmten Bedürfnisbefriedigung zusammenhängt. Wenn ein Mann seine Frau als Persönlichkeit betrachtet, wird offenkundig, wie unwahrscheinlich es ist, daß er alle ihre gesellschaftlichen, sexuellen, emotionalen und intellektuellen Bedürfnisse befriedigen kann. Mit der gleichen Klarheit erkennt die Frau, daß sie diesem Mann nicht alles sein kann. Diese Einsichten werden um so unabweisbarer, wenn wir nicht nur die Gegenwart, sondern ein jahrelanges Zusammenleben ins Auge fassen.

Es ist daher nur realistisch, anzuerkennen, daß jeder der beiden Partner dem anderen einen größeren Freiraum für Interessen und Beziehungen außerhalb der Partnerschaft sowie Zeit zum Alleinsein einräumen muß — all jene Elemente, die das Leben bereichern. Dies steht in keinem Widerspruch zu einer fortgesetzten Bemühung um ein umfassenderes und vertieftes gemeinsames Leben. Es bedeutet lediglich, daß beide Partner lernen, nicht alles gemeinsam tun zu müssen.

Wenn ich von Besitzstreben spreche, dann müssen wir die Sache etwas abgrenzen. Um überleben zu können, ist es erforderlich, daß wir bestimmte Dinge besitzen, behalten, pflegen und gebrauchen. Dies gilt für *unseren* Körper, für Nahrung, Wohnung, Kleidung und für Werkzeuge, die zur Befriedigung unserer Grundbedürfnisse nötig sind. Hier können wir auch von existentiellem Besitzen sprechen, da sie in der menschlichen Existenz wurzeln. Es ist ein rational gelenkter Impuls, der dem Überleben dient — im Gegensatz zum charakterbedingten Besitzen. Dieser leidenschaftliche Trieb, sich Dinge und Menschen »anzueignen«, sie zu besitzen, zu »behalten«, ist nicht angeboren, sondern hat sich durch die Entwicklung der gesellschaftlichen Bedingungen für uns entwickelt. Das existentielle Besitzen gerät nicht in Konflikt mit unserem innerlichen Sein, wohl aber charakterbedingtes Besitzen.

»Ich hatte es ihm gesagt: ›Bruno, ich möchte ausziehen.‹ Ich hatte eine kleine Wohnung in Neuhausen gefunden. Er wurde ganz blaß. ›Bruno‹, sage ich, ›du bist doch auch nicht immer glücklich gewesen.‹ Er fragte: ›Denkst du an die Kinder?‹

Ich sagte, daß ich die ganze Zeit an die Kinder denke und was ihnen dadurch genommen wird... Aber es ging nicht mehr anders.

An dem folgenden Sonntag habe ich dann ein paar Sachen zusammengepackt, Kleider, Töpfe...«

Annelies, fünfunddreißig Jahre alt, Oberstudienrätin an einem Gymnasium in München. Der Nachmittag, den sie mir schildert, liegt fast schon vier Jahre zurück. »Die Kinder waren bei Freunden, wir hatten einen kleinen Garten zu unserer Erdgeschoßwohnung, da schien die Sonne hinein. Irgendwie war durch das schöne Wetter alles total unwirklich. Bruno saß im Wohnzimmer auf dem Sofa. Als ich mit dem Koffer in der Hand vor ihm stand, sagte er auf einmal so etwas, was er in all den Jahren, die wir uns kannten, nie gesagt hatte, mich aber immer wieder spüren ließ: Er sagte, daß er mich liebt, daß ich ihm gehöre, daß er mich nie an jemanden andern ›abtreten‹ würde. Auch ich hatte in all den Jahren gedacht: Er gehört mir, mir ganz allein. Und so waren die Jahre auch gewesen, wir hatten aneinander geklammert, uns nicht aus den Augen gelassen, wir waren wie zwei Ertrinkende, die sich gegenseitig ›retten‹ wollten und doch immer tiefer hinabsanken.«

Sie ging oft hin und her während unseres Gesprächs, legte lange Pausen ein. »Es war alles so schwierig, was sagt man Kindern, die einen fragen: ›Warum gehst du weg?‹ Meine beiden Töchter waren sieben und neun, ich wollte wenigstens ehrlich zu ihnen sein. ›Weil ich Bruno, euren Vater, nicht mehr liebe‹, habe ich gesagt. Aber, war ich wirklich ehrlich, liebte ich ihn wirklich nicht mehr oder würde ich wieder zurückkehren, wie schon so oft, weil ich spürte, daß ich ohne ihn nicht leben konnte?«

Das, was hier scheinbar so endete, war eine typische Gefühlsausbeutung.

»Bruno saß traurig auf dem Sofa. Er litt, das spürte ich. Mein Gott, das wollten wir uns nie wieder antun. Und doch passierte es, immer wieder.« Annelies und Bruno — zwei, die sich seit dem elften Lebensjahr kannten. Nachbarskinder im Villenort Bogenhausen. Als sie innerhalb einer Wohngemeinschaft während der Studienzeit zusammenzogen, dachten sie nicht an eine dauernde Bindung. Und doch begannen beide dermaßen zu klammern, sie erlebte es so, als konnte keiner mehr ohne den anderen.

Wie kommt es dann, wenn zwei Menschen, die derartig aneinander klammern, doch auseinandergehen? Zwei Menschen mögen viel gegenseitige Energie darauf verwenden, sich in Abhängigkeit zu halten. Aber sie können sich nicht ewig schützen. Das Leben geht weiter: Kinder werden geboren, Angehörige sterben. Die berufliche Entwicklung, ein Umzug, neue Kontakte und Freunde, andere kulturelle Aktivitäten als bisher schaffen neue Lebensumstände. Solche Veränderungen treffen fast zwangsläufig den einen Partner tiefer und schneller. Sie schränken die gegenseitige Verfügbarkeit ein. Früher oder später stimmt also das Gleichgewicht der Gefühlsausbeutung nicht mehr.

Stellen Sie sich einmal zwei Bretter vor, die aufrecht aneinander gelehnt einen spitzen Winkel bilden. Keines der Bretter kann sich allein aufrechterhalten. Sie bleiben stehen, weil sie aneinandergelehnt sind und einander stützen. Rückt man eines der Bretter, so fällt das andere — wenn man losläßt auch beide — mit Sicherheit um.

Viele Zerstörungsprozesse im Zusammenleben beginnen in der partnerschaftlichen Anpassung. Wer sich dem anderen fügt, oder die Anpassung des Partners stillschweigend akzeptiert, kann sich nicht vorstellen, daß sein Leben im Saitenspiel der Welt erklingen kann. Welche Gegenkräfte blockieren derartige, mögliche Strömungen? Auf der einen Seite die schlechten Erfahrungen mit früheren Partnern, die mißtrauisch gemacht haben, oder übermäßige Anpassung in der Kindheit an Eltern und Geschwister, oder das Schicksal des dominierenden, isolierten Einzelkindes und vieles mehr.

Im Laufe des Lebens verkriechen sich immer mehr Menschen hinter »Masken«. Sie bestehen aus Verhaltensmustern, die man sich im Laufe des Lebens zugelegt hat, auferlegt durch Erziehung, durch die Kultur, in der wir leben, die Menschen, mit denen wir verkehren, und so weiter. Im weiteren Verlauf legen wir uns immer mehr Masken zu, hinter denen wir uns verstecken. Der Verlust des Daseinsgefühls hängt mit unserer Tendenz zusammen, die Existenz der Funktion unterzuordnen; wir erkennen uns nicht als die, die wir sind, sondern wir sind die Ärztin, der Ingenieur, die Schriftstellerin, der Busfahrer, die Verkäuferin, der stellvertretende Direktor einer Firma und was auch immer unsere Funktion sein mag. Auf der anderen Seite ist dieser Verlust des Existenzgefühls durch den Trend zum Massenkollektiv und die verbreiteten konformistischen Tendenzen in unserer Gesellschaft bedingt.

Wir passen uns an unsere Umwelt an, wir passen uns an den Partner an, wir passen uns an unsere Masken an. Die Natur beeinflussen wir nicht durch unsere Anpassung; das Wetter zum Beispiel läßt sich durch unsere Anpassung nicht beeinflussen; anders ist es mit unseren Mitmenschen. Wenn wir erwarten, daß sich uns jemand anpaßt, dann können wir ihn manipulieren. Das Wesen von Beziehungen bedeutet, daß sich zwei Menschen ständig verändern, häufig genug anpassen, der eine mehr als der andere. Und immer weniger taucht in der Masse das Verlangen auf, sich zu sich selbst hin zu entwickeln. Die Unterdrückung kritischen Denkens beginnt meist schon frühzeitig. So erkennt vielleicht schon ein fünfjähriges Mädchen die Unaufrichtigkeit seiner Mutter auf subtile Art daran, daß diese zwar immerzu von Liebe und Freundlichkeit spricht, aber tatsächlich kalt und egoistisch ist, oder auf gröbere Weise, wenn es merkt, daß die Mutter mit einem anderen Mann ein Verhältnis hat, während sie ständig ihre hohen moralischen Grundsätze betont. Das Kind fühlt die Diskrepanz. Sein Gefühl für Gerechtigkeit und Wahrheit ist verletzt. Weil es aber von der Mutter abhängig ist, die keinerlei Kritik erlauben würde, und weil es vielleicht einen schwachen Vater hat, auf den es sich nicht verlassen kann, ist es gezwungen, seine kritische Einsicht zu verdrängen. Schon sehr bald wird es die Unaufrichtigkeit und Untreue der Mutter nicht mehr bemerken. Es wird die Fähigkeit zum kritischen Denken verlieren, denn sie beizubehalten wäre ebenso hoffnungslos wie gefährlich. Außerdem steht es unter dem Eindruck, es werde von ihm erwartet, daß es glaubt, daß seine Mutter aufrichtig ist und sich »anständig« verhält und daß seine Eltern glücklich verheiratet sind, und es wird sich diese Vorstellung bereitwillig zu eigen machen. Das Kind erkennt Lebenslügen als Überlebenschancen und wird sich im späteren Leben als Erwachsener unbewußt danach richten. Der Großteil aller Gespräche und aller Kommunikation — ob im Fernsehen, bei Unterhaltungen, überall, wo wir aufeinandertreffen und miteinander reden, dreht es sich um das, was die Leute schlecht finden — oder besonders gut, wenn es sie selber betrifft. Es hat sich eine Denkweise oder eine Art der Beziehung breitgemacht, die von Selbstgerechtigkeit und »Richtig-und-Falsch-Kategorien« stark geprägt ist. Dabei liegt die Betonung meist auf dem, was wir schlecht finden.

Grundlage dafür bildet die polarisierte Denkweise, die in unserer Gesellschaft üblich ist. Demnach kann etwas nur entweder gut oder schlecht, positiv oder negativ, oben oder unten sein. Auf der anderen Seite, solange wir ganz im Augenblick sind, kennen wir keine quälenden Vergleichszwänge, denn diese beruhen auf Vorstellungen, die uns vom Augenblick, in dem wir leben, trennen. Schon in der Kindheit haben wir diese Bewertungen gelernt und leben sie heute zwanghaft weiter: Wer war klüger, unser Bruder oder wir?

Wir leben, wie wir sind, reicht das nicht? Wenn es nicht reicht, leben wir nicht. Dann werden wir immer neue Vergleiche finden, bei denen wir schließlich den kürzeren ziehen. Wir suchen nach Erklärungen, warum wir nicht leben. Was wird denn im kommenden Jahr schöner sein? Der Frühling oder der Sommer oder gar der Herbst? Über derartige Vergleiche übersehen wir, wie schön der Augenblick sein kann. Es ist der vom Augenblick entfremdende Vergleichs- und Bewertungszwang, der uns einengt. Das Wesentliche aber ist, daß Vergleiche und Bewertungen zu Macht- und Konkurrenzkämpfen führen: in der Firma, im Sportverein, in der Familie. Nicht selten beginnen diese Macht- und Konkurrenzkämpfe, wenn wir an einem Menschen, mit dem wir es zu tun haben, etwas entdecken, was anders ist als bei uns selbst. Über den Machtkampf versuchen wir das Problem zu bewältigen. Wenn wir statt dessen den anderen akzeptieren, wie er ist, dann brauchen wir auch keine Macht- und Konkurrenzkämpfe. Bewertungs- und Vergleichszwänge, Konkurrenz- und Machtkämpfe haben eine gemeinsame Wurzel: den besitzorientierten Lebensstil. Ein besitzorientierter Mensch verwandelt alles, womit er in Berührung kommt, und alles, worüber er nachdenkt, in Eigentum. Frauen, Land, Sklaven, alles Dinge, die der Mensch in früheren Zeiten besitzen konnte. Für viele Menschen scheint sich das Denken noch nicht umgestellt zu haben, sie meinen immer noch, alles in Besitz nehmen zu müssen, was ihnen unter die Hände kommt. Die Zeiten des Raubrittertums sind noch längst nicht vorbei.

Der Weg zu uns selbst führt über das Loslassen: Aber das Loslassen ist etwas, das den meisten Menschen schwerfällt. Warum fällt es so schwer? Sicher hat dies etwas mit unserer Welt zu tun, denn sie ist eine Welt des Festhaltens und des Besitzens. Aber wer einmal die Erfahrung des Loslassens gemacht hat — wann immer es ihm »gelungen« ist —, hat in sich die Erfahrung von »Glück« machen können. Aber: Wenn Loslassen glücklicher machen kann als Festhalten, so können wir doch andererseits nicht loslassen, was wir vorher nicht haben. Und hier liegt die Chance: Eine Welt, die sosehr wie die unsere am Haben hängt, auch am Rechthaben, die müßte eigentlich ein riesiges Potential an Glück in sich tragen, auch die Welt des Einzelnen. Sprechen wir deshalb zuerst vom Festhalten. Am stärksten festhalten wollen wir einen Menschen, von dem wir geliebt sein wollen. Wir wollen ihn ständig an uns erinnern und dadurch etwas für unser Glück »machen«. Festhalten ist demnach verbunden mit Intoleranz, Ungeduld, Unkonzentriertheit, Zukunftsphantasien, Pläneschmieden, Selbstmitleid, mit Versuchen, den anderen einzufangen, ihn mit uns zu beschäftigen, ihn zu kontrollieren. Dazu gibt es Hunderte von Strategien. Es fällt auf, wie viele Worte, die für uns das Gegenteil von Loslassen ausdrücken, der Kriegs- und Strategiesprache entliehen sind: planen, wehren, blockieren, erringen, verteidigen, besetzen, gefangennehmen, kämpfen. Aber sogar Hoffnung kann ein Festhalten beinhalten, wenn der Hoffende das Ergebnis letztlich nicht offenlassen kann, sondern fixiert ist auf eine bestimmte Zukunft. Nicht loslassen kann auch jener, der sich verkrampft in seinem Körper festhält. Eine ganze Freizeit- und Pharmaindustrie lebt davon, verkrampften Körpern eine dauerhafte Entspannung vorzugaukeln, wo Gelassenheit heilsamer wäre.

Alle reden vom Frieden, gehen demonstrieren, reden von Raketenbasen, lassen ihre Angst um den Weltfrieden heraus, ziehen die Köpfe ein, wenn Unfrieden im Anzug ist, und kaum einer denkt dabei an den eigenen inneren Frieden. Aber Bewußt-*Seins*-Erweiterung kann nur im Einzelnen sich vollziehen. Bewußtseinserweiterung bedeutet Erweiterung im Sein, nicht im Haben. Sicher müssen wir uns auch mit der Außenwelt, unserem Umfeld auseinandersetzen. Unser Beitrag zur Lösung politischer und wirtschaftlicher Probleme unserer Zeit ergibt sich aus unserer Wachheit des Hinsehens und Da-Seins, wie wir auch umgekehrt als Kind unserer Zeit und unserer Welt Ergebnis und Teil ihrer Probleme werden und sind. Sind doch zum Beispiel unsere Vorstellungen über Ehe, über Geld, über alles, was uns zum Festhalten nötigt, von unserer Kultur mitgeprägt.

Die Art Halten, die Festhalten meint, scheint etwas mit Angst zu tun zu haben. Und wenn man in psychotherapeutischen Begegnungen etwa miterlebt, wieviele körperliche Schmerzen lieber in Kauf genommen werden, als einen Menschen, eine Sache, sich selbst loszulassen, dann muß dieses Loslassen wohl noch viel mehr Angst machen und noch schmerzlicher sein. Denn »scheiden tut weh«.
Warum kommen wohl Menschen so geduldig in Beratungen zum Therapeuten und geben Zeit und Geld dafür? Um eine bessere Kommunikation zu lernen? Um besser im Alltag zu funktionieren? Vielleicht auch das, aber: Womit sie alle nicht zurechtkommen, ist eben das Loslassen, das Abschiednehmen. Immer taucht die Frage auf: Und was kommt danach? Werde ich den Abschied überleben?
In einem Rundfunkvortrag in der Schweiz sagte August Hohler: »Alles Lebendige ist schön, alles Lebendige tut weh. Indem wir die Grenzen unserer Individualität öffnen und überschreiten, ist ohne Schmerz nichts zu haben. Das Loslassen in unserer Kultur des Festhaltens und Besitzens ist schwer zu lernen.«
Wie ist das aber mit dem Loslassen? Gibt es ein Patentrezept dafür? Sicherlich nicht. Wir können nur jenen zurufen, die verzweifelt nach dem Loslassen suchen: »Halte die Augen offen und atme.« Mit anderen Worten: verschließe dich nicht dem Leben, gehe bestimmten Dingen und Erlebnissen nicht aus dem Weg, gerade jenen nicht, die unangenehm sind. Denn in ihnen steckt der Widerstand, der das Loslassen verhindern will. Wie oft haben wir schon von einem anderen Menschen gehört, daß er sagte: »Ich werde dir verzeihen!« Oder: »Ich verzeihe dir!« Oder denken wir selbst nicht häufig, daß wir diesem oder jenem Menschen verzeihen möchten? In diesen Aussagen steht schon der Anspruch, daß wir gar nicht verzeihen können, manchmal auch auf einer Ebene nicht wollen. Wer meint, verzeihen zu müssen, der hat auch noch einen unbewußten Groll in sich. Echtes Verzeihen ist wie eine Tür, durch die man leise hindurchtritt. Kein Wort mehr über das, was vorgefallen ist, es ist vorbei, schon Vergangenheit. Wer verziehen hat, der redet nicht mehr, der hat etwas hinter sich gelassen, der hat einfach losgelassen. Es handelte sich um Gegebenheiten der inneren Realität des »Verletzten«, die im Außen auf ihn zukamen. Hat solch ein Mensch seine volle Selbstverantwortlichkeit erst einmal übernommen, sagt

er nicht mehr: »Ich habe dir verziehen«. In der Auseinandersetzung mit sich wird er seinen Anteil daran, seinen Konflikt, aufarbeiten, und aus dieser Selbstverantwortlichkeit heraus gibt es nichts mehr zu verzeihen.

Die schlimmsten Gefühle, die uns überfallen und zu verschlingen drohen, schmelzen in sich zusammen, wenn wir mit der Realität in Kontakt bleiben: mit den Augen in der Realität um uns herum; mit der Lunge in der Realität in uns, wenn...!

Und eben dieses »Wenn« ist so wichtig, denn so patentsicher für Loslassen gute Gefühle dieses Rezept funktioniert, so ungeheuer schwer ist es zugleich, und zwar gerade dann, wenn uns alle Kräfte in uns zwingen wollen, die Luft anzuhalten, die Augen zu verschließen und uns völlig zu verkriechen. Wir halten nicht nur fest, wenn wir körperlich verkrampft sind, sondern wir halten auch dann ganz wesentlich fest, wenn es um uns selbst geht: weil es ein anderer niemals getan hat oder zuwenig mit uns getan hat: uns festzuhalten. Nie gehalten worden zu sein, getragen, geborgen, zwingt uns zur Eigenhilfe, uns nicht loslassen zu können. So können wir auch unsere Umwelt nicht loslassen und halten uns an ihr fest, beuten sie aus, weil wir selbst nicht genug beschenkt worden sind. Und dieser Gedanke führt zum nächsten Punkt: Wenn Festhalten seine »Klangfarbe« und seinen »Beigeschmack« daraus erhält, je nachdem ob wir gehalten und geborgen worden sind, ober ob wir uns an uns selber festhalten müssen, dann ist Loslassen an sich wertvoller als Festhalten, dann geht es nicht um die Alternative frei zu sein oder gefangen zu sein, sondern dann geht es um die Alternativen freizugeben oder wegzuwerfen, sowie halten oder ausbeuten.

Und so können wir auch das Festhalten an einer falschen Religiosität oder an einer falschen Frömmigkeit als Stein auf dem Weg betrachten. Loslassen von dem kindlich naiven Glauben an einen Gott, der »irgendwo im Himmel« lebt, kann nützlicher sein als alles andere, und es kann die Freiheit und den Raum in uns für einen inneren Christus schaffen.

Eines der Hauptthemen des Alten Testaments ist: Verlasse, was du hast, befreie dich von den Fesseln, sei!

Je mehr wir vom Menschen wissen, um so deutlicher wird auch erkannt, wie sehr wir vom anderen abhängig sind, in welchem Ausmaß wir einander brauchen. Dies wurde fast vergessen, als der Einzelne zunehmend ein eigenes Ich zu entwickeln lernte, sich emanzipierte und sich von kollektiven Zwängen befreite. Die Folge waren seelische Verarmung bis hin zur Vereinsamung und Beziehungslosigkeit. Dies ist auch ein Zeichen, daß Emanzipation Halbheit, nicht Ganzheit anstrebt.

Kein Erfolg in der äußeren Welt kann dem Menschen helfen, seine innere Not einfach so zu überwinden. Häufig ist das Gegenteil der Fall: Das Erfolgsstreben treibt ihn immer nur noch mehr in die Sackgasse hinein, denn alles seiner eigenen Kraft zugeschriebene Gelingen verfestigt und erhöht nur noch die Wand, die ihn von seinem eigenen Wesen, das er laut Schöpfungsplan sein könnte, getrennt hält. Das erklärt auch die Tatsache, daß Lob und Anerkennung von Kollegen, des Chefs, der Familie auf Dauer keinen Segen bringen können, häufig ist das Gegenteil der Fall. Bei erfolgreichen Menschen nehmen Angst, Mißtrauen und innere Leere in dem Maße zu, in dem sie sich von anderen bewundert oder gar beneidet fühlen. Je höher ein Mensch steigt, desto größer wird die Gefahr, daß sein Weltgebäude, weil es an der Basis fehlt, wie ein »leeres Kartenhaus« zusammenfällt, weil tief im Inneren der SEINSGRUND fehlt.

Dazu braucht er seine Mitte, und seine Mitte kann nur der finden, der Mut genug besitzt, sich immer wieder der inneren Welt mit all ihren Gegebenheiten, wie Schatten und Böses, Anima und Animus, der eigenen Vergangenheit und Geschichte stellt. Wer nur auf die Kräfte seines denkenden Ichs baut, verliert seine inneren Wurzeln, und der »Baum des Lebens« trocknet allmählich aus. Wer an einer Wertwelt festhält, die weit entfernt ist von allem Natürlichen, wer sich herauszuwinden glaubt aus einem »Urwerk«, das alles SEIENDE umschließt, der ist in sich isoliert und blockiert.

Die weitverbreitete Tatsache, daß einige Gruppen sich von der Natur abschnüren, ist auf einer bestimmten Stufe menschlicher Entwicklung verständlich, denn aus der noch besitzergreifenden Sicht erkennt er die Zusammenhänge nicht. Solange der Mensch die Erde besitzen will, sie sich untertan machen muß, erfährt er nie den Seinsgrund und weiß nicht, wie es ist, auf der Erde, in der Welt zu SEIN.

»Es fehlte ein Gefühl des inneren Zusammengehörens«, sagte Annelies eines Tages. »In manchen Bereichen blieb Bruno mir fremd. Dazu gehörte auch die Sexualität. Als ich die Kinder kriegte, merkte ich, wie hilflos er war. Er mochte nicht mal beim Stillen zusehen. Ich war sehr alleingelassen in dieser › Action ‹, die sich dauernd bei uns abspielte.«

Sie saß mir gegenüber: eine außergewöhnlich attraktive Frau, salopp in Hose und Pulli, kurzes dunkles Haar, schwarze Augen, großer Mund, ohne Lippenstift. Sie sagte: »Ich hatte eine ungeheure Sehnsucht aufgestaut — schon lange, bevor ich dem anderen begegnete.« Der andere, das war Michael. Sie war 31 und Michael 17. Er war noch Schüler und brachte jeden Tag die Zeitung. Als er eines Tages das Zeitungsgeld kassierte, bat sie ihn herein. Sie unterhielten sich und sie verliebte sich in ihn. Annelies sah mich an: »Klingt abgegriffen, wenn man sagt, zwei Menschen sind füreinander geschaffen. Aber hier war es so. Er war für mich nie ein Junge, und ich für ihn nie so etwas wie eine Mutter. Der Altersunterschied hatte überhaupt keine Bedeutung. Wir liebten uns von der ersten Berührung an... und ich merkte erst, in welcher Kälte ich bis dahin gelebt hatte. Zärtlichkeit, nicht nur Sex. Miteinander ruhig sein, sich vertrauen. Das habe ich bei Michael gefunden.«

Sie wehrte sich nicht gegen dieses Gefühl. Erzählte ihrem Mann davon, in aller Offenheit, wie es bei ihnen üblich war. Er reagierte nach außen gelassen, er nahm die Sache scheinbar nicht ernst. Er wollte ein moderner Mann sein und spürte trotzdem die Verlustangst in seinen Gedärmen wühlen. Eines Abends aber lauerte er den beiden auf. Er verprügelte Annelies, und der »kleine Junge« war plötzlich kein Mann mehr, sah hilflos zu, begann einfach zu weinen, mehr nicht.

Bruno hatte seine Gefühle verleugnet, als er so tat, daß Michaels Auftauchen ihm nichts ausmachte. Aber dann hatte sein Kontrollverlangen gesiegt. Dieses Kontrollbedürfnis stammt aus der Kindheit. Seine Entstehung ist auf das häufige Erleben überwältigender Gefühle zurückzuführen, wozu Angst, Wut, unerträgliche Spannung, Scham, Schuld (bei Bruno noch das Schuldgefühl, sich nicht genügend um Annelies gekümmert zu haben) gehören. Ein Kind würde unter solchen Belastungen zusammenbrechen und handlungsunfähig werden, wenn es nicht Methoden entwickeln könnte, um sich selbst zu schützen. Zu diesen Methoden gehört die Verleugnung, ein starker Abwehrmechanismus und ein ebenso starkes unbewußtes Motiv, die Kontrolle. Wir alle schützen uns unbewußt immer wieder mit Hilfe der Verleugnung, ganz gleich, ob es eher um belanglose Dinge oder um wichtige Angelegenheiten und Ereignisse geht, sonst wären wir ständig damit konfrontiert, wer wir sind, was wir denken oder fühlen. Wir müßten Tatsachen ins Auge sehen, die weder unserem idealisierten Selbstbild noch unseren gegenwärtigen Lebensumständen gerecht würden. Verleugnung dient vor allem dem Nichtbeachten von Informationen, mit denen wir uns nicht auseinandersetzen wollen. Bruno hatte jahrelang geklammert, wollte Annelies nicht hergeben, wollte aber nicht mehr klammern, obwohl dieses Grundmuster noch gar nicht gewandelt war. So belog er sich selbst, wollte der verletzenden Tatsache nicht ins Auge schauen, daß Annelies mit einem »Buben« durchgebrannt war. Auch Annelies selbst benutzte die Verleugnung, schob einfach die Realität beiseite und redete sich ein, daß ihre Liebe mit Michael etwas ganz »Normales« sei, das völlig in Ordnung sei.

Verleugnung läßt sich als Verweigerung definieren, die Realität auf zwei verschiedenen Ebenen anzuerkennen: auf der Ebene dessen, was tatsächlich geschieht, und auf der Gefühlsebene.

Bruno hatte sich, wie er meinte, gut unter Kontrolle, aber dann brach die Kontrollschranke, er lauerte dem »Liebespaar« auf, und wiederum war es Kontrollverlust, der ihn dazu trieb, Annelies zu schlagen.

Wer so viel Wut in sich trägt, wie Buno zu der Zeit, als sie sich mit Michael zusammentat, der schlägt auch einmal zu. »Natürlich, dachte ich, das wäre meine Schuld«, sagte Annelies. Und in gewisser Weise stimmte das auch. »Ich liebte Michael, das ist sicher, ich liebte aber auch Bruno noch. Und so war diese Geschichte mit Michael auf einer Ebene auch eine Bestrafung für seine ewige Angst, mich zu verlieren.«

»Und wie war das mit deiner Angst, ihn zu verlieren?« fragte ich sie. Sie sah mich verständnislos an. Dann allmählich begann es ihr zu dämmern. »Du meinst...?«

»Ja, genau das. Hast du nicht von deinen andauernden Spannungen erzählt, und von der Befürchtung, ihn irgendwann an eine andere Frau zu verlieren?«

»Daran habe ich gar nicht gedacht.«
»Waren die Spannungen nun weg, als du Michael kennenlerntest, oder nicht?«
Sie horchte einen Augenblick in sich hinein. »Sie waren tatsächlich weg, aber ich dachte, sie wären weg, weil jetzt alles anders war.«
»Es war ja auch alles anders«, sagte ich, »du mußtest keine Angst mehr haben, Bruno zu verlieren, das lag hinter dir.« Es gibt viele Gründe, warum Männer Frauen schlagen, die Motive können einem tiefen Sadismus zugrunde liegen, es kann in den betreffenden Männern ein verborgener Haß und Bestrafungszwang sein oder ganz einfach, wie bei Bruno, Angst und Verzweiflung, seine Frau zu verlieren. Bruno jedenfalls mochte nur seine Angst und Verzweiflung gespürt haben. Auf einer tieferen Ebene allerdings kamen sein Besitz- und Machtstreben zum Ausdruck. Er wollte sie beide demütigen, seine Frau, die sich seinem Machtbereich entzog, und Michael, der hier eingedrungen war. Auf archaischer Ebene verteidigte er seinen Besitz.
Macht erzeugt ein Gefühl von Individualität — allerdings nur in bezug auf andere Menschen. Der Machtmensch kippt um, sobald er alleine dasteht, da seine Kraft sich nur mit der Fähigkeit, auf andere anziehend zu wirken, entfalten kann. Wenn die Reaktion darauf negativ ist, erlebt er sie als feindlich, denn eine negative Reaktion bestreitet ihm seine Individualität. Solche Menschen müssen Teil einer Masse sein, aus der sie lediglich durch ihre beherrschende Art herausragen. Echte Individualität haben sie nicht, da sie, abgesehen von ihrer Rolle, nämlich — wenn auch unbewußt — zu beherrschen, keine wirkliche Identität besitzen. Das charakteristische Merkmal des Machtmenschen ist Selbstgefälligkeit. Er erweckt den Eindruck, als sei er etwas Besseres, eine Art Übermensch, und alles, was er tut, ist darauf abgestellt, dieses Image auszubauen. Er muß erfolgreich sein, denn zu versagen wäre undenkbar, weil allzumenschlich und daher ein Eingeständnis von Schwäche. Nicht immer ist dieser Menschentyp mit seinen Lebenslügen zu erkennen. Er kann ein erfolgreicher Geschäftsführer sein, häufig sind erfolgreiche Sportler unter ihnen zu finden. Immer aber bemühen sie sich, erfolgreiche Liebhaber zu sein.
Wenn wir mit einem Selbstgefälligen über Lust zum Beispiel reden,

wird er seine Heldentaten aufzählen; reden wir über unsere Gefühle, so wird er darlegen, was er plant und vor hat. Unermüdlich kann er über sich selbst reden, nie jedoch auf einer vertrauten Ebene. Wird seine Selbstgefälligkeit angezweifelt, etwa dadurch, daß der Partner sich von ihm entfernt, bricht sein Scheingebäude zusammen, aus Stärke wird Schwäche, und nicht selten kann er sein Machtgebäude nur dadurch wieder aufrichten, indem er zu brutaleren Machtmitteln greift.

Besonders auf jene, die sich zu kurz gekommen fühlen, übt die Macht einen umwerfenden Reiz aus. Macht ist im allgemeinen die Fähigkeit, die Umwelt zu manipulieren und über sie zu verfügen. Der Mensch ist der größte Manipulator.

Bruno hatte in seiner Kneipe von ihrem »Verhältnis« gesprochen. Die Leute redeten über sie. Man tuschelte, steckte die Köpfe zusammen. Bruno hatte sein »Gut-Böse«-Spiel gespielt und sie damit manipuliert. Irgendwann trat wieder Ruhe ein. Auch Bruno schwieg nach den Prügeln lange Zeit. Dann wurde es ihm eines Tages doch einmal wieder zuviel. »Es wird mir nun doch zu komisch mit deinem kleinen Pinscher.« Annelies zu dieser Zeit war es längst so ernst, daß sie nächtelang wach im Bett lag und dachte, weg, ich will weg von Bruno, aber was tue ich mit den Kindern. Das ging nun schon mehr als zwei Jahre. Bruno wechselte zwischen Schweigen und aggressiven Ausbrüchen. »Ein paarmal hatte ich versucht, mich von Michael zu lösen, aber ich habe es nie geschafft. Selbst dann nicht, als ich erfuhr, daß Bruno der Schulbehörde den Tip mit Michael gegeben hatte, eines seiner berühmten Manipulationsspiele. Es war schlimm, ich liebte Michael, aber ich kam von Bruno nicht los.«

Das Heimtückische an der Macht ist, daß sie menschliche Beziehungen zerrüttet. Wer das Zepter schwingt, wird zu einem höheren Wesen, wohingegen der Untertan zum Gegenstand herabsinkt. Machtgebrauch leugnet die Gleichheit unter den Menschen und muß zu Streit und Feindseligkeiten führen. Das gilt besonders für enge, persönliche Beziehungen, wie sie in der Ehe bestehen. Im Augenblick, da zwischen der Beziehung von zwei Menschen die Machtfrage auftaucht, haben die beiden schon Schwierigkeiten am Hals, stets wird sich der Schwächere bedroht fühlen und es entwickelt sich ein heimlicher Machtkampf, der die positiven Gefühle und die Zuneigung, die jeder für den anderen empfindet, zerreißt. Die schlimmsten Schäden richtet Macht in den Beziehungen zwischen Eltern und Kindern an. Macht wird stets angewendet, um Kinder an die Kandare zu nehmen, vermeintlich zu deren Wohl, tatsächlich aber im Interesse der Eltern. Machtausübung, wie etwa beim Strafen, verneint die Individualität des Kindes, unterdrückt seinen Selbstausdruck und spricht ihm das Recht ab, anderer Meinung zu sein. Der Machtmensch wird immer bestrebt sein, über mehr Geld zu verfügen als andere Menschen. Geld hat eine große Anziehung auf unser Ich, da es einen Inbegriff von Macht darstellt. Jeder Zuwachs an Macht oder Reichtum gibt noch mehr Möglichkeiten der Ich-Befriedigung in die Hand der betreffenden Menschen, so daß ihr Ich auf den Gedanken kommt, es sei Herr und Meister seiner Welt. Vom Wissenserwerb (Wissen ist Macht) und der Beherrschung von Fertigkeiten bis hin zur Eroberung der Natur scheint kein weiter Weg, jedoch ist gerade dies der Unterschied, der den ichbezogenen, entfremdeten und machtbesessenen Menschen von dem trennt, der eins ist mit sich selbst. Der Machthunger spiegelt des Menschen Unsicherheit wider und ist das Anzeichen für ein unzulängliches Ich. Macht und Reichtum können unserer Lebenslust durchaus dienlich sein, aber nur, wenn sie nicht zu Lebenszielen werden.

»Dann hat das Schicksal eingegriffen«, sagte Annelies. »Ich glaube, es muß schon eine Katastrophe passieren, bevor man es schafft, mit dem Koffer in der Hand wegzuziehen. Bei uns war es ein schlimmer Autounfall.«

Sie erlebte einen Frontalzusammenstoß während eines Familienurlaubs in der Schweiz. Fahrer und Beifahrer im anderen Auto waren tot. Bruno und die Kinder hatten durch ein Wunder nur ein paar Kratzer. Annelies mußte aus den Blechtrümmern herausgesägt werden. Mit schwersten Verletzungen lag sie fast ein Jahr in einem Schweizer Krankenhaus. »So im Gipsbett, am Tropf, Blick zur Zimmerdecke — da geht einem allerhand durch den Kopf. Vor allem der Gedanke, daß du tot sein könntest. Daß es sich nicht lohnt, das Leben mit Täuschungen und Kompromissen hinzunehmen, hinter denen du nicht mehr stehst. Du hast nur dieses eine Leben, nicht wahr?«

Sie hebt die Schultern. »Daheim in München kamen Bruno und die Kinder auch ohne mich klar. Wenn Bruno mich besuchte, stand er am Fußende von meinem Bett, immer auf Distanz, es war wie nach der Geburt der Kinder. Aber in seinen Augen las ich manchmal einen leisen Triumph, als wollte er sagen: ›Das hast du nun davon. Ich brauchte dich nicht bestrafen, das hat schon das Leben getan.‹ Wenn Michael kam, das war dann immer irgendwie kitschig, ich spürte immer mehr, wie ich mich selbst belog und betrog, aber ich wollte es ihm nicht sagen.«

Wie wir an den bisherigen Darstellungen dieses Grundmusters sehen konnten, handelt es sich bei allen drei Beteiligten um Abwehr und Verleugnung, keiner von ihnen wollte den Tatsachen so recht ins Auge sehen. Erschreckend können wir auch die Tatsache feststellen, wie weit Lebenslügen in unser Leben hineinreichen, wie sie schließlich zerstören können. Vor allem, wenn wir erfahren, daß Annelies ihren um so viele Jahre jüngeren Freund tatsächlich geheiratet hat, um so das gleiche Spiel der Lebenslügen und Selbsttäuschungen auf anderer Ebene mit anderer Rollenbesetzung weiterzuleben. Sie hatte aus dem, was ihr das Leben zur Mahnung geschickt hatte, nichts gelernt. Dieser weibliche Persönlichkeitstypus bringt einen Mann unweigerlich in ein Dilemma. Wenn er eine solche Frau wie ein Kind behandelt, bestärkt er sie in ihrer Rechtfertigung des betreffenden Abwehrmechanismus und bestätigt sie in ihrer Unreife. Wenn er sie wie eine Frau behandelt, ignoriert er ihre infantilen Bedürfnisse nach Verständnis und Hilfe. Sie gleichzeitig wie ein hilfsbedürftiges Kind und gleichberechtigten Sexualpartner zu behandeln, ist unmöglich.

Annelies beklagte sich zum Beispiel darüber, daß Bruno nicht genügend Verkehr mit ihr habe und bei anderen Gelegenheiten nicht auf ihren Wunsch reagierte, in die Arme genommen und gehätschelt zu werden. Ein Mann kann die Kindfrau nicht befriedigen, welchen Weg er auch einschlagen mag, und deshalb kommt er sich über kurz oder lang schuldig vor und meint, er sei für ihr Unglück verantwortlich. Um die Rolle zu entlarven, muß man die äußere Erscheinung des Klienten als Facette seiner Persönlichkeit sehen. Aufgrund ihrer knabenhaften Figur sah Annelies sehr unschuldig und manchmal naiv aus, aber unsere Gespräche zeigten, daß sie sich viele Gedanken über Sexualität und das Leben gemacht hatte. Wenn das Erscheinungsbild eines Menschen übertrieben in einer Richtung wirkt, stellt man oft fest, daß es die entgegengesetzte Einstellung kaschieren soll. Mit der Zeit rechnen wir von vornherein damit, hinter der Maske des Clowns Trauer zu finden, hinter der augenscheinlichen Kraft des »Tyrannen« — wie bei Bruno — Furcht, hinter der Larve der Rationalität Wut. Ein ängstlicher oder verwirrter Ausdruck in den Augen, fest zusammengepreßte Kinnbacken und eine physische Starrheit des Körpers verraten Unsicherheit, die mit dem Rollenspiel verbunden ist.

Während ich mit Annelies über ihre offensichtliche Angst und Hilflosigkeit sprach, spürte ich ihr unbewußtes Bestreben, Sex als Falle zu gebrauchen. Mein Wissen um ihr Rollenspiel überzeugte sie davon, daß sie sich vor mir in acht nehmen müsse, sie fürchtete, ich würde ihr den Michael ausreden wollen. Das Grundmuster, nach dem Bruno und Annelies ihre Beziehung aufgebaut hatten, heißt: Macht, Beherrschen und Unterwerfung. Es gibt Fälle, wo dieses Grundmuster sehr viel klarer zutage tritt. Ich möchte allerdings in diesem Kapitel aufzeigen, wie versteckt, kaum erkennbar, Grundmuster sich zeigen können. Im Extremfall hätten wir es mit Sadomasochismus zu tun, die nie getrennt in sich auftreten, sondern beide Partner spielen beide Rollen, die des Sadisten und die des Masochisten wechselseitig immer wieder, einmal ist der eine der Sadist, der andere der Masochist; ein anderes Mal ist es genau umgekehrt. Bei Annelies und Bruno lief es bei dem Macht- und Unterwerfungsmuster genauso. Das unwirkliche Ziel, nach dem Annelies strebte, war eine Beziehung, in der sie sich völlig sicher fühlen konnte, weil der Partner nicht im Traum daran denken konnte, ohne sie auszukommen. Das Bedürfnis nach einer solchen absoluten Sicherheit weist darauf hin, daß eine tiefe innere Unsicherheit besteht. Daß sie das auch bei Michael nicht finden würde, scheint klar. Der große Altersunterschied zeigt zwar an, daß sie bei ihm nicht befürchten muß, beherrscht zu werden, es zeigt aber, daß sie ihn um so mehr beherrschen wird, wenn es für sie auch nicht erkennbar ist. Sie hat also ihre Lebenslügen nicht ablegen können, sondern hat sie in ein neues Gewand gehüllt. Noch so viel Ersatzbemutterung kann einem Menschen nicht die Geborgenheit geben, die er in der Kindheit entbehrt hat. Als Erwachsener muß er diese Geborgenheit bei sich selbst finden. Gleichgültig, wieviel Aufmerksamkeit, Bewunderung, Anerkennung man ihm gibt, die innere Leere wird niemals ausgefüllt. Dem ganzen Verhalten von Annelies liegt ein naiver Zug zugrunde. Erinnern Sie sich, was ich über Naivität und Arglosigkeit bereits in einem vorangegangenen Kapitel geschrieben habe. Annelies hatte zu Michael »ja« gesagt, hatte sich öffentlich zu ihm bekannt, also »mußte« sie ihn heiraten. Aber wenn man mitspielt, kann man oft zu der Ansicht kommen, das Spiel sei Leben, die Spielregeln seien die Regeln des Lebens und gewinnen oder verlieren bedeute den Sinn des Daseins.

»Als ich ein Jahr mit Michael verheiratet war«, erzählte Annelies, passierte es, daß er abends heimkam und ich ein Problem mit meinen Töchtern hatte. Ich wollte mit ihm darüber reden, aber er war mit seinen Angelegenheiten beschäftigt. Wir hatten verabredet, wir würden immer füreinander dasein. Ich habe mir immer seine vielfältigen Schwierigkeiten angehört, also bat ich ihn immer wieder, mir doch zuzuhören. Schließlich sagte er: ›Ich will dir nicht zuhören!‹ Ich sagte, ich könnte nicht das sein, was ich nach seiner Meinung sein solle, ich müsse ich selber sein. Worauf er entgegnete: ›Wo ist meine Frau? Du bist nicht die Frau, die ich kenne.‹ Bis dahin hatte Michael mich idealisiert und geglaubt, ich sei vollkommen. Er fühlte sich verraten, und ich fühlte mich auch verraten. Er wurde genauso wütend wie Bruno früher und ich zog mich immer mehr zurück. Er war enttäuscht über mich, weil ich das Haus nicht mehr in Ordnung hielt. Ich war nicht die verantwortliche Person, die er bewundert hatte. Ich war wütend und rasend vor bösen Gefühlen, die ich nicht ausdrücken konnte. Ich verfiel in Depression und begann zu begreifen, daß sich, seit ich Bruno verlassen hatte, nicht viel geändert hatte. Dabei war ich mit Michael noch enger zusammengekrochen als mit Bruno, ich wollte diesen Jungen spüren, vielleicht über seine Jugend mir meine Jugend wiederholen. Anfangs war es so schön, mit ihm so eng zu leben, doch es wurde immer mehr zur Last.«

Enge, Dichte und Nähe der Gefühlsbeziehungen bedeuten auch Fesseln und Kontrolle, alles Elemente, die Annelies schon in ihrer ersten Ehe kennengelernt hatte. Wo selbstverständlich ist, daß man füreinander da ist, gibt es auch keinen Raum mehr, den niemand unaufgefordert betreten kann. Beim zu nahe Aufeinanderrücken kann man auch von der Stärke schwacher Bindungen sprechen. Wenn niemand mehr, außer dem Psychotherapeuten, da ist, mit dem man über alles sprechen kann, dann will man auch von keinem anderen mehr mit Problemen behelligt werden. Es gibt eine Lebenswahrheit: Was zwei Menschen zusammenführt, das bringt sie auch wieder auseinander. Wie zwei Ertrinkende hatten Annelies und Michael sich aneinander geklammert, und jetzt war ihnen diese große Nähe schon zuviel. Natürlich dürfen wir nicht auf die Erfüllung bestimmter Erwartungen verzichten, dann könnten wir gleich auf die ganze Partnerschaft verzichten, wiewohl wir mit unseren Erwartungshaltungen vorsichtig sein sollten, sie kehren sich nicht selten ins Gegenteil um. Da, wo zwei Menschen sich wirklich verstehen, da müssen sie nichts erwarten, da erfüllen sich die Dinge über das gegenseitige Vertrauen. Dort, wo die Erwartungshaltung zu groß wird, da ist auch gleich Macht und Manipulation im Spiel.

Je mehr ein Kind heranwächst und sich von den primären Bindungen löst, um so mehr entwickelt sich bei ihm ein Suchen nach Freiheit und Unabhängigkeit. Wir können das Schicksal dieses Suchens nur dann ganz verstehen, wenn wir uns klarmachen, was da abläuft. Dieser Prozeß hat zwei Aspekte. Der eine besteht darin, daß das Kind körperlich, seelisch und geistig kräftiger wird. Gleichzeitig werden diese Sphären immer mehr integriert. Es entwickelt sich eine organistische Struktur, die vom Willen und von der Vernunft des Betreffenden gelenkt wird. Wenn wir dieses organisierte und integrierte Ganze der Persönlichkeit als das Selbst bezeichnen, so können wir auch sagen, daß die eine Seite des Wachstumsprozesses das Wachstum der Stärke des Selbst ist. Dem Wachstum der Individuation und des Selbst sind Grenzen gesetzt, teils durch individuelle Bedingungen, aber im wesentlichen durch die gesellschaftlichen Umstände. Denn wenn auch die Unterschiede zwischen den einzelnen Menschen in dieser Hinsicht groß erscheinen mögen, so kennzeichnet doch jede Gesellschaft ein gewisses Individuationsniveau, über das der normale Einzelne nicht hinausgelangen kann.

Der andere Aspekt der Individuation ist die zunehmende Vereinsamung. Die primären Bindungen bieten Sicherheiten und eine ursprüngliche Einheit mit der Welt außerhalb. Je mehr das Kind aus dieser Welt herauswächst, desto mehr merkt es, daß es allein und von den anderen getrennt ist. Diese Lostrennung von einer Welt, die im Vergleich zur eigenen individuellen Existenz überwältigend stark und mächtig, oft auch bedrohlich und gefährlich ist, erzeugt ein Gefühl der Ohnmacht und Angst. Solange man ein Teil jener integrierten Welt war und sich der Möglichkeiten und Verantwortlichkeit individuellen Tuns noch nicht bewußt war, braucht man auch keine Angst davor zu haben. Ist man zu einem Individuum geworden, so ist man allein und steht der Welt mit allen ihren gefährlichen und überwältigenden Aspekten gegenüber.

Es kommen Impulse auf, die eigene Individualität aufzugeben und das Gefühl der Einsamkeit und Ohnmacht dadurch zu überwinden, daß man völlig in der Außenwelt aufgeht. Diese Impulse, diese neuen Bindungen, die sich daraus ergeben, sind jedoch mit den primären, im Wachstumsprozeß gelösten Bindungen nicht identisch. Genau wie ein Kind physisch niemals in den Mutterleib zurückkehren kann, so kann es auch psychisch den Individuationsprozeß nicht rückgängig machen. Alle Versuche, es doch zu tun, nehmen daher zwangsläufig den Charakter einer Unterwerfung an, bei dem der grundsätzliche Widerspruch zwischen der Autorität und dem Kind, das sich unterwirft, nie beseitigt wird. Bewußt mag das Kind sich sicher und zufrieden fühlen, aber unbewußt merkt es, daß es dies mit dem Preis der Stärke und Integrität seines Selbst bezahlen muß. So hat die Unterwerfung des Menschen genau das Gegenteil dessen zur Folge, was damit beabsichtigt war. Sie vergrößert die Unsicherheit des betreffenden Menschen und erzeugt gleichzeitig Feindseligkeit und Aufbegehren, was um so anstrengender ist, als es sich eben gegen die Personen wendet, von denen der Mensch mit seinem inneren Kind auch weiterhin — oder erneut — abhängig ist.

Aber die Unterwerfung ist nicht der einzige Weg, der Einsamkeit und Angst zu entgehen. Der andere Weg — der einzige, der produktiv ist und nicht mit einem unlösbaren Konflikt endet — besteht darin, daß man mit seinen Mitmenschen und der Natur spontan in Beziehung tritt, und zwar in eine Beziehung, welche den Einzelnen mit der Welt verbindet, ohne seine Individualität auszulöschen.

Diese Art der Beziehung — deren beste Formen Liebe und Arbeit sind — wurzelt in der Integration und Stärke der Gesamtpersönlichkeit, weshalb ihr dieselben Grenzen gesetzt sind wie dem Wachstum des Selbst.
Abhängigkeit hat die Tendenz, die Unabhängigkeit des eigenen Selbst aufzugeben und es mit irgend jemand oder irgend etwas außerhalb seiner selbst zu verschmelzen, um sich auf diese Weise die Kraft zu erwerben, die dem eigenen Selbst fehlt. Es handelt sich also darum, neue »sekundäre« Bindungen als Ersatz für die verlorenen primären Bindungen zu suchen.
Deutlich erkennbare Formen dieses Mechanismus sind das Streben nach Unterwerfung und nach Beherrschung oder — besser gesagt — die masochistischen und sadistischen Strebungen, wie sie in unterschiedlichem Grad bei normalen und neurotischen Menschen anzutreffen sind.
Die häufigsten Formen, in denen masochistische Strebungen auftreten, sind Gefühle von Minderwertigkeit, Ohnmacht und individueller Bedeutungslosigkeit.
In extremen Fällen findet man neben der Neigung, sich herabzusetzen und sich äußeren Mächten zu unterwerfen, die Tendenz, sich selbst zu verletzen und leiden zu machen. Diese Neigung kann verschiedene Formen annehmen. Es gibt Menschen, die in Selbstbeschuldigung und Selbstkritik schwelgen, wie sie es selbst ihren ärgsten Feinden kaum vorbringen würden. Andere, wie zum Beispiel manche Zwangsneurotiker, neigen dazu, sich mit Zwangsriten und Zwangsvorstellungen zu peinigen. Wie masochistische Handlungen, die nicht nur sexueller Natur sein müssen, gibt es im gleichen Menschen auch sadistische Züge. Unterwerfung und gleichzeitig in anderen Situationen zu quälen und beherrschen sind Charakterzüge dieses Grundmusters. Sowohl die masochistischen als auch die sadistischen Strebungen dienen dazu, dem Betreffenden zu helfen, seinem unerträglichen Gefühl von Einsamkeit und Ohnmacht zu entrinnen. Oft ist dieses Gefühl nicht bewußt, oft überdecken es kompensatorische Gefühle von eigener Überlegenheit und Vollkommenheit, man braucht jedoch nur tief genug in die unbewußte Dynamik eines solchen Menschen einzudringen, und man wird unfehlbar auf diese Gefühle stoßen. Solche Menschen fühlen sich

»frei« im negativen Sinn, das heißt, allein mit ihrem Selbst und mit einer entfremdeten, feindlichen Welt konfrontiert. Es sieht so aus, als ob die Tendenz, sich zum absoluten Herrn über einen anderen Menschen zu machen, das genaue Gegenteil der masochistischen Tendenz wäre, und es ist verwirrend, daß diese beiden Tendenzen so eng miteinander verknüpft sein sollen. Zweifellos ist der Wunsch, abhängig zu sein oder zu leiden, in seinen praktischen Konsequenzen das Gegenteil des Wunsches, selbst zu herrschen und andere zu quälen. Psychologisch jedoch entspringen beide Tendenzen ein und demselben Grundbedürfnis, das aus der Unfähigkeit stammt, die Isolation und Schwäche des eigenen Selbst zu tragen. Am Ende solcher Entwicklungen steht nicht selten die totale Ohnmacht, wie es Annelies erleben mußte. Sie hatte mich eingeladen, ihr »Zuhause« kennenzulernen. Ihre beiden Töchter lebten seit einiger Zeit bei ihrer Mutter. Silke lernte ich bei meinem Besuch kennen, eine Fünfzehnjährige mit langen blonden Haaren, sehr dem Vater ähnlich, sagt Annelies. Mit ihm gibt es keine Auseinandersetzungen mehr. Bruno ist im Auftrag seiner Firma nach Libyen gegangen. Ich stehe mit Annelies in der Küche. Sie gießt kochendes Wasser in die Teekanne. »Und nun hat mich Michael verlassen«, sagt sie. »Vor zwei Wochen ist er ausgezogen. Mit dem Koffer in der Hand ist er gegangen — so ähnlich wie ich damals. Jetzt ist er es, der keine Kompromisse machen kann.« Es fällt ihr schwer, darüber zu sprechen.

»Was für eine Geschichte soll ich dir erzählen? Ich bin fünfzehn Jahre älter als er... Er hat sich in eine junge Frau verliebt. Er möchte eigene Kinder, er möchte sein eigenes Leben leben.« Ihre Stimme wird ein wenig unruhig. »So hat er es mir erklärt. Ich weiß, eine Menge Leute haben das vorausgesehen. Ich nicht. Ich konnte mir nie vorstellen, daß es einmal zu Ende sein soll.«

Jetzt ist es zu Ende. Noch kann sie nicht darüber nachdenken, wie sie ihr Leben einrichten soll, ohne Michael. Sie würde am liebsten aus München weggehen. »Irgendwohin«, wie sie sagt. »Wenn du mich fragst, ob ich es alles noch einmal so oder doch vielleicht anders machen würde — ich würde es genauso machen.« Lebenslügen haben eben lange Beine.

Der Irrtum vom Gleichklang der Seelen

»Als ich unten aus dem Bus stieg, sah ich das Licht in der Wohnung. Er ist also zu Hause. Ich ging zunächst mal in die Cafeteria an der Ecke und trank einen doppelten Espresso. Dann fuhr ich mit dem Lift hoch. Torsten lag auf dem Bett und las irgend etwas. Seine Schuhe standen mitten im Zimmer. Das sehe ich immer noch vor mir, seine Schuhe und daneben seine alten Socken. Ich sagte, hör zu, ich fahre morgen für ein paar Tage weg, und wenn ich zurückkomme, möchte ich, daß du hier verschwunden bist.«
Imme nimmt die Brille ab und sieht mich aus ihren blauen kurzsichtigen Augen an. »Ich sagte ihm noch, daß ich es endgültig satt habe, mich von ihm ausnützen zu lassen und daß er das als Ultimatum auffassen soll. Er reagierte total cool. ›Tja, dann aus die Maus‹, sagte er. Das war alles. Ich bin dann ins Bad, um die Zähne zu putzen. Wie ich wieder ins Zimmer kam, schlief er, oder tat jedenfalls so. Ich legte mich neben ihn. Es ging mir durch den Kopf, wie er das macht, wenn ich ihn nicht mehr ernähre. So cool, wie er sich gab, war er ja nicht. Ich kannte ihn, schließlich waren wir sechs Jahre zusammen. Das war also unsere letzte Nacht. Am Morgen bin ich mit einer Kollegin vier Tage nach Garmisch gefahren. Einfach mal ausspannen. Wir haben miteinander gewettet: Wo ist er, wenn ich heimkomme? Weg, sagte ich. Selbstverständlich ist er noch da, sagte meine Kollegin. Er ist doch ohne dich geliefert.«
Als sie nach ihrer Rückkehr die Schwabinger Wohnung betrat, sah Imme mit einem Blick, daß der Schrank, in dem Torsten seine Sachen gehabt hatte, leer war. Die Türen standen demonstrativ offen. Er war also weg, fort, die Sache war beendet, die Trennung vollzogen. Aus die Maus. Dabei hatte es so toll angefangen. »Wir spürten so etwas wie einen Gleichklang der Seelen«, sagte sie und schaute vor sich hin. »Und diesen Gleichklang wollten wir immer beibehalten...«
Jedoch Menschen sind verschieden.
Und so wie Menschen verschieden sind, so ist auch ihr innerer Dialog miteinander verschieden. Jeder bringt sein eigenes Lebenskapital

mit: seine gute oder böse Kindheit, einen guten oder bösen Vater, eine gute oder böse Mutter, eine ganze Lebensgeschichte voller Erfahrungen. Und jeder bringt sein eigenes inneres Kind mit.

Wenn wir uns das bewußter vor Augen führen, dann erkennen wir, der andere Mensch bringt seine Liebesfähigkeit mit, er bringt seine Angst, seine Aggression, sein Leid mit, er bringt all das mit, das — vielleicht in anderer Komposition — auch in uns vorhanden ist. Er ist ein sich ebenso freuender Mensch wie wir, er ist ebenso Leidender an sich selbst, wie wir es sind. Diese Erkenntnis macht Verstehen leichter. So gelangen wir zu einem tieferen Verständnis für einen anderen.

Gegenseitiges Verstehen heißt nicht: »Ich verstehe dich«, sondern: »Wir verstehen uns.« Es gibt dann nicht mehr einen Partner, der versteht, und einen anderen, der verstanden wird; dadurch gibt es weniger Abhängigkeit oder Überlegenheit, sondern mitfühlendes Verstehen. Beide Menschen stehen in einem »Wir« zueinander — in einer Situation, in der ein bloßes Ich-Denken unmöglich ist.

Unser Verlangen danach, von anderen geliebt zu werden, ist untrennbar mit dem Verlangen, wahrgenommen und verstanden zu werden, verknüpft. Wenn jemand beteuert, er liebe uns, dann aber erklärt, er finde vor allem solche Eigenschaften an uns liebenswert, die wir gar nicht zu besitzen meinen, die wir nicht besonders schätzen oder mit denen wir persönlich gar nichts anfangen können, dann erleben wir uns kaum bestärkt und geliebt. Wir möchten nicht blindlings, sondern aus ganz bestimmten Gründen geliebt werden. Und wenn ein anderer vorgibt, uns aus Gründen zu lieben, die mit unserer Selbstwahrnehmung, unseren Werten und Normen nichts zu tun haben, dann fühlen wir uns nicht befriedigt, nicht wirklich geliebt, weil wir nicht das Gefühl haben, daß der andere uns so sieht, wie wir sind, daß er wirklich auf uns reagiert.

Der Wunsch, für andere sichtbar, erkennbar zu sein, wird häufig als Wunsch, verstanden zu werden, erlebt.

Wenn ich mit freudigem Stolz auf eine eben vollbrachte Handlung und Leistung zurückschaue, dann möchte ich, daß die Menschen, die mir nahestehen und die ich mag, meine Leistung und ihre persönliche Bedeutung für mich erkennen, daß sie die Beweggründe meiner Gefühle verstehen und wichtig nehmen.

Und hier kommt dann auch wieder das Wort Wahrhaftigkeit ins Spiel: »Gebt vom Lebendigen.« Gebt das Lebendige, nämlich euch selbst und habt keine Angst vor der Selbstaufgabe. Eine solche Situation kommt nur dann zustande, wenn folgende Voraussetzungen gegeben sind: Die Eigenständigkeit beider Menschen, den anderen zu respektieren, ohne zu klammern, die Bereitschaft, sich füreinander zu öffnen, einander zu geben und voneinander zu empfangen, sowie eine gemeinsame Basis der Verständigkeit. So kann Liebe zu einem anderen Menschen wachsen und gedeihen, so kann der Einzelne erfahren, daß er selbst ein liebenswerter Mensch ist und auf diese Weise die Liebe zu sich selbst entdecken.

Salomon sagt in Prediger 3, 1–9: »Ein jegliches hat seine Zeit, und alles Vorhaben unter dem Himmel hat seine Stunde: geboren zu werden hat seine Zeit, sterben hat seine Zeit, pflanzen hat seine Zeit, ernten hat seine Zeit, töten hat seine Zeit, und heilen hat seine Zeit, abbrechen hat seine Zeit und bauen hat seine Zeit, weinen hat seine Zeit und lachen hat seine Zeit; klagen hat seine Zeit, tanzen hat seine Zeit, aufhören und herzen hat seine Zeit, suchen hat seine Zeit, verlieren hat seine Zeit; behalten hat seine Zeit; zerreißen hat seine Zeit; schweigen hat seine Zeit, reden hat seine Zeit; lieben hat seine Zeit, hassen hat seine Zeit; Streit hat seine Zeit, Freude hat seine Zeit. Man mühe sich ab, wie man will, so hat man keinen Gewinn davon.«

Lassen wir jedem Ding seine Zeit, sensibilisieren wir uns für innere Prozesse, dann werden wir auch unsere Zeit für die Liebe finden. Wir können sie nicht herbeizwingen, aber wir können uns für sie öffnen.

Imme sagte: »Ich habe meine Kollegin nach der Trennung angerufen. ›Gratuliere‹, hat sie gesagt. ›Darauf kannst du einen trinken.‹ ›Ja, ja‹, sagte ich, ›darauf trinke ich einen.‹ Nur – mir ist überhaupt nicht zum Trinken zumute gewesen. Ich war wie gelähmt. In der Kochecke stapelte sich dreckiges Geschirr. Hätte er ja abspülen können, bevor er ging, hatte er ja benutzt. Aber auch das regte mich nicht auf. Ich hatte das Gefühl, wie wenn man vom Zahnarzt heimkommt, nachdem ein Eiterzahn gezogen ist... Die Spritze wirkt noch, alles ist pelzig, aber man spürt, daß gleich die Schmerzen kommen, sie pochen schon. Mensch, dachte ich, es wird dir doch nicht leid tun um ihn, du heulst ihm doch nicht etwa nach...«

Im Bad hatte er seine Zahnbürste vergessen, Imme warf sie im hohen Bogen in den Mülleimer, breitete in den ausgeräumten Regalen und Schrankfächern ihre eigenen Sachen aus. Zerriß ein Foto, das an die Küchenwand gepinnt war und sie mit ihm zeigte — im Urlaub auf Capri. Sie wusch Vorhänge, Badematten, Bettwäsche. »Nichts sollte mich mehr an ihn erinnern, kein Stäubchen, nicht die Spur von einem Geruch. Und die ganze Zeit, während der ich in diese hektische Aktivität fiel, dachte ich: So viel Bedeutung hat das alles noch für dich?«

Das Ende einer Liebe, die durch Gleichklang gezeichnet war. Das Ende einer Liebe?

Alles im Leben ist nur Durchgang. Jede Sekunde in unserem Leben gehen wir durch etwas hindurch. Es ist die Aufforderung, uns immer lebendig weiterzuentwickeln, uns nicht aufzuhalten, nicht zu haften, uns dem Neuen zu öffnen. Es ist ferner die Aufforderung, uns nicht dem Sog der Vergangenheit hinzugeben, uns nicht von alten Gefühlen plagen zu lassen, sondern zu erkennen, daß jeder Tag Neues, neue Entwicklungen, Wandel bringen kann, soweit wir sie zulassen.

Liebe ist mehr als ein Gefühl; sie ist Beurteilung oder Wertung, sie ist Bereitschaft und Neigung, zu handeln. Tatsächlich hat jede Gefühlsregung einen Wertungsvorgang und eine Handlungsbereitschaft zur Folge. Das erste, was wir über Gefühle wissen müssen, ist, daß es sich dabei um Wertungsreaktionen handelt. Gefühlsregungen sind automatische, geistige und physiologische Momente umfassende psychische Reaktionen auf die in unserem Unbewußten stattfindende Einschätzung dessen, was wir als günstige oder nachteilige Beziehung zwischen einem bestimmten Aspekt der Realität und unserer eigenen Person wahrnehmen.

Wenn wir eine Weile über emotionale Reaktionen im allgemeinen nachdenken, so werden wir feststellen, daß jede Gefühlsreaktion ein doppeltes Werturteil beinhaltet. Jedes Gefühl spiegelt die innere Einschätzung »für mich« oder »gegen mich« und dazu »in welchem Ausmaße« wider. Unsere Gefühle unterscheiden sich also hinsichtlich ihres Gehaltes und ihrer Intensität voneinander. Genaugenommen geht es dabei gar nicht um zwei getrennte Werturteile, vielmehr sind beide Einschätzungen integrale Bestandteile desselben Urteiles und werden als einheitliche Reaktion erlebt.

Die Liebe ist der intensivste und höchste Ausdruck der Einstufung »für mich« — »gut für mich« — »nützlich für mein Leben«. In der Person des geliebten Menschen finden wir außergewöhnlich viele jener Züge und Eigenschaften, die wir als dem Leben — so wie wir es sehen und erfahren — angemessen und damit als für unser eigenes Wohlergehen und Glück am erstrebenswertesten empfinden. Jeder Gemütsbewegung wohnt eine Handlungsbereitschaft inne — ein Impuls, auf eine Gemütsbewegung bezogene Handlung auszuführen.

Mit dem Gefühl der Furcht reagiert der Mensch auf etwas, was er als Bedrohung seiner Werte empfindet; zu diesem Gefühl gehört die Handlungsbereitschaft, das gefürchtete Objekt zu meiden oder vor ihm zu fliehen. Zum Gefühl der Liebe gehört die Handlungsbereitschaft, mit dem geliebten Wesen in Kontakt zu kommen, eine wechselseitige Beziehung aufzubauen und an seinem Leben Anteil zu nehmen. Manchmal äußert ein Liebender die berechtigte Klage: »Du sagst, daß du mich liebst, aber in dem, was du tust, kann ich deine Liebe nicht erkennen. Du willst nie mit mir allein sein, du willst nicht mit mir sprechen — was wäre denn überhaupt der Unterschied, wenn du mich nicht liebtest?« Schließlich können wir die Liebe in einem noch elementareren Sinn als eine Orientierung — eine Haltung — einen psychologischen Zustand in bezug auf das geliebte Wesen beschreiben, die tiefer reicht und dauerhafter ist als der von Augenblick zu Augenblick wechselnde Strom der Gefühle und Empfindungen. So gesehen ist die Liebe eine Bereitschaft, das geliebte Wesen als Verkörperung fundamentaler persönlicher Werte und entsprechend als wirkliche oder mögliche Quelle des Glücks erleben.

»Wir hatten an so etwas wie Gleichklang der Seelen geglaubt«, sagte Imme. Imme ist 28 Jahre alt, blasse zarte Haut, sehr dunkle Haare, die blauen bebrillten Augen von zarten Wimpern umrahmt. Von der Figur her jener zarte Typ, der in Männern Beschützerinstinkte hervorruft: zierliche 152 cm groß. Als Verwaltungsangestellte arbeitet sie in einer Krankenhaus-Aufnahme in einem Münchner Groß-

klinikum. Torsten war als Pfleger im gleichen Krankenhaus tätig gewesen.
»Es fing so unheimlich gut mit uns an«, sagte Imme. »So wie ich es vorher gar nicht gewöhnt war. Ich habe von klein auf immer Angst gehabt vor Männern. Das hängt mit einem unschönen Erlebnis zusammen. Mich hat einmal ein Mann vom Spielplatz weg in die Büsche gezogen. Es ist mir damals nicht richtig was passiert. Als ich anfing zu schreien, hat der Typ sich verdrückt. Später, als ich zweiundzwanzig war, kam nach einigen mißglückten Versuchen mit anderen Männern Torsten. Da war gleich dieser Gleichklang.« Sie schien sich an diesen Gleichklang festbeißen zu wollen. »Genau das war euer Fehler«, sagte ich ihr. Sie sah mich fragend an.
»Wie meinst du das? Ich verstehe das nicht. Das ist doch prima, wenn man so miteinander schwingen kann.«
»Zwei gleichgesinnte Seelen«, erwiderte ich ihr, »versuchen, ganz so zu bleiben, wie sie sind. Man badet sich sozusagen in der gemeinsamen Schwingung, in der Übereinstimmung der Gefühle. Würde dieses Miteinanderfühlen einmal nicht dasein, dann wäre auch das Verstehen dahin«, sagte ich, und sie platzte heraus: »Ja, das stimmt.« Ich wartete, bis sie fortfuhr. »Klar doch, es gab Zeiten, da waren wir nicht so beieinander. Dann gab es Streit. Dann wurde ich sogar sehr aggressiv, richtig wütend, ich konnte sogar mal etwas an die Wand schmeißen, oder Torsten wild beschimpfen. Wenn das so war, dann hatte ich eine mordsmäßige Wut im Bauch, dann konnte ich mich gar nicht bremsen.«
»Und er, dein Torsten?« Ich sagte bewußt ›dein Torsten‹.
»Ach der, der war dann immer ganz still. Er wollte immer Harmonie. Er war so eine Art Friedenskämpfer innerhalb unserer Gemeinschaft.«
»So wie ihr das gelebt habt«, sagte ich, »da kann keiner dem anderen weiterhelfen, ihm wirklich etwas geben, ihm einen neuen Weg weisen oder ihn zu neuen Gedanken anregen. Ein Verstehen, wie ihr es gelebt habt, mußte schließlich in die Stagnation führen.« Ich machte ihr klar, daß es bei einem echten gegenseitigen Verstehen nicht heißt: »Ich verstehe dich«, sondern »wir verstehen uns«. Imme wollte immer verstanden werden, aber was tat sie, um Torsten mit seiner Sehnsucht nach Ruhe und Frieden zu verstehen?

Sie sah mich erstaunt an: »Torsten ist doch der Mann. Seine Harmonieduselei regte mich auf. Ein Mann muß doch der Kämpferische sein, oder der Verteidiger, aber nicht einer, der seine Ruhe haben will. Ich kann ihn erst verstehen, wenn er mich versteht.«
Da stand sie nun, die Imme, widersprüchlich und innerlich zerrissen, einerseits träumte sie vom Gleichklang, andererseits haßte sie seine »Harmonieduselei« und wartete wie ein kleines Kind, daß er sie verstehen solle.
»Wenn es heißt, ›wir verstehen uns‹«, sagte ich, »dann gibt es nicht mehr den einen Partner, der versteht, und den anderen, der nur verstanden wird. Wenn es heißt, ›wir verstehen uns‹, sind Gefühle von Überlegenheit oder Abhängigkeit überflüssig. Beide Partner stehen in einem Wir-Bezug zueinander, wenn das wirklich echt ist, dann sind Ego-Trips unmöglich.«
Aldous Huxley hat einmal gesagt: »Was du bist, hängt von drei Faktoren ab: Was du geerbt hast, was deine Umgebung aus dir machte und was du in freier Wahl aus deiner Umgebung und deinem Erbe gemacht hast.«
Viele Menschen haben sich heutzutage von ihren Religionen losgesagt oder von den Kirchen, weil die Prediger in der heutigen Zeit nichts mehr zu sagen hätten. Manch einer hat dabei das Kind mit dem Bade ausgeschüttet. Die Grundidee, auf der die großen Religionen beruhen, ist, daß der Mensch schläft, daß er inmitten von Träumen und Täuschungen lebt, daß er sich selbst vom universellen Bewußtsein — der einzigen sinnvollen Definition des Begriffes »Gott« — abgeschnitten hat, um in das Schneckenhaus eines persönlichen Ego zu kriechen. Aus diesem Schneckenhaus herauszukommen, die Einheit mit dem universellen Bewußtsein wiederzuerlangen, aus der Dunkelheit der egozentrierten Illusion an das Licht des Nicht-Ego zu gelangen, war das Ziel aller großen Lehrer.
Wir sitzen in Immes Einzimmerwohnung. Kochnische, Fernseher, zwei Sessel, ein Couchtisch vom Flohmarkt. Unterm Fenster eine Matratze mit Bettzeug, alles etwas eng. Es ist fast drei Monate her, daß Torsten ausgezogen ist. Eingezogen war er sechs Wochen, nachdem sie sich kennengelernt hatten. Aus plausiblem Grund: Warum sollte er für ein Zimmer in einer Wohngemeinschaft zahlen, das er praktisch nie mehr bewohnte?

»Im ersten halben Jahr«, sagte Imme, »gab es überhaupt keine Probleme. Ich dachte, ich hab mir da den Traummann geangelt. Es machte mir Spaß, abends was Schleckeriges für ihn zu kochen, ihn ein bißchen zu verwöhnen. Ich war damals noch nicht lange in München, war von Hamburg hergezogen. Torsten war auch aus Hamburg, das verbindet. Jedenfalls hatte ich mich ziemlich einsam gefühlt. Auf diese Weise merkte ich gar nicht, daß ich es war, die die ganze Arbeit machte, daß er nicht einmal seine Kaffeetasse spülte. Als mir das auffiel, war schon alles zu spät. Und schlußmachen, wir waren ja sonst so gleich.«

Es war gar nicht so einfach, sie von ihrem »Gleichheits-Tick« herunterzuholen. »Machst du dir da nicht selbst etwas vor?« fragte ich sie.

»Ich, wieso?«

»Na ja, so gleich wart ihr wohl doch nicht.«

»Wir?... Doch...«

»Du hast die Arbeit gemacht und was tat er?«

»Ach, das meinst du.« Plötzlich wurde sie wütend, als fühlte sie sich ertappt. »Der Typ hätte ja nur mit anzupacken brauchen«, sagte sie, »dann wären wir doch gleich gewesen.«

»Das war doch nicht alles«, versuchte ich nun in die Stelle hineinzustoßen, die sich da auftat. »Du wolltest doch, daß er was aus sich macht.«

Sie funkelte mich wütend an, als wäre ich ihr Torsten. »Pfleger«, sagte sie, »was ist das schon. Torsten war begabt, er hätte Schulen besuchen können, Physiotherapeut, Masseur oder Heilpraktiker werden können, irgend etwas, wo er selbständig arbeiten hätte können, ich hätte ihm dabei helfen können.«

»War das sein Wunsch oder deiner?« fragte ich sie.

»Er war ja so bequem, er wußte gar nicht, was für ihn gut war. Er und ich zusammen in einer Praxis, da wären wir gleich gewesen.«

»Doch wohl mehr dein Traum, oder?«

Sie begann zu weinen, merkte, daß sie ihr Spiel von der Gleichheit nicht länger aufrechterhalten konnte.

Die Erkenntnis von Einseitigkeitsstandpunkten und den damit verbundenen Zwängen und Aggressionen gehört zu den ersten Stufen auf dem Weg zur Bewußtseinserweiterung, von deren Notwendigkeit heute immer wieder gesprochen wird. In einem Kulturkreis, dessen Menschen in Überforderung und mit angestauten Affekten leben, kann man leicht die dabei vorhandene Aggressionsbereitschaft schüren. Es ist keine große Tat, Unzufriedenheiten zu erwecken und die Affekte in Richtung Aggression zu schüren. Sehr viel schwieriger ist es, jeweils sinnvolle Lösungen für das zu finden, was der Verbesserung und Veränderung bedarf. Bei Imme stand hinter all dem eine Angst, die sie vor sich selbst verleumdete und verleugnete. Nämlich in Wirklichkeit hatte sie Angst, Torsten zu verlieren. Darum drang sie soviel auf Gleichheit. Aber auch Torsten mit seinem Hang nach Harmonie verleumdete seine Angst, die ihn immer dann überfiel, wenn Imme ihre aggressiven Anfälle hatte. Er war dann immer richtig gelähmt, weil er eine dominante Mutter hatte.

Beide, Imme und Torsten, drückten in ihrem Sprechen nicht das aus, was sie wirklich empfanden. Was sie jeweils äußerten, wirkte eher verschleiernd, weil sie nicht wagten, ihre tiefsten Gefühle auszusprechen.

Aus diesem Grund kann die Lösung von Konflikten sehr erschwert werden. Die Partner beginnen ihr inneres Leben hinter Masken zu verstecken.

Viele Männer tragen, bewußt oder unbewußt, feindselige Gefühle gegenüber Frauen mit sich herum, und ebenso hegen viele Frauen, bewußt oder unbewußt, feindselige Gefühle gegenüber Männern. Dies entspricht nicht der Ethik des Lebens, kann ihr gar nicht entsprechen. Männer und Frauen brauchen einander, sie sollten deshalb Freunde sein. Statt dessen machen die Furcht, verletzt zu werden, und die Vorwegnahme möglicher Kränkungen allzuoft Feinde aus ihnen.

Es ist nicht die Furcht als solche, die Schaden anrichtet, sondern die Verleugnung der Furcht, die Weigerung, sie anzuerkennen und ehrlich mit ihr umzugehen. Jeder Partner spürt die Feindseligkeit des anderen, so daß seine eigene Furcht und Feindseligkeit verstärkt wird. Wenn überhaupt eine Liebesbeziehung daraus wird, dann eine Liebesbeziehung zwischen zwei Festungen.

Wenn etwas schiefgeht zwischen ihnen, sagen die Frau und der Mann nicht: »Ich liebe dich und habe Angst, dich zu verlieren«, sie sagen: »Ich bin mir nicht wirklich sicher, ob ich dich noch liebe.« Es erfordert Mut, zu bekennen: »Ich fürchte mich.« Wenn dieser Mut nicht aufgebracht wird, ist der Preis oft die Zerstörung einer Beziehung, und wer durch seine Feigheit eine Reihe von Beziehungen ruiniert hat, ist nur allzu aufnahmebereit für die Einflüsterungen jener, die ihm vorgaukeln möchten, die Liebe sei ein Wahn. Lieber die Verantwortung auf die Liebe schieben, die es eigentlich gar nicht gibt, als einzusehen, daß sie kein Zeitvertreib für Menschen ist, die mit ihr nicht umgehen können.

Ein weiterer bedeutsamer Aspekt rückt damit klarer ins Bild. Nämlich die Tatsache, daß zu Angst immer ein innerer Konflikt gehört. Geht es bei diesem Konflikt nicht genau um das, was wir als Sein oder Nichtsein bezeichnen? Angst tritt an dem Punkt auf, wo wir mit irgendeiner auftauchenden Chance oder Befähigung konfrontiert sind, einer Möglichkeit, unsere Existenz zu erfüllen; aber gerade diese Möglichkeit erfordert die Zerstörung der gegenwärtigen Sicherheit, was die Tendenz fördert, die neue Möglichkeit zu verleugnen. Wer seine Möglichkeiten leugnet und sein Potential nicht ausschöpft, begibt sich in einen Zustand von Schuld sich selbst gegenüber. Mit anderen Worten, er tut sich selbst etwas an. Das sind Aspekte, die im Zusammenhang von Angst und Schuld leicht übersehen werden. Da ich in diesem Buch der Schuld und dem Schuldgefühl ohnehin einen größeren Abschnitt widmen werde, mag das an dieser Stelle genügen. An sich selbst schuldig werden, das ist in Wahrheit ein großes Vergehen.

»Der gemeinsame Dienst in der Klinik stank mir irgendwie«, sagte Imme. »Nachdem Torsten auf mein Drängen, sich weiterzubilden, nicht eingegangen war, bearbeitete ich ihn, sich etwas in einer Gemeinschaftspraxis oder in einem Therapiezentrum zu suchen. Als er in der Klinik kündigte, war ich heilfroh und glaubte, daß er sich nun ändern und mehr auf meine Wünsche eingehen würde.«

»Und hat sich etwas geändert in eurem Zusammenleben?« fragte ich sie.

Sie schüttelte heftig mit dem Kopf. »Im Gegenteil. Es ergab sich von da an, daß ich die Alleinverdienerin war. Zuerst hab ich noch angenommen, daß er sich hier und dort vorstellt. Ich habe ihm das Auto gelassen, damit er hinkommt. Habe morgens im Krankenhaus die Fachzeitungen eingesammelt und durchgelesen, habe ihn angerufen: du, das und das, das wär doch was für dich. Wenn ich abends heimgekommen bin, saß er blendend aussehend da. Nicht selten bin ich dann wütend geworden, habe ihn angeschrien.«

»Wundert dich das?« fragte ich sie.

»Wie meinst du das? Er hätte sich doch Arbeit suchen können.«

»Können schon, aber wollen hat er halt nicht«, antwortete ich ihr.

»Klar, er war eben faul und bequem.«

»Nein, er bockte und trotzte.«

»Warum?«

»Weil du die Dinge bestimmen wolltest, du hast von ihm erwartet, daß er sich änderte, daß sich seine berufliche Situation änderte. Du wolltest nicht, daß er weiter in der Klinik arbeitete, hat es dich denn interessiert, was er wollte? Also hat er gebockt.«

Viele Frauen, aber auch Männer schenken ihrer persönlichen Integrität wenig Beachtung. Statt dessen verwenden sie ihre Energie darauf, das Verhalten und die Gefühle des Partners, der Partnerin, ihnen gegenüber zu verändern — wenn es sein muß, auch mit verzweifelten Manövern. Aber wahre Veränderung kann nur geschehen, wenn man sich selbst verändert.

Es ist eine banale Lebenslüge, wenn man glaubt, daß man den anderen ändern könne, wenn man ihn nur genügend liebt. Von diesem mächtigen, in allen Lebensbereichen wirkenden Glauben ist unsere seelische Entwicklung, individuell wie gesellschaftlich gesehen, von Anfang an durchdrungen. Die stillschweigende Übereinkunft in unserer Kultur, wir könnten durch die Kraft unserer Liebe einen anderen Menschen irgendwie verändern, und dies sei geradezu unsere Pflicht als Partner, findet ihre ständige Bestätigung in der Alltagssprache und im täglichen Umgang miteinander. Wenn sich ein uns nahestehender Mensch anders fühlt oder verhält als wir es möchten, suchen wir nach Methoden, mit denen wir sein Verhalten oder seine Stimmung verändern können — nicht selten mit dem Segen anderer, die uns dabei mit Ratschlägen und Ermutigung unterstützen.

»Wie denkst du heute über alles?« fragte ich Imme.

Sie senkte etwas den Kopf. »Die wenigen Monate nach der Trennung haben genügt, mich aus meinem ›siebten Himmel‹ zu holen.« Jetzt war Torsten eben nicht mehr der tolle Mann der Anfangszeit. Sie hatte die Lage völlig falsch eingeschätzt. Er verstand sie nicht. Alle ihre Versuche, Probleme gemeinsam aus der Welt zu schaffen, scheiterten an seinem falschen Verständnis. Sie gab etwas auf, das eigentlich für das ganze Leben konzipiert war, warf einfach die Flinte ins Korn, weil's nicht so lief wie sie es wollte. Damit hatte Imme allerdings auch ein hieb- und stichfestes Alibi. Torsten war eben an allem schuld. Jeder weiß, ein Architekt, ein Bauingenieur, ein Filmregisseur, ein Buchautor, sie alle brauchen Zeit, um das, was sie sich vorstellen, zu entwickeln, zu konzipieren, aufzubauen, ausreifen zu lassen, zu einer runden Sache werden zu lassen. Und für eine Partnerschaft sollte das nicht gelten?

Standesamt, Kirche, Möbelkauf, Wohnung mieten, zusammenziehen, das alles sollte reichen, um eine Ehe zu führen? Einfach zusammenziehen und schon stimmt der Laden?

Partnerschaft bedeutet miteinander zu reifen, miteinander die Ecken und Kanten abzuschleifen.

Die Gefahr einer Illusion liegt darin, daß sie die Verzweiflung festschreibt. Eine meiner Klientinnen sagte einmal: »Die Menschen setzen sich unrealistische Ziele und halten sich bei dem Versuch, sie zu erreichen, in einem fortwährenden Zustand der Verzweiflung.«

Ein Beispiel für eine Illusion oder ein »unrealistisches Ziel« war Immes Verlangen, eine vollkommene Partnerin zu sein.

Natürlich sind nur wenige Leute derart naiv, wirklich anzunehmen, es gäbe so etwas — oder gar sie selbst seien vollkommen. Die Handlungen und Reaktionen vieler Menschen lassen aber oft genug erkennen, daß diese Illusionen in ihrem Unbewußten sehr lebendig sind. Der überkritische Mensch verrät mit seiner Haltung das Bedürfnis, als vollkommen zu gelten. Seine Unfähigkeit, andere hinzunehmen, wie sie sind, spiegelt letztlich sein Unvermögen, sich selbst zu akzeptieren, wider. Sein Streben nach Vollkommenheit ist die Projektion der Forderungen, die er an sich selbst stellt. Perfektionismus ist vielleicht die häufigste aller Lebenslügen und zweifellos eine der zerstörerischsten, was zwischenmenschliche Beziehungen angeht. Die Illusion zum Beispiel, eine vollkommene Mutter zu sein, setzt ein vollkommenes Kind voraus und führt zur Zurückweisung des »normalen« Kindes, das das Verständnis und die

Hilfe seiner Mutter braucht; und die perfekte Mutter wiederum wird zu einer verzweifelten, destruktiven Frau.

Verzweiflung und Lebenslügen bilden einen Teufelskreis, in dem das eine das andere hervorruft. Je mehr die Lebenslüge die Wirklichkeit negiert, um so verzweifelter wird der Kampf, sie zu bewahren. Wenn die Illusion zur Grundlage der Existenz wird, muß sie gegen jede Wirklichkeit verteidigt und bewahrt werden. Die von der Lebenslüge verzerrte Wirklichkeit ist Ausdruck des Gefühls der Verzweiflung und Hilflosigkeit.

Lebenslügen und Vergangenheit bilden eine Schlinge, die das Leben des Menschen langsam abwürgt. Überraschenderweise bietet die Verzweiflung den einzigen Weg, der aus dem Würgegriff der Unwirklichkeit herausführt. Betrachten wir zum Beispiel einen Alkoholiker. Er trinkt nicht etwa, weil er verzweifelt ist, sein Trinken ist ein Leugnen der Verzweiflung, ein Davonlaufen vor seinen Gefühlen, eine Flucht vor der Wirklichkeit. Wenn er seine Verzweiflung zugäbe, würde er letztlich Hilfe suchen. Wer einmal mit Alkoholikern zu tun hatte, weiß jedoch, sie dahin zu bringen, ihre Verzweiflung einzugestehen. Der Alkoholiker ist ein verzweifelter Mensch, der nicht imstande ist, seiner Verzweiflung ins Auge zu sehen, und nicht zugeben kann, daß Hoffnung möglich ist. Seine Lebenslügen halten ihn aufrecht. Seine größte Lebenslüge besagt, er könne aufhören zu trinken, wann immer er will. Nichts ist weiter von der Wahrheit entfernt, wie die Erfahrungen immer wieder zeigen. Es entspricht nun einmal dem Wesen einer Sucht oder Abhängigkeit, daß man ihr hilflos ausgeliefert ist. Welch eine Willensüberschätzung, zu glauben, man könne ein Verhaltensmuster in den Griff bekommen und ändern, obwohl man es doch schon viele Male versucht hat.

Was für die Alkoholabhängigen gilt, das gilt für jedes selbstzerstörerische Verhalten. Wenn man ein solches Verhalten in den Griff bekommen und ändern könnte, würde man es erst gar nicht soweit kommen lassen. Die Illusion des Willens ist das größte Hindernis für wirksame Hilfe. Einem Alkoholiker kann nur geholfen werden, wenn er seine Ohnmacht, sich selbst zu helfen, einsieht. Lebenslügen sind hartnäckig. Die Teilnahme an einer Therapie ist zunächst nur eine Geste, hinter der das Ich seine Abwehrmechanismen gegen seine innere Verzweiflung und Hilflosigkeit mobilisiert. Jeder Klient kommt mit dem heimlichen Wunsch zum Therapeuten, er werde ihm ermöglichen, seine Illusionen wahrzumachen. Die aufkommenden Widerstände sind oft schwer zu überwinden, weil sie die Illusion vor beiden, dem Klienten und dem Therapeuten, verbergen. Im Laufe der Behandlung weicht die Verzagtheit allmählich der Verzweiflung, weil der Klient aufhört, vor sich selbst davonzulaufen. In seiner Verzweiflung — während er einsieht, daß er seine Illusionen nie wahrmachen kann — hat er dann das Gefühl, die Therapie sei gescheitert. Erst an diesem Punkt offenbart er seine Illusion. Wenn er von der Verzweiflung übermannt wird, fühlt er sich matt und erschöpft wie ein Ringkämpfer nach dem Kampf. Aber gerade an diesem Punkt der »Schwäche« beginnt das eigentliche Wachstum. Wenn sich etwas ereignet, das uns emotional verletzt, und wir uns sagen, es sei unser Fehler gewesen, dann behaupten wir in Wirklichkeit: Wir haben die Kontrolle über das Ereignis und können derartige Verletzungen in Zukunft verhindern, wenn wir uns ändern. Diese Dynamik steht hinter vielen Selbstvorwürfen vieler Menschen. Indem wir uns selbst die Schuld geben, halten wir gleichzeitig an der Hoffnung fest, herausfinden zu können, was wir falsch machen, um es zu korrigieren, dadurch die Situation unter Kontrolle zu bringen und weiteren Schmerz zu verhindern.

Sehen wir uns auch die Verhaltensweise an, die man als Verdrängung und Widerstand bezeichnet. Für Sigmund Freud hing die Verdrängung mit bürgerlichen Moralbegriffen zusammen, wie zum Beispiel dem Bedürfnis des Menschen, ein akzeptables Bild von sich selbst zu bewahren, und deshalb Gedanken, Begierden und dergleichen zu unterdrücken, die nach dem bürgerlichen Moralkodex unstatthaft sind. Wir müssen uns immer wieder die Frage stellen, was hält den Menschen davon ab, seine Möglichkeiten in Freiheit zu verwirklichen? Das mag etwas mit der bürgerlichen Moral zu tun haben, aber da spielt auch viel mehr mit hinein: Es führt unmittelbar zu der existentiellen Frage der Freiheit des Betreffenden. Bevor Verdrängung möglich oder vorstellbar ist, muß ein Mensch irgendeine Möglichkeit des Annehmens oder Ablehnens haben, das heißt, ein Maß an Freiheit. Ob er sich dieser Freiheit bewußt ist oder sie artikulieren kann, ist eine andere Frage; das ist nicht maßgeblich.

Verdrängen ist nichts anderes, als sich blind zu machen für die eigene Freiheit. Das ist das Wesen dieser Dynamik. Diese Freiheit zu verdrängen oder zu leugnen, setzt sie somit als eine Möglichkeit voraus.
Was den inneren Widerstand betrifft, müssen wir uns fragen: Wodurch wird ein solches Phänomen möglich? Die Antwort lautet: Es handelt sich um eine Folge der Tendenz des Menschen, sich von der Mitwelt absorbieren zu lassen, in das »man«, die anonyme Masse zurückzurutschen und den einzigartigen originären Möglichkeiten zu entsagen, über die er verfügt. Somit ist die »soziale Konformität« eine gegenwärtige Form des Widerstands im Leben.
Weitere Aspekte sind die Rollen, die wir leben. Rollen führen zu verzerrter Selbstwahrnehmung. Wer auf Rollen beschränkt ist, sieht sich und alle Situationen in ihrem Kontext. Das Rollenspiel färbt alle Wahrnehmungen und schwächt alle Reaktionen ab. Da es im allgemeinen unbewußt ist, bildet es das Haupthindernis auf dem Weg, seine Identität zu finden. Der Betreffende fühlt sich unglücklich und meint, er sei ein Versager, weiß aber nicht, daß alle seine Frustrationen seinem Rollenspiel entspringen. Wir haben unsere Rollen übernommen, um unseren Eltern zu gefallen, und können nicht verstehen, warum unser Verhalten später der übrigen Welt nicht so gefällt wie den Eltern.
Die Rolle, die ein Mensch als Kind übernommen hat, wird im Laufe der Zeit zum Bestandteil seiner Charakterstruktur. Sie äußert sich in seiner Redeweise, seinem Gang, seinen Gesten, seinem Mienenspiel und seinen Bewegungen. Sie zeigt sich auch in der Körperhaltung für den, der diese Haltungen richtig interpretieren kann.
Wenn Verdrängung bewußt gemacht wird, entfaltet dieser Vorgang Wirkungen. Die Lücke im Erleben wird geschlossen, der Mensch kann zu dem verdrängten Inhalt Stellung nehmen und durch sein bewußtes Urteil einen Verzicht leisten, den die Verdrängung auf Umwegen erzwungen hat. Zur Verdrängung gehört die Vorstellung eines Organismus, der sich entwickelt und stärker wird, der mit dem gereiften Bewußtsein des Erwachsenen Schwierigkeiten bewältigt, die ein Kind nicht verarbeiten konnte und deshalb verdrängen mußte.
Anders die Verleugnung. Sie ist leichter zu durchschauen, aber schwe-

rer aufzulösen als die Verdrängung. Der unerwünschte Vorstellungsinhalt wird nicht ausgelöscht, sondern erst erkannt und dann bestritten. Die Verleugnung hilft, mit Widersprüchen zu leben, die man nicht mehr verdrängen kann. Sie stellt Leistungen des bewußten Ich in ihren Dienst, die geeignet wären, Verdrängungen zu beseitigen.

Worin liegt der Unterschied zwischen Lüge und Gefühlsverleugnung? Die Verleugnung legt einen Schnitt durch die Person, während die Lüge einen Schnitt zwischen die Person und die Realität legt. Die Verleugnung schneidet die Gefühle ab, während die Lüge manchmal hilft, sich im Dienst der Gefühle über Einschränkungen hinwegzusetzen, die in Wirklichkeit bestehen. Verleugnung und Lüge suchen auf verschiedene Weise, einem Paar Angst und Trauer zu ersparen. Sätze wie: »Ich weiß nicht, ob ich dich liebe, ich kann dir schließlich nichts vorlügen«, zeigen eine Gefahr. Ist jedes eindeutige Bekenntnis zu einem Gefühl, das zukünftige Verpflichtung, Dauerhaftigkeit, Berechenbarkeit außer acht läßt, bereits eine Lüge? Wer sich auf die oben zitierte Weise auf Unkenntnis stützt, will vorbeugen. Er will nicht in einem Monat oder Jahr hören: »Du hast gesagt, daß du mich liebst, und jetzt tust du es nicht mehr. Du hast mich angelogen. Immer hast du mich angelogen.«

»Warum glaubst du, daß Torsten immer auf Harmonie aus war?« fragte ich Imme. Sie antwortete: »Weißt du, Torsten hat eine schlimme Kindheit gehabt, genau wie ich. Seine Eltern haben sich viel gestritten, sein Vater hat wohl die Mutter gelegentlich geschlagen, und er selbst hat auch oft Prügel bezogen. Er wollte einfach keinen Streit.«

»Du wolltest doch auch Gleichheit und bist trotzdem immer wieder wütend geworden.«

Sie winkte ab. »Das war etwas ganz anderes. Ich konnte meine Wut eben nicht bei mir behalten. Torsten war auch wütend, das spürte ich. Aber er konnte sie einfach nicht herauslassen. Manchmal habe ich ihn richtig provoziert, wollte ihn wütend machen, wollte, daß er aus sich herausging. Aber es gelang mir nicht, er verließ dann einfach das Zimmer, die Wohnung, ging stundenlang spazieren. Er hatte Angst, ganz einfach Angst.«

Jedes Erlebnis muß verarbeitet, es muß dem Gesamtstand des Seelischen zwanglos eingefügt werden. Die Psychologie nennt diesen Vorgang der Verarbeitung »Assimilation«. Wenn das Erlebnis nicht assimiliert wird, dann bleibt es gewissermaßen als Fremdkörper der Seele bestehen. Viele Erlebnisse fügen sich von vornherein ohne Schwierigkeit dem bisherigen seelischen Geschehen ein. Aber es gibt auch Erlebnisse, die dem Empfinden und Fühlen, der inneren Einstellung, der Lebenslinie widersprechen. Ein fremdes und nicht erwünschtes Erlebnis kann zwar gedanklich verarbeitet werden, man kann aus Klugheit und Nützlichkeitserwägungen zu diesem Erlebnis ja sagen, und trotzdem wird es nicht assimiliert. Vielmehr sträubt sich das Unbewußte dagegen und es entsteht ein Konflikt, der im Unbewußten ausgetragen wird.

Um den Vorgang an einem Beispiel aus dem Alltag zu demonstrieren, kann man sich etwa folgendes vergegenwärtigen: Jemand erstrebt über den Beruf die Selbstbestätigung. Er hält etwas von sich und schätzt sein Können hoch ein. Nun wird er plötzlich durch seinen Chef kritisiert. Er spürt, daß er in den Augen des Chefs keineswegs dem Bild gleicht, das er von sich selbst hat. Er kann dieses Erlebnis der Kritik mit Hilfe seiner Vernunft verarbeiten. Er kann es begründen mit einer augenblicklichen schlechten Verfassung. Er kann es rechtfertigen mit dem Argument, einer einseitigen und ungerechten Kritik seines Vorgesetzten ausgesetzt gewesen zu sein, die aus dem Augenblick heraus ausgesprochen wurde und für sein Gesamtbild nicht allzuviel bedeutet. Er kann aus Nützlichkeitserwägungen beschließen, nichts dagegen zu unternehmen, weil er damit seine Position gefährden könnte, was er im Interesse der eigenen Wünsche und im Interesse der eigenen Familie nicht tun möchte. Und damit ist dieser Komplex scheinbar verarbeitet. Nun ist es so, daß das Erlebnis zwar verstandesmäßig akzeptiert ist, aber es ist keineswegs dem gesamtseelischen Haushalt zwanglos eingefügt und damit assimiliert. Vielmehr arbeitet es jetzt im Unbewußten weiter. Wenn der Mensch stärker auf Selbstbeobachtung eingestellt wäre, dann würde er wahrscheinlich einige warnende Hinweise, etwa aus seinen Träumen entnehmen können. So kann es sein, daß der Traum ihm eine Situation vorspiegelt, in der er als Redner auf dem Podium steht und den Beifall der Zuhörer erlebt. Umgekehrt kann der Traum ihm vorführen, daß er einen Zug zur rechten Zeit erreichen möchte und immer wieder Hindernisse dazwischenkommen, die es unwahrscheinlich machen, daß er noch rechtzeitig kommt. Im ersten Fall erscheint ein übersteigerter Ausgleich des negativen Erlebnisses, im zweiten Fall wird es – in andere Form gekleidet – noch einmal wiedergegeben. Die echte Assimilierung eines negativen Erlebnisses wird dadurch für den Menschen erschwert, daß sie fast immer eine Bereitschaft zum Verzicht erfordert. Der Betreffende müßte seine Ziele zurückstecken, seinen Geltungsanspruch und seine Selbstbestätigung in bescheidener Weise suchen. Es kommt nur darauf an, daß der Verzicht nicht nur erzwungen wird, wie es geschieht, wenn man äußerlich ja sagt, ohne innerlich zuzustimmen. Die Assimilierung ist nur dann geglückt, wenn ein Mensch sich innerlich umorientiert, umstellt auf eine neue Lebenssituation und auf neue Lebensziele. Dann ist auch der innere Ausgleich im Seelischen wiederhergestellt. Es entsteht ein inneres Wohlbefinden, eine gewisse gelöste Grundhaltung, in der der Mensch verbleiben kann, ohne daß er von innen her beunruhigt wird. Wenn das Erlebnis nicht assimiliert wurde, wird man mit störenden Einflüssen vom Unbewußten her auf das Denken und Handeln rechnen müssen. So kann es, um bei diesem Beispiel zu bleiben, etwa dazu kommen, daß der Mensch in einer späteren Situation, die ihm keineswegs besonders schwierig erscheint und der er ohne weiteres gewachsen sein müßte, plötzlich eine Unsicherheit spürt und gehemmt ist.

Probleme der Assimilierung von schwierigen und erschütternden Erlebnissen gibt es für jeden Menschen. Solange die Dinge nicht richtig im Sinne dieses Modells verarbeitet werden, solange werden Konflikte im Unbewußten ausgetragen werden. Wenn dagegen ein natürlicher Ausgleich zwischen Unbewußtem und dem Bewußtsein geschieht, dann lebt der Mensch im Zustand innerer Sicherheit und Gelöstheit. Prinzipiell gibt es mehrere Möglichkeiten der Erlebnisverarbeitung.

Bei Erlebnisverarbeitung mit aufbauender Wirkung zum Beispiel werden erlebte Unzulänglichkeiten durch erhöhte Anstrengungen ausgeglichen, der Betreffende versucht, die eigenen Mängel, deren Anpassung Schwierigkeiten bereitet, auszugleichen, indem er seine eigenen persönlichen Möglichkeiten zäh weiterentwickelt. Eine aufbauende Wirkung der Erlebnisverarbeitung ist auch durch Subli-

mierung möglich, das heißt, durch eine Verlagerung der Bedürfnisbefriedigung. Diese setzt immer einen echten Verzicht auf die Befriedigung eines Bedürfnisses voraus, damit der Inhalt der Lebenserfüllung in einem anderen, höheren Bereich geistigen oder ethischen Lebens gefunden werden kann. Der nichterreichte Anspruch wird tatsächlich aufgegeben und das Dasein erfüllt sich in einem anderen möglichen und zugänglichen Bereich.
Eine negative und destruktive Wirkung der Erlebnisverarbeitung ergibt sich dann, wenn der Verzicht auf die Triebbefriedigung zum Ressentiment führt, zu einem zwiespältigen, neidisch verneinenden Verzicht. Es handelt sich dabei um einen Verzicht aus Schwäche. Innerlich erfolgt keine Zustimmung und es gelingt keine Orientierung auf andere Ziele des Lebens und der Sinnerfüllung.
Eine andere Art der negativen Erlebnisverarbeitung ist die Überkompensation. Hier wird versucht, die Triebbefriedigung zu vermeiden, indem man so tut, als ob der Anspruch befriedigt werden könnte und die Bestätigung in der Umwelt gelungen sei. Der Angeber, der seine eigene Unzulänglichkeit nicht wahrhaben will und durch Aufmachung und Prahlerei eine unechte Rolle im Leben darzustellen versucht, ist ein Beispiel für eine solche Form der Überkompensation. Sie bedeutet keine echte Bewältigung der Erlebnisverarbeitung, sondern bleibt als Beunruhigung im Unbewußten nach wie vor bestehen.
Eine ausgesprochen unproduktive Art der Erlebnisverarbeitung bildet auch die Flucht in die Krankheit, Flucht in eine verwahrlosende Gleichgültigkeit oder im Extremfall die Flucht in den Tod.
In allen Fällen handelt es sich um ein Ausweichen vor der eigenen Problematik, die zu einem mehr oder weniger Sichfallenlassen führen kann.
In allen diesen Versuchen der Erlebnisverarbeitung wird die Wirkung des Unbewußten sichtbar. Es zeigt, daß eine Erlebnisverarbeitung nur dann glücken kann, wenn das rationale Verstehen und die innere unbewußte Einstellung aufeinander abgestimmt sind. Das führt dann zu einer Anpassung an die veränderte Lebenssituation. Wir Menschen stehen immer vor der Aufgabe, solche Umanpassungen zu vollziehen. Wir versuchen aber, den einmal erreichten Zustand der Anpassung zu behaupten, und wir versuchen das um so

mehr, je weniger wir uns von unserer seelischen Verfassung her den neuen Forderungen der Umanpassung gewachsen fühlen. Deshalb entstehen Konflikte und Fehlverarbeitungen der Erlebnisse vor allem bei labilen Menschen, diese sind auch besonders anfällig für seelische Erkrankungen.

Kehren wir zu unserem Beispiel dieses Kapitels zurück, zu Imme und Torsten.

»Im Haushalt hat Torsten überhaupt nichts gemacht«, sagte Imme. »Er war lieb, immer freundlich, hat Verständnis gehabt, wenn ich nervös war. In der Klinik stellten wir gerade unsere Patientenkarteien und die gesamte Korrespondenz auf Computer um. Ich mußte Kurse machen, mich durch die Geheimnisse der Bitsy, das ist ein Textverarbeitungssystem, quälen. Weil unser Geld natürlich nicht gereicht hat, habe ich am Wochenende in einem Schwabinger Café als Kellnerin etwas dazuverdient, cash, ohne Steuer, ganz nett. Aber das ging von morgens bis abends um zehn. An solchen Tagen ging er seinen Hobbys nach, während ich schuften mußte.«

»Warum hast du das getan, ich meine das mit dem Finanzieren von eurem ganzen Haushalt? Du hättest ihm doch bloß kein Geld zu geben brauchen«, sagte ich.

»Weil ich Angst hatte. Ich hatte damals Angst, er geht. Ich glaubte immer noch, er würde sich ändern. Ich glaubte an unsere, oder besser meine Liebe, ich glaubte an die Gleichheit.«

»Wie du siehst, ein Irrglaube«, sagte ich ihr. »Ist dir nie aufgefallen, daß ihr beide nach einem inneren Muster gelebt habt?«

»Welchem Muster?« Sie sah mich fragend an.

»Euer Muster heißt Kampf und Harmonie. Du hast alles kämpferisch erreichen wollen, bist schon mal aus der Haut gefahren, dadurch fühlte er sich verunsichert, ging in die Reserve, verzog sich, was dich noch wütender machte.«

»Ich glaubte aber...«

Schauen wir uns das Prägen von Glaubensgrundsätzen einmal an. Ein Kind wird in eine Familie hineingeboren. Bis zum Schulantritt ist seine Umgebung eng und feststehend, es ändert sich kaum etwas. In diesen Jahren bilden sich die ersten Gewohnheiten, von denen viele während des ganzen Lebens beibehalten werden. Manche dieser Verhaltensweisen und Glaubensgrundsätze werden gedanken los und mechanisch durch das ganze Leben geschleppt, ohne Abwandlung, ohne Abstufung, zum Schaden des Betreffenden. Es ist manchmal erschreckend zu beobachten, wie manche Menschen mit bestimmten Wertvorstellungen ins Leben gehen, ohne diese überhaupt kritisch zu prüfen. So meinen viele junge Männer, sie müßten, um an die Spitze einer Firma zu gelangen, diesem Ziel schon mit 35 Jahren mindestens sehr nahe sein. Sie meinen, man müsse ständig prüfen, ob man nicht schon zu lange bei einem Arbeitgeber sei, ob man eine zu starke Loyalität gegenüber dem Arbeitgeber entwickelt habe. Sie haben immer ein Urteil, eine Bewertung zur Hand und planen Ehe und Kinder — wenn sie überhaupt in den Plan passen — so, daß sie den Aufstieg innerhalb der Betriebshierarchie beschleunigen. Sie haben sich ihre Wertvorstellungen offensichtlich völlig unkritisch angeeignet. Aber diese Glaubensleitsätze beeinflussen ihr Leben stark.

Wenn wir uns anschauen, wie Menschen für sich einen Sinn schaffen, dann müssen wir fragen, ob diese Menschen ihre Karrieren nicht mit Wertvorstellungen verfolgen, die sie von frühester Kindheit an über das Studium und den Universitätsabschluß, über die Beendigung jeder Ausbildung hinaus bewahrt haben. Werte, die sie vielleicht mit der Muttermilch eingesogen und nie untersucht und in Frage gestellt haben. Was aber passiert, wenn der erste größere Mißerfolg eintritt, wenn sie feststellen, daß sie sich in einer Weise verhalten haben, die ihre Karriere und/oder Ehe zerstört? Was geschieht, wenn ein Ehepartner stirbt? Dann sind sie mitten in der Krise ihrer Wert- und Sinnvorstellungen.

Glaubens- und Wertvorstellungen können Schranken in uns aufbauen, und wir müssen diese Schranken erkennen, müssen beginnen, sie wahrzunehmen, sonst merken wir nicht, wie unfrei wir eigentlich sind, einfach deswegen, weil wir nicht sehen können, was jenseits dieser Schranken liegt.

Schauen wir uns ruhig einmal Glaubensgrundsätze an, die einige Menschen seit ihrer Kindheit mit sich herumschleppen: Das Leben ist traurig, hoffnungslos, voller Leiden. Ich bringe nichts zustande, mein Bruder oder meine Schwester können das viel besser als ich, das haben Vater und Mutter schon immer gesagt. Ich bin den Lebensumständen hilflos ausgeliefert, meine Mutter war auch immer

so hilflos. Die Menschen sind schlecht und nützen mich nur aus. Hier haben wir es also mit einigen negativen Glaubensgrundsätzen zu tun. Alles Bewertungen, die schon in der Kindheit von einem anderen Menschen »vorgedacht« oder »vorgelebt« wurden. Sie haben sozusagen suggestiven Charakter.
Im Lexikon wird der Begriff Suggestion folgendermaßen beschrieben: Suggestion — Beeinflussung des Denkens, Fühlens, Wollens oder Handelns eines Menschen unter Umgehung seiner rationalen Persönlichkeitsanteile. Die Wirkung der Suggestion beruht entweder auf ausgeprägten suggestiven Fähigkeiten (Suggestivität) des Suggerierenden oder auf besonderer Suggestibilität (Beeinflußbarkeit) des Empfängers.
Wir können sagen, daß jedes Kind gegenüber seinen Eltern sehr suggestibel ist. Das Kind hat noch gar nicht genügend rationalen Verstand, um diese negativen Glaubenssätze als solche zu erkennen. Später sind sie selbst zum geistigen Bestandteil der Person, des betreffenden Menschen geworden und werden nicht mehr kritisch untersucht. Die Überzeugung: Ich bin nichts wert!, steht kritiklos im Raum und wird nicht untersucht, keiner kritischen Prüfung mehr unterzogen, steht als lebenslanges Urteil im Bewußtseinsraum und wirkt hier verheerend auf den Betreffenden ein. Noch weitreichender sind Überzeugungen, in denen ein Elternteil vom anderen eine schlechte Meinung hatte und das auch in Gegenwart der Kinder vertrat. Unbewußt wächst in so einem Kind die Überzeugung: »Alle Frauen/Männer sind schlecht, taugen nichts.« Diese tiefsitzende Überzeugung nehmen sie dann mit ins eigene Eheleben und haben es damit schon zum Scheitern verurteilt. Es kommt also darauf an, die Glaubenssätze der Kindheit aufzugeben. Das ist nicht immer so einfach. Wir müßten da zunächst einmal aus uns heraustreten, uns quasi neben uns stellen und beobachten, was wir den ganzen Tag über denken. Probieren Sie das ruhig einmal. Sie werden erstaunt sein, was Ihnen da den ganzen Tag durch den Kopf geht. Sie halten es nicht für möglich, was Sie alles denken.
Philip Kapleau sagt in seinem Buch *Die drei Pfeiler des Zen:* »Wie können wir es dahin bringen, daß der Mond der Wahrheit unser Leben und unsere Persönlichkeit voll erleuchtet? Zuerst müssen wir das Wasser reinigen, die aufwallenden Wogen glätten, indem wir dem

Wind der diskursiven Gedanken Einhalt gebieten. Mit anderen Worten: Wir müssen den Geist von dem entleeren, was man begriffliches Denken nennt. Die meisten Menschen werten abstraktes Denken sehr hoch, aber der Buddhismus hat klar nachgewiesen, daß das unterscheidende, urteilende Denken an der Wurzel aller Verblendung sitzt. Das Denken ist die Krankheit des menschlichen Geistes.«

Das ist vom buddhistischen Standpunkt aus ganz richtig. Sicher ist abstraktes Denken nützlich, wenn es weise angewandt wird, das heißt, wenn sein Wesen und seine Grenzen recht verstanden werden. Aber solange die Menschen Sklaven ihres Intellekts sind, von ihm gefesselt und überwacht werden, solange kann man sie mit Recht als krank bezeichnen. Alle Gedanken, seien sie nun erhebend oder niederziehend, sind vergänglich und ohne Bestand. Sie haben Anfang und Ende, wie sie auch nur flüchtig bei uns verweilen. Im Buddhismus wird das Denken als »Strom von Leben und Tod« bezeichnet. In diesem Zusammenhang ist es wichtig, flüchtige Gedanken von festen Begriffen zu unterscheiden. Flüchtige Gedanken sind verhältnismäßig harmlos. Aber Ideologien, Glaubensanschauungen, Meinungen und Standpunkte werfen jene Schatten, die uns das Licht zur Wahrheit verdunkeln, ganz zu schweigen von all dem Tatsachen-Wissen, das wir seit unserer Geburt angehäuft haben und an das wir uns klammern. Solange die Winde des Denkens fortfahren, die Wasser unserer eigentlichen Natur, unseres Selbstwesens aufzurühren, können wir Wahrheit nicht von Unwahrheit unterscheiden. Deshalb ist es dringend nötig, diese Winde zu beschwichtigen. Sobald sie sich legen, beruhigen sich die Wellen, das trübe Wasser klärt sich und wir erkennen unmittelbar, daß der Mond der Wahrheit niemals aufgehört hat zu scheinen.

Wir brauchen nur einmal fünf Minuten unsere Gedanken zählen und dabei beobachten, wie viele Vorstellungen und Bilder in dieser Zeitspanne auftauchen. Solange wir wach sind, leitet ein Gedanke sofort zum nächsten über: Unser Bewußtsein ist ganz vom Gedankenstrom gefangengenommen. Wie tanzende, flackernde Irrlichter springen die Gedanken ins Bewußtsein und verbrauchen dazu noch eine Menge Energie. Vielleicht glauben wir, daß wir vorhandene Probleme lösen oder neue Ideen hervorbringen, dabei ist der Geist jedoch in ein endloses Selbstgespräch verwickelt, er entflieht in Tagträume und verschwendet sich. Solange die Gedanken weiter so herumflattern, wird unser Bewußtsein in festgefahrenen Ansichten und Reaktionen eingefroren. Ein Wort fällt und augenblicklich wird im Geist das dazugehörige Vorstellungsbild projiziert. In dem Bild liegt jedoch eine tiefliegende Erfahrung verborgen. Verweilen wir nun in der Gegenwart, dann betreten wir das Reich des Seins, das der Raum im Innern unserer Gedanken ist.

Läßt die Verflechtung in Bildern und Vorstellungen nach, können wir eine Qualität des Seins entdecken, die weder eine Form noch eine spezifische Eigenart aufweist. Sie nimmt keine Position ein und vertritt keine festgelegten Ansichten, die dann verteidigt werden müssen. Unter unseren hektischen Gedanken ist Frieden und Licht: eine äußerst gesunde Stille, die die Quelle aller Lebensenergie und aller schöpferischen Aktivitäten ist. Die Erinnerung an die Vergangenheit und die Projektionen in die Zukunft nehmen unsere Aufmerksamkeit nicht länger ausschließlich in Anspruch. Der gegenwärtige Augenblick offenbart ein natürliches und ungehindertes Gewahrsein.

Diese Art, mit unseren Gedanken umzugehen, ist uns westlichen Menschen häufig fremd. Buddhisten zum Beispiel haben gelernt, in ihre Gedanken hineinzugehen und sie weit aufzubrechen, bis das Denken zur Meditation wird. Anstatt sich dem Entstehen eines Gedankens entgegenzustemmen, wie es viele »Positivisten« tun, treten sie ein wenig zurück und entspannen sich. Lassen auch Sie einmal den Gedanken sein, was er sein will. Beobachten Sie sehr genau und achten Sie auf die subtilen Gefühle, die zum Vorschein kommen, sobald der Gedanke eine Reaktion, ein Urteil oder eine Bewertung in Ihnen hervorruft. Versuchen Sie, der Tendenz des Gedankens Einhalt zu gebieten, diese Emotion in der Vorstellung weiter auszubauen, was ja die Erfahrung weiter kristallisiert.

Menschen haben Leitbilder, und darunter sind Kombinationen zu verstehen aus Informationen und Empfindungen — die ihnen helfen, Mut oder Vorsätze aufrecht zu erhalten und die ihnen auch in schwierigen Lebenssituationen die Richtungen weisen. Die Theorie der Glaubensentwicklung kann folgendes zur Diskussion der Ich-Entwicklung beitragen: Sie rechtfertigt sowohl genauere Betrachtung der Vorstellungen, durch die Menschen ihr Leben gestalten, als auch die Erörterung der kritisch wichtigen Dimension der »Meta-Überzeugungen«, die durch unsere Erfahrungen der Welt entstehen, aber auch durch die Vorstellungen und Tatsachen, die wir anziehend empfinden.

Unsere Meta-Überzeugungen prägen die Art, wie wir unser Leben führen. Viele Menschen haben das selbstverständliche Vertrauen in die geistige Geborgenheit eines allgemein anerkannten Weltanschauungssystems weitgehend verloren. In dieser brüchigen Situation sucht jeder für sich das Beste herauszuholen. Weltanschauung ist zur privaten Kunst geworden, die eigene Existenz und die der Welt ein kleinwenig oder etwas mehr zu durchschauen und geistig zu bewältigen. Die persönlichen Weltanschauungen der einzelnen Menschen sind nicht nur irgendein geistiger Luxus. Sie entscheiden nicht nur individuell über die Zukunft mit, sondern auch als Massenphänomen über die Weiterentwicklung der Menschheit. So ist der Glaube, es würde niemals einen Irren geben, der auf den berühmten Knopf drücken könnte, um einen Atomkrieg auszulösen, gefährlich für alle Menschen, so ist der Glaube, die Umwelt würde sich von den durch giftige Umwelteinflüsse verursachten großen Schäden von selbst wieder regenerieren, ein infantiler Glaube. In solchen Massenphänomenen stecken nicht bloße Zufälligkeiten. Sie sind ebensowenig alleiniges Ergebnis raffinierter Manipulationen geheimer Verführer. Wir müssen sie als treffsichere oder auch überraschende und manchmal gefährliche Resultate veränderter Sinngehalte begreifen lernen, die eine geistige Antwort auf die Veränderungen der Lebensgrundlagen reflektieren. Denn nicht nur Männer, Völker und Mächte machen Geschichte, sondern auch Weltanschauungen — sowohl Individual- wie Weltgeschichte.

Wer die Menschen verstehen will, muß ihr Weltverständnis erkennen. Zur Aufgabe einer Psychologie einer Weltanschauung gehört, aus dem großen psychologischen Detailwissen über die geistigen Verarbeitungen ein Instrument zu entwickeln, mit dessen Hilfe die Vorstoßversuche zu einem angestrebten Sinngehalt durchschaubar gemacht werden sollen.

Im Unterschied zum Tier hat der Mensch mit dem Vorzug des begrifflichen Denkens auch den Nachteil erworben, dazu genötigt zu

sein, sich die Welt erklären zu müssen oder deuten zu lassen. Er hat kein unmittelbares Wissen, warum er existiert, woraufhin er bestimmt ist, warum er sterben muß, wie die Welt in ihrem Ablauf konzipiert scheint — und ähnliche Existenzrätsel. Die Antworten auf die sogenannten letzten Fragen muß er sich geistig verschaffen und aneignen. Allerdings schieben sich heute vor sie die als wichtiger eingeschätzten Behauptungsfragen: »Wie kann die Menschheit überleben? Was kann ich tun, um das Leben künftigen Generationen erträglicher zu machen? Der Glaube, die könnten schon selbst für sich sorgen, dürfte sich sehr rasch als gefährlicher Irrglaube entwickeln. Auf der anderen Seite: Es herrscht kein Mangel an Überlegungen zum Sinn und Zweck des Lebens, auch nicht an Bereitschaft, zum Engagement. Aber fast durchgängig fragt man sich, was alles diese vorhandenen Ideologien, Programme, Dogmen, Ideale, Mahnworte und Sinnsprüche für eine Bedeutung für den Einzelnen haben. Nicht wenige kommen dann zu der Auffassung, wie nichtssagend oder gar widersinnig diese Sinnvermittlungen sind. Man fragt sich: Das soll der Sinn des Lebens sein?
Es entsteht geistige Unruhe.
Warum verliert sich der Mensch in diesen großen Fragen, solange er die kleinen Fragen seines Lebens nicht zu lösen vermag? Und gerade hier liegt der Ansatz; die großen Dinge klären sich, indem wir die kleinen Dinge unseres Lebens unter die Lupe nehmen und nach Lösungen streben.
Wie sieht die Wirklichkeit des Einzelnen aus? In ihm lebt eine Gefühlswelt, die durchsetzt ist mit Erfahrungen der Unzulänglichkeit, Hilflosigkeit, des Leids, der Verzweiflung und der Angst vor dem Versagen: Eine Welt, in der Gefühle der Ohnmacht und der Wut ständig auf Unverwundbarkeit und Unanfechtbarkeit ausgerichtet sein müssen.
Was wir an dieser Misere nicht mehr spüren, ist die Tatsache, daß diese Gefühle häufig wie eine Endlosspule in uns ablaufen. Menschen fühlen sich gekränkt, ohne zu merken, daß diese Kränkung längst aufgehört hat, eine Kränkung zu sein. Sie spielen immer noch das beleidigte Kind, ohne zu wissen und zu spüren, daß jene Menschen, die ihnen die Kränkungen zugefügt haben, längst aus ihrem Gesichtsfeld verschwunden sind. Was aber weit gefährlicher ist, ist

die Tatsache, daß diese Gefühle und die sie begleitenden Gedanken auf Menschen unserer Gegenwart projiziert werden. Da kommt es dann zu Spannungen in Ehe, am Arbeitsplatz, mit Nachbarn oder anderen Menschen.

Mit Projektion können wir einen psychologischen Tatbestand feststellen, der sich auch überall im Alltag beobachten läßt: nämlich die Tatsache, daß wir in unseren Vorstellungen über andere Menschen und Situationen oft Fehlurteilen unterliegen, die wir später durch bessere Einsicht korrigieren können. Wir glauben einfach, was wir im anderen sehen, ohne zu erkennen, daß es die eigene Projektion ist. Manchmal können Projektionen auch angenehme Brücken zur Welt sein, so bilden gerade Projektionen auch eine positive Erleichterung des Lebens.

Sobald aber die seelische Energie einen anderen Weg einschlagen will, können Projektionen große Hemmnisse sein, denn sie verhindern wirksam jede wirkliche Befreiung von Vorurteil. Es kommt dann vor, daß wir nicht spüren, wie wir den anderen Menschen heruntermachen, ihn entwerten, um uns selbst zu entlasten. Wir spüren dabei nicht, daß wir damit falschen Glaubenssätzen unterliegen, nämlich jenen, der andere sei schlecht. In Wirklichkeit ist es die eigene Schwäche, die sich hier ausdrückt. Es gibt selbstverständlich auch den Umstand, daß die anderen Menschen ebenso auf uns projizieren. Gefährlich sind besonders die Projektionen der Eltern auf ihre Kinder. Gefährlich deswegen, weil Kinder und Jugendliche noch besonders suggestibel sind, also noch nicht genügend Ich-Stärke besitzen, um sich kritisch mit den Projektionen auseinanderzusetzen.

Es ist nicht möglich, in diesem Buch die unzähligen Formen von Familienstörungen über falsche Glaubenssätze zu beschreiben, das würde mehrere Bände füllen und zudem eher von unserem Thema wegführen. An dieser Stelle geht es vielmehr darum, zu verstehen, was viele Paare gemeinsam haben: Es ist die Unfähigkeit, ursächliche Probleme zur Sprache zu bringen. Natürlich wird überall über Probleme gesprochen, aber meist dienen diese Gespräche dazu, die darunterliegenden »Geheimnisse« immer wieder zu verdecken, die ein Paar oder eine Familie dysfunktional machen. Das Ausmaß an Heimlichkeit — das heißt, die Unfähigkeit, die eigenen Probleme zur Sprache zu bringen — entscheidet somit eher, wie dysfunktional ein Paarsystem wird und wie ernsthaft zwei Menschen geschädigt sind, als die Bedeutsamkeit der Probleme selbst.

In einem dysfunktionalen Paarsystem spielen beide starr festgelegte Rollen; ihre Kommunikation ist strikt begrenzt auf Aussagen, die diesen Rollen entsprechen. Immes stereotype Aussage von der Gleichheit dokumentiert, was hier gemeint ist, ebenso wird das deutlich durch Torstens ewigen Drang nach Harmonie. In seinem Verhalten drängt er das »Böse« in sich, unter anderem seine Aggression, ständig beiseite und fordert damit unbewußt die Aggression von Imme immer mehr heraus. Ihr Grundmuster von Kampf und Harmonie ist in Wirklichkeit ein Grundmuster von Kampf und Widerstand. Nur der Widerstand bei Torsten zeigt sich nicht in Form einer offenen Gegenaggression, sondern in der passiven Form der sogenannten Harmonie. Er weiß ganz genau, daß er damit Imme auf die Palme bringen wird. Die Harmonie ist seine Art zu »kämpfen«, eine Art, die sehr hintergründig sein kann, weil sie den offenen Angriff des Partners zurückweist, ohne objektiv selbst angreifbar zu sein.

Es gibt in jeder Paarbeziehung bestimmte Rollen, aber mit veränderten Lebensumständen müssen sich auch beide Partner ändern; sie müssen sich nämlich den Verhältnissen anpassen, damit die Partnerschaft weiterhin »gesund« bleiben kann.

Hinter Immes Verhalten, Torsten ändern zu wollen, liegt eine alte Verlustangst, und ihr Verhalten ist nichts anderes als ein Aspekt des Klammerns.

Da viele Menschen davon ausgehen, daß sie im Stich gelassen werden, klammern sie sich an, als ginge es ums nackte Leben: »Verlaß mich nicht. Ohne dich bin ich nichts, ohne dich sterbe ich.«

Da wir davon ausgehen, daß wir hintergangen werden, stürzen wir uns gierig auf jedes kleinste Vergehen und jede kleinste Unterlassung: »Da siehst du es, ich hätte es ja wissen müssen, daß man dir nicht vertrauen kann.«

Da wir davon ausgehen, daß wir abgewiesen werden, stellen wir übermäßig aggressive Forderungen und sind schon im voraus wütend, weil diesen Forderungen nicht entsprochen wird.

Da wir davon ausgehen, daß wir enttäuscht werden, tragen wir auf unsere Weise dazu bei, daß wir früher oder später tatsächlich enttäuscht werden.

Aus der Angst vor Trennung gehen wir das ein, was Bowlby als ängstliche und zornige Bindungen bezeichnet. Und häufig führen wir das herbei, was wir fürchten. Durch unsere anklammernde Abhängigkeit und durch unsere hilflose, verlangende Wut vertreiben wir die, die wir lieben. Aus Angst vor Trennung wiederholen wir unsere eigene Lebensgeschichte, ohne uns an Vergangenes zu erinnern, und wir drängen einer neuen Kulisse, neuen Schauspielern und einer neuen Produktion gewaltsam unsere Vergangenheit auf, an die wir uns zwar nicht erinnern, die aber doch allgegenwärtig und allmächtig ist.

Im Kampf zwischen Gut und Böse

»Es war an einem Freitagnachmittag. Gerd ist nach Hause gekommen und hat gleich gesagt, daß er abends noch mal weg muß. Ein Schulungsabend für moderne Verkaufsstrategie finde in der Firma statt, da müsse er hin. Das stimmt doch nicht, hab ich gesagt, du lügst mich doch schon wieder an. Er hat den Mund aufgemacht, wie wenn er mich anbrüllen will. Aber dann ist er ins Schlafzimmer gegangen, hat den Schrank aufgerissen und seinen Koffer gepackt. Ich hab' geheult und geschrien, was das soll und wohin er will. Er hat mich nicht ein einziges Mal angesehen, ist zur Tür und dann war er weg.«

Pause, das Tonband läuft. Vera zündet sich eine Zigarette an, sie raucht ununterbrochen während des Gesprächs. »Das war das letzte Mal, daß wir beide in der Wohnung waren. Er ist dann noch einmal gekommen, als ich mit dem Jungen verreist war, und hat die Stereoanlage geholt, seine Anzüge, Schuhe und so weiter, Bettwäche und die Uhr mit Goldkugeln aus dem Wohnzimmer. Ungefähr zwei Monate später ist das gewesen. Daraufhin habe ich das Türschloß ausgewechselt und er konnte nicht mehr herein.«

Vera, 32 Jahre alt, seit einem Jahr geschieden. Mit ihrem 14jährigen Sohn lebt sie mittlerweile in einem Anderthalbzimmer-Appartement in Wolnzach, einem kleinen Hopfenort in der Nähe von Ingolstadt. Jener schwarze Freitag, an dem praktisch ihre Ehe endete, ihre Ehe, in der so viel von Schuld und Unschuld die Rede war, liegt vier Jahre zurück. Trennung, gerichtliche Auseinandersetzung bis zum Urteilsspruch des Familienrichters, DM 20.000 Abfindung, für während der Ehe erbrachte Leistungen. Unterhalt für sie Null, Unterhalt für den Sohn 350 Mark monatlich. Das alles zog sich mehr als drei Jahre hin. Das Grundmuster dieser Ehe hieß Schuld und Unschuld.

Wie ist das nun, mit Schuld und Unschuld?

Viele Menschen suchen nach Erleuchtung, nach Bewußtseinserweiterung, vermeiden aber tunlichst die Begegnung mit ihrer Schattenwelt. Dabei führt der Weg ins Licht durch die Dunkelheit, erst

die Begegnung von Licht und Schatten bringt Befreiung. Lieber werden die unangenehmen Seiten des persönlichen Lebens in die tiefsten Schichten der Seele verdrängt. Aber gerade diese Verdrängung erzeugt den Schatten.
Der Schatten entsteht größtenteils schon in der Kindheit. Das Kind zeigt einen urtümlichen Lebensglauben, getragen in seinem Urvertrauen. Erst die Entwicklung über die einzelnen Moralstufen, der Glaube an ihre Wirksamkeit bewirkt den Schatten.
Wer sich jemals mit seiner Schattenwelt auseinandergesetzt hat, konnte die Erfahrung machen, über diesen Weg innere Realitäten bewußt gemacht zu haben. Bekanntlich gibt es zwei Formen von Wissen: Wissen durch Beweisführung und Wissen durch Erfahrung. Die Beweisführung führt zu Schlußfolgerungen und zwingt uns, diese anzuerkennen. Sie bringt jedoch weder Gewißheit, noch beseitigt sie Zweifel, so daß der Geist in Wahrheit ruhen könnte, es sei denn, diese Gewißheit käme durch Erfahrung zustande. Über der Erfahrung aber steht der Glaube. Man ist geneigt, an den Frömmler und den Spötter zu denken, die sich darüber streiten, ob die Erde flach, eine Scheibe sei, wie der eine glaubt, oder ob sie zylindrisch sei, wie der andere behauptet. Keiner von beiden weiß aus eigener Erfahrung, wie die Erde wirklich beschaffen ist. Bevor bekannt wurde, daß die Erde rund ist, eine Kugel, gab es verschiedene Glaubensansichten über ihre Beschaffenheit — der Glaube kann uns in die Irre führen. Auch dann, wenn wir beispielsweise unter Schuldgefühlen leiden. Wenn wir Schuldgefühl von Schuld nicht auseinanderhalten können. Unser Bewußtsein ist ein großer Raum, in dem wir die Dinge unseres Lebens sammeln und aufbewahren. Wollen wir die Welt der Schatten verstehen lernen, dann müssen wir uns diesen »Raum« einmal näher betrachten. Wir versuchen das Mobiliar unserer Erfahrungen und Erkenntnisse harmonisch zu ordnen, um uns wohnlich einzurichten. Das Wichtige erhält einen bevorzugten Platz, Erinnerungsstücke und liebenswerte Kleinigkeiten werden sichtbar angebracht, die Wände mit bunten Bildern dekoriert, die Fenster mit bunten Vorhängen verschönt. So haben Glaube und Liebe ihren Platz, Leid und Freude, Krankheit und Verlust. Sie stehen ihrer Größe entsprechend im Raum, und selbst wenn sie nicht die erhoffte Harmonie vermitteln, fühlen wir uns doch durch die

Gewohnheit bald mehr oder weniger wohl. Wir denken nicht daran, von uns aus größere Änderungen vorzunehmen. Sie würden nur Unruhe bringen und das innere Gleichgewicht stören. Noch weniger wünschen wir einen Tausch von Wohnung und Mobiliar — schließlich fühlen wir uns darin geborgen und beschützt und wollen dieses so lassen bis ans Ende unseres Lebens.
Nun könnte es aber doch eines Tages geschehen, daß wir uns mehr Licht wünschen, mehr Helligkeit, um die erworbenen Güter deutlicher zu sehen und besser zu erkennen. Wir ziehen also die Vorhänge zurück und öffnen das Fenster, um die Sonne hereinzulassen. Und plötzlich werden wir gewahr, daß alle Gegenstände Schatten werfen und daß es gerade die größten und für uns wichtigsten Dinge sind, welche die tiefsten und längsten Schatten werfen. Wenn wir dann zum Fenster eilen, um noch mehr Sonne hereinzulassen, um damit die Schatten zu vertreiben, müssen wir feststellen, daß mit zunehmender Helligkeit auch die Schatten tiefer werden.
Da gibt es Ecken und Winkel unseres Bewußtseinsraumes, die in völliger Dunkelheit liegen. Andere wiederum sind vollgestopft mit altem, längst vergessenem Gerümpel und überflüssigem Tand unseres Lebens — aber sie sind da und erfüllen heimlich den Raum unseres Bewußtseins. Wir sehen ein, daß wir vielleicht zu viel unnützes Gepäck angesammelt haben, wir erkennen alte, längst veraltete Glaubenssätze unserer Kindheit, in anderen Ecken liegen liebgewordene Gewohnheiten ohne tieferen Sinn. Wir nehmen uns vor, den Keller unseres eigenen Persönlichkeitsgebäudes zu entleeren, stellen aber fest, daß wir uns von manchen alten Sachen nicht trennen können. Oder bemerken, daß elementare Dinge wie Liebe, Glaube, Hoffnung nicht einfach ausgeräumt werden können. Da ist die Liebe — wieviel Glück und Leid haben wir durch sie erfahren, wie könnten wir sie je aus unserem Leben entfernen? Oder der Glaube — wie oft hat er uns in einer verzweifelten Situation weitergeholfen? Oft haben wir innerliche Zweifel besiegt, aus dem Glauben an uns selbst Kraft geschöpft und — wie wir meinen — einen guten Kampf gefochten gegen das Böse. Diese Kräfte stehen festgefügt und unverrückbar in unserer Seele, sind Grundpfeiler und Fundamente unseres Lebens. Und trotzdem: gerade sie werfen die längsten Schatten! Da stehen also Licht und Schatten so nah beieinander. Wie ein

schwarzer Sünder neben einem »Heiligen« noch schwärzer wirkt, je mehr wir an Gott glauben möchten, um so mehr erkennen wir unsere Unvollkommenheit und damit unsere Gottesferne. Unser So-sein provoziert das Anders-sein, ruft es heraus, macht es erst lebendig, in und um uns. Je intensiver wir uns gegen das andere abgrenzen, desto mehr reißen wir den Gegensatz in uns auf.
Nie sind wir im Stande echter Unschuld und Unbefangenheit. Und wir fühlen uns wohl dabei, da wir aus dem Gesetz der Selbsterhaltung das Recht ableiten, das als falsch erkannte zu bekämpfen, womit wir das Ganze nur verschlimmern. Denn das wäre ja ein Kampf gegen uns selbst. Wir streiten gegen das, was uns als schlecht und böse erscheint — auch und gerade in uns selbst. Aber noch nie hat jemand diesen Kampf endgültig gewonnen, denn neben dem Guten steht untrennbar sein Gegensatz, das Böse. Und darin, im Begriff Gegensatz, liegt schon wieder der große Irrtum. Ebensowenig wie Haß das Gegenteil von Liebe ist, ist das Böse das Gegenteil vom Guten. Gut und Böse sind ein Zwillingspaar, sie gehören zusammen wie Tag und Nacht, wie Licht und Schatten. Sie sind untrennbar miteinander verknüpft. Die Jagd nach dem Bösen ist eine Jagd im Kreise, und wenn wir glauben, das Böse davonzujagen, ist es gleich hinter uns und jagt uns, auch wenn es seine Gestalt dabei hundertmal ändert und in einer immer subtileren Verkleidung erscheint. Wer hätte das Böse je besiegt? Die Schatten unserer Seele sind uns treu, sie verlassen uns nicht. Dies rührt daher, daß wir Wesen und Ziel der Seele nicht von den äußeren Gegebenheiten unseres Lebens zu trennen vermögen. Sie ruht in ihrer Tiefe in der Gegensatzlosigkeit des Göttlichen und in seiner Unendlichkeit, wir belasten sie jedoch ständig mit den Wünschen unseres Ichs und zwingen sie damit in einen Kreislauf der Kräfte, die nicht zu ihrem Wesen gehören. Die Seele will Einheit mit ihrem Ursprung. Wir glauben, es dadurch bewirken zu können, daß wir sie mit Tugend, Moral und einen Glauben anfüllen, der immer nur das Seine sucht. Es hat wenig Sinn, diese Notwendigkeiten pflichtgemäß erarbeiten zu wollen. Erlösende Kraft erhalten sie erst dann, wenn sie von selbst aus einem geänderten Wesen strömen. Ständiger Kampf gegen sich selbst um eines Vorsatzes willen verdunkelt nur unser Bewußtsein, nimmt uns Lebensfreude, macht uns zu Büßern. Und höhere Er-

kenntnisse erreichen uns ohnehin nicht, wenn die eigene Intuition keine Brücken zu ihnen bildet, auch wenn wir noch so viel studieren.
Eine Legende erzählt, daß ein chinesischer Kaiser einmal in tiefe Depression verfiel. In seiner Traurigkeit wurde ihm in einem Traume der Rat erteilt, er würde sofort wieder gesund, wenn er das Hemd eines Glücklichen anziehe. Also sandte er seine Boten sofort in alle Lande, um Glückliche zu suchen: die Reichen, die Frommen, die Liebenden. Aber niemand war glücklich. Die Reichen hatten Angst um ihren Besitz, die Frommen bangten um ihre Seligkeit, die Liebenden sorgten sich um den Geliebten. Nach langem Suchen fanden die Boten endlich einen Mann, der auf der Wiese saß und wirklich glücklich war. Nur, der Mann besaß kein Hemd.
Hätten die Boten etwas von Symbolsprache verstanden, hätten sie sich gar nicht erst auf die Suche gemacht. Denn Hemd ist Kleidung und symbolisiert das innere Wesen eines Menschen. In unserer Geschichte besagt das, der Kaiser hätte sich etwas vom inneren Wesen eines Glücklichen aneignen sollen, um aus seiner Depression herauszukommen.
Die Aufarbeitung der inneren Schatten braucht Zeit, seine eigene Zeit, die Dinge geschehen zu lassen. Wer sich auf den Weg macht, wird früher oder später ans Ziel gelangen. Die Sufis sagen dazu: »Der Mensch ist ausgefüllt voller Sehnsüchte und er ringt darum, durch alle möglichen Unternehmungen und Zielsetzungen Erfüllung zu finden. Aber einzig die Liebe führt zur Erfüllung.«
»Es war eine schwere Zeit«, sagte Vera. Sie hat sanfte braune Augen, lockige dunkle Haare, ein rundes Gesicht mit Grübchen, das unterm Reden oft starr und hart wird. Sie weiß natürlich, versichert sie, daß es im Grunde eine ganz alltägliche Geschichte ist, vielen Frauen passiert das so... wohl auch Männern, gibt sie zu. Zwei Leute trennen sich, der eine will es so, und der andere? Dem bleibt oft nichts anderes übrig. Er ist der Dumme. In diesem Fall, wie es oberflächlich betrachtet scheint, ist es Vera. »Die Dumme, die Dicke, weil sie nach dem Kind zugenommen hat. Ich hab das nicht mehr runtergekriegt. Ich, der Haustrampel, der schon äußerlich nicht zu Gerd paßte, mit seinen Jeans, die immer dreimal soviel gekostet haben wie meine... Und wenn ich mich im Spiegel gesehen hab, ver-

heult, und das Gesicht ganz rot, verschwollen, hab ich mir gedacht, kein Wunder, daß er mich nimmer mag... Und dann ist mir eingefallen, daß ich mich immer kleiner gefühlt habe als er.«

Die Schuldgefühle, die durch diese Selbstvorwürfe hindurchklingen, sind nicht zu überhören.

Wir können schon an dieser Stelle festhalten, es gibt Menschen mit Schuldgefühlen, es gibt ebenso Menschen, die schuldig sind. Wir wollen das aber nicht in dem Sinne, wie wir es in theologischen Büchern finden, abhandeln — nach Sünde und Moral —, sondern uns interessiert in erster Linie der tiefenpsychologische Aspekt der Schuld. Denn wie die Wurzel aller Liebe darin zu finden ist, wie sehr wir uns selber lieben, ebenso ist die Wurzel allen Glaubens darin zu finden, wie sehr wir an uns selbst glauben, ebenso ist die Wurzel der Schuld darin zu finden, wie sehr wir gegen uns selbst schuldig werden. Denn, machen wir uns gegen uns selbst schuldig, verletzen wir uns in unserer eigenen Menschenwürde, gehen wir selbstzerstörerisch, destruktiv mit uns selbst um, dann haben wir auch keine Achtung vor dem Partner, vor dem Nachbarn, vor dem anderen Menschen und verspüren in uns etwas, den anderen zu zerstören. Aber das wäre schon wieder eine Projektion, denn in Wirklichkeit wollen wir uns selbst zerstören, weil wir doch nicht liebenswert sind, weil wir nicht würdig sind, ein Mensch zu sein und zu leben. Das ist die tiefe Wurzel alles Bösen.

So ist denn das Gebot »Du sollst nicht töten« für mich ein Gebot, dessen Realisierung ich nicht nur in der Außenwelt sehen möchte, sondern auch nach innen gerichtet. Sicher gibt es Menschen mit diesem Zerstörungsdrang. Es gibt Mörder, das können wir jeden Tag in der Zeitung lesen. Gemessen an der ganzen Menschheit sind sie aber eine kleine Minderheit. Wozu also dieses Gebot?

Ich würde sagen: »Du sollst dich nicht selbst töten«, nicht etwa durch beabsichtigten Selbstmord, sondern vielmehr, wir sollen das, was in uns leben möchte, nicht töten, unsere Liebe, unsere Freude, unsere Dankbarkeit, unsere Demut, all die guten Kräfte in uns, die sollen wir nicht töten. Anderenfalls sind wir doch nur noch ein toter, ein lebloser Mensch, abgespalten vom Körper, abgespalten von unseren Wünschen, abgespalten von unserer Lust.

Das sind die Anteile in uns, gegen die wir schuldig werden. Und wenn einer Ehebruch begeht, dann ist dieser Mensch in erster Linie nicht am Partner schuldig geworden, sondern zuallererst an sich selbst. Denn ihn und nicht den anderen drückt »der Balken im eigenen Auge«.

Im tiefenpsychologischen Sinne wird er nicht dadurch einfach schuldig, daß er fremdgeht. Wenn wir davon ausgehen, daß kein Mensch den anderen besitzt, dann kann keiner dem anderen etwas wegnehmen. In der Partnerschaft haben wir es mit einer Paarbildung zu tun, nicht aber mit einer totalen Verschmelzung. Jeder bleibt auch in der Partnerschaft immer noch ein Einzelner. Schuldig wird ein »Fremdgänger« darum in erster Linie nicht durch die Untreue, sondern vielmehr über die Schuldprojektion, indem er den anderen nun seinerseits mit Verdächtigungen, mit Eifersüchteleien, mit aggressiven Angriffen und Schuldverschiebungen quält. Natürlich wird er auch noch auf einer anderen Ebene dem anderen gegenüber schuldig, darauf komme ich noch. Aber in allererster Linie wird er sich selbst gegenüber schuldig. Denn was ist die Folge dieser Schuldprojektion? Der Partner läßt sich das nicht gefallen, wehrt sich zunächst zaghaft, später immer heftiger, fühlt sich unverstanden.

Niemand ist gern unverschämt, niemand möchte gern als schamlos gelten. Aber warum eigentlich benimmt man sich schlecht, wenn man sich nicht schämt? Warum raten wir einem, der in seiner Rolle als Mensch ins Fettnäpfchen getreten ist, »er solle sich was schämen?« Dieses merkwürdige Gefühl der Scham gehört ganz offensichtlich zum Menschsein. Bertolt Brecht sagte einmal: »Vielleicht ist der Mensch nie so sehr Mensch, als wenn er sagt: Ich schäme mich!«

Scham und Schattenverdrängung sind verwandt, Scham und Auseinandersetzung mit dem »Bösen« gehören zusammen. Ein Kleinkind zum Beispiel findet nichts dabei, nackt zu sein und sich ungeniert ganz nach seinen momentanen Bedürfnissen zu verhalten. Und auch wir Erwachsenen finden es in Ordnung so. Es sind eben noch »unschuldige« Kinder, sagen wir meist, ohne zu bedenken, daß wir uns selbst damit schuldig sprechen. Wessen aber sind wir schuldig, wo liegt der Unterschied zwischen uns und dem Kleinkind? Warum »ist es etwas ganz anderes«, ob uns ein fünfzehnjähriges oder ein fünfjähriges Mädchen am Strand nackt begegnet. Das

Kleinkind handelt »moralanalog«, es hat noch keine Vorstellung von Gut und Böse im Zusammenhang mit dem eigentlichen SEIN und Verhalten, es ist noch ganz diesseits von Gut und Böse und lernt erst von seiner Umgebung, was man darf und was nicht. Irgendwie überschreiten wir also während unserer Entwicklung zum Erwachsenen eine Schwelle, jenseits derer andere Gesetze herrschen als zuvor, und wir werden dabei aus einer unschuldigen Kreatur zu einem schuldfähigen Wesen.

Juristisch ist das völlig geklärt, aber wie steht es psychologisch? Schauen wir uns die Moralstufen Kohlbergs an, dann können wir erkennen, daß es eine ständige Entwicklung und Ausweitung der Moral gibt oder auch Wandlung. Mit Sicherheit ist die Pubertät eine wichtige Stufe. Wobei nicht vergessen werden darf, daß die Entscheidungen über Ehe und Sexualbereich schon im Kindergartenalter getroffen werden. Wer nicht hinsehen kann, wenn zwei »Küken« in diesem Alter sich umarmen und »liebhaben«, der gibt einer partnerschaftlichen Entwicklung Raum, die in späteren Jahren schwer zu bewältigen ist. Liebe und Partnerschaft lernen wir schon im Kindergartenalter, oder sollten es jedenfalls. Eltern, die hier tolerant und einfühlsam sind, können ihren Kindern keinen größeren Gefallen tun. Zu Beginn der Pubertät sind also diese Weichen längst gefallen. Trotzdem ist die Pubertät jene Schwelle zwischen Kind und Frau, zwischen Kind und Mann, eine sehr wichtige Phase in der Auseinandersetzung zwischen Gut und Böse aus der Sicht unserer Triebe. Denn in diesem Alter erlebt der Mensch seine Triebe bewußt, fühlt sich von ihnen übermannt und überrannt, weiß nicht wohin mit ihnen, Onanie, Masturbation, homosexuelle Berührungen in dieser Zeit des Suchens und Orientierens führen auch zu der Erkenntnis, daß in mir etwas »Böses« sein kann. Diese Einstellung, dieser Glaube wird dann noch von jenen Moralkrüppeln unterstützt, die es leider nicht besser zu wissen scheinen. Das aber macht sie nicht »schuldlos« am Schicksal ihrer Kinder. Alle Kulturen und alle Zeiten waren sich darüber einig, daß überall die Kinder unter dem Schutz der Natürlichkeit stehen. Sie brauchen noch nicht »moralisch« zu sein (was immer das auch in den einzelnen Kulturkreisen bedeutet), sie dürfen einfach so sein, wie sie sind. Aber wenn wir erwachsen werden, gilt wiederum auf der ganzen Erde, daß der

Normenkatalog unserer jeweiligen Kultur mit einem »Du sollst« und »Du sollst nicht« für uns verbindlich wird.
Das Schlimme an der Situation sind ratlose und überforderte Eltern, sobald ihre Kinder in die Pubertät kommen. Sie schauen, weil sie selbst oft hilflos sind, einfach weg, erwarten, daß ihre Kinder die Zeit der Geschlechtsreife möglichst schnell hinter sich bringen und möglichst ohne peinliche Fragen. Diese Tatsache verunsichert die Jugendlichen, die Heranwachsenden, die Heranreifenden noch mehr. Sie fühlen sich allein, im Stich gelassen. Unsicherheit treibt sie in destruktive Gefühle und auch in das Gefühl von Schuld und Versagen in dem tiefsten menschlichen Bereich: in der Liebe und dem damit verbundenen Eros. Die Entwicklung des Schamgefühls finden wir auch eindeutig in der Bibel beschrieben: »...und sie waren beide nackt und sie schämten sich nicht«. Bis dann in einem geheimnisvollen Geschehen mit Schlange und Apfel und dem Baum der Erkenntnis etwas passierte. Nach der Symbolik C.G. Jungs ist die Schlange unter anderem ein Libidosymbol, in dem sich Kraft und Energie, Dynamik, »Triebhaftigkeit« und ganz allgemein der Entwicklungscharakter der Psyche ausdrücken. Mit anderen Worten, wir haben hier die Hinweise auf die Wandlung im Alter der Pubertät. Das wird noch bestätigt durch den Apfel, der ein Fruchtbarkeitssymbol ist. Dazu kommt das Symbol des Baumes der Erkenntnis von Gut und Böse (also von Moral), von dem gegessen wurde, und zwar ohne Erlaubnis, »und sie erkannten, daß sie nackt waren«. Danach aber, eben in diesem Akt der Bewußtseinserweiterung und besseren Sehens, setzt das Schamgefühl ein, denn nun machten sie sich Schürzen aus Feigenblättern, nämlich an die Stellen, an denen sie ihre Nacktheit am deutlichsten spürten.
Und jetzt kommen wir zum Kern der Schattenwelt, nachdem diese Zeit einer Vertreibung aus dem Paradies abgeschlossen scheint. Selbst wenn wir wissen, was bei uns innerseelisch hinter dem Schamgefühl steckt, haben wir doch noch nicht das Ganze begriffen. Denn die unübersehbare Tatsache, daß wir uns vor allem im Geschlechtlichen für verwundbar und beschämbar halten, benötigt eine tiefere Einschau. Da haben die Biologen nun gelernt, daß der Tüchtigste überlebt, und daß derjenige in der Evolution der Tüchtigste ist, der sich am besten fortpflanzt. Und nun müssen sie andererseits fest-

stellen, daß der Mensch keineswegs bereit ist, sich »tüchtig« und in jedem möglichen Fall seiner Fortpflanzungsfähigkeiten zu bedienen, sondern daß er sich selbst dabei im Wege steht. Wie paradox, wie unbio-logisch: ein Lebewesen verbirgt seine wichtigsten Organe, vor allem, wenn sie funktionsbereit sind, pflanzt sich nur in aller Heimlichkeit fort und erschwert sich die sexuelle Betätigung durch strenge Normen der jeweiligen Kultur. Wie hinderlich für die Verbreitung des Menschengeschlechts. Wieviel schneller könnte es sich vermehren, wenn keinerlei schamhafte Bedenken irgendeiner sexuellen Betätigung im Wege stünden.

Doch kommt es bio-logisch und psycho-logisch noch schlimmer: Wir schämen uns nicht nur eigener Schwächen und Unvollkommenheiten, sondern man kann sich auch darüber schämen, daß man scheinbar besser ist als die anderen. Jede Form übertriebener Ehrfurcht und Hochachtung, jede übertriebene Bewunderung, sogar noch so berechtigter Neid auf uns, wenn wir selbst seelisch gesund sind, läßt uns erröten und verlegen werden und birgt den dringenden Wunsch, uns zu verbergen.

Und da haben wir sie am Schwanz, die Lüge aus der Schattenwelt. Wir wissen recht gut, daß wir nicht »besser« sind als die anderen, und daher empfinden wir es als deren Unvollkommenheit, als deren Irrtum, uns dafür zu halten. Wir schämen uns darüber, daß die anderen uns dafür halten, daß sich die anderen in uns täuschen oder: daß den anderen an uns ihre Unvollkommenheit ebenso bewußt wird, wie uns an den anderen unsere Unvollkommenheit bewußt wird. So schämt sich mancher, satt und reich zu sein, wenn andere hungrig und arm sind. Denn dieser unvollkommene Zustand hat seinen Grund auch in uns allen: All unseren Reichtum mit den anderen zu teilen, das wäre hier das Feigenblatt, das unsere »Blöße« schützen und die Welt in Ordnung bringen würde. Auf unbewußter Ebene können wir uns schämen für das, was wir haben, weil dieses Besitztum nur die andere Seite eines Pols ist. Denn hier steht wieder die Frage nach SEIN und HABEN im Raum.

Das Schamgefühl in uns hat Gewissensfunktion und es zeigt die Richtung an, in der das Gute für uns und für die anderen liegt. Gut sein heißt eben nicht nur moralisch vollkommen zu sein, sondern auch andere nicht zu schädigen durch Überwältigung, durch Gier, Neid und Haß. Würde jeder so leben, daß er sich nicht zu schämen brauchte, dann hätten wir tatsächlich das Paradies auf Erden. Dann aber könnten wir auch in JEDER Beziehung »nackt« sein, ohne uns zu schämen.

Nun wird aber auch klar, warum es bedenklich ist, wenn Kindern in der Erziehung der normale Umgang mit dem Schamgefühl nicht beigebracht wird, sondern wenn man es ihnen gar aus falsch verstandener Befreiungsideologie abdressiert. Das intakte Wertsystem des Moralischen hängt davon ab, daß dieses Schamgefühl den anderen gegenüber funktioniert und nicht verstümmelt und verborgen ist. Ein verstümmeltes Schamgefühl aber wird unweigerlich zum Schuldgefühl.

Ein weiterer Grund für die Entstehung von Schuldgefühlen sind destruktive Phantasien und Verhaltensweisen, die aus traumatischen Erlebnissen aus der Kindheit stammen. Ein Kind, das den bösen Launen der Bezugspersonen ausgeliefert ist, hat als Erwachsener einen sogenannten Wiederholungszwang. Er wird ähnliche Situationen wie in der Kindheit heraufbeschwören. Nach dieser Anschauung gäbe es aus der Sicht der Betroffenen keine bösen Menschen, wenn es keine bösen Erziehungspersonen gäbe. Drittens: Destruktivität gehört zur leib-seelischen Konstitution der Menschen und aller Lebewesen. Das Leben zerstört und schafft sich stets von neuem. Destruktivität läßt sich nicht aus der Welt schaffen.

Keines dieser drei Grundmodelle des Bösen läßt sich aus der Welt schaffen und mag jenen von Schuldgefühlen geplagten Menschen zu helfen. Der Grund liegt darin, daß diese Modelle keine neue Einstellung zu sich und den Schuldgefühlen anbieten. Es sind Modelle, die momentan entlasten können, mehr nicht, sie verändern nichts in uns.

Nur die Betrachtung des Bösen im Zusammenhang zwischen Liebe und Triebe kann uns da weiterhelfen. Schamanen, weise Männer und Frauen, Sufis, alle sagen eins aus: Das Böse und deren richtige Bewältigung schaffen erst die Voraussetzung für die allumfassende Liebe. Im liebenden Ja erfüllt sich der Sinn des zerstörerischen Nein. Gerade als Psychotherapeut ist es immer wieder faszinierend zu beobachten, wie Menschen mit Schuldgefühlen sich verändern, wenn sie ihre Gefühle, auch die destruktiven, zulassen dürfen. Warum verändert sich ein hilfesuchender Mensch auf so positive Weise? Wenn ein Mensch merkt, daß derjenige, den er um Hilfe angegangen ist, seinen Gefühlen akzeptierend zuhört, entwickelt er die Fähigkeit, sich selbst akzeptierend zuzuhören, seine Gefühle der Wut, der Angst, der Zärtlichkeit, des Mutes, die er gerade erlebt, anzuhören und zu akzeptieren. Wenn er spürt, daß derjenige, der ihn vertrauensvoll an die Hand genommen hat, seine Gefühle zu schätzen und zu achten scheint, beginnt auch er sich selbst zu schätzen und zu mögen. Wenn er denjenigen, der ihm seine Hilfe angeboten hat, als echt erlebt, ist der Hilfesuchende imstande, seine Masken fallenzulassen und sich offener zu seinem inneren Erleben zu bekennen.

Mit anderen Worten: Indem er auf seine inneren Gefühle achtet, verringert er die Macht all der destruktiven Gefühle wie Schuldgefühle, Ängste und Hemmungen. In dem Maße, indem er Verantwortung für sich und auch für seine Gefühle übernimmt, wächst die Möglichkeit, daß er sich in den Griff bekommt. Er gehört in einem Maße sich selber, das zuvor nie möglich war. Je selbstbewußter, selbst-akzeptierender, offener und weniger defensiv er wird, desto größer wird seine Freiheit, zu wachsen und in die Richtung zu bewegen, die dem menschlichen Sein entspricht. Sein Lieben ist jetzt in seiner Hand und er kann seinen individuellen Bedürfnissen entsprechend leben.

Carlos Castaneda hat das einmal sehr treffend gesagt: »Wenn ich meine Zeit in Reue darüber verbringe, was ich gestern getan habe, vermeide ich die Entscheidungen, die ich heute zu treffen habe. Don Juan hat mir diese Entschlossenheit beigebracht. Früher ließ ich alles in der Schwebe und beschloß nie etwas. Für mich waren Entscheidungen etwas Häßliches. Es schien einem empfindsamen Menschen gegenüber unfair, Entscheidungen zu verlangen. Eines Tages fragte mich Don Juan: Glauben Sie, daß wir gleichgestellt sind? Ich war Universitätsstudent und Intellektueller, und er war ein alter Indianer, doch ließ ich mich herab zu sagen: ›aber natürlich!‹ Er antwortete: ›Das glaube ich nicht, ich bin ein Jäger und Krieger, Sie sind ein Zuhälter. Ich kann mein Leben jederzeit zusammenzählen. Ihre schwächliche Welt der Unentschlossenheit und Traurigkeit ist anders.‹ Ich war beleidigt und wäre auch wegge-

gangen, aber wir befanden uns mitten in der Wildnis. So setzte ich mich hin und fing mich in der Beschäftigung mit meinem Ich. Ich wollte warten, bis er beschließen würde, heimzugehen. Nach vielen Stunden sah ich, daß Don Juan für immer dort bleiben würde, wenn er müßte. Warum auch nicht? Das ist die Kraft des Mannes, der keine Geschäfte in der Schwebe hat. Endlich wurde mir klar, daß dieser Mann nicht wie mein Vater war, der zwei, drei gute Vorsätze an Neujahr zu fassen pflegte und sie dann alle für nichtig erklärte. Don Juans Entschlüsse sind unwiderruflich, was ihn anging. Sie könnten nur durch andere Entschlüsse gelöscht werden.«
Demnach ist nicht der Inhalt einer Entscheidung unbedingt wichtig, sondern eher die Handlung des sich überhaupt Entscheidens. Um nicht moralisch zu werden, müssen wir uns zuerst die Stufen der Moral anschauen, wie Lawrence Kohlberg sie herausgearbeitet hat: Kohlberg hat ein hierarchisches Stufenschema anhand langjähriger empirischer Forschungen an Kindern verschiedener Kulturen ausgearbeitet. Es handelt sich um eine Drei-Stadien-Sequenz mit Stufen:

I. Vorkonventionelle Ebene
Auf dieser Ebene reagiert ein Kind bereits auf kulturelle Regeln und es reagiert auf »gut« und »böse«, auf »Recht« und »Unrecht«. Es versteht diese Dinge aber nicht von innen her, sondern es reagiert mehr auf Strafandrohung und Strafe.
So entsteht schon in sehr frühem Stadium ein »Glaube« an Gut und Böse, der weder intellektuell noch gefühlsmäßig verarbeitet wird. Das kann für den Betreffenden böse Folgen haben, wenn er nämlich auf dieser Infantil-Stufe in diesem Bereich stehenbleibt, wird er ständig in diesem so schwerwiegenden Bereich im Denken einer Schwarzweißmalerei verhaftet bleiben. Er kann auf diese Weise niemals an eine echte innere Schattenaufarbeitung gelangen. Das wird auch von Kohlberg sehr deutlich ausgedrückt:

Stufe 1: Orientierung an Strafe und Gehorsam.
Daran heißt es, die physischen Konsequenzen der Handlung bestimmen ihr Gut- oder Bösesein ohne Rücksicht auf den menschlichen Sinn oder Wert dieser Konsequenzen. Vermeidung von Strafe und

fragloses Nachgeben gegenüber der Macht (Eltern, Lehrer) werden als Selbstzweck bewertet und nicht etwa als Respekt vor der moralischen Ordnung. Es ist ganz einfach die Angst vor Strafe, die ein Kind dieses tun oder jenes unterlassen läßt. Das ist Dressur und nicht Reifung im Sinne einer gesunden Persönlichkeitsentwicklung.

Stufe 2: Die instrumentell-relativistische Ordnung.
Danach besteht richtiges Handeln darin, in der Befriedigung eigener Bedürfnisse und gelegentlich die Bedürfnisbefriedigung von anderen als Mittel (instrumentell). Danach werden die menschlichen Beziehungen als eine Art Markt verstanden im Sinne von Anbieter und Verbraucher. Elemente von Fairneß, Gegenseitigkeit und Gleichheit des Teilens sind vorhanden; etwa im Sinne: gießt du meine Blumen, wenn ich im Urlaub bin, dann werde ich während deines Urlaubs auch deine Blumen gießen. In dieser Moralstufe haben wir es weder mit Dankbarkeit, nicht mit Loyalität und nicht mit Gerechtigkeit zu tun. Etwa in dem Sinne: »Ich liebe dich, weil ich dich brauche.«

II. Konventionelle Ebene
Auf dieser Ebene wird das Erfüllen der Erwartungen der eigenen Familie, Gruppe oder Nation als Selbstzweck gewertet, ohne Rücksicht auf unmittelbare und offensichtliche Konsequenzen. Die Einstellung ist nicht nur geprägt durch Konformität (Anpassung) gegenüber persönlichen Erwartungen und gesellschaftlicher Ordnung, sondern durch Loyalität, aktive Aufrechterhaltung, Unterstützung und Rechtfertigung der Ordnung und Identifikation mit den Personen oder der Gruppe, die als Träger der Ordnungen auftreten.

Stufe 3: Die interpersonale Konkordanz — oder »guter Junge- — nettes Mädchen-Orientierung«.
Gutes Verhalten ist das, was anderen gefällt oder ihnen hilft und von ihnen gebilligt wird. Es herrscht weitgehend Konformität gegenüber stereotypen Vorstellungen vom Mehrheitsverhalten. Es wird außerdem aufgrund der zugehörigen Intention beurteilt — die Formel »er oder sie meinen es gut« wird zum ersten Mal wichtig. Man gewinnt die Zustimmung der anderen durch »Nettsein.«

Wir finden in diesem Bereich jene Menschen, die als Kinder »immer brav, sauber und adrett« sind, die als Erwachsene als total angepaßte Menschen »ihre Pflicht tun«. Wir finden hier die Meinung des Kollektivs, aber sehr wenig eigene Persönlichkeitsentfaltung.

Stufe 4: Die Orientierung an »Gesetz und Ordnung«.
Auf dieser Stufe herrscht die Orientierung an Autorität, fixierten Regeln und an der Aufrechterhaltung der sozialen Ordnung. Das rechte Verhalten besteht darin, daß »man seine Pflicht tut«, »Respekt vor der Autorität« zeigt und die gegebene soziale Ordnung um ihrer selbst willen aufrechterhält.
Es war gerade diese Stufe, die im letzten Weltkrieg so viel Unglück über die Menschen gebracht hat.

III. Nachkonventionelle Ebene
Auf dieser Ebene herrscht deutliches Bemühen, moralische Werte und Prinzipien zu bestimmen, die unabhängig von der Autorität der Gruppen und Personen, die diese Prinzipien vertreten, und unabhängig von der Identifikation des Einzelnen mit diesen Gruppen gültig sind und Anwendung finden.

Stufe 5: Die legalistische Orientierung am Sozialvertrag.
Auf dieser Stufe wird Richtig-Handeln bestimmt im Sinne allgemeiner Individualrechte und im Sinne von Maßstäben, die von der gesamten Gesellschaft kritisch überprüft und akzeptiert worden sind. Es herrscht ein deutliches Bewußtsein der Relativität persönlicher Wertungen und Meinungen und eine entsprechende Forderung nach Regelung für Verfahren der Konsensbildung (übereinstimmende Meinungsbildung). Sofern das auf rechtmäßiger und demokratischer Übereinkunft beruht, ist es eine Gegebenheit persönlicher »Werte und Ansichten«. Daraus ergibt sich eine Betonung des »rechtlichen Standpunktes«, aber unter Berücksichtigung der Möglichkeit, das Recht im Sinne vernünftiger Erwägungen des gesellschaftlichen Nutzens zu ändern. (Jedenfalls eher, als im Sinne der Formel »Gesetz und Ordnung« von Stufe 4). Abgesehen vom rechtlichen Bereich sind freie Übereinkunft und Vertrag das verbindliche Element der Verpflichtung. Dies ist die offizielle Moral vieler westlicher Regierungen.

Stufe 6: Die Orientierung am universalen ethischen Prinzip. Das Rechte wird bestimmt aufgrund der Gewissensentscheidung im Einklang mit selbstgewählten ethischen Prinzipien, die sich auf logischen Zusammenhang, Universalität und logische Widerspruchslosigkeit berufen. Diese Prinzipien sind abstrakt und ethisch (wie beispielsweise der Kategorische Imperativ Kants), es handelt sich nicht um konkrete moralische Regeln wie die Zehn Gebote. Im Kern geht es um universale Prinzipien der Gerechtigkeit, der Gegenseitigkeit und der Gleichheit menschlicher Rechte sowie der Achtung vor der Würde der Menschen als individuelle Personen.

Wir haben aus diesen Abstufungen der Moral erkennen können, wie schwierig es ist, gerade im Bereich Glaube, Schuld, Schuldgefühle zu einer übereinstimmenden Meinung zu kommen. In jeder dieser Stufen bleiben Menschen hängen, nur wenige erreichen die letzte Stufe und noch weniger gehen darüber hinaus, machen sich frei von dem Begriff Moral.

Wir setzen oft voraus, daß ein Mensch entweder ein Gläubiger sein muß oder ein Ungläubiger — oder vielleicht noch ein Agnostiker. Ist er ein Gläubiger, so erwartet er, daß ihm ein Glaube oder ein System angeboten wird, das seine vermeintlichen Bedürfnisse befriedigt. Nur selten sagt man ihm, daß er möglicherweise gar nicht weiß, was seine Bedürfnisse sind.

Als Vera in der ersten Zeit der Trennung einmal Geld brauchte, ging sie zur Bank und hob 100 Mark ab. Eine Woche später war das Konto schon gesperrt. Sie konnte es kaum glauben, daß Gerd das veranlaßt hatte. Aber es war so. »Schäbig«, sagte sie im Rückblick, »wirklich schäbig — war alles, was in der ersten Trennungszeit zwischen uns passierte.« Auch sie selber hat sich völlig unmöglich verhalten. Sie zögerte eine Weile, aber dann erzählte sie's mir doch. Sie erfuhr, daß Gerd direkt bei einer anderen Frau eingezogen war. Sie hatte sich ins Auto geworfen und preschte dorthin. Wartete vor der Haustür, bis die zwei von der Arbeit nach Hause kamen. Vera packte die andere am Arm, riß sie an ihren kurzen blonden Haaren, schlug sie ins Gesicht. »Und als Gerd sich einmischte, hab ich ihn auch geschlagen. Und er mich. Ich bin aufs Pflaster gefallen. Sie sind weggefahren.« Zigarette. Vera lächelt schwach. Wie sie damals nach

Hause kam, weiß sie nicht mehr. »Wenn unser Sohn nicht gewesen wäre, ich glaube, ich wäre gegen einen Baum gefahren. Das ist schon so eine Versuchung. Diese irre Vorstellung, daß er dann die Schuld hat, alles bitter bereuen muß, dieser Dreckskerl, dieser Schuft.« Vera betrog sich in dieser Situation selbst. Sie sah nur, was Gerd getan hat, daß sie speziell diese Situation herausgefordert hatte, das konnte und wollte sie nicht erkennen.

Der in der Eifersucht versteckte Neid hatte Vera so und nicht anders handeln lassen. Sie war in dieser Situation außer sich. Sie liebte Gerd ja noch, gönnte ihn der anderen nicht. Sie ist aus der Haut gefahren und mußte erkennen, daß sie nicht nur die »Gute« war, sondern daß auch in ihr etwas Böses schlummerte. Menschen leiden nicht nur unter der Schande, über ein geheimes, unschönes, unzulässiges Ich zu verfügen, sondern sie leiden auch unter der Tatsache der »seelischen Last«, nicht der Mensch sein zu können, der sie eigentlich sind.

Jeder von uns wird wohl so oder so gelegentlich mit den wirklichen und angemaßten Facetten seiner Persönlichkeit publikumswirksam herumspielen – sei es zum Zweck der Imagepflege, der Anpassung oder des circensischen Lust-Spiels. Und mit Sicherheit geben wir alle uns manchmal einem gewissen Maß der Selbsttäuschung hin, geben uns eine Zwei plus, für das uns jeder gerechte Beobachter kaum noch eine Drei geben würde. Dennoch bemühen sich die meisten von uns, eine vernünftige Beziehung zwischen dem Ich, das wir sind, und dem Ich, das wir zeigen, aufrechtzuerhalten. Denn, wenn diese Beziehung abreißt, kann das Ich, das wir der Welt gegenüber darstellen, ein flaches Ich sein. Wie Vera, die davon spricht, »zwei Ichs« zu haben, »das wirkliche Ich« und »das andere Ich, das immer so ist, wie die anderen mich haben wollen«.

Das wahre Ich entspringt unseren früheren Beziehungen, dem behutsamen Aufeinandereinstimmen von Mutter und Kind. Es beginnt mit Reaktionen, die in der Praxis sagen: »Du bist, was du bist. Du empfindest, was du empfindest.« Sie erlauben uns, an unsere eigene Wirklichkeit zu glauben und überzeugen uns davon, daß wir ungefährdet unser frühes, fragiles, gerade erst zu wachsen beginnendes wahres Ich zeigen dürfen.

Wenn wir ein Kind beobachten, dann sehen wir, es greift nach einem

Spielzeug, einen Sekundenbruchteil schaut es zur Mutter. Es sucht nicht etwa ihre Erlaubnis, sondern mehr. Es sucht die Bestätigung, daß dieser Wunsch, diese spontane Geste wirklich ihm gehört. In diesem heiklen Moment erlaubt ihm die reagierende, aber auch unaufdringliche Gegenwart der Mutter, dem eigenen Wunsch zu trauen: »Ja, ich will es. Ich tue es.« Wenn es in seinem aufkeimenden neuen Gefühl für das Ich in seinem Selbst-Bewußtsein bestätigt worden ist, streckt es die Hand ganz nach dem Spielzeug aus. Aber wenn dieselbe Mutter statt dessen auf die Frage in den Augen des Kindes so reagiert, als deute sie dieses Bedürfnis falsch oder setze an deren Stelle ihre eigenen ein, kann das Kind seinen Gefühlen und seiner Wirklichkeit nicht trauen. Die mangelnde Einstellung der Mutter auf das Kind kann das Gefühl hervorrufen, verstoßen und beleidigt worden zu sein. Gelegentlich geschieht es dann, daß der spätere Erwachsene sein wahres Ich durch ein falsches Ich verteidigt.
Dieses falsche Ich gebärdet sich nachgiebig, fast unterwürfig. Es mißt sich an Programmen und Wertmaßstäben, es scheint zu sagen: »Ich will so sein, wie du mich haben willst.« Wie ein Baum, der spaliert worden ist, um das ursprüngliche Wachstum zu hemmen, passen Kinder sich dann einer Form an, die ihnen von anderen übergestülpt wurde.
Genau das hatte Vera gelebt, sie hatte sich immer nach Gerds Wünschen gerichtet, hatte nicht ein eigenes Leben geführt, sondern hatte als Gerds »bessere Hälfte« sein Leben gelebt. Und als dann die Ehe auseinanderbrach, hatte sie Schwierigkeiten, sich ein eigenes Leben aufzubauen. Eine eigene Identifikation zu finden. Statt sich eine eigene Identität aufzubauen, lebte sie die Bindung zu Gerd auf der negativen Ebene fort, dachte in Begriffen von Schuld und Unschuld.
Sie wechselte dabei von Schuldverschiebung zu Schuldgefühlen, ständig pendelte sie zwischen diesen beiden Begriffen hin und her und konnte einfach nicht begreifen, was sie sich selbst damit antat.
Menschen, die die Scheidung erwägen, müssen erkennen, daß es für die Partnerwahl unbewußte Motive gibt; und es ist — außer in den Zivilisationen, in denen Ehen durch Dritte gestiftet werden — nicht selten, daß einer, der den anderen eben erst ein paar Tage kennt, ihn unbewußt als den ersehnten Partner erwählt hat. Wenn Vera

behauptet, Gerd sei ein Schuft, sei dieses und jenes, kann sie mit dieser Einstellung ein Leben lang weitermachen, ohne sich daran zu erinnern, daß es sich um den Mann ihrer Wahl handelt, den sie einmal »aus Liebe« geheiratet hat.

Schuldverschiebungen machen blind für das, was wirlich in uns lebt. Viele Schuldgefühle schwelgen an der Oberfläche, aber über unsere unbewußten Schuldgefühle erfahren wir nur indirekt etwas. Zu den eindeutigen Zeichen von unbewußten Schuldgefühlen gehört ein starkes Bedürfnis zu bestrafen oder sich bestrafen zu lassen. Menschen, die glauben, sie hätten keine Schuldgefühle, aber einen Bestrafungsdrang in sich spüren, müssen immer damit rechnen, daß stärkere Schuldgefühle auf der unbewußten Ebene in ihnen leben. Unbewußte Schuldgefühle sind manchmal schmerzhafter als ein körperliches Leiden; sie können ein Leben lang auf Bestrafung und Leid beharren. Diese Schuldgefühle können aus jeder Handlung oder Unterlassung heraus entstehen, aus jedem Gedanken heraus, den unser Gewissen für »sündig« befindet. Der schlechte Gesundheitszustand der eigenen Mutter, die Scheidung der Eltern, unser verborgener Neid und Haß, unsere verborgenen Selbstbefriedigungen, all das und noch viel mehr kann auf diese Weise zu Schuld und Elend werden. Auf der anderen Seite laden Menschen tatsächlich Schuld auf sich, und sie sollten fähig sein, diese Schuld eigenverantwortlich zu tragen.

Ein Schuldbewußtsein ist nicht immer negativ. Nicht jedes Schuldbewußtsein ist eine Entwicklungsstörung und sollte »ausgemerzt« werden. Wenn das so einfach wäre, würden wir hemmungslos leben. Das Gewissen ist auch dazu da, uns vor uns selbst und andere vor uns zu schützen. Es gibt Menschen mit einem mangelnden Schuldbewußtsein. Sie müssen vollkommen frei von jeder Sünde sein, über jeden Irrtum erhaben sein. Solche Menschen denken in Begriffen wie »mein Auto hatte eine Karambolage«, anstatt zu sagen: »Ich hatte einen Zusammenstoß.« Diese Menschen sind nach ihrer Meinung jenseits von Gut und Böse und leben damit in einer Illusion. Die Verleugnung tritt in sozialen Einstellungen ebenso zutage wie in persönlicher Lebensweise. Manche erkennen nicht die Feindseligkeiten in der Umgebung, weil sie ihre eigenen unterdrücken. Sie reden über das »Gute« in den Menschen, ohne zu erkennen, daß es das Gute nicht ohne das Böse gibt; und Lust nicht ohne Schmerz. Die Realität des Lebens können sie nicht akzeptieren, weil sie ihre eigene Wirklichkeit verleugnen. Welche Illusion jeweils der Einzelne hat, hängt von der Art der elterlichen Forderungen ab. Da gibt es die Illusion, daß Selbstaufopferung der Weg zum Glück sei, daß harte Arbeit durch Liebe belohnt wird, daß man durch Anpassung Sicherheit erlangt und so weiter. Allen Illusionen ist gemeinsam, daß sie die Bedeutsamkeit der Lust verneinen, und deshalb steckt in ihnen keine schöpferische Kraft. Da der Komplex Täuschung — Illusion Erzeugnis unseres Verstandes ist, wird er durch die zur Rationalisierung fähige Kraft des Verstandes gestützt. Das wirkt sich nicht nur aufs Verhalten aus, sondern bestimmt auch die Fähigkeit des Denkens. Dem mit Logik zu begegnen, ist äußerst schwierig. Ein Mensch, der unter diesem Komplex leidet, ist von der moralischen Rechtmäßigkeit seines Standpunktes voll überzeugt und kann zur Verteidigung seiner Einstellung stets genügend Argumente heranziehen. Erst wenn der Komplex wie ein Kartenhaus zusammenbricht und in Depression umschlägt, wird der Betreffende für Hilfe empfänglich. Einen rechthaberischen Menschen zu belehren ist so gut wie unmöglich, denn er kennt kein Schuldbewußtsein. Für diese Menschen ist es schlimm, gefährlich oder unheimlich, einen Fehler überhaupt gemacht zu haben oder ihn eingestehen zu müssen.

Wenn ein Kind Fehler macht, wird es ja bestraft. So kann es die negative Erfahrung machen, daß Fehler zu begehen etwas Schreckliches sei, das man unbedingt vermeiden müsse. Daraus werden dann Menschen, die für sich totale Vollkommenheit beanspruchen. Nicht, weil sie eine hohe Meinung von sich selbst hätten, im Gegenteil; sondern weil sie schon die Möglichkeit, daß ihnen jemals Fehler unterlaufen könnten oder gar unterlaufen wären, als eine Art tödlicher Bedrohung empfinden. So werden sie zu selbstunsicheren Menschen.

Meist sind im Erlebnis der Selbstunsicherheit einer neuen Situation gegenüber die »Riesenerwartungen« und das »Minderwertigkeitsgefühl« vereinigt. Je nach den bisher gemachten negativen Erfahrungen kann aber auch von Fall zu Fall eine Seite zurücktreten oder ganz aus dem Bewußtsein verschwinden. Dann kann man entweder die Möglichkeit eines Versagens nicht mehr wahrhaben und steigert sich in ein künstliches Hochgefühl hinein; oder man sieht nur noch den negativen Pol und lebt mit ständigen quälenden Schuldgefühlen. Beide Male ist dabei ein flacheres Selbstbild entstanden, das zwar auch nur wenig schwankt und darum das Bild einer »echten Mitte« vortäuscht, das aber in Wahrheit nur durch eine Einengung der Phantasie entstanden ist, keinen Bezug zur Wirklichkeit hat und mit einem realen, angemessenen Selbstgefühl in gar keinem Zusammenhang steht.

Wer sich zum Beispiel noch nie Aggressionen erlauben durfte, ist der Meinung, daß er von Natur aus ein friedlicher Mensch sei; wenn aber gelegentlich doch ein feindlicher Impuls durchbricht, wie es bei Vera der Fall war, als sie Gerds Freundin und ihn schlug, kann der Betreffende zutiefst über sich erschrecken und Abgründe von großer Bosheit in sich vermuten. Wem es unmöglich ist, eigene Fehler einzugestehen, der schwankt zwischen dem Leitbild absoluter Vollkommenheit und dem Schreckensbild absoluten Versagens. Dieser Zustand ist quälend, weil hier so viele Schuldgefühle auf der unbewußten Ebene darunterliegen. Und weil dieser Zustand so quälend ist, müssen die Menschen, die ihn erleben, sich immer wieder mit sich selbst beschäftigen. Sie sind immer wieder auf der Suche nach dem sicheren Wert ihres eigenen Ich. Weil sie aber so sehr von negativen Erfahrungen bestimmt sind, weil sie so viele unbewußte Schuldgefühle in sich tragen, finden sie den wirklichen eigenen Wert nicht.

Eine andere Form mangelnden Schuldbewußtseins zeigen Menschen, die sich selbst bestrafen, nachdem sie etwas getan haben, was die Gesellschaft als verurteilenswert einstuft. Ihr Gewissen erkennt zwar an, daß das, was sie getan haben, falsch war, und es fordert hohe »Strafen« für ihr Vergehen, aber die Schuldgefühle fungieren nie als Warnsignal. Sie dienen diesen Menschen nur dazu, sich selbst zu bestrafen, nicht dazu, sie von Fragwürdigem abzuhalten. Wahres Schuldbewußtsein ist nicht die Angst vor dem Zorn unserer Eltern oder davor, ihre Liebe zu verlieren. Wahres Schuldbewußtsein ist die Angst vor dem Zorn unseres Gewissens.

Ein gesundes Schuldbewußtsein ist der entsprechenden Tat quantitativ und qualitativ angemessen. Es führt zu Reue, nicht zu Selbsthaß. Es hält uns davon ab, die Tat, derer wir uns schuldig gemacht haben, zu wiederholen, ohne uns gleich alle Leidenschaften und Genüsse zu verbieten. Wir müssen in der Lage sein, wahrzunehmen, wann das, was wir tun, moralisch falsch ist und was wir letztlich uns selbst damit antun.

Beziehen wir uns einmal nicht auf das gesamte Eheleben von Vera und Gerd, sondern betrachten wir nochmals jene Situation, in der sie Gerds neue Freundin und auch ihn schlug, so erkennen wir ihre eigene Schuldunfähigkeit. Sie konnte nicht einsehen, daß das, was sie getan hatte, ein Fehler war. Gerd war zu einer anderen Frau gezogen. Das war seine Entscheidung. Da Vera aber ihren Mann als Besitz betrachtete, als ihr persönliches Eigentum, als »meinen Mann«, spürte sie Neid und Haß in sich, als sie die beiden sah. Sie schlug zu. Wir können das verstehen, die Emotionen waren in der heiklen Trennungssituation mit ihr durchgegangen. Nicht aber, wie sie reagierte, ist der eigentliche Fehler, sondern der Fehler liegt da, was sie hinterher daraus machte.

Wer in der Familie und im Bekanntenkreis es hören wollte, dem erzählte sie es immer wieder, daß Gerd ein »Dreckskerl« sei, ein »Schuft«. Sie gab ihm also die alleinige Schuld an allem. Wenn Ehen auseinandergehen, dann sind immer zwei beteiligt.

»Ich hatte eine wahnsinnige Wut auf ihn«, sagte sie. Nur ein einziges Mal war sie selbstehrlich. Das war, als sie sagte: »Ich hätte alles getan, damit er wiederkommt!«

Einmal, da war Gerd schon ein paar Monate weg, geschah etwas Merkwürdiges. Er holte seinen Sohn von der Schule ab, begleitete ihn bis fast vor die Wohnungstür von Vera. Zum Abschied sagte der Vater: »Paß gut auf die Mama auf!« Auch er liebte offensichtlich noch seine Frau. Scheinbar hatten sich hier zwei Menschen in eine Trennungssituation verrannt, die nicht hätte unbedingt sein müssen. Nach meiner Erfahrung wäre diese Ehe noch zu retten gewesen. Über Wut, über Zorn, über Schuld und Scham hatten sich zwei Menschen verrannt, die bei mehr Offenheit wieder den Weg zu sich und zueinander gefunden hätten. Das ist eine Erfahrung, die ich nicht selten mache. Wenn Menschen ihre Krisen erkennen und beginnen, daran zu arbeiten, dann gibt es in den meisten Fällen auch wieder einen Weg zueinander. »Und dann ist mir einge-

fallen«, sagte Vera, »daß er vier Tage vor unserer Trennung noch zu mir sagte — es war an unserem zehnten Hochzeitstag, er brachte dunkelrote Rosen und weißen Flieder — er sagte: »Mausele, für jedes Jahr verdienst du einen Brillanten, aber den kriegst du noch.«
Manche Leute pochen auf ihre schlechten Erfahrungen, um damit zu begründen, warum sie immer mißtrauisch sind.
Warum war Vera, die doch ihren Gerd so sehr liebte, ihm immer wieder mit Zweifeln und Mißtrauen begegnet?
Die Antwort lag in ihrer Kindheit. Ihre Eltern waren auch so etwas wie ein »streitendes Paar« gewesen. Als sie neun war, ließen sich die Eltern scheiden. Vera erlitt einen Schock, war schwer gestört und wollte dauerhaft bei keinem der beiden Eltern leben. Sie hatte damals schon ständig die Forderung an beide Elternteile gestellt: »Ihr sollt zusammenbleiben!« Natürlich hörten die Eltern nicht auf ihre Tochter. Welches Elternpaar erkennt schon im Egoismus der Trennungssituation die Notsignale der eigenen Kinder? In der Ehe mit Gerd fiel es Vera unheimlich schwer, zu glauben, daß man sie nicht verlassen wird. Unbewußt spürte sie ständig die Angst, Gerd könnte eines Tages gehen. Sie hatte damals Schuldgefühle den Eltern gegenüber entwickelt, daß sie nicht »lieb genug« gewesen war und daß ihr Verhalten zu der Scheidung der Eltern beigetragen hatte. Während der ganzen zehn Jahre mit Gerd lebte dieses Schuld- und Angstgefühl in ihr. Sie hatte weder mit Gerd noch mit sonstwem über ihre Ängste gesprochen. Die hatte sie ganz tief in sich begraben. Belastungen aus der Ehe der Eltern führten zu einem gewissen Maß an Mißtrauen. Ihre Mutter hatte in verschiedenen Situationen zu ihr gesagt: »Du bist wieder trotzig, überhaupt nicht lieb. Ich rede nicht mit dir, bis du wieder lieb bist.« Damit hatte die Mutter nichts anderes getan, als sich an ihr abreagiert.
Veras Angst vor Verlust hatte sich tief in ihr eingegraben. Und genau ihr Mißtrauen war es, was dann dazu führte, daß Gerd fortlief. Gerd hatte an dem »schwarzen Freitag« von einem Schulungsabend gesprochen. Und was hatte sie getan? »Das stimmt doch nicht, du lügst mich wieder an«, hatte sie gesagt und dabei, ohne Genaueres zu wissen, schon eine Schuldverschiebung vorgenommen. Bei Gerd war das Maß voll gewesen. Er hatte gepackt. Sicherlich war das nicht die erste Situation, in der sie ihn eifersüchtig beschuldigt hatte.

Im Gespräch wird ihr zwar einiges deutlicher, aber immer noch verteidigt sie sich. Sie spricht von gesundem Mißtrauen, ob ich bestreiten würde, daß es das gebe — und ob es nicht berechtigt sei? Mißtrauen und Vertrauen sind zwei Pole ein und derselben Sache.
Irgendwann erkannte sie dann, daß das nichts mit Vertrauen zu tun gehabt hat, wenn sie ihn in seinem Büro angerufen hatte, um zu erfahren, wann er Feierabend gemacht hatte. Sie erkannte, daß es nichts mit Vertrauen zu tun hatte, wenn sie den Kilometerstand seines Autos kontrollierte. Sie hatte sein Notizbuch kontrolliert und die Leute einfach angerufen, nicht selten waren es Kunden aus Gerds Firma.
Sie meinte, das hätte mit seiner Aufrichtigkeit zu tun. »Warum kann er mir nicht alles sagen«, sagte sie. »Wir wollten doch immer ehrlich zueinander sein.«
Irgendwann begriff Vera, daß es eigentlich nicht verwunderlich ist, daß Gerd gegangen war.
»In welchen Phasen warst du besonders kritikwütig?« fragte ich Vera. »Ich verstehe darunter nicht kritische direkte Auseinandersetzung, die Zeichen von Lebendigkeit sind. Ich vermute, daß du immer zum Fehlerjäger an deinem Mann wurdest, wenn du selbst in der Beziehung nicht lebendig warst.«
»Ja«, sagte sie, »das mag wohl stimmen. Doch meine Unlebendigkeit und mein Widerstand in der Ehe stammte ja gerade aus Gerds Fehlern, die ich kritisieren mußte. Siehst du denn nicht, wie bequem und egoistisch er war?«
So einfach konnte ich es ihr nicht machen und riet ihr, in der Ehe Schritt um Schritt zurückzugehen. Allmählich erkannte sie ihre Weigerung, lebendig am Eheleben teilzunehmen. Ihre Verlustangst hatte sie längst erstarren lassen. Sie erkannte, daß Partnerschaftsprobleme Probleme der Grundmuster sind. Vera war kritiksüchtig, weil sie die Verständigung nicht fand. Weil sie ihre eigenen Schuldgefühle nicht erkannte, mußte Gerd schuldig sein.
Ich erklärte ihr das.
Sie nickte. Nach einer Weile sagte sie: »Ja, ich gehöre zu diesen Menschen. Ich fühle mich immer schuldig, wenn meinem Sohn etwas fehlt. Ich fühle mich schuldig, wenn mir eine Pflanze eingeht. Ich fühle mich schuldig, wenn ich nach dem Essen die Zähne nicht

putze. Es gibt viele Situationen, wo ich mich schuldig gefühlt habe und immer noch schuldig fühle.«
Vera litt an einem kritiklosen — und hier hätte ihre Kritik einsetzen müssen — Schuldbewußtsein.
Mit einem kritiklosen, wahllosen Schuldbewußtsein haben wir es auch zu tun, wenn es mißlingt, zwischen »verbotenen« Gedanken und »verbotenen« Taten zu unterscheiden. Dann setzen wir nämlich gemeine Wünsche mit gemeinen Taten gleich. Wir Erwachsenen glauben zwar, daß wir schon vor langer Zeit gelernt haben, beides voneinander zu unterscheiden, aber unser Gewissen kann uns auch unbestechlich und brutal für den Mord verurteilen, den wir als Wunsch im Herzen tragen.
Dieser Mangel an Unterscheidungsvermögen ist eines der Anzeichen für übertrieben ausgeprägtes Schuldbewußtsein. Ein anderes ist der Hang zu unverhältnismäßig hohen Strafen. Fehlverhalten eher geringfügiger Art löst erstaunliche Akte der Selbstgeißelung aus: »Ich habe es getan, wie konnte ich es bloß tun, nur ein großer Taugenichts könnte so was tun, das darf nie wieder passieren, ich werde mich noch mehr unter Kontrolle bringen müssen.«
Der Betroffene verhält sich wie jemand, dem die Salztüte aus der Hand fällt, als er nur eine Prise ins Essen schütten wollte. Stimmungsschwankungen machen jede Partnerschaft kaputt.
Vera hatte zum Bruch ihrer Ehe mit Gerd wesentlich beigetragen.
»Du hast dir selber viel kaputtgemacht«, sage ich ihr.
»Wieso?«
»Da ist deine Ich-Bezogenheit, in der du sitzt wie in einem Käfig. Dein Gefängnis kannst du nicht durchbrechen und in Wirklichkeit willst du es auch nicht.«
»Du meinst, weil ich mich so total von ihm zurückgezogen hatte?«
»Du hast erwartet, daß Gerd um dich kämpft. Er konnte sich nicht ändern, weil es ihm gar nicht möglich ist, jene Dynamik, jene innere Bewegung zu entwickeln, derer es bedarf, um überhaupt erst mal zu begreifen, was es heißt, einen Menschen zu verlieren, der sich doch einmal bereitgefunden hat, mit ihm und keinem anderen Menschen zu leben.«
»Und worin lag mein Fehler?« wollte Vera genau wissen.
»Du hattest einen Knaben geheiratet statt einen Mann, ein unreifes

Bübchen, das seinem Kinderbett nicht entwachsen war. Und dieses Bübchen hast du verglichen — und das war dein eigentlicher Fehler — mit deinem Vater, mit Schulkameraden von früher, mit Arbeitskollegen. Dein Dilemma ist, daß du einem Vergleichs- und Bewertungszwang unterliegst.«

Solange wir im Augenblick leben, uns einem ganz bestimmten Menschen öffnen, kennen wir keine Vergleichs- und Bewertungszwänge. Diese beruhen auf Vorstellungen, die uns vom Augenblick trennen. Es wird immer Vergleichsmöglichkeiten geben, bei denen wir nicht nur den kürzeren ziehen, sondern wo dann endlich wieder einmal unsere diffusen Schuldgefühle geweckt werden.

Wir unterliegen nicht selten dem Zwang, alles zu bewerten, alles zu vergleichen. Wenn in unserem Leben nicht immer alles ganz »groß« ist, sind wir kaum zufriedenzustellen. Das betrifft auch unsere Partnerschaft. Das Kleine, das Unauffällige übersehen wir nicht selten. Im Geiste begeben wir uns in einen Rivalitätskampf, glauben, wir können uns nur kämpfend behaupten, um »oben« zu bleiben. Wir müssen mehr verdienen als der Nachbar, mehr wissen als die Ehefrau, nur das Beste kommt für uns in Frage. Jeder will den tollsten Mann, die hübscheste Frau haben. Der Vergleichszwang verhindert, daß wir den anderen wirklich offen begegnen können, und wir fühlen uns letztlich auf tiefer Ebene schuldig. Das Lebensgefühl fließt nicht von innen.

In der Bewegung des Augenblicks flexibel auszuharren, fällt uns vor allem dann schwer, wenn negative Gefühle wie Angst, Schmerz oder Wut, die doch nur Satelliten der Schuldgefühle sind, uns überkommen. Müssen sie von außen über uns kommen, kommen sie nicht vielmehr aus unseren eigenen Tiefen? Dieses unangenehme Gefühl bin ich. Es konzentriert die eigene Energie.

Jedesmal, wenn unser Gefühlsfluß stockt, gestatten wir einem negativen Gefühl von außen, uns zu blocken, als wäre es nicht unser eigenes Gefühl. Die Schuld, das Schuldgefühl liegen dann im Außen, sie haben etwas mit anderen Menschen zu tun, nur nicht mit uns selber. Schuld ist dann eben der andere. »Ich habe doch nichts getan«, sagte Vera nicht nur einmal.

Es ist das Böse, das uns vergleichen und bewerten läßt. Aber die Angst vor dem Bösen ist nichts anderes als die Angst vor der eigenen

Unzulänglichkeit, Unvollkommenheit und Schwäche, die uns befürchten läßt, daß wir nicht immer in der Lage sind, darüber hinauszuwachsen. Man kann Menschen in eine Krankheit oder andere pathologische Abwehrmechanismen treiben, wenn man sie mit der Angst vor dem Bösen in der Welt und in sich selbst antreibt oder in irgendeiner Form manipuliert. Es genügt darum nicht, nur das Gewissen im Menschen zu sensibilisieren, sondern es sind Lebens- und Entwicklungshilfen im Umgang mit dem Unvollkommenen, mit der Tatsache des Menschseins zu gestalten. Es ist keine Lösung des Konflikts zu erreichen, wenn wir die Realität der Welt und unser eigenes So-sein verleugnen und uns nur mit dem positiven Wert identifizieren. Wer sich gebärdet, als sei er ein Heiliger, und seine eigene menschliche, unzulängliche Seite nicht kennt oder verleugnet, lebt in einer gefährlichen Inflation der Seele. Er ist dem Guten nicht näher als all die anderen, die in der Mühsal der menschlichen Auseinandersetzung stehen und in der Erkenntnis leben, daß auch sie selbst ein unvollkommener Teil unserer Welt sind.
Wir sind offenbar mit den Regionen des Gewissens näher vertraut, die uns Verbote auferlegen und unsere Freuden einschränken, von denen wir uns ständig beobachtet, gerichtet und verdammt fühlen, weil sie unser Schuldbewußtsein mobilisieren. Aber unser Gewissen umfaßt auch unser Ich-Ideal — unsere Werte und unser höheres Streben, die Teile, die sich an unser »Du solltest« und nicht an unser »Tu's nicht« wenden. Eine weitere Aufgabe unseres Gewissens besteht darin, zu sagen: »Das ist gut für dich — das hast du gut gemacht«, uns zu ermutigen und uns Applaus zu spenden, uns zu loben und zu belohnen und uns dafür zu lieben, daß wir diesem Ich-Ideal entsprechen oder danach trachten, ihm zu entsprechen. Dieses Ich-Ideal setzt sich aus unseren sehnsüchtigsten und hoffnungsvollsten Vorstellungen oder Visionen unseres Selbst zusammen. Unser Ich-Ideal setzt sich aus unseren edelsten Zielen zusammen. Es gaukelt uns zwar einen möglichen Traum vor, der niemals in Erfüllung gehen kann, doch unser Greifen danach flößt uns ein tiefes Wohlbehagen ein. Unser Ich-Ideal ist uns kostbar, weil es uns für einen Verlust unserer frühen Kindheit entschädigt, den Verlust unserer Vorstellung von uns selbst, vollkommen und rein zu sein.

Es ist so, daß wir Schuldgefühle entwickeln, wenn wir mit unserer Vorstellung weit hinter unserem Ich-Ideal zurückbleiben, oder wenn wir unsere moralischen Einschränkungen über Bord werfen. Schuldgefühle lassen uns weniger glücklich und weniger frei sein. Wenn wir daran glauben könnten, daß »alles erlaubt ist«, könnten wir fröhlich ohne jegliches Schuldgefühl durchs Leben gehen.
Aber ohne Ideale und Einschränkungen, was wären wir dann? Zu große Ich-Idealisierung führt aber auf der anderen Seite schon wieder ins Negative. Es führt dann in jene Verhaltensweisen, wo Menschen sich immer sehr im Recht, immer mit dem Guten identisch fühlen. Dieses uralte menschliche Problem wurde schon in der Bibel deutlich formuliert: Der Sünder ist Gott näher als der Pharisäer, weil dieser sich seiner Menschlichkeit und seiner verdrängten Probleme nicht bewußt ist und in Selbsttäuschung lebt. Es ist eine alte Tatsache, daß wir mit dem Sünder im eigenen Innern leichter zurechtkommen können als mit dem Pharisäer in uns. Wer bei sich selbst gewahr wird, daß er in sich trotz all seiner Bemühungen noch viel Ungereimtes, Unvollkommenes, Unausgereiftes, Unbewältigtes trägt, wird zwar immer wieder auf sich selbst geworfen und zum Nachdenken gebracht, er erlebt sich aber auch positiv auf dem Weg zum Menschsein. Wer sich allzusehr mit dem Gutsein, dem Besserwissen, dem absolut Rechtmachen identisch weiß, ist auf sich selbst meist so bedacht, daß er wenig Zuwendung für den anderen hat und kein Verständnis für die Unzulänglichkeit und Andersartigkeit von anderen aufbringt, auch nicht gegenüber seinem Partner und seinen Kindern. Die Gefahr verborgener narzißtischer Selbsterhöhung ist dann allzugroß. Der Genuß des eigenen Erfolges wird geliebt, und die eigene Tüchtigkeit zelebriert, ohne das Gefühl der Dankbarkeit gegenüber günstigen Lebenssituationen, ohne die Fröhlichkeit gegenüber einem günstigen Schicksal, das einem manches Bemühen gelingen ließ und einem auf die Sonnenseite des Daseins verhalf. Die Selbstgefälligen vergöttern sich und setzen sich selbst auf einen Thron. Solche Menschen sind in vielen Bereichen unsozial. Sie verstehen nicht das menschliche Leiden um sie herum, haben kein Gefühl für den anderen und anders gelagerte Probleme als die eigenen. Der Bezug zum Mitmenschen ist gering. Sie haben meist keinen Bezug zum eigenen Schuldempfinden, um so

mehr aber zur vermeintlichen Schuld der anderen. Wer im Grundmuster von Schuld und Unschuld verhaftet ist, lebt in einem Irrgarten, wo er den Wald vor lauter Bäumen nicht mehr sieht.

Der nützliche Sündenbock

Als junges Mädchen hatte Bettina die Universität besuchen dürfen, sie hatte Medizin studiert und wollte Ärztin werden. Die Eltern aber waren von diesem Gedanken entsetzt: Ihrer Meinung nach kam so etwas für ein hübsches Mädchen einfach nicht in Frage. Bettina schloß zwar ihr Studium erfolgreich ab, aber um es ihren Eltern recht zu machen, heiratete sie schließlich Sebastian, der ihrem Vater und ihrer Mutter gefiel. Sie brachte ihm vier Kinder zur Welt. Ihr Mann besaß eine größere Restaurantkette, und ein außenstehender Betrachter konnte den Eindruck gewinnen, Bettina sei glücklich. Tatsächlich war sie in ihrer Ehe seit vielen Jahren unglücklich. Die allgemeine Überzeugung der anderen, sie müsse doch wohl zufrieden sein, war für Bettina eine schreckliche Falle. Ihre Rolle als Mutter und Ehefrau befriedigte sie nicht, sie fühlte sich eingesperrt, ihr ganzes Leben war in ihren Augen ein nichtendenwollender Dienst an anderen Menschen. Aus Verzweiflung ließ sie sich mit einem anderen Menschen, der ihr zuredete, doch ihr eigenes Leben zu führen, auf eine Freundschaft ein. Obwohl die Bindung zu dem Freund eher platonisch war, überzeugten die Eltern und ihr Mann sie davon, daß sie im Unrecht sei. Sie stellten sich auf den Standpunkt, daß ihr »Verhältnis« — ihr Versuch, zu sich selbst zu gelangen — eine Krankheit sei. Sie gab die Beziehung zu dem anderen Mann auf und kehrte widerspruchslos in die erdrückende Umklammerung durch eine Familie zurück, die ihr »verzieh«. Vier Monate später spürte sie einen Knoten in der Brust.

Nach ihrer Rückkehr in die Familie zeigte sich Sebastian sehr verständnisvoll. Er zeigte sich liebevoll und »gütig«. Trotzdem wurde Bettina das Gefühl nicht los, daß er ihr etwas vormachte.

Sie saß mir gegenüber, knabenhafte Figur, lange blonde Haare und große blaue Augen, die immer etwas erschreckt in die Welt zu schauen schienen, ihre langen schlanken Beine hatte sie übereinandergeschlagen. »Sebastian war, bis wir heirateten, Junggeselle. Er war damals schon 35 Jahre alt. Als Gastronom war er ein wunderbarer Koch und ein guter Haushälter.« Sie lächelte verlegen. »Ich selbst verstand vom Haushalt nicht viel und vom Kochen schon gar nichts. Ich war zeitlebens auf die Uni fixiert gewesen, wollte eine gute Ärztin werden. Meine Eltern hatten ja Hausangestellte, da mußte ich mich um solche Dinge nicht kümmern.«

»Dein Mann hat eine ganze Reihe von Restaurants«, antwortete ich, »waren denn da Kochkünste so wichtig?«

Sie schüttelte den Kopf. »Er trennte das, wollte für sich die Restaurantküche nicht, wollte bekocht werden. Damals, als wir heirateten, sagte er: ›Ich bringe dir alles bei‹, und an den Wochenenden hatten wir häufig Gäste, und Sebastian lieferte dann den Beweis seines brillanten Könnens. Wenn Gäste kamen, sagte er immer: ›Heute brauchst du besonders meine Hilfe‹, und er erinnerte mich dann immer daran, wie sehr er mir doch unter die Arme griff. Ich fühlte mich dann immer so klein und hilflos.«

»Warum, er bemühte sich doch scheinbar wirklich um dich?« sagte ich zu ihr.

»In Wirklichkeit stellte er mich immer vor den Gästen bloß, gab mir in deren Beisein das Gefühl, hilflos und unfähig zu sein.«

»Du hättest kochen lernen können«, warf ich ein.

»Er stellte es so dar, daß es völlig sinnlos sei, den Versuch überhaupt zu unternehmen. ›Du lernst es nie‹, sagte er dann. Und zu den Gästen sagte er: ›Sie ist so lieb, hat andere Qualitäten, so gut wie ich es kann, wird sie es ja doch nie lernen.‹ Den Gästen erzählte er immer, die Hauptsache sei, daß er sie liebe.« Und genau das war seine Selbsttäuschung, er brauchte sie nur als Sündenbock für dieses und jenes, er konnte ohne das Gefühl nicht leben, der »Große« zu sein, der alles konnte, der alles »schmiß«. Er war gut, sie war bös, weil sie doch alles falsch machte.

Bettinas vages Gefühl, nicht angenommen, nicht wirklich geliebt zu sein, zeigt sich bei näherem Betrachten als richtig. Sebastian, der als Gastronom so sicher auftreten konnte, der alles richtig machte, der so gut kochen und die Gäste bewirten konnte, war in Wirklichkeit nicht so sicher, wie er tat. Hinter seiner scheinbaren Brillanz verbarg sich eine ganze Portion von Unsicherheit. Sein selbstbetrügerisches Verhalten basierte unbewußt darauf, daß er glaubte, seine Selbstsicherheit schützen zu müssen. So mußte er Bettina mindestens so unsicher machen, wie er es selbst in Wahrheit

ist. Manchmal sogar noch wesentlich unsicherer. Dahinter steht kein böser Wille, sondern das Bedürfnis, trotz der eigenen inneren Unsicherheit seiner nächsten Umgebung immer noch um einiges überlegen zu bleiben. Die Wahrheit ist, daß Sebastian in jeder Begegnung eine Gefahr, in jedem Mitmenschen nur einen Feind sieht, der übermächtig ist und den er fürchten muß. Die Gefahr scheint ihm um so geringer, je mehr der vermeintliche Feind seinerseits hilflos und verwirrt ist. Daraus ergibt sich zwangsläufig, daß man alles tun muß, was diesem Zweck dient, und der beste Weg dorthin ist, den anderen zum Sündenbock für alles zu machen. Die Mittel, um jemanden unsicher zu machen, sind vielfältig, aber sie führen fast immer zum erstrebten Ziel. Man kann einen Partner durch einen Redeschwall ebenso verunsichern wie durch beharrliches Stillschweigen. Man kann ihn dadurch in die Enge treiben, daß man alles besser weiß. Man kann so maßlos schüchtern sein, daß der andere dadurch angesteckt wird. Man kann auch so übertreiben, selbstbewußt und arrogant sein, daß man ihn dadurch irritiert. Man kann ihn sadistisch quälen oder ihn mit grenzenloser Güte überfluten. Man kann sich vor Lachen über ihn ausschütten oder mit nachdenklichem Ernst über ihn besorgt sein, weil ihm doch sicher etwas fehle. Man kann ihn mit schroffer Härte oder mit rührender Hilflosigkeit, mit zynischem Spott oder tieftrauriger Duldermiene, mit wilder Feindseligkeit oder dem Ausdruck zärtlicher Liebe gegenübertreten. Man kann ihn wütend anbrüllen oder kann still verzweifelt hineinschlucken. Man kann ihn durch eiskalte Beherrschung demütigen oder ihn durch jähe Affektausbrüche erschrecken. Man kann ihm voll Entrüstung klarmachen, wie erbärmlich und klein er ist. Man kann ihm demonstrativ ausweichen oder sich in seine Nähe drängen, wenn er es gar nicht will.
Er ist auf alle Fälle immer der Dumme, denn er ist der *Sündenbock!*
Der Sündenbock ist aber nicht nur ein durch die Außenwelt manipulierter Mensch. Was seine Rolle so extrem schwierig macht, ist der Umstand, daß er irgendwann diese Rolle angenommen und akzeptiert hat. Danach behandelt er sich selbst in einer Art und Weise, wie er es mit anderen nicht so ohne weiteres tun würde.
Wir sprechen in diesem Fall von einem Sündenbock-Komplex. Aus dem Komplex heraus sieht er die Welt durch die Brille verzerrender

Strenge, die Bewußtsein und Richtermentalität gleichsetzt. Das, was ist, ist nie neutral; es ist immer gut oder schlecht. Die Objektivität für die Welt scheint verloren.
Die tieferen Ursachen des Sündenbockkomplexes entstammen der oralen Welt des Kleinkindes. In der Psychologie wird das Wahrnehmen von Bedürfnissen gleichgesetzt mit Oralität, das eigentliche Geltendmachen von eigener gestalteter Emotionalität. Aus persönlichen Lebensgeschichten wissen wir, daß orale Verletzungen nicht nur in der Kindheit erlitten werden. Verstehen wir Oralität als das Bedürfnis zu ergreifen, zu erfassen und besitzen, dann kann sie nicht nur durch Konflikte und Entbehrungen verletzt werden, die mit dem Essen, dem Erhalten von Zuwendung und angemessenen Spiegelungen in Beziehung stehen, sondern auch durch jede Verletzung oder Tabuisierung phasenspezifischer Selbst- oder Besitzsucht; sogar dann, wenn sie erst im Alter von fünf bis sieben Jahren geschieht. Eine solche Verletzung führt zu einem Gefühl der Entbehrung und dem existentiellen Gefühl, nicht wert zu sein, etwas zu erhalten. Der Sündenbock-Komplex beeinflußt die Wahrnehmung und das Bewußtsein, das heißt, wie man etwas sieht und Erfahrungen macht. Außerdem liegt darin die Fähigkeit, Leiden zu unterdrücken und zu ertragen. Die typische Wahrnehmungsverzerrung beeinflußt auch das Körperbild in vieler Hinsicht. Im allgemeinen wird irgendein Bruchstück der kollektiven Vorstellung idealisiert; dieses wird zum Ziel, an ihm wird der eigene Körper gemessen. »Wenn ich wirklich nur einen größeren Busen hätte, dann wäre ich eine wirkliche Frau.« — »Wenn ich nicht so dick wäre, dann könnte ich flirten und spontan sein.« — »Wenn ich nur eine schöne Haut hätte, dann wäre ich mit mir einverstanden.«
Mit dem Sündenbock identifizierte Personen stürzen sich auf ein bestimmtes körperliches Merkmal und erklären es zur Ursache ihrer Entfremdungsgefühle. Der scheinbar kleine Fehler wird zur großen Chance, zum Grund, Berührung zu vermeiden, zum empfundenen Brennpunkt negativer Kritik. Auf der Körperebene wird er zum Sündenbock des Sündenbocks. Aber er kann nicht weggeschoben werden, noch ist die Konzentration darauf leicht zu überwinden, denn er ist die allgegenwärtige physische Begleiterscheinung des Sündenbock-Komplexes, eine Rationalisierung, die den

Selbsthaß verbirgt, der die Identität des betreffenden Menschen bestimmt.

Vor allem im Bereich der Selbstbehauptung haben Menschen, die mit diesem Komplex behaftet sind, Schaden erlitten. Die als Aggression empfundene Selbstbehauptung wurde kulturell verdrängt in den christlichen Schatten. Menschen, die sich als Sündenböcke empfinden, haben gelernt, die Selbstbehauptung zu fürchten. Ihnen wurde gelehrt, daß es etwas Schlechtes sei, und sie wurden oft schwer bestraft, wenn sie doch wagten, sich zu behaupten. Sie neigen daher dazu, ihren selbstschützenden Instinkt zu leugnen, damit sie besser die ihnen zugewiesenen Rollen übernehmen können.

Auch Eltern können zu Kindern Neid empfinden, nämlich dann, wenn das Kind Stärken entwickelt, die ihnen selbst fremd sind. Es kommt zu einem Wechselspiel von Projektionen und Gegenprojektionen, bei denen das Kind das Schwächere ist und verlieren muß, weil die Eltern sich ihm nicht gewachsen fühlen. Über diese kraftvollen Projektionen zerstört sich etwas im Kind. Längst in die Sündenbockrolle gedrängt, fühlt es sich in seinen Selbstbehauptungs- und Abhängigkeitsinstinkten gestört. Das Kind fühlt eine vielfache Bindung. Weil es von seinen Eltern als zu stark angesehen wird, wegen seiner Identifizierung mit dem gefürchteten Schatten, entwickelt das Kind früh Persönlichkeitsbereiche, um diese Projektionen zu enthüllen und zu vermitteln. Andererseits kann das Kind die Ideale des Anklägers nicht erreichen und hält sich für wertlos und stets schuldhaft. Tatsächliche Wut und Bedürftigkeit sind abgespalten. Andere wiederum mögen die unvermittelte, versteckte Wut und die Forderungen spüren, oder sich manipuliert oder doppelt gebunden fühlen durch die Empfindlichkeit des Opfer-Ichs und die Schuld des entfremdeten Persönlichkeitsanteils. Aber der am Sündenbock-Komplex Leidende kann anfänglich keine Gegenüberstellung ertragen. Der Komplex ist zu einer persönlichen Identität geworden; Selbstbehauptung und Bedürftigkeit führen lediglich zu verstärkter Hilflosigkeit und größerer Schuld, die den Selbsthaß nähren.

Typische Sündenbocktransaktionen sind: »Jedesmal wenn wir uns treffen, gibt mein Vater mir zu verstehen, daß ich nun mal ein hoffnungsloser Versager bin.« Oder: »Immer wenn der Chef mich ruft, zeigt er mir, daß ich es wohl niemals zu etwas bringen werde.« Solche Transaktionen zeigen dem Betreffenden, daß Veränderungen nicht möglich sind.

Während wir uns vom Einssein zur Loslösung und vom losgelösten Ich zum losgelösten schuldbewußten Ich weiterentwickeln, stellen wir fest, daß wir weder geborgen noch frei sind. Es wird zunehmend deutlicher, daß die Person, die für uns zuständig ist, wir selbst sind, und es kann vorkommen, daß wir diese Verantwortung zurückweisen. Wie der Siebenjährige, der wegen Ungehorsams von seinen Eltern bestraft wird und sich bei Mutter und Vater auf deren Vorwürfe hin empört beschwerte: »Jetzt habe ich es aber satt. An allem, was ich tue, gebt ihr mir die Schuld.«

Wie können wir verantwortlich sein, wenn unser Es, dieser Teufel veranlaßt hat, so zu handeln, wie wir es taten?

Mann, Frau, Erwachsener zu sein, bedeutet Verantwortung anzunehmen. Und in diesen Jahren, die zwischen dem ersten Dämmern eines Gewissens und dem Ende der Pubertät eingespannt sind, müssen wir — indem wir unseren Verantwortungsbereich langsam ausweiten — erwachsen werden. Wir müssen beginnen, den Tumult von Gelüsten, Wut und Konflikten, der in uns wogt und brodelt, für uns selbst zu beanspruchen, Anrechte auf ihn zu erheben. Wir müssen auch lernen, uns selbst die Schnürsenkel zuzubinden und selbst auf die Toilette zu gehen. Und während wir das Reich und die Herrschaft unseres Bewußtseins und unsere Kompetenzen ausweiten, werden wir feststellen, daß wir uns weiter und weiter von zu Hause entfernen. In der Latenzphase — etwa von sieben bis zehn Jahren — verlassen wir die Festung der familiären Geborgenheit. In dieser Zeit besteht unsere Aufgabe darin, uns das soziale und psychologische Know-how anzueignen, ohne das wir an dieser neuerlichen Loslösung scheitern, mit diesen innerlich notwendigen Verlusten.

Neue Forschungen weisen darauf hin, daß unsere Latenzphase mit einer biologischen Uhr in Zusammenhang stehen könnte, denn im Alter von sieben Jahren strömen neue, kognitive Fähigkeiten auf uns ein und ermöglichen uns mehr Kontrolle. Wir sind daher besser gerüstet, unsere lästigen Triebe zu verschieben und in andere

Richtungen zu leiten, rein theoretisch jedenfalls. Wir lassen uns leichter sozialisieren. Aber wenn wir zu Beginn der Latenzphase nicht schon ein eigenes, losgelöstes Ich herausgeformt haben und unsere Hauptrolle im Drama Ödipus aufgegeben haben, wird es uns Schwierigkeiten bereiten, diesen Forderungen gerecht zu werden. Wie könnte denn ein Kind in die Schule gehen, wenn die Welt ohne seine Mutter gefährlich und trostlos ist. Wie sollte ein Junge das Abc lernen, wenn er sich mit Inzest und Vatermord herumschlägt? Die meisten von uns erreichen die Latenzphase zwar mit dem starren und unerbittlichen Gewissen eines jüngst bekehrten Sünders, doch wir müssen auch mit genügend Vertrauen — in andere und in uns selbst — in sie eintreten, um zuzulassen, daß dies allzustrenge Gewissen sich erweichen läßt. Wie könnten wir denn je ein Wagnis eingehen, ein Risiko, wenn jeder Irrtum, den wir begehen, die Bedeutung eines Kapitalverbrechens hat? Wie könnten wir, wenn jeder Pfad von selbst auferlegten Beschränkungen blockiert ist, hinausziehen, um unsere Welt der Latenzphase zu erkunden? Wenn diese Phase mißlingt, hat der Pechvogel, der Sündenbock seine Grundspur von Gut und Böse bereits gelegt.
Der Sündenbock denkt: »Ich kann mir noch so viel Mühe geben, es geht doch alles immer wieder schief mit mir.«
Sie können ihre Wünsche nicht klar genug ausdrücken, oder sie haben überhaupt unklare Wünsche. Dadurch werden sie immer wieder enttäuscht und lasten es irgendwelchen äußeren Umständen oder eben ihrem Pech an.
Pech haben sie, weil sie starke Reize nicht zulassen können, denn es brächte sie in den Konflikt, intensiv etwas zu wollen und es sich doch nicht nehmen zu können; so schalten sie vor viele Reize gleichsam einen Filter und resignieren zu früh. Das kann auch zu Lernschwierigkeiten oder zu einer allgemeinen Müdigkeit und Teilnahmslosigkeit führen, die die gleiche Funktion wie die eines Schutzfilters haben und so die Versagenserlebnisse immer wieder bestärken. In ihnen lebt das Gefühl, daß es ihnen doch nicht glücken wird, von etwas Besitz zu ergreifen. Sie verzichten dann lieber im voraus — dann können sie höchstens noch angenehm enttäuscht werden. So betreiben sie eine Saure-Trauben-Politik, indem sie das, was sie eigentlich möchten, aber nicht glauben, sich nehmen zu kön-

nen oder dürfen, vor sich abwerten, als nicht erstrebenswert hinstellen. Damit ersparen sie sich zwar die möglichen Enttäuschungen, etwas haben zu wollen und doch nicht zu bekommen — aber zugleich wird die Welt dadurch für sie immer farbloser, grauer und reizloser, denn ohne eigene Wünsche an das Leben wird es zunehmend leerer und langweiliger. So sitzen sie gleichsam an der vollgedeckten Tafel des Lebens und trauen sich nicht zuzulangen, müssen aber voller Neid sehen, daß andere frisch zugreifen und es sich schmecken lassen — und sich dabei auch noch wohl fühlen.
Nur allzuviele Menschen in unserer Kultur werden von Schuldgefühlen und Scham gepeinigt. Ihr Gefühlsleben ist durcheinander und konflikterfüllt. Es ist ziemlich unwahrscheinlich, daß sie in diesem Zustand zu einem schöpferischen Lebensansatz fähig sind, und tatsächlich gibt diese negative Gefühlsverlagerung ein inneres Bewußtsein des Fehlschlags zum Ausdruck.
Wie entsteht ein Schuldgefühl? Jedenfalls ist es keine echte Emotion, die von einem Lust- oder Schmerzerlebnis herrührt. Und es wurzelt nicht in biologischen Prozessen unseres Körpers. Außer beim Menschen findet es sich nirgends in der Tierwelt. Wir müssen daher annehmen, daß Schuldgefühle ein Produkt unserer Kultur und der sie kennzeichnenden Werte sind, die, in moralischen Grundsätzen und Verhaltensregeln verkörpert, jedem Kind mitgegeben werden und Teil seiner Ich-Struktur werden. Das Problem kompliziert sich dadurch, daß man ein ungutes Gefühl bekommt, wenn man in einer Situation gegenseitigen Vertrauens lügt. Das Gefühl, Unrecht zu tun, rührt daher, daß der Betreffende sich schlecht fühlt und es ihm Schmerz bereitet, daß er durch seine Taten oder durch sein So-sein die Harmonie zwischen sich und denen, die ihm scheinbar vertrauen, beeinträchtigt hat. Insofern hat das moralische Gebot, kein Unrecht zu tun, eine gewisse Berechtigung, aber die Lehre dieser ethischen Prinzipien beruft sich nur selten auf biologische Gründe, statt dessen stützen sich Eltern und Erzieher auf eine doktrinäre Einstellung, die das moralische Prinzip erstarren läßt und es von seinem Zusammenhang mit dem Gefühlsleben der Menschen abtrennt.
Ein Moralprinzip, das zum autoritären Gesetz wird, gerät zwangsläufig in Widerspruch zum spontanen Verhalten eines Menschen,

der vom Lust-Unlust-Prinzip geleitet wird. Eine Kultur ohne Wertvorstellungen wäre sinnlos. Kultur selbst ist ein positiver Wert. Eine Gesellschaft ohne allseits anerkannte Verhaltensweisen, die auf moralischen Grundsätzen beruhen, versinkt in Anarchie oder fällt einer Diktatur anheim.

Schuldgefühle hängen nicht nur mit Luststreben zusammen, sondern auch mit der Feindseligkeit. Die beiden sind unmittelbar miteinander verwandt: ein Kind wird feindselig, wenn man es in seinem Luststreben frustriert, und es wird dann für seinen Zorn nicht nur bestraft, sondern ihm werden deswegen auch Schuldgefühle eingeflößt. Auch hier gibt es eine Litanei von Geboten und Verboten: »Du sollst nicht brüllen!« — »Du sollst auf deine Eltern hören.« — »Du sollst nicht wütend werden.« Und so weiter.

Da das Kind die Feindseligkeit, die dadurch in ihm entsteht, als Unrecht empfindet, kommt es zu der Überzeugung: Ich bin schlecht, ich habe mich schuldig gemacht.

Die Beziehung zwischen verdrängter Wut und Schuldgefühlen ist schon bei vielen Menschen deutlich. Daher sind Schuldgefühle auch eine Art von Selbstverurteilung und lassen sich von dem Ansatz her überwinden, indem man lernt, sich selbst zu akzeptieren. Subjektiv ist jeder das, was er fühlt — wer ein eigenes Gefühl oder eine eigene Gemütsbewegung verleugnet, lehnt ein Stück seiner selbst ab. Wenn aber jemand sich selbst ablehnt, bleiben ihm Schuldgefühle zurück. Ein Mensch lehnt seine Gefühle ab, wenn ein überhöhtes Selbstbild in ihm lebt, in dem feindselige Empfindungen, Angst oder Wut keinen Platz haben. Die Ablehnung läuft jedoch nur über den Kopf, denn die Gefühle sind trotzdem noch vorhanden und werden von Schuldgefühlen lediglich begraben und eingemauert.

Die erste Ablehnung, die ein Kind erfährt, kommt immer von den Eltern: »Du bist ein böser Junge« — »Du bist ein niederträchtiges Mädchen, weil du nicht gehorchen willst.« Das muß nur oft genug wiederholt werden, um einem Kind die Überzeugung einzuimpfen, es sei böse. Kinder werden nicht gut oder böse oder brav oder widerspenstig geboren, sondern kommen als Wesen mit der angeborenen Neigung auf die Welt, nach Lust zu streben und Schmerz zu vermeiden. Wenn für die Eltern ein solches Verhalten nicht akzeptabel ist, dann ist es das auch für das Kind nicht. Eltern, die glauben, sie liebten ihr Kind, ohne sein grundsätzlich animalisches Wesen zu akzeptieren, machen sich der Selbsttäuschung schuldig. Das ursprüngliche Schuldgefühl entspringt aus der Empfindung, nicht geliebt zu werden.

Wenn die Dinge so stehen, kann das Kind sich das nur so erklären, daß es diese Liebe eben nicht verdient. Daß der Fehler bei seiner Mutter liegen könnte, ist ihm unvorstellbar. Zu dieser Auffassung kommt es erst später, wenn es seine Lage objektiver zu beurteilen vermag. Falls es noch jünger ist, hängt sein seelisches und körperliches Überleben davon ab, daß es seine Mutter in einem untadeligen Licht sieht, mithin als »gute« Mutter, die alles kann und es beschützt. Jene Verhaltensaspekte der Mutter, die diesem Bild widersprechen, leugnet es und projeziert sie auf eine »böse« Mutter, die mit der echten Mutter nicht identisch ist. Diese Reaktion des Kindes ist nur natürlich, wenn man davon ausgeht, daß Mutterliebe ein angeborener Instinkt ist. Wenn aber die Mutter gleichbedeutend ist mit dem »Guten«, dann muß das nicht geliebte Kind eben böse sein, weil nur diese Kategorien den Gegensatz erfassen. Ein großer Teil unserer psychotherapeutischen Bestrebungen gilt der Beseitigung von Schuldgefühlen, um die Integrität der Persönlichkeit wiederherzustellen. Denn gerade Schuldgefühle sind es, welche unsere Kraft untergraben.

In jedem Kind steckt ein Anflug von Auflehnung, der jeden Augenblick durchbrechen kann. In jedem sexuell unterdrückten Menschen besteht die Neigung zur Perversion. Und jeder, den man um seine Lust betrogen hat, ist Verlockungen ausgesetzt, dorthin auszubrechen, wo ihm auch nur etwas Vergnügen winkt. Um ein Schuldgefühl zu beseitigen, muß es erst bewußt gemacht werden. Es scheint wie ein Widerspruch, von Gefühlen zu reden, die man nicht spürt, aber Tatsache ist nun einmal, daß es im Menschen latente Gefühle gibt, das heißt, Gefühle, die unterdrückt wurden und nur unter der Oberfläche des Bewußtseins vorhanden sind.

Erwachsenwerden heißt, uns von den liebsten Kindheitsträumen zu lösen, sie loszulassen; Erwachsenwerden heißt, zu wissen, daß sie nicht in Erfüllung gehen können; Erwachsenwerden heißt, das Wissen und die Fertigkeiten zu erlangen, die wir brauchen, um innerhalb der Beschränkungen, die die Realität uns auferlegt, zu bekommen, was wir sollen – eine Realität, die aus verringerter Macht und eingeschränkter Freiheit besteht, aus unvollkommenen Beziehungen zu den Menschen, die wir lieben. Eine Realität, die teilweise darauf aufbaut, notwendige Verluste zu akzeptieren.

Aber wenn wir unsere unerfüllten Wünsche auch noch so oft von uns weisen, so drängen sie sich uns doch immer wieder auf heimtückische Weise auf; in Gestalt von Symptomen, Irrtümern, Mißgeschicken und Gedächtnislücken; in Form von Versprechern und Schreibfehlern; in Form von Versehen.

Wir mögen Erwachsene sein, aber die verbotenen Wünsche, die unmöglichen Wünsche unserer Kindheit beharren weiterhin darauf, erfüllt zu werden. Und gleichzeitig drängen unsere Schuldgefühle darauf, sie ganz tief unten verborgen zu halten. Hier stellt sich uns wiederum die Frage: »Was sind wir uns selbst schuldig geblieben?« Wir werden sie noch an anderer Stelle ausführlich beantworten.

Denken wir an Bettina und Sebastian. Es begann bei Bettina mit einer unschuldigen Kinoverabredung, bei der Sebastian nicht dabei war, er war gerade geschäftlich unterwegs. In Bettinas Phantasie endete es gar nicht so unschuldig auf einem Wasserbett. Und sie fragte sich: »Ist das geistiger Ehebruch? Sollte eine verheiratete Frau so denken?« Und: »Wie abartig kann ich eigentlich sein? Angenommen, Sebastian und seine Sekretärin liegen auf dem Wasserbett? Oder Sebastian und eine seiner Kellnerinnen, einer der weiblichen Gäste? Was genau ist einem eigentlich in der Phantasie gestattet?« fragte sie mich. Viele, die recht entlegene sexuelle Phantasien akzeptieren können, zucken angesichts ihrer feindseligen Phantasien zusammen. »Ich habe Sebastian schon alles mögliche anphantasiert«, sagte Bettina. »Einmal habe ich ihn sogar mit einer Aidskranken ins Bett gelegt, aber dann, als er unwissend mit ihr schlafen wollte, habe ich sie schnell mit meiner Phantasie wieder herausgeholt, schließlich wollte ich mit ihm auch noch schlafen.«

Wenn ehrgeizige und sexuelle Phantasien Menschen die Schamröte ins Gesicht treiben und Schuldgefühle bei ihnen auslösen, dann können Phantasien, die sich um Gewalttätigkeiten drehen, nicht nur Schuldgefühle auslösen, sondern auch zutiefst erschrecken. Diese Ängste haben mit dem zu tun, was Psychotherapeuten als »magisches

Denken« bezeichnen – mit dem Glauben, daß man durch das Bewußtsein Vorgänge auslösen könne, ein Glaube, der sich bei primitiven Stämmen darin ausdrückt, daß Nadeln in Puppen gesteckt werden, und in modernen Zeiten darin, daß schlechte Schwingungen ausgesandt werden. Dieser Glaube versetzt gelegentlich auch aufgeklärten Menschen einen Schock, wenn sie sich nämlich selbst bei der Vorstellung ertappen, daß Gedanken wirklich Schaden anrichten oder gar töten könnten. Umgekehrt gibt es von Schuldgefühlen gespeiste Phantasien, worin der betreffende Mensch sich alles möglichen beschuldigt. Bei Menschen mit Schuldgefühlen ist der direkte Ausdruck einer inneren Verletzung oder eines Ärgers gehemmt durch die introvertierten Regeln des Kollektivs, die zum anhaltenden Teil des Komplexes gehören. Sie brauchen nur angedeutet werden, und schon legt das gemeinsame Gesetz: »Du sollst nicht verletzen«, den inneren Angreifer lahm, ohne daß das Opfer aktive Schritte zu unternehmen braucht. Der nicht vollzogene Angriff kann sich dann in der Phantasie auf grauenvolle Art austoben. Hinter einem solchen Selbstbehauptungsmanöver steht die Absicht, das Übel abzuwenden, um der zu erwartenden Bestrafung zu entgehen. Die Folge von solchen Manövern sind dann Selbsthaß und erneute unbewußte Schuldgefühle.

Bettina sagte einmal, daß, wenn sie sich selbst bestrafe, dann käme sie dem Rudel zuvor, oder sie stellte sich »tot«, damit sie ihre Angreifer in Ruhe lassen. Alles, was sie tun müßte, wäre, gemein zu sich selber zu sein und dann ihren Mann sich um sie kümmern zu lassen.

»Ist das deine Form, zu leben, zu überleben?« fragte ich sie einmal bei einer solchen Gelegenheit, als sie sich fortwährend anklagte. »Ist das deine Form, verheiratet zu sein?«

»Ich glaube, ich habe aus lauter falschen Gründen geheiratet«, sagte sie und sah zu Boden. »Damals war es einfach das, was alle taten. Alle meine Freundinnen heirateten, und was sollte aus mir werden? Ich hatte das letzte Semester an der Uni, war also nicht mehr die Allerjüngste. Es war Zeit, daß ich ans Heiraten dachte. Ich wußte nicht, was ich sonst tun sollte. Ich konnte Ärztin werden, aber in den Krankheiten der anderen herumwühlen, das wollte ich eigentlich gar nicht. Bei dem Studium war es mir einfach darum gegangen, wer zu sein.

Sebastian war allgemein beliebt, und ich selbst fühlte mich unsicher. Meine Eltern wollten zwar, daß ich ihn heirate, aber direkt unsympathisch war er mir auch nicht. Er war ja einer, den alle gern hatten; und ich dachte, wenn ich ihn heirate, dann hat er mich auch gern. Ich verlobte mich also, weil eine gute Freundin zu ihrer Verlobung einen wunderschönen Wagen bekommen hatte, und nur noch von ihren Hochzeitsplänen sprach.

Meine Eltern stichelten ständig, wann ich nun endgültig das Aufgebot mit Sebastian bestellen würde. Meine Mutter sagte: ›Bettina, einen Mann wie Sebastian wirst du so schnell nicht wiederfinden. Er ist erwachsen, selbstsicher und verantwortungsbewußt.‹ Ich selbst dachte: ›Diesen Mann sollst du heiraten, denn meine Freundinnen, meine Mutter und alle sagen es!‹ Obwohl ich innerlich große Zweifel hatte, dachte ich: ›Du bist so unsicher und so dumm, daß du nicht einmal deine eigenen Gefühle kennst. Die anderen wissen, was gut für dich ist, du selbst weißt es nicht, tu also lieber, was man dir rät.‹ Ich war dann so mutig, Sebastian zu sagen, warum ich ihn heiratete, und ich erklärte ihm, daß ich Angst vor dem Heiraten habe. Ich sagte: ›Ich weiß nicht, ob das wirklich das Richtige für mich ist.‹ Sebastian sagte: ›Mach dir keine Sorgen, du wirst lernen, mich zu lieben.‹ Ich lernte tatsächlich, ihn wie einen Bruder zu lieben, aber mehr wurde es nicht.

Als die Hochzeitsgeschenke ausgepackt waren und das Eheleben zum Alltag wurde, und schließlich das erste Kind auf der Welt war, da dachte ich: ›Was war ich doch für ein Idiot, warum habe ich nicht auf mich gehört?‹ Ich hatte es von Anfang an gewußt, aber ich wollte mir selber nicht glauben; ich dachte, ich sei einfach zu dumm, um zu wissen, was gut für mich ist. Sebastian wußte immer alles besser und ich habe ihm lange Zeit geglaubt. Jetzt weiß ich, ich hätte auf meine innere Stimme hören sollen.«

Wie konnte Bettina auch ahnen, daß Sebastian nur deshalb den Besserwisser spielte, weil er selbst keine Kritik ertragen konnte, daß das sein Punkt an Unsicherheit war.

»Jetzt möchte ich frei sein von Sebastian«, sagte Bettina.

»Wie stellst du dir das vor?« fragte ich sie.

»Irgendwie weglaufen, mich scheiden lassen. Aber ich schaffe das ja doch nie.«

»Du hast die Freiheit der Entscheidung«, sagte ich ihr. »Aber deine wirkliche Freiheit mußt du dir erst in deiner Seele schaffen.«
»Ich verstehe dich nicht.«
»Du wirst innerlich freier werden«, sagte ich. »Dann werden auch die äußeren Fesseln fallen.«
Daß wir uns selbst und auch die anderen fesseln, ist für mache schwer zu verstehen.
Wenn wir frei werden wollen, müssen wir uns die innere Freiheit erarbeiten, dann sind wir bereit, andere »freizulassen«, und damit gewinnen wir noch mehr eigene Freiheit. Um die innere Freiheit zu erlangen, müssen wir uns erst von unseren eigenen Erwartungen, Vorstellungen, Schema-Zwängen befreien.
Es ist wichtig, zu fühlen oder zu wissen, daß die ganze Skala der Verschiedenartigkeiten und unendlichen Vielfalt im Menschsein notwendig ist, um immer wieder Regulative und neue Möglichkeiten zu schaffen, wo extreme und einseitige Entwicklungen verhindert werden müssen.
Die Vielfalt der Möglichkeiten des Lebens zu erkennen, ist bis hinein in den Alltag bedeutsam. Es ist ein großer Augenblick, wenn einem bewußt wird, daß man so oder auch anders reagieren kann. Es gibt immer mehrere Möglichkeiten. Die Wahl haben bedeutet Freiheit zur Entscheidung. Sich in dieser Freiheit und ohne blinden Zwang unbewußt ablaufender Mechanismen zu erleben, heißt bewußt zu leben. Stehen wir unter unseren innersten Zwängen, müssen wir uns immer schuldig fühlen oder gar schuldig machen? Müssen wir uns tatsächlich bedauern? Stehen wir unter einem seelischen Stau oder können wir richtig reagieren?
Natürlich gibt es nachher immer viele Ausreden, um ein unfreies und unkontrolliertes Verhalten zu erklären und zu definieren. Rationalisieren ist immer leicht. Häufig ist es auch ein Ethisieren, weil wir bei unseren selbstbetrügerischen Manipulationen meist Motivationen erfinden, die nicht nur logisch einleuchtend, sondern auch moralisch gut sind. Mit diesem Trick leben wir allzugerne. Der ewig Empfindliche, allzuschnell Beleidigte sagt sich dann nicht etwa: »Ich bin verletzlich wie ein kleines Kind und kann keinerlei Kritik oder Spaß ertragen. Ich trotze durch Schweigen mit den anderen wie ein Trotzkind, das damit rechnet, daß die anderen erwachsener sind

und ihm aus der Spannung helfen.« Dies alles wird nicht wahrgenommen, vielmehr beiseite geschoben. Unsere ethisch so beflissene Ratio sagt: »Ich bin ein differenzierter und ethischer Mensch, die anderen dagegen sind böse und primitiv. Aber ich bin anders, bei mir geht das nicht so. Ich bin unschuldig.«

Und trotzdem spürt dieser Mensch ein tiefes Unbehagen, ein unbewußtes Schuldgefühl, das er gerade projiziert hat. Heisenbergs Prinzip beherrscht sowohl die persönliche als auch die wissenschaftliche Wahrnehmung: Das Auge des Beobachters gestaltet und verändert immer, was es sieht. Ein strenges Gesetz der Psyche besagt, daß ich andere beurteile wie mich selbst. Die »Schuld«, die ich an anderen nicht ausstehen kann, ist genau das Schuldgefühl, das sich direkt unter der Oberfläche meines zwanghaften Denkens verbirgt.

Beobachten wir den Geist, wie er Urteile fällt, die auf Furcht und Begierde beruhen — auf Abneigung und Anziehung — und wir entdecken, daß die Welt ein Rohrschachtest ist, eine Welt, auf die wir unser Selbstbild projizieren. Was wir dann sehen, das sind wir selbst. Und was wir sehen, das bekommen wir auch. Wenn wir das »da draußen« verändern wollen, dann müssen wir erst die Augen verändern, mit denen wir sehen. Der Amerikaner Sam Keen sagte einmal: »Erkenne deine Wut und du wirst den Mörder, den Kindesmißbraucher verstehen. Erkenne deinen Todeswunsch und ein Gewalttäter wird dir nicht mehr fremd erscheinen. Erkenne den Knecht und den Herrn in dir, und du wirst Mitgefühl mit Masochisten und Sadisten haben. Lasse deine Sehnsucht nach dem Heiligen unter der Fassade deiner säkularen Persönlichkeit aufwallen, und du wirst feststellen, daß Heilige keine Plastikstatuen, sondern deine Gefährten und Führer sind.«

Bei der Erforschung unserer persönlichen Geschichte hören wir plötzlich Echos aus fernen Zeiten und Orten. Eine Unzahl von Helden, Schamanen und Poeten scheinen ihre Spuren auf unserem Weg hinterlassen zu haben. Die Archetypen sind nicht draußen, sie leben in uns.

Verleugnung bedeutet die Weigerung, die Dinge zu akzeptieren, wie sie sind. Es wird nicht das ganze Geschehen aus dem Bewußtsein gelöscht, wie bei der Verdrängung, sondern die Tatsachen werden so hergerichtet, daß der tatsächliche Zusammenhang im Dunkeln bleibt. »Ich hasse dich« wird zu einem »Ich hasse dich nicht!«. Verleugnung ist gemeinhin die erste Reaktion auf einen niederschmetternden Verlust. Die Umkehr geht noch einen Schritt weiter als die Verleugnung. Die Tatsache wird verleugnet und dann ins Gegenteil verkehrt: »Ich hasse dich« wird zu: »Ich liebe dich« und »Ich bin traurig« wird zum: »Ich bin glücklich«. Die Umkehrung, die wir auch mit Reaktionsbildung bezeichnen, macht störende Impulse unschädlich: Der Drang zur Unordnung kommt als Putzfimmel daher, Ärger und Aggressionen streifen sich das Gewand einer erstickenden Fürsorglichkeit über. Diese Fürsorglichkeit kann aber schon wieder einem Schuldgefühl entspringen. Das Schuldgefühl wird von einer natürlichen Emotion gespeist. Wenn eine Emotion vollständig ausgedrückt und die dazugehörige Erregung freigeworden ist, fühlt man sich wohl, man spürt lautvolle Befriedigung. Geschieht dies jedoch nur unvollständig, dann läßt einen die restliche, nicht entladene Erregung unbefriedigt und unerfüllt zurück, man fühlt sich unwohl. Dieses ungute Gefühl können wir nun als »Sünde«, als »Schuld« oder Unvollkommenheit deuten, je nachdem, welchen moralischen Maßstab wir anlegen. An diesem unterschwelligen Unwohlsein ändert sich nichts, wenn wir Bezeichnungen wie »Schuld« oder »Sünde« vermeiden. Nur das Erlebnis vollständiger Befriedigung, das Ausleben unserer Lustgefühle, entzieht dem Schuldgefühl jeglichen Nährboden.

Schuld erzeugt einen Teufelskreis. Wenn jemand wegen seiner Wünsche ein Schuldgefühl entwickelt, kann er sich der Erfüllung des Wunsches nicht restlos hingeben und sich auch nicht von ganzem Herzen auf lustvolle Erlebnisse einlassen. Die durch Schuldgefühle aufgenötigte Zurückhaltung belastet unser Erleben, und es bleibt das Gefühl zurück, daß irgend etwas nicht gestimmt hat. Um sich wohl zu fühlen, muß das, was wir tun, Lust bereiten. Dann ist das Gefühl wirklich gut.

Die großen Religionen haben große Wertvorstellungen und Zielsetzungen geprägt, daß sie der Mensch in seiner natürlichen Begrenzung nicht vollziehen und erreichen kann. Er wäre ein Gott, könnte er solche Forderungen realisieren. Neben den gewaltigen Forderungen nach Gutem und Edlem in den Religionen blieb der Mensch alleingelassen und ohnmächtig in seinem Alltag und in einer unvoll-

kommenen Welt, in der er mit dem Nicht-Guten, dem Nicht-Edlen — dem Bösen leben muß. Da das Böse immer da ist, was uns daran hindert, am Guten teilzuhaben, ist es nicht nur in der Außenwelt, sondern auch im eigenen Innern des Menschen zu finden. Die Angst vor dem Bösen ist im Grunde nichts als die Angst vor unserer eigenen Unzulänglichkeit, Unvollkommenheit und Schwäche, die uns befürchten läßt, daß wir nicht immer in der Lage sind, darüber hinauszuwachsen. Man kann Menschen in eine Krankheit oder in andere pathologische Abwehrmechanismen treiben, wenn man sie mit der Angst vor dem Bösen in der Welt und in sich selbst antreibt oder in irgendeiner Form manipuliert. Es genügt daher nicht nur, das Gewissen des Einzelnen zu sensibilisieren, sondern es sind Lebens- und Entwicklungshilfen im Umgang mit dem Unvollkommenen, mit der Tatsache, das Menschsein zu gestalten.
Keine Lösung des Konfliktes ist erreicht, wenn wir die Realität der Welt und unser eigenes So-sein verleugnen, uns mit dem positiven Wert identifizieren. Wer sich gebärdet, als wäre er Christus, und seine eigene menschliche unzulängliche Seite nicht erkennt oder verleugnet, lebt in einer gefährlichen Inflation der Seele, der tötet sich täglich selbst, spaltet etwas sehr Lebendiges von sich ab. Er ist dem Guten nicht näher als all die anderen, die in der Mühsal der menschlichen Auseinandersetzung stehen und in der Erkenntnis leben, daß auch sie selbst ein unvollkommener Teil dieser Welt sind.
Du sollst nicht töten in diesem Kontext bedeutet, spalte nicht das Böse von dir ab, du beraubst dich damit deiner eigenen Lebendigkeit. Denn wie alles Sinn und Zweck hat im Leben, so hat auch das Böse einen Sinn und kann uns weiterhelfen, wenn wir diesen Sinn erkennen.
Die Schwierigkeiten in der Ehe von Bettina und Sebastian endeten damit, daß Bettina auszog. Jetzt, nach Monaten, versuchen sie die Ehe zu kitten, gehen mit vorsichtigen unbeholfenen Schritten wieder aufeinander zu. Die Liebe, was immer das für die beiden war, war nicht gestorben. Der Haß hatte sie aufgerüttelt.
Wem ist es nicht schon ähnlich ergangen?
Die beiden wollten ihre Trägheit und Bequemlichkeit überwinden und wach werden. Dazu mußten sie wieder zu wildfremden Menschen füreinander werden.

Das Fremde erzeugt Haß, weil es das Eigene relativiert und bedroht. Destruktive Regungen entstehen in uns, wenn etwas Fremdes, Übermächtiges auf uns einstürmt, uns aus dem gewohnten Rahmen wirft und desorientiert. Ein lächerlicher Anlaß hat beide zu Fremden gemacht, das Fremde hat zugepackt, gebeutelt. Etwas in uns ist zerstörerisch, irgend etwas hat Macht über uns. Es ist nicht grundsätzlich zerstörerisch, sondern nur im Zusammenhang mit uns. Es ist, als ob etwas Starkes von außen in uns hineinkommt und uns dort zerstört. Jeder andere, der Nachbar, der Freund, der Partner kann der Eindringling sein. Jeder, der Haß aussät, aber auch jeder, der uns liebt. Sie spüren in ihrer Haßphase nichts von ihrer Liebe. Es ist seltsam, manche sind sich erst im Haß wirklich nahe. Beide haben ihre Augen auf das Zerstörerische gelenkt. Zerstörung findet in solchen Phasen kein Ende, je intensiver jeder sich mit dem anderen auseinandersetzt, sich auf ihn einstellt, desto intensiver wird das bisherige Muster zerstört, bis es nicht mehr da ist. Das, was uns fremd ist, hat weiterhin eine zerstörerische Wirkung, aber die Haltung hat sich geändert. Wo einst Widerstand war, ist jetzt etwas getreten, das sich zum anderen hinwendet. Es wendet sich an die eigene Zerstörung des Ego und an das Neue im Gegenüber des neuentdeckten Du.

So kann Liebe ungewollt zerstörerisch wirken.

Wie könnte Liebe kreativ sein, etwas Neues schaffen, wenn sie nicht auch gleichzeitig etwas Altes zerstört? Vielleicht ist das Zerstörerische ganz tief im Innern auch Zuwendung an einen Wandlungsprozeß.

Wer diesen Zusammenhang nicht erkennt, steht allerdings in Gefahr zu zerstören, ohne zu wandeln. Dann hat Destruktivität ihren Sinn verpaßt. Darum heißt es: »Du sollst nicht töten«, dich nicht von deinen lebendigen Möglichkeiten abschneiden.

Diesen Dingen kommen wir näher, wenn Glaube wieder mit dem ganzen Herzen, mit der ganzen Seele und all unseren Kräften uns umfaßt, anstatt ein Akt des Verstandes zu sein. Bei so einem Glauben wären wir höchstens Opfer des Verstandes. Der Mensch kann solange kein guter Mensch sein, ehe er nicht die Angst seiner Seele im Glauben beruhigt hat. Aber diesen Glauben kann er auf der anderen Seite nur finden, wenn er sich dem Bösen in sich stellt. Der Weg ins Licht führt nun einmal durch die Dunkelheit. Wo Seele ist, da ist auch Religion. Nicht im Sinne eines kirchlichen Formenschatzes, sondern als schicksalsmäßige Begegnung mit einer stärkeren geistigen Wirklichkeit, die zur Auseinandersetzung zwingt. Wenn Religion allgemein gesprochen auf der Fähigkeit beruht, sich tief berühren zu lassen von bewußtseinstranszendenten Mächten, so ist das erste und wesentliche eben die Einwirkung, nicht aber die intellektuelle Gestaltung. Mit allem Bösen, was gedacht, getan oder gefühlt wird, schaden wir uns genauso selbst, wie wir mit allem Guten, was wir denken, handeln oder fühlen, uns selbst etwas Gutes antun. Es war das große Bekenntnis von Sokrates, das er in seinem Gespräch mit den Sophisten Polos und Kallikles ablegte, daß es besser sei, »Unrecht zu leiden, als Unrecht zu tun«, da unter allen Übeln das Unrecht für den, der es begehe, das größte sei. Aber nicht nur, daß derjenige, der Böses tut, sich selbst damit am meisten schädigt, ist wahr; noch viel wichtiger ist die Erkenntnis, daß derjenige, der Böses tut, selbst böse sein muß, daß derjenige, der Unfrieden stiftet, schon mit sich selbst in Unfrieden sein muß, daß derjenige, der andere verletzt, versklavt und unterdrückt, jemand sein muß, der in sich selbst bereits verletzt, versklavt, unterdrückt ist. Bekannt ist der Satz, daß alles Wirkende nur etwas schaffen könne, das ihm selber ähnlich sei.

Gerade die Tiefenpsychologie zeigt und erlebt täglich neu, wieviel hinter allem schädigenden Verhalten an Geschädigtem, Pathologischem steckt und wie verschlungen die Dialektik zwischen der oft strahlenden Außenseite und dem trostlosen Seelenhintergrund des Bösen beschaffen ist. Der Böse muß böse sein, um durch das Unglück, das er verbreitet, die Lebenslüge seines »Glücks« sich selber gegenüber rechtfertigen zu können. Wir alle sind Zeugen des schrecklichen Schauspiels, das sich alltäglich durch unser eigenes verwirrendes Verhalten äußert. Wir fragen uns, warum wir in übertriebener Weise auf Kleinigkeiten reagieren und mit Elefantengetrampel und Löwengebrüll auf dem Ameisenhaufen unseres Lebens laufend ein Gemetzel veranstalten. Warum fallen wir nach jahrelanger Erziehung und Förderung der kultiviertesten und zivilisiertesten Verhaltensweisen bei mittleren Provokationen zurück in zähnefletschendes Geschrei und Embryohaltung?

Daß die Welt böse zu sein scheint, geht aus der Tatsache hervor, daß die Medien mehr über Böses und Ungutes, von Gewalt und Zerstörung berichten als von guten Dingen, die meist nur so nebenher erwähnt werden. Wie immer die Welt »da draußen« mit ihren Schrecken, mit ihrer Gewalt, mit ihrem Bösen sein mag, wollen wir doch versuchen, vor unserer »eigenen Tür« zu kehren und uns anschauen, was die eigene Seele uns an Bösem beschert und wie wir damit umzugehen haben, damit wir aus diesem »Teufelsloch« herauskommen.

Menschen, die gezwungen sind, viel zu verdrängen, die sich also ihrem ureigenen Bösen nicht stellen, benötigen für diesen Prozeß viel seelische Energie. Die aus dem Bewußtsein abgeschobene Konfrontation mit dem Verdrängten kann sogar bis in den Fanatismus führen. Zu irrationaler Kampfbereitschaft, zu Ablehnung und Bekämpfung von Lebenswirklichkeiten, von Tatsachen und Lebenshaltungen, die einer mit vollem Bewußtsein geführten, sachlichen Klärung bedürften.

Und zu diesem Punkt ist auch Bettina angelangt, als sie beschloß, sich erst einmal von ihrer Familie zu trennen. Hier mußte sie sich eingestehen, daß sie es war, die nur »brüderliche Liebe« zu Sebastian zulassen konnte, während der Trennung spürte sie, daß diese Liebe mehr war. An dieser Stelle kamen die verdrängten Inhalte hervor. Und nur deshalb wurde es ihr möglich, mit Sebastian wieder einen Neubeginn zu wagen. Die Verdränger sind Sündenböcke und suchen die Lösungen nicht erst bei der eigenen Persönlichkeit, vielmehr suchen sie sich ihrerseits einen Sündenbock, und das macht die Hintergründigkeit des Bösen eigentlich erst richtig deutlich. Dieser Sündenbock wird verantwortlich gemacht für alles, was in der eigenen Welt nicht in Ordnung ist. Je Ich-schwächer ein Mensch ist, um so mehr verdrängt er. Je mehr er verdrängt, um so mehr wird er eingeengt, verliert er Entwicklungschancen und wird aggressiv. Frustration durch Mangel an Ich-Stärke und affektive Stauungen durch Verdrängung und behinderte Lebensentfaltung führen nicht selten in eine Depression, die sich oft hinter aggressivem Gehabe und destruktiven Stellungnahmen verbirgt. Wenn auch keine depressive Verstimmung sichtbar wird, so entwickelt sich doch immer ein gestörtes Verhältnis zu gewissen Bereichen der Umwelt. Um sich aus dem Überdruck gestauter Affekte zu befreien, hilft die Projektion, mit deren Hilfe der Sündenbock gefunden wird. Böse sind dann immer die anderen, sie werden abgelehnt, belächelt, bespöttelt. Dabei wird selten erkannt, daß das, was am anderen augenfällig scheint, nichts anderes als die eigene Spiegelung, die eigene Projektion ist. Auch durch passives Verhalten kann dies zum Ausdruck kommen. Das ist der Grund, warum ich immer Magendruck bekomme, wenn ich sogenannten Positivisten begegne. Wir müssen hellhörig werden, wenn Menschen auftreten, die sich immer sehr im Recht, sich immer mit dem Guten identisch fühlen.

Aber auch dann, wenn wir imstande sind, ohne Hybris das Rechte zu tun, sind wir nie mit dem Vollkommenen identisch. Denn der Mensch ist nie absolut genug, was Vollkommenheit bedeuten würde. Wir sind es auch dann nicht, wenn wir danach handeln, denken, fühlen und wirklich das Richtige und Gute leben. Immer müssen wir Menschen mit all dem in der eigenen Psyche zurechtkommen und uns mit jenem im Innern auseinandersetzen oder es gar verdrängen, was unsere primitive Seite ist, was uns von früheren Entwicklungsstufen der Menschheitsgeschichte her noch anhängt, was mit sich widersprechenden elementaren Verhaltensweisen und Triebbedürfnissen zusammenhängt. Auch wenn das Naturhafte durch den Einzelnen zur Kultur geformt wird, bleibt die Konfrontation zwischen Natur und Kultur und die Suche nach sinnvoller Ausgewogenheit ein steter Prozeß.

Zweifellos ist es etwas Beglückendes, mit Menschen zusammenzusein, die ähnlich fühlen wie wir, in entscheidenden Fragen zu Stellungnahmen kommen, die den unsrigen entsprechen, die da lachen müssen, wo uns das Lachen überkommt, die da weinen, wo es uns auch schwer ums Herz ist. Dies erweckt Zuneigung, gibt das Gefühl des Verstandenseins, dieselben Anliegen haben sich vereint. Die Enttäuschung und der Sturz aus solchem Glück innigen Verstehens kommen jedoch immer dann, wenn wir uns soweit täuschen lassen, daß wir in kindlicher Weise an Identität glauben und nicht erkennen, daß der andere nicht Ich sein kann und stets ein Du bleiben muß und soll. Wir reifen aber nur über das Begegnen mit dem Du, mit dem anderen Menschen. Alles andere ist Selbstbefriedigung, die es auch im rein seelischen Bereich gibt. Liebe zum Mitmenschen fängt wirklich erst da an, wo wir sehend werden. Wer sich diese

Fähigkeit, wirklich sehend zu werden, erwirbt, löst sich immer dann von einem Partner beispielsweise, sobald dieser nicht mehr als Projektionsträger taugt, wenn die Realität langsam durchsickert und dann nicht verarbeitet werden kann. Überall, wo zu hohe Erwartungen, zu viele Hoffnungen in den anderen gesetzt werden, wo allzu festgelegte Vorstellungen ein Verhältnis prägen, können wir eine projektive Beziehung annehmen. Partnerschaften gehen immer dann in eine Krise über, wo einer oder auch beide nicht mehr gewillt sind, in der Anpassung die Projektion des anderen weiterzuleben. Wenn auch nur einer sein Verhalten ändert, müssen immer beide dazulernen.

Die Zurücknahme von Projektionen fällt besonders denen schwer, die vom Leben noch infantile Wunscherfüllung erwarten, die »haben« wollen und noch nicht zu geben vermögen, die sich dem Realitätsprinzip noch nicht stellen können.

Wer das andersartige Bild abwehrt, wertet es auch immer ab. Wer projiziert, wird ungerecht und hat ein eingeengtes Bewußtsein. Er bewahrt sich damit davor, in seinem Denken und in seiner eigenen Bedeutung in Frage gestellt zu werden.

Auf der anderen Seite: Wer nicht zu fühlen vermag, kann kein gesundes Über-Ich, kann kein Ich-Ideal entwickeln. Hierzu gehört ein Minimum an Liebesfähigkeit, an Ergriffen-werden-können und an Hingabefähigkeit an ein Liebesobjekt. Für Freud und viele seiner Nachfolger gilt darum die ödipale Liebe als die Voraussetzung zur Gewissensbildung. In diesem Zusammenhang wie auch in der Behandlung vieler psychischer Störungen und Krankheiten spielt das Schuldgefühl eine außerordentliche Rolle. Dabei muß das Gefühl der Schuld nicht allein im moralischen und in den vom Zeitgeist geprägten Maßstäben gründen. Es entstehen auch Schuldgefühle, wenn Aufgaben nicht erfüllt oder Ordnungen verletzt werden, die vom bestehenden Sittenkodex nicht gefordert werden. Manche erkranken, weil sie im Konflikt mit ihrem Über-Ich leben und die gültige Moral verletzt haben, während andere dann krank werden, wenn sie in übermäßiger Anpassung eigene Wünsche und Bedürfnisse nicht mehr vertreten können und zuwenig sie selbst werden. Neben solchen neurotisierenden Konflikten gibt es ein jenseits von Moral und Über-Ich gelegenes Selbst-Verfehlen, an dem man auch erkranken kann. Durch die Verdrängung notwendiger Reifungsschritte, durch die Abwehr von Grundfunktionen und die Vernachlässigung von Persönlichkeitsanteilen entstehen krankhafte Symptome bei dem, der immerhin unbewußt zu fühlen vermag, also Stellung nimmt gegen die im Bewußtsein vertretenen Rationalisierungen. Denn natürlich kann man unter Umständen gerade durch die Erfüllung von als übergeordnet erlebten Gesetzen mit moralischen Problemen konfrontiert werden. Das Gefühl erschließt uns viele Seins-Ebenen und eine reiche Skala von Werten, die zu ordnen und abzuklären ein mühsamer Prozeß ist. Dies war immer schon der Fall. Wir können das schlicht davon ablesen, daß zu allen Zeiten nicht jeder, der alt geworden ist, auch reifer und weiser wurde. In einer Zeit der Umwertung aller Werte, der Auflösung erstarrter Lebensformen vermag nur der sein Leben sinnvoll zu gestalten, der auch seine Gefühlsfunktion intakt halten konnte.

Wie gerade Glaube und Schuldgefühle immer wieder eng miteinander verwoben sind, will an einem Beispiel gezeigt werden. Überhaupt: Gerade in einem so fundamentalen Bereich wie Schuld und Schuldgefühle spielen neben Moral und Sittenkodex ein falscher Glaube häufig eine große Rolle. Die Psychoanalytikerin Hildegund Fischle-Carl hatte einmal einen 8jährigen Jungen zu begutachten. Im Gespräch mit ihm erfuhr sie, daß seine Mutter ihm große Strafen Gottes vorausgesagt hatte, weil er mit einem Freund und zwei kleinen Nachbarinnen sich durch sexuelle Spielereien »versündigt« habe, wie die Mutter meinte.

»Glauben Sie, daß Gott das tut?« fragte der 8jährige die Analytikerin. Sie fragte zurück, was er denn selbst dazu meinte. Seine Antwort war: »Ich glaube nicht. Gott wird doch wissen, wie Kinder sind.« Diese Aussagen und verschiedene Tests bewiesen der Analytikerin, daß dieser Bub tief in einem Urvertrauen wurzelte. Solche Eigenständigkeit des Erlebens war nur möglich, da er ein gefühlsstarkes, vitales Vertrauen ins Leben hatte. Seine Formulierung war die Rationalisierung eines starken Lebensgefühls. Wenn in den Menschen von diesem starken Gefühl mehr vorhanden wäre, dann gäbe es weit weniger Schuldgefühle. Die Mutter hatte diesem Jungen große Strafen Gottes vorausgesagt. Bestrafung hat immer die Tendenz, Negatives auszurotten, zu unterdrücken und zu verdrängen.

Sie hat als Methode keine Veränderung der Persönlichkeit zum Ziel, sondern nur eine teilweise wirkliche oder illusionäre Veränderung des Bewußtseins.
Wie sieht nun eine Sündenbock-Persönlichkeit aus?
Wer häufig das Gefühl hat, nichts zu taugen oder schlecht zu sein und sich dabei ertappt, wie er sich selbst bestraft, wenn Menschen sich eine Arbeit suchen, bei der man etwas »ertragen« oder »aushalten« muß, wenn sie voller haßerfüllter Wünsche sind und sich rächen müssen, wenn sie nach Satisfaktion schreien, so besitzen diese Menschen deutliche Anzeichen, daß sie als Kind in einer strengen, groben und von ständigen Strafen erfüllten Atmosphäre lebten.
Ein solches ständiges Bestrafen muß nicht nur körperlich gewesen sein. Es konnte strenges Moralisieren sein — was im Kind Schuldgefühle und das Gefühl seiner Wertlosigkeit wegen eines unreifen Verhaltens in einem Alter erzeugt, in dem es von Natur aus unreif ist. Ein Kind, das impulsiv handelt und stets neugierig ist und unterwegs, um sich selbst und seine Umwelt zu entdecken, kann in einer Familie, in der ständig gestraft wird, nicht ohne »Schwierigkeiten« bleiben. Weder erkennt es seine Impulse, noch kann es die Notwendigkeit verstehen, sie zu beherrschen, da ihm sowohl das Wissen als auch der Horizont des Erwachsenen fehlen. Der große Tadel, die wuterfüllten Schläge und das elterlich tönende Moralisieren tendieren durch ihre Anhäufung dazu, es zu überzeugen, daß es tief unten »schlecht« ist. Ist es denn nicht immer schuldig? Macht es denn nicht immer Schwierigkeiten? Mit diesem groben Bestrafungszwang vermischen sich immer auch Liebe und Zärtlichkeit. Strafe kann — selbst schwere und brutale Schläge — für ein Kind eine Form der Sicherheit werden, seine Art der Selbst- und Welterkenntnis.
Als Folge dieser Faktoren und der tiefen Wurzeln kindlicher Sicherheit und Zärtlichkeit, die sich an ihnen befestigen, ist es oft sehr schwierig für Menschen, die als Kinder häufig bestraft wurden, die eigene Selbstbestrafungstendenz zu erkennen und zu sehen, wie sie ihre Fähigkeit zerstört, das Leben zu genießen.
Die elterliche Strafwütigkeit erfüllt das Kind mit einem Gefühl seiner »Schlechtigkeit«; es fühlt sich wie ein kleiner »Teufel«, wie einer, der sich ständig schlecht benimmt und der eine anständige

Tracht Prügel braucht, damit er »richtig« wird. Als Erwachsener fühlt sich ein solcher Mensch ständig irgendwie schuldig, ohne etwas Falsches getan zu haben. Dieses Schuldgefühl tritt vor allem dann auf, wenn er etwas genießt. Wenn ein anderer an irgendeiner Sache Gefallen findet oder sich bei etwas entspannt, findet sich ein »Sündenbock-Mensch« schlecht. Er muß daher — in der Rolle seiner Eltern — streng, moralisierend und strafwütig sein.

Schuldgefühle sind ständig begleitet von Angst vor Strafe und Angst vor Entdeckung. Diese Angst- und Schuldgefühle heften sich besonders an das, was in der Kindheit verboten war; der elterliche Bestrafungszwang hat jedoch am meisten Verwüstung angerichtet, indem er ein derart tiefsitzendes Gefühl der Schuld und der Wertlosigkeit erzeugt hat, daß jeglicher Genuß unmöglich ist. So schränkt er manches Leben ein und erzeugt Depressionen.

Wer als Kind in einem solchen Übermaß bestraft wurde, hat wahrscheinlich schon herausgefunden, daß es eines seiner größten Probleme ist, seinen wahnsinnigen unspezifischen Haß unter Kontrolle zu halten, der in ihm aufflammt. Dies kann sich als ständiges Kritisieren und Nörgeln, als Protest und wütende Klage, als Eifersucht oder Neid oder als ein überwältigendes Bedürfnis nach Rache an der Welt, als ein Bedürfnis nach Satisfaktion äußern.

Kinder, die von ihren Eltern geliebt werden, können im allgemeinen deren Tadel und Bestrafung akzeptieren. Sie können allmählich die Notwendigkeit, ihre Impulsivität zu beherrschen, und die Notwendigkeit von Regeln, die das Verhalten steuern, akzeptieren.

Aber die Reaktion des Kindes auf ungerechte und übertriebene Bestrafung ist ein heftiges Bedürfnis, sich zu rächen, zurückzuschlagen. Es lernt, den strafenden Elternteil zu hassen. Das Kind lernt zu lügen, um der Strafe zu entgehen — und verachtet sich zutiefst selbst, weil es lügt, weil es noch nicht groß genug ist, um den betreffenden Elternteil zu bestrafen.

Als Erwachsener kann ein solcher Mensch immer noch von einem tiefsitzenden Rachebedürfnis erfüllt sein, das sich gegen die richtet, die ihn so ungerecht und grausam behandelt haben. Da die Eltern häufig nicht mehr leben, kann sich das Rachegefühl auf andere Weise Luft machen. Es kann sich gegen die richten, die kleiner

und schwächer sind als er, die er genauso bestraft, wie er selber bestraft wurde.
Der Mensch, der als Kind von Haß und dem Bedürfnis nach Vergeltung erfüllt ist, kann als Erwachsener nur schwer Befriedigung finden. Sein einziges Bedürfnis scheint das Bedürfnis nach Rache zu sein, die dann nicht selten den Ehepartner trifft, auf ihn projiziert wird. Mancher Streit, mancher wuterfüllte Ausbruch gilt daher nicht dem Ehepartner, ist einfach eine Selbsttäuschung. Gemeint ist in Wirklichkeit immer der strafende Elternteil. Ein Mensch, der in einer Atmosphäre ständiger übertriebener Bestrafung erzogen wurde, wuchs in dem Gefühl auf, schuldig zu sein — und er hat Angst. Er kann keinem Menschen vertrauen. Er fürchtet, ertappt und bestraft zu werden. Er fürchtet seine eigenen Rachegedanken und Vergeltungsträume — die seine Schuldgefühle und seine Gefühle der Wertlosigkeit noch steigern — und er fürchtet die Entdeckung dieser Vergeltungsbedürfnisse — und Gefühle.
Das Bedürfnis nach Rache ist so übermächtig und mörderisch, daß er befürchtet, die Kontrolle zu verlieren, was ja doch nur wieder noch mächtigere Autoritäten auf den Plan ruft, um ihn zu bestrafen. Daher spürt er ständig eine Lähmung der Angst in sich. Durch den Versuch, all diese Impulse — Furcht und Schuldgefühle — zu beherrschen und zu verbergen, befindet er sich auch in einem Zustand unerträglicher Spannung und Angst. Im vergangenen Kapitel hatten wir das Grundmuster: Unschuld — Schuld. Es sieht fast so aus, daß wir es hier mit einem ähnlichen Grundmuster zu tun haben, natürlich greifen diese Muster manchmal ineinander, sind sich scheinbar ähnlich. Aber bei Schuld und Unschuld ist es vor allem so, daß der betreffende Mensch sich als unschuldig erlebt und seine Schuld auf andere projiziert. Bei dem vorliegenden Grundmuster Gut — Böse handelt es sich meist um eine masochistische Haltung, in der der eine überwiegend sich selbst beschuldigt und sich selbst als schlecht erlebt, ihm steht nicht selten der Narziß gegenüber, der scheinbar über den Dingen schwebt, der sozusagen weg von Gut und Böse ist.
Kehren wir noch einmal zu Bettina und Sebastian zurück.
Bettina erzählte, wie sie immer gereizt und unfreundlich reagierte, wenn Gäste dagewesen waren. Kaum waren die Gäste weg, »...fühlte

ich mich richtig gemein, daß ich mich so schlecht benommen habe. Ich war meist immer noch mürrisch und ärgerlich über mich und über Sebastian – und ich fühlte mich ebenso bedrückt wie immer. Ich beschloß endlich zu tun, was ich die ganze Zeit zu tun vorhatte und immer wieder beiseite schob, weil ich das Gefühl hatte, es sei mehr, als ich von Sebastian erwarten konnte. Ich erzählte Sebastian, was der Grund sein konnte und weshalb ich mich so schrecklich aufführte. Es war noch schwerer, als es dir zu sagen – und das ist schon schwer genug. Ich konnte es nicht in allen Einzelheiten erklären, aber es gelang mir, über die gemeinen Gefühle zu meinen Eltern und sogar über diese ›verdammten‹ Kommilitonen zu sprechen. Als wir über meine Eltern sprachen, sagte Sebastian das Netteste, was ich von ihm je gehört hatte: ›Vielleicht kann ich dir helfen‹, sagte er. (Ihr fiel gar nicht auf, daß Sebastian immer helfen wollte, dadurch mußte er nicht von sich erzählen.)
Gegenüber den Dingen, die ich getan hatte, zeigte er sich sehr verständnisvoll. Ich erzählte ihm, daß ich mich in vielen Situationen unzulänglich fühlte. Einfach, weil ich viele Dinge nie hatte tun dürfen, nicht einmal lernen, wie man Karten spielt. Wir redeten und diskutierten und ich sprach über meine Gefühle. Ich erzählte nicht alles über die Männer während meiner Studienjahre. Ich nannte keine Namen, aber ich gab ihm eine Vorstellung davon, wie viele es gewesen waren...«
Mit anderen Worten: Wie schlecht sie sich erlebt hatte...

Von der Kränkung zur Krankheit

Ist die Medizin in eine Sackgasse geraten? Viele Anzeichen deuten darauf hin: Die Ärzte stehen den chronischen und degenerativen Erkrankungen wie Asthma und Krebs weitgehend ratlos gegenüber. Viele der herkömmlichen »harten« Behandlungsformen unterdrücken die Symptome und können oft zu schwerwiegenden Nebenwirkungen und Folgeschäden führen. Patienten werden zu Fällen, Ärzte zu Rädchen in einer entmenschlichten Krankheitsbekämpfungsmaschinerie.

Das tief verwurzelte Unbehagen über diese Entwicklung kommt seit Beginn der siebziger Jahre in einer Bewegung zum Ausdruck, die ständig an Bedeutung und Einfluß gewinnt. Sie fordert eine grundlegende Neuorientierung der medizinischen Theorie und Praxis.

Zu allen Zeiten haben Menschen ein Bedürfnis gehabt, die auf sie eindringenden Reize und Informationen zu ordnen und in vertraute gewohnte Zusammenhänge zu bringen. Um überleben zu können, brauchen Menschen ein festgefügtes inneres Bild von der Welt und von sich selbst. Das Welt- und Selbstbild eines Menschen basieren auf seinen Erfahrungen und den Hilfen, die seine Kultur ihm zur Interpretation und Einordnung seines Lebens vermittelt. Solche inneren Ordnungsmuster ermöglichen es uns, unsere Erfahrungen und unsere Welt mit einer gewissen Zuverlässigkeit und Sicherheit zu interpretieren. Unerwartetes, Neues, Unbekanntes wird meist nicht freudig und neugierig begrüßt, sondern löst Angst und Unsicherheit aus. Und so versuchen Menschen oft, auf ihren vertrauten Sehweisen zu beharren und abweichende Informationen und Wahrnehmungen zu ignorieren und zu vermeiden.

Informationen und Wahrnehmungen, die nicht in den Rahmen unseres Welt- und Selbstbildes passen, beachten wir meist so lange nicht, bis etwas sehr Bedeutungsvolles geschieht, das uns zwingt, unsere inneren Ordnungsmuster zu überprüfen, zu erweitern und zu verändern. »Für mich brach eine Welt zusammen, als mein Mann sagte, daß er mich nicht mehr liebt und sich trennen will«, sagte eine

45jährige Lehrerin. »Ich hatte das vorher schon irgendwie gespürt. Aber ich wollte das einfach nicht wahrhaben. Nach einem mißglückten Selbstmordversuch lernte ich langsam, mein Leben neu zu betrachten, neue Erfahrungen zu machen, meine Hilflosigkeit zu überwinden und wieder Selbstvertrauen zu spüren. Das mit den Tabletten, und daß ich versucht habe, mich umzubringen, kann ich heute nicht mehr verstehen. Aber damals wollte ich einfach nicht wahrhaben, daß sich mein Leben so verändern sollte.«

Viele Menschen auf der anderen Seite flüchten in eine Erkrankung, weil sie die Sinnlosigkeit ihres Lebens nicht mehr ertragen können. Sehr häufig erkennen psychosomatisch orientierte Ärzte, daß vor dem Auftauchen einer Erkrankung der Lebenssinn aufgegeben wurde. Aus den Gesprächen mit diesen Menschen ergibt sich immer wieder, daß es einmal eine Zeit gegeben hat, in der sie weit voller am Leben teilgehabt haben. In dieser Zeit hatten sie eine Beziehung zu einer Person oder Gruppe gehabt, die für sie eine große und tiefe Bedeutung besaß. Alle anderen Beziehungen waren vergleichsweise oberflächlich gewesen. Diese zentrale, einzige Beziehung befriedigte ihr Bedürfnis nach schöpferischem Selbstausdruck, Echo und Anerkennung. Sowohl ihre schöpferischen wie auch ihre sozialen Bedürfnisse fanden in dieser zentralen Beziehung ihren Ausdruck, kurz, sie waren für sie von allerhöchster Bedeutsamkeit.

Für solche Menschen kann der Verlust einer solchen zentralen Beziehung katastrophal sein — Sinn und Wert des eigenen Lebens werden aufs tiefste erschüttert. Natürlich sind die Umstände, unter denen Menschen den Verlust ihrer entscheidenden Beziehung erlitten, ganz unterschiedlich. Tod des Ehepartners, Kinder, die aus dem Haus gehen, weil sie erwachsen wurden, plötzliche Arbeitslosigkeit, Scheidung, all das kann zum Verlust des Lebenssinnes führen.

Oberflächlich betrachtet scheinen diese Menschen psychisch stabil zu sein. Aber im Grunde haben sie keine Richtung, kein Ziel. Es gibt für sie keinen stabilen Beziehungspunkt.

Die Tatsache, daß der Verlust einer zentralen Beziehung zusammen mit der Unfähigkeit, eine neue Bindung einzugehen, sich als typisch für psychosomatische Erkrankungen erweist, ist ohne Zweifel eine wichtige Erkenntnis.

Dazu kommt, daß diese Menschen, die einen Verlust erlitten haben, unfähig waren, Wut oder Ärger auszudrücken. Oft unterdrücken sie ihre feindseligen Gefühle über den Verlust. Ihnen ist zwar klar, daß sie in sich Aggressionen spüren, aber sie können sie nicht herauslassen. Nicht selten tragen sie äußerlich eine Fassade »milder Güte«. Die Lähmung der aggressiven Gefühle ist immer im Zusammenhang mit psychosomatischen Erkrankungen zu beobachten.

Das grundlegende emotionale Muster des Krebskranken zum Beispiel weist drei Hauptmerkmale auf: Erstens die Gefühle von Einsamkeit in der Kindheit, die sie erfuhren. Sie machen die Erfahrung, daß intensive und bedeutsame Beziehungen gefährlich sind und Leiden und Ablehnung mit sich bringen. Der zweite Aspekt ist die Entdeckung, daß es in ihrem Leben eine Zeit gab, in der eine bedeutsame Beziehung erlebt wurde, eine Beziehung, die das Gefühl des Angenommenseins vermittelte und die Möglichkeit bot, im eigenen Leben einen Sinn zu finden. Der dritte Aspekt wird sichtbar, wenn der Verlust dieser Beziehung eintritt. Jetzt entwickelt sich ein Grundgefühl von starker Verzweiflung, es kommt die Erinnerung an die Einsamkeit der Kindheit hinzu. Hoffnungslosigkeit stellt sich ein. Nicht lange nach diesen Anzeichen treten die ersten Krebssymptome auf. Nach meiner eigenen Erfahrung mit Krebskranken gibt es einen Punkt, der gleichermaßen auf alle Krebskranken zutrifft, die zu mir in die psychotherapeutische Krebsnachsorgebehandlung kamen: die unbewußte Ablehnung der eigenen Geschlechtsrolle, damit die Verleugnung des Selbst.

Die hier aufgezeigten Beispiele mögen das verdeutlichen:

Martha, eine Malerin, entstammte aus einem fürsorglichen Elternhaus. Auch der Ehemann war fürsorglich um sie bemüht. Nach dem Tod des Ehemannes bekam sie Krebs. Während einer Behandlungsstunde rief sie plötzlich aus: »Ich mußte meine Brüste wegwerfen, um den Lebenskampf als Mann zu beginnen.« Vorher hatten zuerst der Vater, dann der Ehemann ihr alles abgenommen. Jetzt mußte sie den Lebenskampf alleine bestehen. Anstatt ihre Rolle als Frau zu leben und als Frau sich im Leben durchzusetzen, glaubte sie, »ein Mann sein zu müssen«.

Helmut, ein Junge von fünfzehn Jahren, erlebte als vierjähriger, daß sein Vater aus Eifersucht die Mutter umbrachte. Er wuchs bei liebevollen Ersatzeltern auf. Mit Beginn der Pubertät bekam er Knochenkrebs. Das heißt, der Krebs trat auf, als er über die Pubertät Mann werden sollte. Mann sein bedeutet aber auch für ihn, in Emotionen auszubrechen, die gefährliche Folgen haben können.

Klara, eine siebenundfünfzigjährige Angestellte, erlebte, als sie sieben Jahre alt war, daß der Vater Selbstmord beging. Nach dem Tod des Vaters schloß sie sich innerlich mit der Mutter gegen den Vater zusammen. Sie hatte dessen Tod nicht verkraftet, drängte Aggression und Haß beiseite. Sie heiratete nie, hatte niemals sexuellen Kontakt. Das Erstaunlichste war aber die unbewußte Identifikation mit dem Vater. Das ehemals hübsche Mädchen entwickelte sich mit den Jahren äußerlich immer mehr zum Mann, wies männliche Züge auf, trug einen männlichen Haarschnitt, »arbeitete wie ein Mann« in der Firma. Während einer therapeutischen Sitzung sagte sie einmal: »Mein Unterleibsgeschwür ist mein Kind!« Womit sie zum Ausdruck brachte, daß sie die Erkrankung nicht hergeben wollte.

Gerne erinnere ich mich an Rolf, einen aufgeschlossenen Jungen im Alter von fünfzehn Jahren. Auch bei ihm trat der Krebs auf, als er in die Pubertät kam. Rolf ist ein aufgeweckter Junge, der einmal Arzt werden möchte. Er hat viel zu seiner Genesung beigetragen. Die Mutter von Rolf hatte einen autoritären Vater gehabt. Das führte dazu, daß sie eine unbewußte Angst vor Männern in sich trug. Also »erlaubte« ihr Unbewußtes nicht, daß Rolf ein Mann würde, sie hielt ihn unbewußt klein.

Erstaunlich war, daß Rolf während der Therapie noch etwa fünfzehn Zentimeter wuchs. Der Vater, der immer nur von seinem »Kind« sprach, erlaubte ihm innerlich ebenfalls nicht, erwachsen zu werden. Daß Rolf jetzt wieder kerngesund ist, verdankt er zwei Kriterien: Er war der Therapie gegenüber aufgeschlossen, fragte viel, wollte viel wissen und arbeitete intensiv an sich. Der andere Punkt ist der, daß auch die Mutter einsah, daß der Junge nur dann eine echte Chance bekam, wenn auch sie sich einer Therapie unterzog.

Die Art, wie ein Krebskranker seine Welt wahrnimmt, ist bezeichnend. Seine Sicht ist eine grundsätzlich mechanische, er ist diszipliniert und stark kontrolliert. Krebskranke sind in der Regel sehr ehrgeizig und wollen das Leben über diese Selbstkontrolle meistern.

Krebskranke Menschen sind leistungsorientiert. Der amerikanische Krebsspezialist Lawrence LeShan sagt dazu: »Was meine Patienten betraf, so schien ihnen ihre Umwelt ziemlich unwichtig zu sein. Selbst jene, die nach materiellem Erfolg strebten und von denen zu erwarten gewesen wäre, daß sie der ›Welt der Dinge‹ vermehrte Bedeutung beimessen würden, taten dies nicht. Sie waren nicht daran interessiert, Geld und materielle Güter um des ›Habens‹ willen anzuhäufen. Vielmehr waren ihre harte Arbeit und ihr Streben nach Besitz ein verzweifelter Versuch, mit Hilfe von materiellen Dingen Befriedigung zu finden, obwohl sie innerlich spürten, daß solche Dinge ihr Verlangen nicht wirklich stillen konnten. Für die meisten meiner Patienten war die Arbeit ein Mittel, mit dem sie versuchten, aus sich herauszukommen und mit anderen zu kommunizieren — ähnlich wie ein Schachbrett als sozialer Vorwand dienen mag, um eine Beziehung mit einem Gegner aufnehmen zu können.«

Die Mitwelt vieler Kranker scheint von einem Entweder-Oder-Prinzip bestimmt. Es entspricht den Persönlichkeitsfaktoren, die ihnen glauben machen, sie müßten sich anpassen, sonst würden sie abgelehnt. Sie sind unfähig, sich irgendeinen Mittelweg vorzustellen.

Viele glauben, wenn sie genauso geliebt werden wollen wie die anderen, müßten sie sich unvermeidlich bestimmten Vorschriften des Denkens, Fühlens und Verhaltens unterwerfen. Wenn sie sich nicht anpassen können oder wollen, so würden sie abgelehnt und als Außenseiter in kalte Einsamkeit verbannt. Um aber geliebt zu werden, müssen sie sich nach ihrer eigenen Vorstellung untreu werden. Diese Entweder-Oder-Sicht in bezug auf die Möglichkeiten, mit anderen in eine Beziehung zu treten, ist vollkommen starr. Es scheint ihnen unvorstellbar, daß es möglich sein sollte, auch nur einige, weniger wichtige Verhaltensweisen zu ändern und auf diese Weise akzeptiert zu werden und trotzdem seine eigenen Gedanken und Gefühle beizubehalten.

Ist unsere Einstellung zum Gesundheitswesen, zur Krankheit oder Gesundheit richtig? Gegenüber vielen Personen haben wir heute ein Besitzgefühl: gegenüber dem Arzt, dem Zahnarzt, der Hebamme, dem Heilpraktiker. Abgesehen von Menschen gibt es eine end-

lose Reihe von Dingen und sogar Gefühlen, die als Eigentum erlebt werden, zum Beispiel Gesundheit und Krankheit. Leute, die über ihre Gesundheit sprechen, tun es in dem Gefühl des Besitzens. Sie sprechen von ihrer Gesundheit, von ihrer Krankheit, von ihrem Magengeschwür, von ihrem Herzleiden, von ihrer Krebserkrankung. Das hört sich jetzt wie Wortklauberei an, aber es gibt Leute, die das, was sie besitzen, nicht gerne hergeben wollen.
Wenn also Krankheit zum Besitz wird, dann ist das fatal. Wie können solche Leute zu einem Gesundheitszustand kommen, wenn sie zum Beispiel Gallenbeschwerden haben? Wenn sie diese Beschwerden hergeben müßten, hätten sie ja nichts mehr, worüber sie reden könnten, nichts mehr, über das sie, wie sie meinen, Zuwendung und Aufmerksamkeit bekämen.
Beobachten wir einmal, wie wir Tag für Tag so leben, so müssen wir feststellen, daß wir sehr viel Zeit darauf verwenden, Phantasievorstellungen von uns selbst aufzubauen und das Erscheinungsbild zu verstärken, das wir für andere abgeben wollen. Unsere Selbstvorstellungen sind unser liebstes Kind. Eine nähere Betrachtung dieser Bilder enthüllt dann unsere charakteristischen Verhaltensweisen: Unsere typische Sitzhaltung, unser Aussehen, unsere Sprechgewohnheiten.
Diese Bilder, die wir uns von uns selbst machen, beeinflussen unser Leben ausnehmend stark, denn sie versehen uns mit wenn auch noch so ungenauen Definitionen der Persönlichkeit, die wir sein möchten. Wollten wir uns von ihnen losmachen, würden wir wahrscheinlich in eine Identitätskrise geraten. Deswegen lassen wir zu, daß diese Bilder sich verewigen, bis sie unseren Spielraum zum spontanen Handeln spürbar einengen. Selbst wenn uns eine Situation geradezu einlädt, spontan zu reagieren, zögern wir, weil die Schwerkraft unseres Denkens und Fühlens dahin tendiert, uns einfach in das Fahrwasser bestimmter Verhaltensschemata zu zwängen. Infolgedessen fühlen wir uns in unserer Freiheit beschnitten.
Ein tibetisches Kindermärchen erzählt uns die Geschichte eines hungrigen Bären, der mit Vorliebe Jagd auf Murmeltiere machte, die in unterirdischem Winterschlaf lagen. Der Bär scharrte den Boden auf, bis er das Murmeltier gefunden hatte. Dann versetzte er ihm einen tüchtigen Klaps, der es bewußtlos machte. In dem Gedanken,

es nun erledigt zu haben, legte er es zur Seite, um es bei der nächsten Mahlzeit zu verzehren. Das Murmeltier erwachte jedoch aus seiner Ohnmacht und lief davon. Der Bär bemerkte dies aber nicht, sondern grub noch ein anderes Murmeltier aus, versetzte auch ihm einen Schlag und legte es ebenfalls beiseite. Aber der Bär wollte noch mehr. Er schnüffelte herum, bis er ein drittes Murmeltier geortet hatte. In der Zwischenheit war das zweite ebenfalls aus seiner Ohnmacht erwacht und hatte sich schleunigst aus dem Staub gemacht. Und so ging es immer weiter. Der Bär verlor seine ganze Beute bis auf das Murmeltier, das er gerade in seinen Tatzen hielt.

Es geht uns nicht anders als diesem hungrigen Bären. Wir sind stets darum bemüht, unsere Selbstbilder aufzufrischen, ohne jemals so recht mit dem zufrieden zu sein, was wir haben. Da wir unsere Energie daran verschwenden, bestimmte Erwartungen zu erfüllen, fehlt sie uns anderswo, nämlich als tragende Stütze unseres Daseins. Wir haben keine Fühlung mehr mit unserem eigentlichen Wesen. Schließlich läßt uns diese Art, unsere Erfahrung anzugehen, ausgepumpt und ermattet zurück. Aus Erschöpfung wird dann irgendwann Krankheit.

Jeder von uns ist schon einmal gekränkt worden. Bei manchen Menschen häufen sich die Kränkungen wie im Keller die Kartoffeln. Kränkungen ziehen Reaktionen nach sich. Nicht wenige Menschen reagieren auf Kränkung mit Neid, Mißgunst, Eifersucht oder sogar Haß. Das gibt möglicherweise ein momentanes Gefühl der Befriedigung von Rachsucht, die irgendwo in jedem Menschen steckt. Auf Dauer aber machen uns solche Reaktionen krank.

Gekränkt sein und enttäuscht sein — was ja bedeutet: ich habe mich selbst getäuscht — das kann kein Mensch auf Dauer hinter einer für andere Menschen attraktiven Maske verbergen. Diese Gefühle zeichnen uns, verraten uns.

Die ängstliche Erstarrung des Lebens zu einer bloßen Erhaltung ist eine Stauung der Lebensenergie ganz besonderer Art. Sie stammt aus der Abwehr einer negativen Emotion, die sich entladen möchte: von Schmerz, Angst, Wut oder Traurigkeit. Wie schon aufgezeigt, wird beispielsweise Krebs oft als Ausdruck und Auswirkung langjähriger emotionaler Rückstauung gedeutet. In vielen konkreten Einzelfällen scheint dieser Zusammenhang zuzutreffen. In unserem Kulturkreis halten sich die meisten Menschen für gesund, solange sie bei sich keine körperlichen Krankheitssymptome entdecken. Auch Ärzte bezeichnen uns für gewöhnlich als gesund, wenn bei einer Untersuchung die Testwerte unserer Körperfunktionen im Normalbereich liegen. Sie beziehen bei einer solchen Untersuchung nicht mit ein, ob wir sehr angespannt sind, uns deprimiert und einsam fühlen, ob wir übermäßig rauchen oder trinken, uns ungünstig ernähren, wenig Bewegung haben oder unser Leben weitgehend als sinnlos empfinden. Sie erfassen im wesentlichen die »biologische Maschine« Mensch.

Neben der orthodoxen Diagnostik hat sich in den vergangenen Jahren eine Betrachtungsweise zu etablieren begonnen, die auch unsere geistig-seelische Haltung, unsere Lebensgewohnheiten und Umweltbedingungen in die Untersuchung und Behandlung von Erkrankungen einbezieht. Ihre Vertreter gehen davon aus, daß Gesundheit wesentlich mehr ist als die Abwesenheit von Krankheit — nämlich ein Zustand sowohl körperlichen als auch geistig-seelischen Wohlbefindens. Viele Menschen halten das oberste Ziel des Menschen als sein Glück. Dieses oberste Ziel ist eine Selbsttäuschung.

Wir müssen uns immer zuerst in den eigenen Rhythmus unserer Lebensenergie einfügen. Das trifft auf alle möglichen Lebenssituationen zu. Jeder von uns hat das schon einmal erlebt, wenn er sich in Fluß fühlt, dann stimmt alles rundum. Erst gestern ist mir das deutlich geworden.

Renate, meine Lebenspartnerin, war zum Frauenarzt gegangen, um sich eine Schwangerschaft bestätigen zu lassen. Frohgemut verließ sie den Arzt, um dann nach einigen Stunden zu erleben, daß bei ihr die Blutungen eingesetzt hatten. Sie fiel aus dem Himmel der Freude in Unruhe und Traurigkeit. Ich selbst wollte zum gleichen Zeitraum zum Friseur gehen, spürte aber dann eine Unruhe in mir, die mich veranlaßte, doch nicht zu gehen. Am Abend erfuhr ich, daß Renate in ihrer Traurigkeit zu mir fahren wollte und sich sehnlichst wünschte, ich wäre daheim. Ihre Lebensenergie, ihre Schwingungen hatten mich also erreicht, während ich gerade das Haus verlassen wollte. Was die Lebensenergie betrifft, gibt es also noch eine Menge zu erforschen. Menschen, die in der ständigen

Angst leben, ihre Lebensenergie reiche nicht aus, erkennen nicht, daß es dann nicht um die Lebensenergie als Quantität geht, sondern darum, daß sie mit gedrosselter Lebensenergie leben, die eigentlich verfügbare Lebensenergie also nicht vorhanden ist. Angst läßt die Lebensenergie stagnieren, und solche Menschen fühlen sich dann müde und abgeschlafft. Gebremste Menschen können nicht mit den Kurven ihrer Energie leben, die ständig in Bewegung sind. Stattdessen werden Aufputschmittel geschluckt und dann wieder Beruhigungsmittel, für die Nacht gibt es Schlaftabletten und für Kopfweh wieder etwas anderes. Ständig muß für irgendetwas eine Pille her, anstatt einfach einmal dem Lebensstrom ›zuzuhören‹.

Für viele hat der Körper nur funktionale Bedeutung. Er ist »ausführendes« Organ, eine tote Marionette, die man nach Belieben zappeln lassen kann, um sie dann nach Gebrauch wieder in die Mottenkiste zu verstauen. Aus dem warmen, pulsierenden, lebendigen Körper hat die Vorstellung ein Phantom gemacht. Das Ich manipuliert einen abgestorbenen Gegenstand. Entweder wird der Körper mit einer Schlaftablette zum Schlaf und mit einem starken Kaffee wieder für den Wachzustand präpariert, das ist die ungesündere Variante. Oder eine ausgewogene, proteinreiche und vitaminreiche Ernährung soll die Körpermaschine gegen Verschleiß schützen. Das ist die gesündere, aber nicht weniger destruktive Variante. Jogging hilft gegen Einrosten der Gelenke, Gedächtnistraining gegen Verkalkung des Gehirns. Die mechanische Ausdrucksweise verrät unsere Gegnerschaft zum Körper. Nur gegen den Körper bekommt das Leben einen Sinn. Die tote Sprache, die der Marionettenspieler benützt, ist Abwehrzauber gegen unsere Sterblichkeit, die gegen die natürliche Minderung der Organleistung, gegen die Anfälligkeit für Krankheiten angehen soll. Der Marionettenspieler findet gegen alles, was lebendig ist, ein Mittelchen. Bloß verdrängt ist die Tatsache, daß gegen den Tod kein Kraut gewachsen ist. Er schwimmt gegen den Lebensstrom und nicht mit ihm. Welch eine Anstrengung, um sich bestenfalls auf dem gleichen Fleck halten zu können!

Der Marionettenspieler weiß nicht, daß er die Marionette, seinen

Körper, ständig manipuliert. Deshalb projiziert er den großen Macker, der seine Umwelt um die Finger wickelt, auf die anderen Menschen, die ihren Körper wie ein fremdes Ding unter sich zappeln lassen, er hat ständig Angst, gegen seinen Willen beeinflußt zu werden, und ist oft tatsächlich leicht beeinflußbar. Denn Autonomie setzt ein stabiles Körpergefühl voraus. Andere haben es leicht, das mit dem Marionettenspieler zu tun, was er mit seinem Körper tut, nämlich ihn zu manipulieren. Deshalb wird er immer mißtrauischer, fremd nicht nur seinem Körper, sondern auch den Menschen gegenüber. Durch sein böses Spiel mit dem Körper wollte er Freiheit erlangen und ist doch ein ängstlicher Unfreier, er merkt gar nicht, daß er sich selbst täuscht, sich selbst etwas vormacht.

Der Marionettenspieler ist ein »kopfbetonter« Mensch. Er ist nur sein Kopf und hat einen Körper. »Wenige verlieren ihren Verstand, die meisten ihren Körper«, sagt Ken Wilber. Verlust des Körpers heißt immer Verlust der Emotionalität. Der ganze Mensch fühlt sich verloren, desorientiert, einsam. Das Kopfbewußtsein macht den Körper zu einer Marionette. Gemäß dem Befehl seines Manipulators erstarrt der Körper gegen die ihm eigene Lebendigkeit. Er ist verspannt, verkrampft, gehemmt. In einem solchen Körper können die Emotionen nicht pulsieren, denn diese sind Bewegungen unseres leib-seelischen Gesamtorganismus. Warum zieht der Marionettenspieler eine Mauer zwischen seinem Körper und seinem Kopf?

Um das zu durchleuchten, müssen wir uns tiefenpsychologische Erfahrungen und Erkenntnisse anschauen. Die großen Religionen haben solch hohe Wertvorstellungen geprägt, daß sie der Mensch in seiner natürlichen Begrenzung nicht vollziehen und erreichen kann. Er wäre ein Gott, könnte er solche Forderungen realisieren. Neben den gewaltigen Forderungen nach Gutem und Edlem in den Religionen blieb der Mensch allein gelassen und ohnmächtig in seinem Alltag und in einer unvollkommenen Welt, in der er mit dem Nicht-Guten, dem Nicht-Edlen – dem Bösen leben mußte. Da das Böse immer da ist, was uns daran hindert, am Guten teilzuhaben, ist es nicht nur in der Außenwelt, sondern auch im eigenen Inneren des Menschen und damit auch im Körper des Marionettenspielers.

Die Angst vor dem Bösen ist nichts anderes als die Angst vor der

eigenen Unzulänglichkeit, Unvollkommenheit und Schwäche, die den Marionettenspieler befürchten läßt, daß er nicht immer in der Lage ist, darüber hinauszuwachsen.
Früher — und zum Teil ist es auch heute noch der Fall — wurden Kinder so erzogen, daß sie ein allzu überempfindliches Über-Ich entwickelten, weil von klein auf an vieles als gefährlich und böse deklariert wurde, was nur etwas schlicht Menschliches ist. »Nimm deine Finger von dem Ding da, du Ferkel«, haben nicht wenige Mütter zu ihren kleinen Söhnen gesagt und damit ihre eigenen Sexualängste projiziert. Das »Ding da« wurde also mit Verboten behaftet, sollte dann später beim Mann »hochgejubelt« werden, um dieselbe Mutter zur glücklichen Oma zu machen. Das klappte nicht immer, da aus dem Kind ein Marionettenspieler wurde, das zwischen seinem Kopf und dem »Ding« eine Mauer gezogen hatte. Zuviel Tabuisierung erzeugt Angst vor verbotenen Reaktionen, Angst vor möglichen Wünschen im eigenen Innern und schafft damit Unsicherheit und Lebensverengung. Dann muß der Mensch allzuvieles verleugnen, verdrängen und muß zwiespältig gegen sich selbst leben. Nur wenige sind soweit bewußtseinsfähig, daß sie sich damit auseinandersetzen können. Die allermeisten müssen in solcher Lebensverengung mit zunehmender Verdrängung zurechtkommen.
Viele Regungen und Wünsche werden aus dem Bewußtsein abgeschoben, müssen vergessen werden und fallen dem unbewußten Teil der Seele anheim. Und so kommt es, daß der Marionettenspieler ein Leben lang auf eine Mauer starrt, ohne noch bewußt wahrzunehmen, daß da noch eine Mauer ist, höchstens einen grauen Nebel kann er noch wahrnehmen.
Immer schon war es für den Marionettenspieler, für den Verdränger der eigenen Wirklichkeit ein besonderes Erlebnis, unter Vorgabe ethischen Verhaltens andere zu plagen und zu züchtigen, zu strafen und zu quälen. Denken wir an all jene, die Macht haben über andere und Gewalt ausüben können unter dem Vorwand, Sinnvolles zu tun. Sie wissen im allgemeinen nicht, in welchem Maße ihre verborgenen sadistischen Neigungen und Aggressionen beteiligt sind an ihrer Strenge, ihren Forderungen an die anderen, über die sie bestimmen können. Ihre Härte und Kälte wird ethisiert, ihre tödliche Prinzipientreue wird durch Scheinmotivationen veredelt.

Unter ihnen finden wir auch gleichzeitig jene Masochisten — in jedem Sadisten steckt auch gleichzeitig ein Masochist —, die ihre Umwelt durch Hilflosigkeit manipulieren. Über Schmerz und Leid werden andere Menschen manipuliert. Und es finden sich auch immer wieder die »Gegentypen« dieses verheerenden Grundmusters, die »Helfer«. Hilfloser und Helfer können sich in einem bösen Grundmuster verstricken, das dem Helfer das Kindheitsgefühl in Erinnerung bringt »Ich bin ja lieb«, und der »Hilflose« kann seine Rolle spielen »Du mußt mir mehr Aufmerksamkeit schenken!«. Mancher Schwerkranke wurde schon deswegen nicht wieder richtig gesund, weil der »Helfer« es von der unbewußten Seite her nicht zuließ, weil er dann seine Rolle als Helfer nicht mehr spielen könnte. Psychosomatiker wissen längst, daß es zum Beispiel bei Krebskranken gerade die Einstellung und das Verhalten gegenüber der Krankheit ist, die nicht zuläßt, daß der betreffende Kranke wirklich gesund werden kann. Das Grundmuster Hilfloser und Helfer hat aus dieser Sicht verheerende Folgen. Ein krebskranker Junge, der von mir betreut wurde, war schon längst ganz genesen, aber der Vater lag mißtrauisch auf der Lauer, um in seiner pessimistischen Einstellung zu verharren. Ständig wartete er, ob nicht doch bald wieder ein Krankheitssymptom auftauchen würde. Oberflächlich betrachtet schien es sich um eine Fürsorge für den eigenen Jungen zu handeln, in Wirklichkeit handelte es sich um eine eigene projizierte Lebensangst.

Eine Weile hatte ich eine schwerkranke Frau zu betreuen, die zu mir im Rollstuhl kam. Der Ehemann begleitete sie und mußte sie immer in den ersten Stock hinauftragen. Gerade dieser Fall zeigt ganz deutlich, wie Hilfloser und Helfer aufeinander eingespielt sind. Bei der Erkrankung handelte es sich um eine Regressionskrankheit. Der Rollstuhl stand symbolisch für den Kinderwagen. Da die motorische Blasensteuerung nicht funktionierte, mußte sie Windeln tragen. Daheim mußte der Ehemann sie baden und ins Bett bringen. Sie war noch eine relativ junge Frau. Nun könnte man Mitgefühl für den Ehemann bekommen, der sich so liebevoll um diese Frau bemühte — und das tat er wirklich — wenn das nicht eine Maske gewesen wäre. Der Ehemann war schon einmal verheiratet gewesen, seine Frau war ihm weggelaufen. Die Kranke hatte er zur

Frau erwählt, weil sie krank war. Sie hatten sich per Anzeige kennengelernt, zu einem Zeitpunkt, da sie schon erkrankt war. Das heißt, er hatte sich eine Frau gewählt, die ihm nicht weglaufen konnte, denn sie war ja hilflos auf ihn angewiesen.

Als es nun seiner Frau allmählich besser ging, also zu einem Zeitpunkt, als abzusehen war, daß sie ihre Regressionshaltung allmählich aufgeben konnte, wurde die Therapie abgebrochen. Es war nämlich nun ersichtlich, daß sie beide ihre Rollen aufgeben mußten. Das Erstaunliche an diesem Fall ist, daß nicht grundsätzlich die Frau die Therapie abbrechen wollte, sondern es war der Ehemann, der sie bedrängte, daß das alles »doch ganz sinnlos sei, die Therapie würde sie nur quälen«.

In Wirklichkeit mußte er befürchten, daß er wiederum mit seiner Verlustangst konfrontiert würde, wenn die Frau wieder gesund wäre. Eine gesunde Frau konnte ihn ja verlassen. Im Grunde war beiden das Rollenverhältnis Hilfloser—Helfer wichtiger als die Tatsache, daß die Frau gesund werden könnte.

Auch das Bedürfnis, eigenes Leid auf andere Menschen oder Lebewesen zu projizieren, andere anstatt seiner selbst leiden zu lassen, gehört zu diesem Grundmuster. Der Chef, der seine eigene Unzufriedenheit seinem Prokuristen auflädt, der Ehepartner, der seinen Berufsstreß zu Hause abreagiert, beide geben Affekte an Unbeteiligte weiter. Es muß erst noch in unser Bewußtsein dringen, daß jeder lernen muß, mit seinen Ärgernissen, Nöten und Leiden und mit der damit verursachten seelischen Spannung umzugehen. Es geht dabei nicht nur um Beherrschung, die ja häufig die Verspanntheit steigert. Auch andere Lösungen sind zu finden.

Manche Menschen schaffen es, ihrem Schmerz einen Sinn zu geben. »Dein Schmerz«, sagt Khalil Gibran in *Der Prophet*, »ist das Zerbrechen der Hülle, die dein Verständnis umschlossen hat.« Einem Kranken, der immer vermieden hat, seinem wahren Selbst zu begegnen, der immer gefürchtet hat, daß die Menschen ihn nicht lieben würden, wenn er ihnen dieses Selbst enthüllen würde, leuchtet unter Umständen die Überlegung ein, daß seine schwere Erkrankung ihn an einen Punkt gebracht hat, an dem er entweder sich selbst bereitwillig annehmen oder sterben muß. Die Entdeckung, daß er als »er selbst« geliebt werden kann, macht ihm den Schmerz

erträglich, und mit einer neu gewonnenen Kraft kann er ihm nun auch entgegentreten.
Andere Kranke werden mit ihrem Schmerz wieder auf andere Weise fertig. Die Erkenntnis, daß die Erfahrung ihrer Krankheit ihnen niemals verlorengehen kann und daß sie nach einer solchen Erfahrung nichts mehr zu fürchten haben, läßt sie möglicherweise mit Nietzsche sagen: »Was mich nicht umbringt, macht mich stark.« Wieder andere betrachten Schmerz, den sie empfinden, als existent in sich; daß gerade sie ihn empfinden, bedeutet für sie, daß dadurch einem anderen Menschen die Erfahrung erspart geblieben ist. Wenn Schmerz ungewöhnlich stark oder ungewöhnlich resistent ist, dann taucht die Frage auf, ob nicht ein bestimmter Sinn dahintersteht. Hält der Schmerz vielleicht Schuldgefühle von ihm fern? Vermittelt der Schmerz vielleicht das Gefühl zu »leben«, sich sozusagen über den Schmerz lebendig zu fühlen, was ohne ihn der Fall nicht wäre? Starker Schmerz kann stellvertretend für starke innere seelische Schmerzen stehen. Es gibt Klinikberichte, wonach Menschen, denen medikamentös der starke Schmerz genommen wurde, kurz darauf einen seelischen Zusammenbruch erlitten. Unsere kulturell bedingte Orientierung gegenüber dem Schmerz — daß er nämlich schlimm und böse sei und umgehend gelindert werden müsse — ist nun mal so stark ausgeprägt, daß uns oft gar nicht der Gedanke kommt, der betreffende Mensch wollte uns durch seine Schmerzen eine Botschaft zukommen lassen.
Unter dieser Perspektive betrachtet erscheinen Gesundheit und Krankheit nicht als statische Zustände, sondern als sich ergänzende Aspekte eines einheitlichen Prozesses. Wir beginnen Krankheit nicht mehr ausschließlich als »Übel« zu betrachten, sondern eher als Anzeichen für eine Störung des Gesamtgleichgewichts des Menschen und zugleich als Versuch, die Harmonie des Systems wieder herzustellen. Entsprechend können wir Gesundheit nicht mehr als einen Zustand begreifen, in den man sich zufrieden niederläßt, als eine wohlige Ruhe, die eine garantiert wirksame Erfolgsmethode für uns schafft. Gesundheit erscheint uns aus dieser Sicht vielmehr als ein Prozeß sich ständig entwickelnder Erfahrung, als lebendige Kontaktaufnahme des Menschen mit sich selbst und mit seiner Umwelt, als ein Prozeß also, den jeder Mensch letztlich selbst fördern oder behindern kann.

Diese Betrachtungsweise hat tiefgreifende Konsequenzen: der Mensch ist mehr als nur ein körperliches System — er ist ein ganzheitliches Wesen mit körperlichen, seelisch-geistigen und sozialen Dimensionen, die ineinandergreifen und sich gegenseitig beeinflussen. Mit anderen Worten: Störungen im emotionalen Bereich, ungünstige Lebensbedingungen, als belastend empfundene soziale Umstände schwächen die Abwehrkräfte des Organismus und begünstigen somit körperliche Krankheiten. Spiegeln körperliche Erkrankungen Störungen im geistig-seelischen Bereich wider, genügt es nicht, die körperlichen Symptome beseitigen zu wollen. Wir müssen uns vielmehr einerseits auf die Suche machen nach den Ursachen, die mit der Störung, mit dem Unbehagen, unseren Blockierungen zusammenhängen, und andererseits die Faktoren fördern, die unsere Abwehr- und Selbstheilungskräfte zu stützen und zu stärken vermögen.

Die sich zur Zeit in unserer Kultur entwickelnde ganzheitliche Heilkunde bezieht auf vielfältige Art sowohl Anregungen der alten Heilsysteme als auch neue wissenschaftliche und psychotherapeutische Erkenntnisse über Zusammenhänge zwischen Körper und Bewußtseinsprozessen ein. Neuartig an dieser Bewegung zu einer ganzheitlichen Gesundheit scheint mir vor allem der Aspekt der Selbstverantwortlichkeit zu sein. Das Heilen von Erkrankungen und damit die Gesundheit waren bisher die Domäne von Experten und Institutionen; im Banne der traditionellen Medizin haben wir als passive Patienten unser eigenes individuelles Wissen über uns selbst ignoriert und unsere Verantwortlichkeit verleugnet. Aus der Perspektive der ganzheitlichen Heilkunde erscheint Leben als ein Prozeß kontinuierlicher Erfahrung — Krankheit und Krisen werden als Bestandteile dieser Erfahrungen verstanden, die uns besonders dazu anregen können, unser Leben neu zu betrachten und Zusammenhänge zwischen der Störung und Verhaltensgewohnheiten und Einstellungen zu entdecken. So sind sie für uns eine Chance, ein qualitativ neues Verständnis für unser Sein und unseren Lebensweg zu gewinnen. Auch von Ärzten und Angehörigen anderer helfender Berufe innerhalb des Gesundheitswesens fordert diese Entwicklung ein tiefgreifendes Umdenken. Es ist einfach, jemandem zu sagen, wie er Diät halten soll oder Körperübungen durchführen soll, aber etwas anderes ist es, Menschen darüber zu beraten, wie sie Widerstände und Barrieren, die sie gegenüber ihren eigenen Gefühlen und ihrer Wahrnehmung gerichtet haben, aufgeben können. Es ist ungewohnt, andere Menschen als verantwortlich zu sehen für die Lebensbedingungen, die sie sich gegeben haben, und zu lernen, wie man hilft, ohne »retten« zu wollen, wie man den Kranken verantwortlich in seinen eigenen Heilungsprozeß einbezieht, so daß er sich nicht als »Opfer«, sondern zunehmend als Gestalter seines Schicksals erfährt.

Um andere anleiten zu können, die Blockierungen ihres Energieflusses wahrzunehmen und zu lösen, muß man sich seiner eigenen Blockierungen bewußt sein und gelernt haben, sie zu vermindern. Gerade im Fall von schwereren Erkrankungen muß ein Helfender besonders auf der Hut sein, wenn zum Beispiel Schmerz ungewöhnlich stark ist. Der typische schwerkranke Mensch hat sich nämlich schon vor der Entstehung seines bösartigen Leidens jahrelang mit seelischen Nöten herumgeschlagen. Es ist durchaus möglich, daß die Erkrankung, wie zum Beispiel Krebs, sich nicht nur deshalb entwickelt hat, weil der Widerstand von seiten des betroffenen Menschen gering war — weil er nämlich seine gesamte psychische Energie dazu einsetzen mußte, sich vor seinen seelischen Nöten zu schützen —, sondern auch deshalb, weil er als eine Art physischer Stellvertreter für das unerträglich gewordene psychische Leiden fungiert. Das ist zwar nur eine Vermutung, aber wir müssen sie doch als mögliche Realität anerkennen und in solchen Fällen das psychische Leiden lindern, bevor wir den Kranken mit einiger Aussicht auf Erfolg von seinen physischen Schmerzen befreien können, die für ihn leichter zu ertragen sind als die Verzweiflung, mit der er nun schon so lange lebt.

Unabhängig davon, wie einzelne Kranke ihre Schmerzen wahrnehmen, ist Mitleid mit ihnen in höchstem Maße zerstörerisch. Wenn Kranke merken, daß man sie bemitleidet, dann schwächt das ihre Fähigkeiten, mit den Dingen fertigzuwerden. Mitleid verstärkt das Gefühl der Hilflosigkeit, denn es deutet an, daß er sich in einer schlechteren Lage befindet als der, der ihn bemitleidet. Zwei Dinge sind beim Mitleid zu beachten. Erstens ist Mitleid nur eine Projektion des eigenen Selbstmitleides. Auf der anderen Seite gibt Mitleid dem Mit-»Leidenden« das Gefühl, über dem anderen zu stehen. Mitleidige Menschen spüren ganz tief das verleumdete Gefühl, daß über ihnen nicht das Damoklesschwert der unheilbaren Krankheit schwebt. Ganz tief in ihnen ist das Gefühl: besser die oder der als ich. Häufig fühlen sich Menschen in dieser verlogenen Helferrolle wohl — haben überhaupt kein Interesse daran, daß der Kranke gesund wird, weil solche Helfer dann wieder in ihre Bedeutungslosigkeit zurückfallen. Mitleid ist immer destruktiv, Mitgefühl dagegen kommt aus einer ganz anderen Grundhaltung heraus. Mitgefühl beläßt den Kranken in seiner eigenen Verantwortlichkeit, es stülpt sich nicht über, sondern entspringt einem tieferen Verstehen für den Kranken und seiner Lage.

Man kann die Anstrengungen, die der Kranke unternimmt, um doch seine Würde und seinen Status als erwachsener Mensch zu bewahren, durch Einfühlen, durch tiefere innere Verbundenheit mit ihm und den Respekt vor ihm unterstützen. Mitleid dagegen schwächt nur seinen Lebenswillen, das ist vor allem wichtig zu wissen für die Familienangehörigen des Kranken. Denn die Familie und ihre geistige Haltung sind mit entscheidend, ob der Kranke gesund wird ober ob sich sein Zustand bessert oder nicht.

Die Familie bestimmt in nahezu jeder Hinsicht den Lebensraum des Kranken. Sie ist Teil seiner Realität und läßt sich nicht ignorieren. Kranke müssen von jedem zusätzlichen Druck befreit werden. Seine Familie kann in vielfältiger Sicht Druck auf den Kranken ausüben, der ihm offenbar sehr zu schaffen machen kann. Familienmitglieder erwarten, daß kranke Menschen so bleiben wie sie immer waren, denn mit diesem Menschen, der so ist, wie er immer war, haben sie gelernt zu leben. Ändert sich nun ein kranker Mensch über neuere Therapieformen, gibt er gerade die Verhaltensweisen auf, die ihn in die Krankheit getrieben haben, dann fühlt sich nicht selten die Familie frustriert, denn nun zwingt die Situation sie, sich auch mit sich selbst auseinanderzusetzen. Wenn man seiner Familie begreiflich machen kann, daß sich in seiner seelischen Situation etwas ändern muß, damit er überhaupt um sein Leben kämpfen kann, und daß diese Änderung und Entfaltung nicht das Ende ihrer Beziehung zu ihm ist, sondern diese Beziehung in der Regel eher festigt, dann bleibt dem Kranken eine große Belastung erspart. Angehörige von Kranken müssen lernen, diesen Menschen nicht ständig als Kranken zu sehen und zu behandeln. Dadurch geben sie seinen inneren Selbstheilungskräften kaum eine Chance, sich zu entfalten. Wer ständig in einem Familiengeist von Krankheit und Krankheitserwartung leben muß, wird kaum eine Chance haben, sich daraus zu entwickeln. Genesung ist auch immer ein Prozeß der Umstellung in Denken, Fühlen und Handeln. Wird ein solcher Prozeß blockiert durch Familienangehörige, die nicht mitlernen wollen, dann kann auch im Kranken kein »neuer Geist« einziehen.

Oft sind Familienangehörige mit den Ärzten der Meinung, daß der Zustand eines Kranken hoffnungslos sei, und daß er wohl nur noch kurze Zeit zu leben habe. Immer wieder aber hat sich gezeigt, daß Ärzte irren können. Und es gibt genügend Menschen, die immer noch — das heißt Jahre nach der Diagnose: unheilbar — leben und deren Zustand sich wesentlich gebessert hat. Was die Menschheit immer wieder als »Wunder« betrachtet hat, ist in Wirklichkeit eine innere Umschaltung der Kranken, die plötzlich wieder zu hoffen wagten, zu kämpfen begannen, um so mehr Raum für die Gesundheit in sich zu schaffen. Wenn wir von dieser »Wundergläubigkeit« Abstand nehmen könnten, wenn wir erkennen könnten, daß ein Mensch solange Hoffnung hat, solange er noch atmet, dann werden wir auch feststellen können, daß das »Todesurteil« mancher Ärzte höchstens eine Diagnose sein kann. Vollstrecker ist das Leben, der Kranke selbst. Und die Entscheidung Tod oder Leben ist ein tiefinnerer Prozeß, der nur im Kranken sich vollzieht. Wenn über einem Kranken aber schon das »Todesurteil« der Ärzte und der Familie schwebt, wenn er glaubt, daß es keine Hoffnung mehr für ihn gibt, dann wird es auch schwieriger für ihn zu hoffen und zu glauben. Wer aber die Kraft des Glaubens und tiefer innerer Überzeugungen unterschätzt, der hat noch nichts von inneren Heilungsprozessen verstanden. Der Kranke spürt die geistige Einstellung von Ärzten und Angehörigen: »Es muß ja jetzt bald zu Ende gehen.« Eine solche Haltung bleibt ihm nicht lange verborgen und hat eine sehr deprimierende Wirkung auf ihn. Wenn die Menschen, die er sein Leben lang geliebt hat, mit denen er gelebt hat, in Freud und Leid gelebt hat, hautnah gelebt hat, mit denen er geweint und gelacht hat, nicht mehr hoffen, wie sollte er dann für sich selber noch

Hoffnung hegen? Was in solcher Situation am allerschlimmsten ist, ist das uralte, aus der Kindheit gespürte Gefühl – das Gefühl, das ihn ein Leben lang dumpf begleitet hat – nicht des Lebens wert zu sein, nicht geliebt zu sein.

In diesem Zusammenhang taucht die Frage auf: Sollen Ärzte dem Kranken sagen, daß er zum Beispiel Krebs hat? Ich meine ja. Auch ein Kranker ist ein mündiger Bürger. Ärzte sollten lernen, aufzuhören, für andere zu denken, für andere zu entscheiden. Sie berauben den Kranken seiner Autonomie, seiner Eigenverantwortung und seiner Selbstentscheidungsfähigkeit und -möglichkeit. Ein ahnungsloser Kranker, der über den wirklichen Erkrankungsgrad im unklaren gelassen wird, hat dann nicht mehr die Möglichkeit, die Kraftreserven zu mobilisieren, die er benötigt, um möglicherweise doch noch das Lebensschiff herumzureißen.

In den letzten Jahrzehnten haben Krebserkrankungen in den westlichen Industrienationen stark zugenommen. Chemische und operative Behandlungen sind oft mit schweren Nebenwirkungen verbunden, und in der Ursachenforschung und in der medizinisch ausgerichteten Therapie sind wesentliche Erfolge kaum spürbar. So ist es nicht verwunderlich, daß diese Erkrankung bei vielen Menschen den Eindruck erweckt, sie entziehe sich völlig ihrem Einfluß und sei gleichbedeutend mit Tod und Sterbenmüssen. Gerade in diesem Jahr 1988 sind eine ganze Reihe von Fernsehbeiträgen zum Thema Krebs durch die deutschsprachigen Kanäle gelaufen. Eine ganze Reihe von Entstehungsmöglichkeiten von Krebserkrankungen wurden angesprochen. Über die Möglichkeit von psychischen Fehlentwicklungen wurde nicht ein einziges Wort verloren. Man gewinnt nicht selten den Eindruck, als sei die Krebserkrankung etwas, was die Mediziner in ihrer Macht und Kontrolle hätten, die sie nicht abgeben dürften. Ich habe mit einer Reihe von krebserkrankten Kindern gearbeitet, die alle aus einem bestimmten Münchner Krankenhaus zu mir kamen. Diese Kinder kamen aber nicht über die Ärzteschaft, sondern es hatte sich unter den Eltern dieser Kinder herumgesprochen, daß wir von der psychischen Seite her eine Menge für diese Kinder tun könnten. Die Ärzte wußten ebenfalls von uns, aber sie kamen nicht einmal auf die Idee, das Gespräch mit mir zu suchen, um die Möglichkeit einer kooperativen Zusammenarbeit zu erwägen. Solange Ärzte eifersüchtig darüber wachen, daß mögliche Therapieerfolge ihnen »gutgeschrieben« würden, solange sie als Spezialisten die einzigen »Macher« sind, solange geschieht in Sachen Krebserkrankungen nichts wirklich Bedeutendes. Gerade bei schweren, scheinbar unheilbaren Erkrankungen ist es so wichtig, daß auch die Ärzteschaft umdenken lernt, herabsteigt von ihrem Sockel der »Allmacht«, um bereit zu sein zu kooperieren. Gott sei Dank gibt es in der jüngeren Ärzteschaft immer häufiger diesen Ansatz. Ich ziehe den Hut vor jedem Arzt, der bereit ist, auch andere Möglichkeiten mit in Betracht zu ziehen. Der Ansatz des neuen Denkens geht davon aus, daß jeder Mensch immer auch krebserzeugenden Substanzen ausgesetzt ist, und unser Körper produziert ständig eine Anzahl von Krebszellen. Diese Zellen werden jedoch vom körperlichen Abwehrsystem beseitigt. Eine starke Vermehrung und unkontrolliertes Wachstum dieser Zellen wird daher mit der Schwächung des Immunsystems in Verbindung gebracht. Ich habe an einigen Beispielen aufgezeigt, daß der Krebs über psychotherapeutische Maßnahmen beeinflußbar ist. In diesem Zusammenhang muß man wissen, daß es Forschungsberichte gibt, die deutlich belegen, daß das gesamte Immunsystem und seine Funktionsweise auch davon abhängt, in welcher psychischen Verfassung sich ein Mensch befindet. Veränderungen der Körperchemie, die zu einer Schwächung des Immunsystems beitragen, stehen im Zusammenhang mit Lebenserfahrungen, die sehr belastend erlebt werden, und mit Gefühlen der Verzweiflung, Resignation und Selbstaufgabe. Aufgrund dieses bei zahlreichen Krebskranken erforschten Zusammenhangs halten psychosomatisch orientierte Ärzte Krebs für eine psychosomatische Erkrankung und sehen die bösartigen Zellneubildungen im Zusammenhang mit Lebensereignissen und gefühlsmäßigen Reaktionen, basierend auf alten Grundmustern aus der Kindheit, als Störung der Gesamtperson.

Wenn wir uns anschauen, wie Riesensummen aufgewendet werden, um der Krebserkrankung und ihren Heilungsmöglichkeiten auf die Spur zu kommen, dann muß man sich ernsthaft fragen, was in den Köpfen im Gesundheitsministerium vorgeht, wenn diese sich immer mehr vertreitende Tatsache des psychischen und physischen Zusammenhangs dort für die Freigabe von Forschungsaufträgen wohl kaum berücksichtigt wurde.

Ein Schreiben an die Bayerische Krebshilfe, ein Angebot zu Aufklärung und Zusammenarbeit, wurde uns nach Monaten sehr höflich beantwortet: Da sie keine Behandlungen von Krebskranken durchführen, ergibt sich keine Möglichkeit zu einer Zusammenarbeit. Wozu heißt dieser Verein »Krebshilfe«, doch damit Krebskranke sich dorthin um Hilfe wenden können?

Solange es »Lobbys« gibt, die eifersüchtig darüber wachen, daß nur sie die großen »Krebsgötter« sind und keine anderen »Götter« neben sich dulden, solange muß man in Zweifel ziehen, ob von hier echte menschliche Hilfe kommt.

Diese »Anklage« mag für manchen hart klingen. Aber wer wie ich mit Krebskranken gearbeitet hat und die Not beobachten konnte, der wird das nur bestätigen können. Anfang des Jahres brachten Eltern ihren 12jährigen krebskranken Jungen zu mir in die Nachsorgebehandlung. Er hatte einen Gehirntumor gehabt. Durch die »chemische Keule« und die Strahlentherapie war das Kind derart geschwächt, daß es kaum gehen konnte. Wie bei allen behandelten Krebskranken waren ihm die Haare ausgegangen, er konnte kaum sitzen und stehen. Ständig bekam er Hustenkrämpfe und Erstickungsanfälle. Er sah blaß aus, hatte kaum Appetit. In nur wenigen Wochen brachten Visualisierungsmethoden ihn so weit, daß die Erstickungsanfälle weniger wurden, er konnte ruhiger schlafen. Mittlerweile sind die Anfälle ganz verschwunden, er hat wieder an Gewicht zugenommen, ist stolz, wenn er mir zeigt, wie gut er stehen und gehen kann. Noch ist die Arbeit mit ihm nicht beendet, aber wir glauben, daß er eines Tages wieder ganz gesund sein wird. »Weil ich das will«, sagt er, und damit hat er nicht unrecht.

Der Mediziner und Psychotherapeut Lawrence LeShan beschäftigt sich seit dreißig (!) Jahren mit den Zusammenhängen zwischen Krebserkrankungen und der Persönlichkeit der Betroffenen. Er hat auf diesem Gebiet Pionierarbeit geleistet. Bei siebzig Prozent der etwa fünfhundert Krebspatienten, deren Lebensgeschichte er eingehend untersucht hat, stellte er immer wieder den Zusammenhang von Krankheit und psychischer Fehlentwicklung fest.

In Berichten über alternative Ansätze zur Therapie körperlicher Störungen tauchen immer wieder bestimmte Erfahrungsmuster auf: Die Kranken beginnen zu verstehen, daß die Störung nicht, wie ihnen zunächst erschien, ein äußerer Feind ist. Sie erkennen, daß die Erkrankung etwas mit ihrem Leben zu tun hat und daß es nicht darum geht, sie »wegzumachen«, sondern zu verstehen, was sie ausdrückt. Dieser Erkenntnis folgen verschiedene Versuche, mit der Störung — als Ausdruck der eigenen Person — Kontakt aufzunehmen und zu begreifen, mit welchen Haltungen und Verhaltensweisen sie zusammenhängt. Dies ist meist ein schmerzlicher und lange währender Prozeß, in dem der einzelne Zugang zu seinen ignorierten Gefühlen und Lebenserfahrungen findet. In diesem Prozeß wird ein neues und umfassenderes Verständnis für die eigene Person erreicht. Das neue Welt- und Selbstbild ist verbunden mit neuen Betrachtungs- und Verhaltensweisen und ermöglicht eine Veränderung von Einstellungen und Lebensgewohnheiten. Ist diese Umorientierung erfolgt, und dadurch eine angemessenere Befriedigung der wirklichen inneren Bedürfnisse des Menschen möglich, vermindert sich zumeist auch die Störung.

»Diese Flucht vor dem Streß war mein heimliches Ziel geworden«, sagte Sandra. »Ich war zurückgeglitten — ich hatte mich sozusagen zurückgelehnt wie in einer großen Badewanne mit warmem Wasser — weil es leichter war.«

»Du hast also trotz all deiner Vorsätze ein zweites Mal geheiratet«, sagte ich zu ihr. Sie war fünfunddreißig, schlank, blond und immer ein wenig ängstlich.

»Es ist einfacher, Blumenbeete zu pflegen, den Einkauf zu organisieren und eine gute — versorgte — Partnerin zu sein. Das erzeugt weniger Angst als draußen in der Welt der ›Großen‹ zu stehen und für sich selbst zu kämpfen.«

»Du spieltest also Kind, Kindfrau, kleines Mädchen, das versorgt sein wollte.« Ich wagte diesen direkten Angriff, um sie mehr aus der Reserve zu locken. Aber sie fiel nicht darauf rein. Sie wollte ihre Geschichte erzählen, wie sie sie sah.

»Sven war nicht der traditionelle Mann, er unterstützte meine Regression nicht. Er mochte die dauernde Ungleichheit nicht, er wollte nicht derjenige sein, der die Rechnungen zahlte und die Betten macht. Er wollte eine gleichwertige Partnerin, keine Frau, die einen ›Papi‹ suchte. Wir waren nur wenige Wochen verheiratet, da kamen schon die ersten Vorwürfe von ihm, etwa so: Ich steure kein Geld zur Haushaltsführung bei, finanziell sorge er für alles, er ernähre mich, meine drei Kinder, sich selbst.

Seine Beschwerde, daß ich meinen Teil der Abmachung nicht einhielt, machte mich wütend. Kein Mann hatte mir das bisher unterstellt. Würdigte er nicht, was ich alles für ihn tat? Das schöne Heim, das ich ihm schuf, das gute Essen und die tollen Kuchen? Bemerkte er denn nicht, daß ich die Bettwäsche wechselte und das Bad putzte?«

»Das tun doch mehr oder weniger alle verheirateten Frauen«, reizte ich sie. Aber Sandra wollte die Sachen so vortragen, wie sie sie sah.

»Zugegeben, in unserem Zusammenleben übernahm ich die ›Sklavenarbeit‹. Aber es stimmte auch, daß ich mir diese Rolle einfach ohne Diskussion angeeignet hatte. Insgeheim wollte ich die Sklavenarbeit tun: Sklavenarbeit ist so unheimlich sicher.« Jetzt wußte ich, wo sie hinwollte. Und sie ließ mich auch nicht länger im unklaren darüber.

»Als Sven und ich beschlossen, München zu verlassen, um uns ein Haus auf dem Lande zu kaufen, waren wir uns darin einig, daß jeder für sich selbst sorgen würde. Ich vergaß es dann einfach. Nach der Scheidung meiner ersten Ehe wollte ich emanzipiert sein, wollte ich das Leben selbst meistern... Aber nach der Hochzeit mit Sven bemerkte ich, wie unbequem Emanzipation sein kann. Jetzt war ich wieder versorgt. Jetzt lief doch alles bestens.«

Im Verlaufe des weiteren Gespräches und auch weiterer Treffs stellte sich heraus, daß Sandra Sven als den Ernährer und sich selbst als die Beschützte sah. Und sie sah die Dinge, wie sie zugab, verzerrt. Aus irgendeinem Grund sah sie sich schwächer als Sven, weniger kompetent. Das war eine wesentliche Verzerrung, und sie zog folgerichtig eine andere nach sich: Sven sollte für sie sorgen. Dies ist die verbogene Moral der Schwachen — oder aller, die darauf beharren, sich so zu sehen. Es ist die Bürde der »Starken«, die Schwächeren mitzuschleppen. Tun sie das nicht, geben die Schwachen ihnen mehr oder weniger zu verstehen, daß sie nicht überleben werden.

»Nachdem ich erkannte«, sagte Sandra, »daß mich die Vorstellung wütend machte, die Verantwortung für mein Leben wieder selbst übernehmen zu müssen, daß ich auf Sven zornig war, weil er mich dazu brachte, fühlte ich mich beschämt und glaubte, völlig isoliert zu sein. Wie kann man sich nur so vor der Unabhängigkeit fürchten? Immer wenn ich im Leben große Angst hatte und mich allein fühlte, habe ich den Drang verspürt, mit der Kamera hinaus in die Natur zu gehen. Ich mußte einfach irgend etwas tun.«

Viele Menschen verstecken sich. Sie scheinen mehr daran interessiert zu sein, das Leben weiterzuführen, wie es gewesen war, sich eher einer Vaterfigur oder einer Mutterfigur unterzuordnen, als sich der Herausforderung zu stellen und etwas Neues zu entwickeln. Es ist manchmal erstaunlich, wie lange Menschen nach einer Trennung einfach so dahinleben, ohne etwas Wesentliches neu zu entscheiden. Sie wollen nicht allein sein. Sie wollen die Erfahrung des Alleinseins nicht machen. Darum suchen sie schnell wieder jemanden, mit dem sie ihre Verantwortung teilen können.

Psychologisch betrachtet liegen die Dinge natürlich wesentlich tiefer. Solche Menschen fühlen sich nicht einfach nur unterlegen und verängstigt, sondern sie schwanken zwischen grandiosen Vorstellungen von ihren Fähigkeiten und gänzlich erniedrigenden Gefühlen der Inkompetenz hin und her. Sie spüren in solchen Situationen häufig, daß sie vor einem eigenen Hindernis stehen, aber sie wissen nicht, wie sie es überwinden sollen. Wir haben es hier mit dem Grundmuster Erfolg und Versagen zu tun. Sven war für Sandra der Erfolgreiche, sich selbst erlebte sie als Versagerin.

»Irgendwann erkannte ich«, sagte sie mir eines Tages, »ich wollte nicht wirklich Erfolg haben, nicht den großen Erfolg. Die Welt sollte nicht ein für allemal wissen, daß ich nicht wirklich jemanden brauchte, er für mich sorgte. › Ich kann für mich selbst sorgen ‹, diese Worte auszusprechen und daran zu glauben, hieße ebensoviel, wie das eigene Todesurteil zu unterschreiben. In meiner Ehe mit Sven übernahm ich eher die Rolle: › Irgendwie kann ich selbst für mich sorgen ‹, und das hebt mein Lustgefühl wieder auf ein höheres Niveau. Seit ich mit Sven zusammenlebte, war mein Lustpegel sowieso auf einem niedrigen Stand. Wenn ich es nicht mehr aushielt, dann hab ich einfach zu Sven gesagt: › Ich halte es hier in dem Haus nicht mehr aus. Ich muß raus hier. ‹ Und dann bin ich in die Stadt gefahren, bin in die Discos gegangen, habe mich amüsiert. Es war wie in einem Tollhaus. Geschlafen habe ich dann bei einer Freundin: Wenn der Rausch vorbei war, bin ich wieder zurück zu Sven.«

»Immer wenn das Leben zu schwierig wurde, nahmst du für dich die Möglichkeit in Anspruch, aufzugeben«, sagte ich zu Sandra. »Du gehst zurück zu deinem Mann, um Schutz zu suchen.«

Sie nickte. »Das nimmt dem Willen, unabhängig zu sein, die Durchschlagskraft. Jedesmal wenn Sven bockte und die Rechnungen liegenblieben, wenn das Auto nicht repariert wurde, dann wurde ich auch trotzig und signalisierte ihm: › Seht, ich schaffe es nicht ohne ihn, ich brauche jemanden, der mich rettet. ‹ Aber vielleicht war es auch so, daß ich einfach einen Mann für mich wollte. Und wenn das nicht so klappte, dann haute ich eben wieder zu einer Extratour nach Schwabing ab.«

Mit ihrer Vergnügungssucht untergraben Erwachsene ihre Lustfähigkeit. Lust verlangt eine ernsthafte Lebenseinstellung, Hingabe an das Dasein. Ob für ein spielendes Kind oder den arbeitenden Erwachsenen — man kann sie als den Sinn des Lebens auffassen. Eskapaden enden ungeachtet des anfänglichen Vergnügens im Schmerz wie alle Versuche, dem Ernst des Lebens auszuweichen. Lust bindet uns an unseren Körper, an die Wirklichkeit, an unsere Freunde, an uns selbst. Lust ist — als Reaktion auf die Umwelt — ein Fließen von Gefühl nach außen. Deshalb wird sie meistens dem Gegenstand oder der Situation zugeschrieben, welche diese Reaktionen hervorrufen. Und viele verstehen dann unter Lust Dinge wie Unterhaltung, Sex oder sonstige Vergnügungen.

Ganz sicher steckt in Situationen, die bei uns Gefühle in Bewegung setzen, auch Lust, aber es wäre eine zu beschränkte, wirklichkeitsfremde Sichtweise, Lust mit einer Situation gleichzusetzen. Unterhaltung bietet nur dann Vergnügen, wenn einem der Sinn danach steht. Um das Wesen der Lust zu begreifen, sollten wir sie dem Schmerz gegenüberstellen. Beide geben uns ein Bild davon, wie jemandes Reaktion auf eine Situation beschaffen ist. Fällt die Reaktion positiv aus und strömt Gefühl nach außen, wird er sagen, daß er Lust empfindet. Reagiert er negativ und entsteht kein rhythmischer Gefühlsstrom, wird er die Situation als unangenehm oder schmerzvoll bezeichnen. Da aber das Erlebnis von Lust oder Unlust durch Vorgänge im Körper bestimmt wird, entsteht durch jede Störung im Innern, die das Fließen von Gefühlen stocken läßt, Unlust — wie verlockend die äußere Situation auch sein mag.

Lust und Schmerz stehen im gegenseitigen Verhältnis zueinander. Ein Beispiel dafür ist, daß ein nachlassender Schmerz stets als Lust erlebt wird, und daß verlorengegangene Lust Unbehagen zurückläßt. Da wir aber Lust mit spezifischen Situationen verknüpfen und Schmerz mit bestimmten Verletzungen, entgeht es uns, daß unsere bewußte Eigenwahrnehmung ständig durch diese Empfindungen bedingt wird.

»Weißt du«, sagte Sandra, »in der Zeit zwischen meinen beiden Ehen, da traf ich mich mit ein paar Frauen. Wir berieten uns immer wieder miteinander, besonders in Fragen, die mit den Kindern zu tun hatten. Wir liehen uns gegenseitig Geld und trafen uns im Luitpoldcafé oder im Prinzregenten. Manchmal kam es vor, daß wir uns in die Arme fielen und weinten. Wir stellten unsere innere Schwäche schamlos zur Schau, aber wir fanden das neue Leben auch aufregend. Häufig tranken wir bis spät in die Nacht hinein Wein, rauchten irgendeinen Stoff, und hin und wieder traf ich mich auch mit Männern. Ich hatte keine genaue Vorstellung, welche Art Mann mich interessierte oder gar gut für mich war. Ich ging einfach mit ihnen aus, der eine war lustig, der nächste herrisch und ernsthaft, ein anderer sexy, aber zu stürmisch. Das konnte ich überhaupt nicht vertragen. Ich litt nämlich seit meiner Jugend unter Berührungsangst. Ich mag es immer noch nicht. Mit Sven hatte ich auch immer Schwierigkeiten.«

»Du mußt deine Erfahrungen prüfen«, sagte ich zu Sandra, »jene Erfahrungen, bei denen es um Körperkontakt geht. Wenn das Vertrauen früh, ich meine in deiner Kindheit, gebrochen wurde, dann hast du eben später als Frau die Schwierigkeit mit der Berührung.«

»Wieso?«

»Na, sieh mal, als Kind fühltest du dich nicht angenommen. Keiner hat sich so richtig um dich gekümmert. Du kanntest nur Gebote und Verbote. Du fühltest dich innerlich verletzt.«

»Ja, das stimmt!« Sie nickte nachdrücklich.

»Bei derartigen Erfahrungen«, fuhr ich fort, »entwickeln Kinder Abwehrhaltungen gegen das Verletztwerden. Diese Haltungen oder Mechanismen der Abwehr — übermäßige Selbstgenügsamkeit, Eigenliebe oder Eigenhaß, Schuldbewußtsein oder Bereitschaft zur Beschuldigung anderer — verdichten sich zu einem Nest, aus dem schon sehr früh die Persönlichkeit hervorwächst.«

Ich erläuterte ihr, daß alle Menschen solche Abwehrhaltungen entwickelten. Eine gestörte Mutter kann ihr Kind so ungeschickt anpacken, daß es für immer einen Widerwillen gegen körperliche Nähe bekommt. Das späte Leben macht aus dem Kind dann vielleicht einen sehr intellektuellen Menschen, der Sexualität und menschliche Zuneigung als niedere Lebensäußerungen betrachtet. Es kann zu zwanghaftem Verhalten, Isolierung und Zurückgezogensein kommen, sexuelles Empfinden, Liebes- und Vertrauensbereitschaft können schwer beeinträchtigt sein. Die Herausbildung von Abwehrmechanismen ist das Werk des Ichs. In gewissem Sinne sind wir Produkt der Leistungsfähigkeit unseres Ich.

Wir fragen uns immer wieder, warum sind Sexualität und Abhängigkeit so miteinander verknüpft. Zumindest ist es nicht möglich, ein gutes sexuelles Verhältnis zu einem anderen Menschen zu haben, ohne ihn zu berühren. Ebenso ist es unmöglich, sich gesund am Leben zu halten, ohne von einem anderen berührt worden zu sein. Die stärkste Abhängigkeit gehen wir mit demjenigen ein, der uns als Kind am meisten berührt hat. Der Verlauf dieser Erfahrungen ist einfach und wohlbekannt. Ein Baby möchte Haut an Haut spüren, den Mund an der Brust, den Po auf dem Schoß, oder Bauch an Bauch mit der Mutter. Es kann auch der Vater sein, wenn er sanft genug ist und das Kind anzufassen versteht. Es wurde beobachtet, daß Kinder, die ohne diese Körpernähe aufwachsen, sehr oft an einem Leiden starben, das mit einem Kräfteschwund einherging. Eben weil sie keinen Hautkontakt zu anderen Menschen hatten.

»Sven begriff nicht«, erzählte Sandra, »daß er sich durch die Maske der Selbständigkeit hat von mir täuschen lassen, vielleicht hatte er sogar den gleichen Wunsch wie ich: sicherlich suchte auch er einen starken, unabhängigen Partner, um sich auf ihn stützen zu können. Wenn meine wirklichen Bedürfnisse ans Licht kämen und Sven nicht in der Lage ist, sie zu erfüllen, dann würde ich wahrscheinlich explodieren. Aber er weiß ja nicht, was wirklich hinter meinen Berührungsängsten steht.«

Sandras Vater war ein extrovertierter, sehr erfolgreicher Arzt. Ihre Mutter lebte zwar gesellschaftlich zurückgezogen, hatte aber genügend Hobbys, hinter die sie sich verkriechen konnte. Sandra stand in ständigem Konflikt zwischen ihrer widersprüchlichen Auffassung von männlich und weiblich. Weiblich bedeutete unauffällig, aber gut versorgt zu sein, männlich hieß lebenslustig und gesellig zu sein, aber bei Auseinandersetzungen mit der Welt allein und ungeschützt dazustehen. Mit zwanzig begann Sandra, den Konflikt auszuleben, der in ihr wütete. Sie lief von daheim weg, in die Arme eines unfähigen, impotenten Mannes. Sie wollte ihm helfen und konnte nicht einmal sich selbst helfen. Kurz darauf hatte sie ihre erste Psychotherapeutin, bedauerlich war nur, daß diese selbst noch nicht ihr Abhängigkeitsproblem gelöst hatte.

Nichts ist selbstverständlicher, als daß wir im Leben aufeinander angewiesen sind. Eine gesunde Abhängigkeit ist offenbar Vorbedingung für den Fortbestand der Menschheit. Die meisten Menschen sind zumindest in einer Richtung pathologisch abhängig. Wer krankhaft abhängig ist, vermeidet Verantwortung, weicht Entscheidungen aus, kann keine Kritik vertragen, hat Angst, allein zu sein, kann sich nicht durchsetzen und braucht andauernd Trost und Bestätigung. Und das Dilemma ist, daß nicht wenige Menschen der großen Lebenslüge aufsitzen, indem sie Abhängigkeit und Lust vollkommen koppeln.

Vier Hauptformen der Abhängigkeit scheinen das Bedürfnis nach Sexualität im Menschen anzustacheln. Auf der positiven Seite finden wir die soziale Abhängigkeit, den Wunsch nach Geselligkeit oder das Grauen vor dem Alleinsein, das die Menschen Hals über Kopf in eine Ehe, in eine Kneipe, in das Bett eines anderen oder in den Selbstmord treibt. Ökonomische Abhängigkeit und sexuelle Akrobatik hängen dicht zusammen. Eine kindliche Art von Abhängigkeit, die Erwartung, daß einem jemand anders hilfreiche Befehle, Fürsorge, Belehrung und Beförderung erteilen werden, regt das erotische Empfinden beträchtlich an.

Auf der negativen Seite scheint die Leidenabhängigkeit — das Verlangen, körperliche oder emotionale Schmerzen zugefügt zu bekommen — eines der stärksten Anregungsmittel zu sein, das wird darauf zurückgeführt, daß viele Eltern ihre Zuneigung durch sadistische Handlungsweisen Ausdruck geben. Kinder, die Mißhandlungen an Leib und Seele gewohnt sind, neigen dazu, sich auch im späteren Leben ihre Strafen zu sichern, indem sie Beziehungen eingehen, die denen ihrer Kindheit nachgebildet sind. Das Gefühl der Sicherheit hat sich für sie mit dem Schmerz verknüpft.

Es gibt nicht wenige Frauen, die jedem sexuellen Angebot nachgeben. Diese Frauen haben einfach Angst vor dem Alleinsein oder wollen, daß jemand sie in die Arme nimmt.

Der Abhängigkeit und gleichzeitigen Berührungsangst steht die Sehnsucht nach Verschmelzung gegenüber. Erwachsene, die versuchen, mit ihrem Partner zu verschmelzen, agieren einen regressiven Impuls aus, der dem des Kleinkindes gleicht. Sie stehen Autonomie ambivalent gegenüber, sie fürchten sich vor ihrer Individualität, und sie fühlen sich bedürftig und allein. Solche Menschen sehnen sich danach, und versuchen mit ihren Partnern den primitiven ununterbrochenen empfindsamen Austausch eines noch nicht sprechfähigen Kleinkindes wiederzuerlangen. Dieser Versuch einer Fusion ist ein Versuch, in der Verschmelzung zu verharren, nie allein zu sein und Individualität oder Anderssein zu leugnen.

Ehen, die Jahr um Jahr in einer Fusion verharren, fixieren Mann und Frau in einem psychologisch infantilen Entwicklungsstadium. Es ist wie der Tanz zweier grauer Gestalten, die sich in einem unaufhörlichen tödlichen Tanz umklammern.

Wie geraten Paare auf diesen Weg?

Es geht mit Kalkül. Sie unternehmen wohlüberlegte Schritte und achten sorgsam darauf, der irritierenden Realität nicht ins Auge sehen zu müssen: Die Lage hat sich radikal geändert und die Ehe ist inzwischen schmerzhaft und enttäuschend. Natürlich sind die Männer für diese Fessel mitverantwortlich. Aber meist sehen sich die Frauen stärker gefährdet, und sie sind mitunter äußerst geschickt darin, das Gleichgewicht zu wahren. Je abhängiger sie sind, desto stärker bemühen sie sich zum Beispiel darum, ein »ordentliches« Familienleben aufrechtzuerhalten – gemeinsame Mahlzeiten, feste Zeiten für das Aufstehen und Zubettgehen und im allgemeinen ein humorloses Beharren darauf, daß die Familie »das Richtige tut«, was im Klartext heißt: ›Mach es so wie ich.‹ Der Ehemann soll vollkommen abhängig und berechenbar sein, und auf Geschäftsreisen bleibt er durch abendliche Kontrollanrufe ständig in der Verbindung mit der Ordnung. Die abhängigen Ehefrauen versuchen in unterschiedlich starker Weise, ein »Familienleben« zu konstruieren, ein kunstvolles gesellschaftliches Gewebe, ein Netz der Kinder, Verwandten und sorgfältig ausgewählten Freunden, in dem der Ehemann wie eine hilflos schillernde Fliege gefangen ist. Manche Frauen setzen sich durch, indem sie hartnäckig alle Familienmitglieder unter Kontrolle behalten; anderen gelingt es durch blinde Ergebenheit. Sie machen sich dem Ehemann unentbehrlich, von dem sie im Grunde glauben, daß er es ohne sie nicht schafft. Es gibt eine Vielzahl von Methoden, eine fusionierende Ehe im Gleichgewicht zu halten. Fürsorge und exzessive Identifikation mit dem Wohl des Partners ist eine davon.

Mädchen werden dazu erzogen, sich von Natur aus als abhängig zu akzeptieren und sich berechtigterweise auf die größere Stärke der Männer zu verlassen. Und in vollem Vertrauen darauf, daß diese Erwartungen erfüllt werden, gehen sie später in die Ehe. Natürlich gehört zu dieser Phantasie auch die Vorstellung, daß Männer wie »Eltern« sind: stark, unerschütterlich, bereit und in der Lage, die Familie zu schützen und jederzeit zu helfen.

Im Märchen sind die Frauen die Nährenden; aber das Märchen berichtet nicht von der Kehrseite der Medaille: Frauen suchen bei Männern den Schutz, die Hilfe und Unterstützung, die Kinder von ihren Eltern erwarten. Sobald sie erst einmal verheiratet sind, gehen ihnen die Augen auf. Sie entdecken, daß ihre Männer alles andere sind als Supermänner, die einmal um ihre Hand angehalten haben. Männer sind ebenso verletzlich wie Frauen, und im Versuch, persönliche Erfüllung zu finden, müssen sie mit eigenen Unsicherheiten kämpfen. Wenn sie diese Wahrheit erkennen, resignieren manche Frauen wie Kinder, die plötzlich sehen, daß ihre Eltern nicht wirklich allwissend sind.

Manche Menschen herrschen durch Abhängigkeit, indem sie den Männern das Gefühl geben, er sei der Boß. Das trifft auf Beziehungen zu, in denen der Mann um Selbstachtung ringen muß. Er kann nur in der Welt groß auftreten, wenn er für jemanden groß ist. Indem die Frau sich gerade klein genug macht, und diese Balance sorgfältig aufrechterhält, kann sie den Mann und sich im Zustand symbiotischer Verschmelzung halten und sie können »glücklich« bleiben.

»Das eigene Leben einem ›Herren und Meister‹ in die Hand zu legen, kann sehr frustrierend sein«, sagte Sandra eines Tages. Aber es ist eine todsichere Strategie, um Angst zu vermeiden, die mit beginnender Autonomie, oder was man dafür hält, einhergeht. Es kam häufiger vor, daß Sven seine eigenen Frustrationen auf Sauftouren zu ertränken versuchte. Einmal kam er mit einem Riß in einer neuen Hose nach Hause, und die Taschen waren voller Glassplitter eines Whiskyglases, sogar das Bein hatte er sich zerschnitten. Solche Vorfälle stürzten mich in Verzweiflung und ich opferte mich für ihn auf, wusch und verband seine Wunden, legte ihm am anderen Morgen einen Eisbeutel zurecht, ich war immer für ihn da, das war ein Teil unserer geheimen Abmachung, jedenfalls so wie ich es sah.«

»Und du fühltest dich wohl dabei?« fragte ich Sandra.
»Wenn er am anderen Tag dann wieder aus dem Haus war, mischte sich in den Trübsinn immer wieder ein dumpfes Gefühl der Erleichterung. Ein Tiefpunkt war erreicht worden; und mit ihm die Erkenntnis der Lüge, der Lüge dieses Lebens und der Energie, die damit verschwendet wurde, es aufrechtzuerhalten. Der zerknitterte Bademantel, die Bartstoppeln, der unangenehme Alkoholdunst gaben den Blick auf die Wahrheit frei: Die Ehe stimmte nicht. Sicherheit und Schutz waren Trugbilder. Wir benutzten beide diese Arrangements, um den zentraleren Themen unseres Lebens aus dem Weg zu gehen. Aber ich opferte mich eben auf.«
Die Frau, die ihr ganzes Leben opfert, ihren Mann auf der rechten Bahn zu halten und ihre Kinder zu »beschützen«, ist keine Heilige, sondern eine Klette. Sie klammert sich auch angesichts unüberbrückbarer Gegensätze fest, nur um nicht die Ängste der Trennung zu erleben, den Schrecken, ungesichert dahinzutreiben und selbst einen gesicherten Arbeitsplatz finden zu müssen. Wenn sie die Klammertechnik gut beherrscht, scheint sie noch nicht einmal sehr zu leiden. Sie ist die »Frau, die nur die guten Seiten sieht«. Sie ist die Frau, die sich in Situationen als hart und zäh erweist, in denen die meisten anderen zusammenbrechen würden.
Die »gute Ehefrau« tut alles, um anderen zu gefallen. Was ihre Entwicklung angeht, steht sie vielleicht gerade eben auf der Stufe eines Schulmädchens. Sie stellt die Ehe in den Dienst der Regression. Das bedeutet, sie hofft unbewußt durch die Beziehung zu ihrem Ehemann in eine längst vergangene sichere Zeit zurückzufinden. Die Ehe wird für sie zur Möglichkeit, versorgt und unterstützt zu werden, zur Möglichkeit, ein Heim zu finden, statt selbst eines zu schaffen, eine Gelegenheit, den Konflikt abzuschwächen, statt ihn zu meistern.
Eine solche Beziehung dient als Tarnung neurotischer Tendenzen und muß daher dauernd feinfühlig manipuliert werden. Manche Frauen, die in unsere Praxis kommen, haben ein sehr feines Gespür dafür, was sich in ihren Ehen verwirklichen läßt. Natürlich funktioniert das nicht wirklich, denn sonst kämen sie nicht in die Therapie. Von außen gesehen scheint der Mechanismus zu funktionieren, aber innerlich sind diese Frauen nicht glücklich. Sie emp-

finden deutlich die Sinnlosigkeit ihres Lebens. Ihr einziges Kompetenzgefühl entsteht durch die Fähigkeit, Kontrolle auszuüben – durch Abhängigkeit zu erreichen, was sie wollen.
Es gibt in einer langjährigen Beziehung mehrere Wege, das gewünschte Gleichgewicht aufrechtzuerhalten. Manchmal gibt die Frau vor, der Ehemann sei ihr überlegen. Das durchzuhalten kann große akrobatische Verrenkungen erfordern. Manche Frauen tun so wenig, schränken ihr Leben so gravierend ein, daß sie ihre Kompetenz beständig verkleinern. Sie fühlen sich nur wohl, wenn sie sich kleiner als der Ehemann machen. Sie beschwichtigen und besänftigen sich und drehen dem eigenen Ich den Rücken zu, den eigenen Bedürfnissen, Talenten und Interessen.
Es ist die gleiche Selbstverleugnung, wie sie unter Gefangenen und Sklaven früher üblich war, von Menschen, die ihren Status akzeptieren, um maximale Sicherheit und Vorteile zu gewinnen. Viele Frauen bleiben lieber in der »Sklaverei« ihrer Ehe, als die »Sicherheit« ihrer Sklaverei aufzugeben.
Ein anderer Trick ist, Männer »kleiner« zu machen. Wenn Frauen dies tun, ist das ein sicheres Zeichen, daß sie leiden. Wenn sie sich auf das Klischee versteifen, alle Männer sind große Jungen oder manchmal sogar kleine, können sie etwas von ihrer mädchenhaften Enttäuschung loswerden, ohne das Risiko einer Veränderung einzugehen. Sie müssen an ihrem Leben nichts verändern, sie beklagen sich einfach und trösten sich damit. Die abhängige Frau schwankt ständig zwischen dem Wunsch, ihren Mann aufzubauen oder ihn zu demontieren.
»Einmal im Monat zog Sven sein Scheckbuch hervor und bezahlte Miete und was da sonst noch alles dranhängt. Es wäre ihm nie in den Sinn gekommen, das von seinem Konto abbuchen zu lassen. Das war immer ein großer Augenblick für ihn, wenn er sein Scheckbuch hervorholte, die Schecks ausstellte, mir das Haushaltsgeld in bar gab. Er tat das mit einer Geste der Überheblichkeit, die widerlich war.« Sandra zog die Stirn in Falten und ich spürte, daß es ihr auch jetzt, wo sie darüber sprach, wirderlich war.
»Er zahlte auch die Kosten des Autos, aber er fuhr es auch. Dabei tat er so, als täte er mir damit einen Gefallen. Ich habe keinen Führerschein, hatte viel zuviel Angst vor dem Autofahren, hatte immer

schon einen Widerstand, es zu lernen. Um Sven zu zeigen, daß ich sein Geld zu schätzen wußte, kaufte ich selten etwas Persönliches für mich — kaum Kleider, kein Make-up, keine dieser nutzlosen aber hübschen Sachen fürs Haus. Ich war stolz auf meine Fähigkeit, alte Gegenstände wieder › aufzumöbeln ‹. Da ich mit Geld wenig zu tun hatte, konnte ich auf fundamentale Weise irgendwie losgelöst leben. › Ich würde gerne arbeiten ‹, versicherte ich ihm immer wieder. Aber ich bemühte mich nicht wirklich um Arbeit. Das war ein Grund mehr, mich von oben herab zu behandeln. Sven wußte, was er wert war.«

»Scheinbar war er ein Narziß«, warf ich ein. Sie zuckte mit der Schulter. »Ich kann mit dem Begriff nichts anfangen. Was das Geld anbetraf, war Sven für mich ein Ekel.«

»Total narzißtische Leute sind irgendwie böse«, sagte ich ihr. »Sie kümmern sich keine Sekunde um das Wohl der anderen. Je schlimmer die übrige Welt dran ist, desto wohler fühlen sich die Narzißten.«

»Das könnte auf Sven zutreffen«, sagte sie nachdenklich.

»Mit lächelndem Gesicht beuten Narzißten jeden aus, der ihnen begegnet, wenn es ihnen nutzen kann. Sie flunkern und prahlen und erzählen phantastische Geschichten.«

»Ja, so war und ist Sven, so wie er leibt und lebt.«

»Meist spüren sie nicht, daß sie phantastische Geschichten erzählen, sie nehmen nicht wahr, daß sie aktiv betrügen und nicht nur mit kleinen Hilfslügen die Wahrheit aufpolieren. Wirft man ihnen ihre Schandtaten vor, so haben sie unanfechtbare Gründe, die den kleinen Verstoß hinreichend entschuldigen.«

»Sven war immer der große strahlende Held«, sagte sie. »Und ich die kleine graue Maus. Er war der Erfolgsmensch, ich der Versager.« Sie zupfte an ihren Haaren herum. »Die Tatsache, daß ich nicht arbeiten ging, begann meine Selbstachtung zu untergraben. Das Leben mit Sven genügte, um meine Abhängigkeit deutlich sichtbar werden zu lassen. Ich wurde immer depressiver; ich glaubte, nur sehr wenige Rechte zu haben. Ohne daß es mir direkt bewußt wurde, begann ich Sven für alles um Erlaubnis zu fragen. Hatte er etwas dagegen, wenn ich mal nachts in München bei einer Freundin übernachtete? Konnte ich, wenn ich in die Stadt fuhr, anschließend ins Kino gehen?

Unvermeidlich entwickelte ich Unterwürfigkeit: Ich fürchtete mich vor dem Mann, der ›für mich sorgte‹. Ich begann aber seit dieser Zeit auch Fehler an ihm zu entdecken; ich nörgelte und kritisierte ihn wegen den lächerlichsten Dingen — ein sicheres Anzeichen, daß ich mich machtlos fühlte. Es ärgerte mich, um wieviel leichter es Sven fiel, mit Menschen umzugehen, mit welcher Gewandtheit es ihm privat oder geschäftlich gelang, sich auf den Rhythmus von Geben und Nehmen einzustimmen. Er hatte Vertrauen zu allen Leuten und ich begann ihn deshalb zu hassen.«

Sandra erzählte, daß Sven vorwärts kam, der Erfolg schien überall auf ihn zu warten. Sie fühlte sich deprimiert, war verängstigt und konnte nachts nicht schlafen. Sie sehnte sich nach sexueller Umarmung — oder genauer, nach dem Kontakt, den Sex bot, denn neben allem anderen begann sie auch an ihrer sexuellen Attraktivität zu zweifeln. In dieser Zeit stand ihr gesamtes Selbstbild auf dem Spiel. Sie hatte das Vertrauen in viele ihrer Fähigkeiten verloren. Ein heimtückischer Kreislauf hatte begonnen: Sie hatte die Achtung vor sich selbst verloren und schien daran nichts mehr ändern zu können. Sie lag am Boden und glaubte, nie mehr auf die Füße zu kommen, wenn niemand sie aufhob. Sie wollte, daß Sven ihre Krise erkannte und ihr Mitgefühl entgegenbrachte. Er sollte begreifen, daß alle Umstände ihres Lebens die Möglichkeit ausschlossen, jemals wirklich selbständig zu sein. Sandra glaubte so verkrüppelt worden zu sein, daß sie ihr ganzes Leben lang seelisch behindert bleiben würde. Sven schien ihre Verfassung nicht zu bemerken, er war ein Narziß und viel zu sehr mit Erfolg und Geldverdienen beschäftigt, er erkannte nicht, was in seiner Frau vor sich ging. In Svens Kopf spukten — wie Sandra mir einmal erzählte — Gedanken nach Reichtum und Ruhm. Er wollte ein großer Manager werden.

Reichtum und Ruhm sind etwas verschiedene Kategorien. Der Drang nach Erfolg und Ruhm beruht auf der Illusion, sie steigerten nicht nur unsere Selbstachtung, sondern auch die Achtung anderer vor uns, und sie könnten uns die Geltung und Billigung verschaffen, die wir zu brauchen schienen. Sven meinte, sie würden seine Selbstachtung vermehren und sein Ansehen in der kleinen Gemeinde, in der er mit Sandra lebte.

Solche Scheingewinne bedeuten wenig für den inneren Menschen. Zuviele erfolgreiche Leute haben schon auf dem Gipfel des Erfolgs Selbstmord begangen. Noch nie hat jemand durch seinen Ruhm wahre Liebe gefunden, und nur wenige haben durch Reichtum innere Einsamkeit überwunden. Gleichgültig, wie laut der Beifall oder wie heftig der Jubel der Menge sein mag, er läßt das Herz unberührt. Zwar werden diese Ziele der Massengesellschaft glorifiziert, aber das wirkliche Leben wird immer noch auf einer ganz persönlichen Ebene gelebt.

Wir können daher ein unwirkliches Ziel als ein Ziel definieren, an das sich unrealistische Erwartungen heften. Das wirkliche Ziel, das hinter dem Drang nach Geld, Erfolg oder Ruhm steckt, ist Selbstannahme, Selbstachtung und Selbstausdruck. Arm zu sein, ein Versager oder Unbekannter zu sein, bedeutet für viele ein »Niemand« zu sein, daher auch nicht wert, geliebt zu werden und unfähig zu lieben. Aber wenn einer glaubt, Reichtum, Erfolg oder Ruhm könnten aus einem »Niemand« einen »Jemand« machen, gibt er sich einer Täuschung hin. Der Erfolgreiche mag wie ein »Jemand« wirken, weil ihn die äußeren Anzeichen der Wichtigkeit umgeben: kostbare Kleidung, Autos, ein repräsentatives Zuhause und die Aura der Berühmtheit. Er mag den Anschein erwecken, »Jemand« zu sein, aber der Schein ist etwas Oberflächliches, das oft nur wenig Bezug zum Inneren Leben hat. Tatsächlich weist der Umstand, daß jemand den Anschein erwecken muß, »jemand zu sein«, darauf hin, daß er im Inneren das Gefühl hat, »niemand« zu sein. Dieses Gefühl ist die Folge einer inneren Abspaltung. Sandra sagte: »Unsere wirtschaftliche Lage beeinflußte unsere Situation entscheidend. Da ich alle finanzielle Verantwortung auf Svens Schultern abgeladen hatte, konnte ich gelassen vergessen, wieviel Angst mit dem Geldverdienen verbunden ist. Das Eingeständnis fällt mir auch heute noch nicht leicht, aber es ist nicht zu leugnen, ich verhielt mich Sven gegenüber irgendwie ausbeuterisch. Ich wollte die Belastungen nicht, die die Verantwortung für meinen Lebensunterhalt mit sich brachte. Außerdem spukte in mir die unreflektierte Vorstellung herum, es sei ganz richtig, daß Sven härter arbeite und die größeren Risiken auf sich nahm, einfach, weil er ein Mann war. Dies ist der Punkt, wo der ausbeuterische Aspekt ins Spiel kommt. Ich hatte auch das

Gefühl, daß eine wirkliche ernsthafte Arbeit nicht so ganz ›weiblich‹ war, es war, als würde ich etwas von meiner Weiblichkeit verlieren, wenn ich mich wirklich um Arbeit bemühen würde. Mir lag es nicht so wie Sven, mich ins harte Geschäftsleben zu begeben und zu ›kämpfen‹. Es war seltsam, aber um so weniger ich mich dem Lebenskampf überhaupt stellte, um so mehr verschwand immer mehr das Verlangen nach Lust und Lebensfreude.«
Was wir in sexuellen Situationen von uns selbst halten, ist äußerst wichtig. Es kann von Lust bis Schmerz, von »es geht« bis »es geht nicht mehr« alles zur Folge haben. Wenn wir voller Schuldgefühle sind, wird die sexuelle Zugänglichkeit und Attraktivität geschmälert, wird die Fähigkeit zu sexueller Lust geschmälert sein. Der Sexualakt ist dann etwas, durch das man ängstlich hindurchstolpert. Das Dilemma daran ist, daß Menschen in diesen Situationen dazu neigen, nicht nur ihre eigenen Kindheitswünsche und -haltungen gegenüber der Sexualität mit hineinzuleben, sondern daß darin auch die Haltungen der Eltern gegenüber der Sexualität darin zum Ausdruck kommen. Es gibt Menschen, die Sexualität als einen Wettbewerb ansehen, indem sie etwas »bringen müssen«.
»Die Sexualität zwischen mir und Sven war zwanghaft«, sagte Sandra. »Immer wenn wir versuchten, uns auf die Welt des anderen einzulassen, entstand ein Mißklang dabei, als spielten zwei Radios gleichzeitig – einen Bach-Choral und einen Pop-Song. Anfangs war es dann so, daß wir alles mit unserer Sexualität zudecken wollten. Wenn uns die Lust packte, kamen wir zusammen, gingen ins Bett, aßen zusammen und gingen dann wieder unsere Wege. Wir taten so, als sei die Leere zwischen uns ein Niemandsland. Unser stilles Abkommen war irgendwo für uns befriedigend, ja, sogar noch mehr. Zumindest am Anfang. Da war unsere Beziehung so streng begrenzt, waren die kurzen Kontakte unserer Körper voller Hochspannung. Gewöhnlich kamen wir zusammen, versuchten vergeblich, ein Gespräch zu führen, während wir einander liebkosten, und starteten dann ungeduldig ins Bett. Es lief dann immer sehr gut, ein angestauter Strom brach sich Bahn, fegte alles weg, wusch die angesammelten Trümmer fort, verteilte sich schließlich im Wüstensand und versickerte. Wir waren einander für die Reinigung dankbar. Doch je mehr wir die wachsende Erregung genossen und auf den Wogen

des Gefühls schwammen, desto mehr ergriff uns die düstere Stimmung einer sprachlosen Gewalt. Irgend etwas in uns erkannte unser Abkommen nicht an. Unsere Vereinbarung, das Sinnliche vom Geistigen zu trennen, vergewaltigte unsere Sehnsucht nach ›großen Höhepunkten‹. Das Gespenst unserer Ehe, die wir innerlich beide irgendwo ablehnten, spukte herum, bis wir anfingen, einander für alles Fehlende zu hassen. Als das Betäubungsmittel unserer gemeinsamen Lust abgeklungen war, blieben wir wohl beide mit unserem Schmerz allein.«

Wir haben schon vor langer Zeit die Grenzen überschritten, die die Betrachtung des menschlichen Körpers in seiner Natürlichkeit und Schönheit von der kommerziellen Ausbeutung des Fleisches scheidet. Wir beuten diesen Körper aus, und dies ist einer der bestimmenden Faktoren in der gegenwärtigen sexuellen Massenstimulierung. Das aufreizende Mädchen verkauft alles, vom Golfclub zum Whisky, zum Auto, zu Kino und Karriere und verspricht überall Befriedigung. Unsere Mode und Bekleidungsindustrie ist bestrebt, sexuell stimulierende Kleidung zu entwerfen und herzustellen; dies ist der Schlüssel zum Verkaufserfolg, von der Strandmode bis zur Arbeitskleidung. Die im Fernsehen gegebenen Nonsens-Shows beruhen stets auf Erwartungen, die attraktive Frauen wecken, sowie auf unserem immer noch vorhandenen puritanischen Moralkodex, der die Befriedigung solcher Erwartungen verbietet; sie geben aber auch zu verstehen, daß freizügige und beiläufige Begegnungen nicht nur hinter der nächsten Ecke warten, sogar wünschenswert und lohnend sind. Selbst Zeitkrankheiten wie Aids konnten diesen Fluß nur kaum spürbar abdämmen. Unsere Einstellung als Erwachsene billigt das impulsive Verhalten, das oberflächliche Flirten auf Parties — und mißbilligt mit frommem Augenaufschlag alles, was sich daraus ergeben könnte.

Viele Leute spüren, daß mit der uneingeschränkten sexuellen Herausforderung, die in unserer Gesellschaft allenthalben praktiziert wird, etwas nicht in Ordnung ist. Es gibt kaum einen menschlichen Bereich, der mehr verlogen wäre als die Sexualität. Es sind nicht nur die vorgetäuschten Orgasmen, die diese Verlogenheit aufdecken; das »sexuelle Spiel« mit seinen wunderschönen Seiten, aber auch mit den Selbsttäuschungen, ist sehr fein abgestimmt.

Zwei Illusionen sind in unserer Kultur weitverbreitet. Die eine Illusion hält Geld für alleinseligmachend, die andere den Sex. Nach Meinung der Menschen, die diesen beiden Illusionen anhängen, sind sexuelle Anziehung und Geld Kräfte, mit denen man die Pforten des Himmels öffnen kann. Für diese Menschen sind Geld und Sex zu obersten Gottheiten geworden. Wohl die meisten Mädchen sind in ihrem tiefsten Innern der Überzeugung, eine sexuelle Anziehungskraft sei unwiderstehlich. Einige handeln dementsprechend, bei anderen wird das Gefühl von Ängsten und Befürchtungen zurückgedrängt. Die Illusion von der Allmacht des Sex mißt geschlechtlichen Dingen eine übermäßige Bedeutung bei und führt dadurch zu einer Vernachlässigung der Gesamtpersönlichkeit. Der Versuch, die Sexualität aus ihrer Verankerung in der Gesamtpersönlichkeit zu reißen, führt zur Illusion der sexuellen »Erfahrenheit«.
Der sexuell »Erfahrene« benutzt Sex entweder als Mittel, um Beziehungen herzustellen, oder als Machtinstrument. Dadurch wird die Sexualität ihrer Gefühlsqualitäten beraubt und zur bloßen Ich-Stärkung des Betreffenden mißbraucht. Der Mann, der die Rolle des unwiderstehlichen Casanovas spielt, versucht damit, sein Ich-Ideal vom »großen Liebhaber« wahrzumachen. Die Frau, die sich als »unwiderstehlich« betrachtet, ist der Meinung, ihre sexuelle Anziehungskraft demonstriere die Überlegenheit ihrer Weiblichkeit.
Fred, ein junger Student, sagte mir einmal: »Klar, ich kann's haben so oft ich will, aber diese Art von Sex macht einfach keinen Spaß — ich bin zu gar nichts imstande, wenn ich das Mädchen nicht kenne oder nicht gern habe und das Verhältnis nicht längere Zeit dauert. Was ich will, ist eine Beziehung, die mir etwas bedeutet, und — bitte lache nicht — das macht den ganzen Unterschied aus.« Und dieser Unterschied ist es, auf den es bei der sexuellen Begegnung ankommt. Heute gibt es zwar sehr viel mehr freien Sex, aber dafür auch sehr viel weniger wirkliche Intimität. Je näher wir uns sexuell kommen, um so fremder werden wir uns emotional. Früher war das anders, da gab es mehr körperliche Intimität als Sex.
Junge Leute verbrachten oft Stunden mit etwas, was heute zu einer gewissen Kunst geworden ist: Den anderen über den Körper zu erkunden. Heute geht man viel schneller an den Punkt, an den man sich früher spielerisch vortastete. Diese sinnlichen Tätigkeiten des

Streichelns, Umarmens, Küssens mögen vielleicht — ohne nachfolgenden Sexualakt — frustrierend gewesen sein, einen Sinn hatten diese Zärtlichkeiten schon: nämlich Erregung und Interesse am Sex aufzubauen, den eigentlichen Sex sich aber noch vorzuenthalten. Heute kommt dieser Grundgedanke über den Tantrismus wieder herein. Allerdings besuchen junge Leute dazu heute teure Seminare, um zu lernen, was sie längst könnten, würden sie mehr auf ihre Gefühle achten, denn dieses Spiel ist angeboren, es ging nur über die Abspaltung der Gefühle verloren. Es wäre vielleicht gar nicht so übel, wenn man die Gewichte wieder etwas gleichmäßiger verteilen könnte, auf alles, was man da verzichten müßte, wäre die schnelle körperliche Befriedigung. Der Gewinn? Es ist keineswegs von Nachteil, wenn Verliebte einander erst körperlich und gefühlsmäßig kennenlernen, bevor sie einander auch sexuell begegnen. Freier Sex, der auf die Einleitung durch körperliches Kennenlernen verzichtet, macht den sexuellen Akt zu einer Art Entspannung — mehr nicht. Befriedigung tritt an die Stelle von Wärme und Gemeinsamkeit, und die Sache endet meistens damit, daß einer den anderen benutzt.

Sandra machte es so, wenn sie wieder einmal von Sven die Nase voll hatte. »Ich gehe dann in irgendeine dieser Weinstuben auf der Leopoldstraße, du weißt schon, diese ›Umschlagplätze‹ in Sachen Liebe. Warum auch nicht, oder?« Sie zuckte, wie um Entschuldigung zu bitten, mit den Schultern. Sie wollte den Eindruck einer bestimmten Autonomie erwecken, zeigte aber nur wieder einmal ihr Schuldgefühl. »Die Männer dort sind meistens auch sehr einsam. Ich stelle mir immer vor, daß ich dort eines Tages jemanden finden würde, der mir wirklich etwas bedeuten würde.« Aber es kam nie dazu. Da war zum Beispiel Horst, den sie in den »Pfälzer Weinstuben« kennenlernte. Er war ungefähr so alt wie sie, und sein Lächeln war... »so sexy«. Sie unterhielten sich eine Stunde lang und versuchten, einander durch das Gewirr vieler Stimmen zu verstehen. Dann fuhren sie mit seinem Wagen in seine Wohnung. »Der Sex in dieser Nacht war gut, und in den Armen von Horst verschwand meine Einsamkeit. Sven...? An den dachte ich am anderen Mittag und dann fühlte ich mich plötzlich nicht mehr gut.« Sandra lebte diese Eskapaden immer dann, wenn sie wieder einmal von Sven die Nase voll hatte, wenn sie meinte, sich trennen zu müssen, sie benutzte dazu sexuelle Abenteuer. Die Typologie derjenigen Persönlichkeiten, bei denen es am wahrscheinlichsten ist, daß Trennungen sexuell anstachelnd wirken, umfaßt ein breites Spektrum. Fast jede kleine Trennung gibt manchen Menschen das Gefühl, sie seien mutterseelenallein. Auf der anderen Seite besteht gerade bei Sandra die Neigung, sich in Szene zu setzen und sich zu bespiegeln.

Außereheliche Sexualität kann vielen Zwecken dienen: Vergeltung, Verleugnung, Befriedigung des unreifen Wunsches, immerzu geliebt und bewundert zu werden. Durch sie wird meistens die eheliche Kommunikation nicht verbessert. In Wirklichkeit ist sie eine offene Kriegserklärung, wenn derjenige gesteht, eine versteckte Kriegserklärung ist es, wenn der Betreffende schweigt. Eine Rache ist es in den meisten Fällen, das Schlimme dabei ist, daß diese Rache manchmal nicht dem Ehepartner, sondern eher der Mutter oder dem Vater gilt.

»Ich begrub jedesmal die Erfahrung«, sagte Sandra, »und beschloß, es habe sich um ein ungewöhnliches Zwischenspiel gehandelt, statt es als Zeichen dafür zu sehen, daß grundsätzlich etwas nicht in Ordnung war. Ich war noch niemandem begegnet, der eine ähnliche Erfahrung gemacht hatte, und dadurch wurde sie jedesmal im nachhinein schrecklicher und bedrohlicher. Ich habe dann das dahinterliegende Problem ignoriert und sowenig wie möglich zu analysieren versucht, mich einfach dem nachfolgenden Leiden hingegeben.«

In »tieferen« sexuellen Schwierigkeiten kommt ein Mangel an Vertrauen zum Ausdruck, ein Unglaube an den anderen Menschen. Wo es an der Liebe fehlt, wo Glaube und Vertrauen keine Bedeutung haben, da sind wir nicht bereit, dem anderen Macht zu gewähren. Wir können dann nicht erdulden, daß er uns sagt, was wir zu tun haben, noch können wir es ihm überlassen, uns vor Schaden und Unheil zu schützen. In dem Maße, in dem wir bereits geschädigt sind, scheuen wir uns auch, Macht über andere auszuüben — wir wollen für sie nicht verantwortlich sein. Wir bauen Abwehrhaltungen auf und stilisieren uns zu Persönlichkeiten, die Anteilnahme von sich weisen. Und unser Leben lang liegen wir im Streit mit der Welt. Sie darf uns da nicht mehr anrühren, wo es schon einmal wehgetan hat. So betrachtet, sind auch viele Reaktionen Svens verständlich gewesen. Auf der anderen Seite hatte er über seinen Narzißmus Sandra in die Isolation getrieben. Das Grundmuster dieser beiden Menschen — Erfolg und Versagen — zeigte sich auf allen Ebenen ihrer »Gemeinsamkeit«.

Das Sexuelle ist das Intimste zweier Menschen. In dieser Welt, wo verletzte Gefühle heraussausen wie zornige Wespen, müssen wir als Therapeuten immer sehr vorsichtig operieren, um den Machtkonflikt aufzulösen. Lust, Erregung und mechanische Funktionen sind nur sekundäre Nebenwirkungen einer Form des Vertrauens. Wenn die Vereinigung gelingen soll, muß ein Bund geschlossen werden, sei es zwischen jungen Liebenden, die sich vor ihrer Leidenschaft fürchten, sei es zwischen alten Eheleuten, die danach suchen, sei es mit einem alten einsamen Menschen, der den Körper eines anderen meidet, um sich dem Körperkontakt wohlabgesichert zu nahen.

Keiner mag abgewiesen werden. Für die meisten Menschen ist die Angst vor Zurückweisung eine der größten Barrieren gegen eine wirklich intime menschliche Beziehung. Manche — wie Sven — gefallen sich in der Rolle des Zurückweisenden, um auf diese Weise selber eine Zurückweisung zu vermeiden. Andere spielen auf Nummer Sicher und gehen erst gar kein Risiko ein. Innerlich denken sie, warum soll ich darauf warten, daß andere mich zurückweisen? Das erledige ich am besten selbst. Dieses Spiel hat eine noch katastrophalere Variante: Das Opfer-Spiel. Ich bin dein Opfer. Weise mich nur zurück, ich rechne ja damit. Sandra spielt das Opferspiel, mit Zurückweisung als ihren ersten Zug. Tagsüber bemühte sie sich, eine gute Hausfrau zu sein, die es ernst nahm mit den »Pflichten«, die sie übernommen hatte. Nachts wurde sie, wie sie behauptete, zum regelmäßigen Verlierer im Bett. Bevor sie sich überhaupt mit Sven einließ, war sie schon sicher, daß es nicht klappen würde, und als sie es das erste Mal mit Sex versuchte, klappte es überhaupt nicht. Bis sie sich vornahmen, sich ganz auf die Sexualität zu konzentrieren und alles andere draußen zu lassen.

Ich erinnere mich noch genau an ein Gespräch, das ich eines Tages mit ihr hatte, sie war ganz niedergeschlagen zu mir gekommen und hatte berichtet, sie wolle sich wieder mit Sven aussöhnen, wollte wieder nur mit ihm zusammenleben.

»Ich habe einen Verdacht«, sagte ich zu ihr. »Ich vermute, was es sein könnte, was da nicht stimmt.«
»Sag mir, was ich tun soll«, sagte sie nervös.
»Du stellst dich immer selbst herunter. Weißt du, warum du das tust? Immer stellst du dich in ein schlechtes Licht.«
»Mir fällt das gar nicht auf. Mit Absicht tue ich das bestimmt nicht.«
»Du gehst nicht gut mir dir um.«
»Das weiß ich!«
»Das meine ich nicht. Ich meine, hast du dir schon einmal Gedanken gemacht, wie du mit dir umgehst. Nicht wie andere mit dir umgehen oder umgegangen sind. Sondern, was du dir dein ganzes Leben lang angetan hast?«
»Was meinst du?«
»Denken wir doch einmal an die Zeit zwischen deinen beiden Ehen. Du hast damals einen guten Job gehabt. Du hattest die Verantwortung für dich selbst übernommen, du hast bestimmt, was in deinem Leben geschehen sollte und was nicht.«
»Das war doch gut, oder?«
»Es war für dich richtig, eine gute Entscheidung, zumindest potentiell. Aber als du geheiratet hattest, schwanktest du zwischen Schuldgefühlen hin und her, weil du dich auf ihn, anstatt auf dich verlassen hast, und gleichzeitig warst du wütend auf dich selbst, weil du es zugelassen hattest, daß dein Mann dein Recht auf Autonomie in Frage stellte.«
Der Konflikt, autonom sein zu wollen und sich gleichzeitig an jemanden klammern zu wollen, »nur weil es einmal nötig werden könnte«, ruft eine chronische, kräfteverschleißende Ambivalenz hervor. Es ist die Ambivalenz, Abhängigkeit und Unabhängigkeit gleichzeitig zu hassen und zu fürchten.
»Sven stellte gedanklich nie in Frage, daß er tun würde, was getan werden müßte«, sagte Sandra. »Für mich gab es diese Klarheit nicht. Wenn ich vor einer neuen Situation stehe, überlege ich mir noch immer, ob ich vorpreschen oder mich lieber hinter einem Mann verstecken soll, der mich beschützt. In diese Falle gerate ich leicht, werde bequem und abhängig, wenn jemand da ist, den ich auf diese Weise benutzen kann.«

Der Wunsch, gerettet zu werden: Vielleicht erkennen wir ihn nicht immer so klar wie Sandra, aber wir alle tragen ihn in uns. Er kommt zum Vorschein, wenn wir es am wenigsten erwarten. Er füllt unsere Träume und dämpft unseren Ehrgeiz. Vor allem Frauen tragen unbewußt diesen Wunsch in sich. Möglicherweise geht dieser Wunsch der Frau, gerettet zu werden, bis auf die Höhlenzeit zurück, als die größere physische Stärke des Mannes Mütter und Kinder vor den Gefahren der Wildnis rettete. Aber dieser Wunsch ist heute nicht mehr angemessen. Real braucht kaum noch jemand gerettet werden, aber heute ist es die seelische Not, aus der viele gerettet werden möchten.

»Nachdem meine erste Ehe gescheitert war«, berichtete Sandra, »begann ich unter panischen Angstzuständen zu leiden. Anfälle von Panik und Schwindelgefühlen machten es mir beinahe unmöglich, auf die Straße zu gehen. Dieses plötzliche Verschwinden meiner alten scheinbaren Stärke verwirrte mich genauso wie die anderen. War ich nicht stark? War ich nicht intakt? War es mir nicht jahrelang gelungen, mich völlig wohl zu fühlen? Wenn ich heute zurückdenke, sehe ich deutlich, daß es immer Zeichen gab, die auf den verheerenden Mangel an Übereinstimmung zwischen meinem inneren und meinem äußeren Ich hinwiesen. Äußerlich war ich stark gewesen. Das innere Ich war in Zweifel verstrickt und scheu.«

Sandra hatte von ihrer Kraft gesprochen, von ihrer inneren Kraft, einer Kraft, die viele Menschen mit ihrer äußeren, aufgesetzten Kraft verwechseln.

Diese innere Kraft ist nicht bedingt durch äußere Macht und deren ständige Bestätigung. Diese Kraft kommt aus der tiefen Quelle eines Glaubens an sich und den kosmischen Kräften, die Großes bewirkt. Leider zählt innerhalb unseres konventionellen Werte- und Normensystems nicht, ob wir in unseren Gefühlen sind, wer wir dadurch sind, sondern nur das, was wir in erfolgreichen Laufbahnen erreichen. Danach werden wir bewertet, danach bewerten wir uns und andere. In unseren Seminaren haben wir aufgehört zu fragen: bist du verheiratet? Was für einen Beruf hast du?« Weil aus der Beantwortung dieser Frage sofort eine Bewertung gefällt wird. Erfolg ist der Maßstab, an denen Frauen und Männer heute gemessen werden, nicht die Fähigkeit, zu lachen, zu spielen, ein liebevoller

Vater, eine fürsorgliche Mutter zu sein. Solche Erfolgswertmaßstäbe beginnen schon im Elternhaus, werden in der Schule verstärkt. Später spürt der Einzelne die Wertmaßstäbe nicht, die er ein Leben lang mit sich herumschleppt. Das wohl größte Angstkrokodil unserer Tage heißt: »Um erfolgreich zu sein, mußt du lernen, vom Mißerfolg zu träumen.«

Das trifft auf Frauen und Männer gleichermaßen zu, mit dem bedauerlichen Hintergrund, daß wir kaum eine Chance haben, da herauszukommen.

Der alte Cato, der uns in der Schule als Beispiel eines moralischen und pflichtbewußten Bürgers Roms überliefert wurde, illustriert den Irrsinn eines Glaubens, der sich durch Jahrhunderte der Geschichte gezogen hat: Er forderte dazu auf, alle Frauen zu unterdrücken, »... denn sobald sie die gleiche Möglichkeit haben, erweisen sie sich als überlegen!«

Daraus resultierte ein Jahrhunderte alter Kampf der Geschlechter. Es erwuchs daraus die Fiktion der Überlegenheit des Mannes, eine Fiktion, die allen unseren Beziehungen Gewalt antut, sei es zu Kindern, Frauen, Tieren, zur Natur oder zu uns selbst. Männer und Frauen leben im Banne dieser Fiktion. Und da sie Haß in beiden entzündet, zerstören sie sich gegenseitig. Männer werden reizbar, zornig und bösartig, weil sie ständige Angstträume von Niederlagen, Frauen, weil sie den Mann für seinen Anspruch »auf Heldentum« haftbar machen, zerstören ihn und sich selbst.

Als Mann der Gegenwart muß man sich die Frage stellen: fühlen wir uns nur vollkommen, wenn wir Kommando, Kontrolle und Besitz haben? Wenn wir für jemanden sorgen und bezahlen, gibt uns das die Zuversicht, daß wir geliebt werden? Zugleich bedeutet diese Fürsorge, daß wir über den anderen bestimmen. Indem wir unsere Macht so bestätigt finden, legt gerade dieser Umstand unser größtes Minderwertigkeitsgefühl bloß: man wird geliebt für das, was man beweisen kann, die Fürsorge – nicht für das, was man als Mensch ist. Es fällt uns schwer zu glauben, daß wir für unser Selbst, unsere eigene Gefühlswelt geliebt werden könnten, für unsere Wonne, Freude und Lust am Leben. Und so rutschen nicht wenige Männer immer tiefer in die Rolle des Sich-beweisen-Müssens. Die Fürsorge ist dann ein unausgesprochenes Abkommen, dem sie sich unterwerfen, dessen Preis ein geheimes Übelnehmen, ein Groll sein kann.

Im Grunde ist es nicht Liebe, was viele Menschen suchen, sondern die Frau oder den Mann, also den Partner, der uns stärken wird. Dadurch verstricken wir uns in ein Gewebe von destruktiven Gefühlen, versteifen uns in einen Kampf der Geschlechter. Wir glauben und sind überzeugt, daß das immer so gewesen sei. Wer einen Stärkeren sucht, hat die Absicht, sich zu unterwerfen, im Alltagsleben, in der Sexualität, überall. Schwäche wird dann durch sexuelle Gier ausgeglichen und soll als »stark« angesehen werden.

Lust und Begehren können hohe Stufen der Seinsverwirklichung zu zweit sein. Doch allein, isoliert, werden Lust und Begehren zur Begierde und zur Gier.

Begierde hat etwas mit sogenannten Leistungsmenschen zu tun, für jene, für die alles zur Leistung wird: »Ich habe meiner Freundin fünf Orgasmen besorgt.« — »Gestern habe ich fünf Überstunden gemacht.« Schauen wir uns einmal an, wie die Selbstzerstörung des Leistungsmenschen über die Schattenverdrängung vor sich geht.

Wird die für den Eros bestimmte seelische Energie gewohnheitsmäßig ins Ich gelenkt, tritt an die Stelle des Eros die Gier. Das erotische Gefälle vom Ich zum Du und vom Du zum Ich wird ersetzt durch den Einfluß auf andere Menschen, den der Leistungsmensch gierig zu verstärken versucht. Er nimmt sich soviel wie möglich: Geld, Erfolg, Macht, Sexualität. Weil die Gier nur fordert und nichts gibt, führt sie nie zur wirklich entspannenden Befriedigung. Sie kommt nie zur Ruhe. Das Leben läuft mit überhöhter Drehzahl mechanisch und zwanghaft.

Das Absurde ist: Die Gier verneint stets das, was sie haben will. Es mangelt ihr völlig an Respekt für das Objekt, weil sie nur darauf bedacht ist, sich dieses einzuverleiben. Andere Menschen zu »verheizen« oder zu »verschroten« ist für den Gierigen Quelle des Wohlbehagens. Vor Menschen, die uns nur begehren, müssen wir uns in acht nehmen, denn ihre Gier könnte uns vernichten. Sind wir selber gierig auf einen Menschen, könnte das Verantwortungsbewußtsein unserer Gier einen Riegel vorschieben. Im Gegensatz zum gesunden Bedürfnis ist die Gier ihrem Objekt nie angemessen. Sie nimmt alles ungebührlich mit Beschlag, mißbraucht seine

Autonomie und Eigenart. Im Gegensatz zum Ja der Hingabe ist sie das Nein der Zerstörung. Gier läßt sich mit Liebe und auch mit einer natürlichen Beziehung zu den Dingen nicht vereinen. Für den Gierigen verliert z.B. Geld seine Bedeutung als Tauschwert zum Erwerb erstrebenswerter Güter und wird zum Selbstzweck.
Wir wissen längst, daß viel Geld verdienen zu müssen ein Zeichen von innerer Unsicherheit sein kann. »Geld ist nicht alles, Geld macht nicht glücklich«, sagt man. Wir könnten davon ausgehen, daß derjenige, der so etwas denkt, doch irgendwann einmal davon ausgegangen sein mag, daß Geld alles sei und daß Geld glücklich mache. Die Sufis sagen: »Alles Leben ist Kampf, aber dieser Kampf muß einheitlich sein. Der gewöhnliche Mensch kämpft gegen zu viele Dinge auf einmal. Kommt ein verwirrter und unerfüllter Mensch zu Geld oder hat er beruflich Erfolg, so bleibt er trotzdem ein verwirrter und unerfüllter Mensch.«
Die Gier unterscheidet sich vom wohltuenden Einfluß eines Menschen auf andere Menschen, einem Einfluß, der ohne besondere Anstrengung aus der natürlichen Ausstrahlung eines Menschen kommt. Er bewirkt, daß so ein Mensch gehört und ernst genommen wird. Er steht im Dienste des Eros: der gefühlsmäßigen Verbindung zwischen den Menschen und der bereichernden Mitteilung. Der Gierige jedoch versucht, mit seinem Einfluß andere Menschen zu lähmen, so daß sie den Blick von ihm nicht abwenden können und jedes Eigenleben in ihnen erstarrt. Er macht es mit anderen Menschen wie mit der eigenen Seele, deren Bedürfnis nach Freiheit und Hingabe er erstickt. Er neutralisiert die Unterdrückung seiner eigenen Gefühle und seiner Lebendigkeit ständig in der Unterdrückung anderer Menschen. Die Härte gegen sich selber bekommt einen perversen Sinn in der Härte gegen die anderen, die Selbstverachtung in der Menschenverachtung. Im Krieg an allen Fronten zu stehen gibt dem Gierigen die Illusion von Fülle und pulsierendem Leben. Bei dem Gierigen ist immer etwas los, doch gelöst ist er nie, weil er der Entspannung aus dem Wege geht.
Sexualität schließlich ist für den Gierigen nicht überschäumende Lebendigkeit in der körperlich-seelischen Hingabe an ein Du. Liebe hat bei ihm immer zwanghaften Charakter. Orgasmen werden gebucht wie die laufenden Geldeinnahmen. Das Du bleibt fern. Es

wird kaum wahrgenommen. Man ist höchstens nett zum Partner, damit er mithilft, die eigene Lust zu steigern.
Wer so lebt, kann seiner ungehemmten, grenzenlosen Gier nicht ein Leben lang fröhnen. Irgendwann zeigt sie ihr wahres Gesicht: Das Nein zum Leben. Selbstzerstörung als Mangel an Liebe zum Du und zum Selbst. Es kommt die Zeit, da er nicht mehr abschalten kann. Das Herz jagt weiter, wenn es stillstehen müßte. Die Gedanken und damit falscher Glaube drehen sich weiter im Kopf, auch dann noch, nachdem manches Ziel längst erreicht ist.
So wird aus Lust Begehren, aus Begehren Gier und aus Gier Schuld gegen sich selbst und dadurch gegen andere. Und so dürfen wir Schuld verstehen als stetige lebendige Projektion, die uns unser eigenes Spiegelbild, unsere eigenen Narreteien solange vor das Gesicht hält, bis wir begriffen haben, daß Schuld stets sehr positiv sein kann, nämlich ein lebensbegleitender Umstand zur Selbstfindung. Wenn wir für unsere Schuld an uns selbst und an der Schuld anderen gegenüber Verantwortung übernehmen, damit wir einen Schritt weitergehen können in unserer Selbstentwicklung, dann hat Schuld ihren Sinn gehabt. Was ist denn Verantwortung anderes als Antwort auf eigenes Handeln. Antwort auf soziales Verhalten. Wer Verantwortung nicht übernimmt, »schuldet Antwort« im Sinne von Haben und Sein. Verantwortung beginnt dort, wo wir über das Leben, über Wohl und Wehe von Kindern die Fürsorgepflicht übernommen haben. Wir sind verantwortlich unseren Kindern und unseren Nächsten, aber auch unseren Mitmenschen gegenüber. Wer Verantwortung für sich selbst übernimmt, anstatt sie dem Kollektiv zu überlassen, der verfehlt nicht den Freiraum seiner persönlichen Entfaltung. Wer sich für sich und andere verantwortlich fühlt, gibt nicht seine Eigenständigkeit auf, er wird nicht zum Herdenwesen. Verantwortung heißt auch: sich selbst Wort und Antwort stehen.
Mehrere Rechtswissenschaftler gehen davon aus, daß wir jemandem subjektiv ein Verhalten vorwerfen dürfen, wenn der Betreffende hätte anders handeln können als er gehandelt hat. Dasselbe gilt auch für uns selbst, wir können uns auch gelegentlich die Frage stellen, ob wir uns selbst ein Verhalten vorwerfen dürfen, wo wir uns hätten anders »behandeln« dürfen als wir uns »be-handelt« haben.

Immer wieder haben wir die Möglichkeit, zwischen zwei oder mehreren Gegebenheiten zu entscheiden. Wenn eine Möglichkeit gegen uns selbst — seelisch, geistig oder körperlich — schädlich ist, haben wir uns dafür entschieden und müssen das vor uns selbst verantworten. Möglicherweise müssen wir das auch gegenüber dem Kollektiv verantworten, denn damit haben wir zumindest den Menschen, die uns lieben, einen Schaden zugefügt. Häufig tun wir etwas, was wir eigentlich gar nicht tun wollen, dann kommt so etwas aus einem inneren Zwang heraus. Ein neurotischer Anteil in uns läßt etwas geschehen. Wir tun dann gerade das, was wir eigentlich nicht tun wollen. Das könnte bedeuten, daß wir uns vor uns selbst entschuldigen könnten. Aber wir müßten uns dann die Frage stellen, daß wir nicht hinreichend motiviert waren, etwas anderes zu tun. Manchmal stecken dahinter aber uralte kindliche Glaubensmuster als Suggestion, die wir uns ansehen sollten, um zu neuen Überzeugungen zu gelangen. Bei alledem sollten wir aber eines nicht vergessen, auch wenn es darum geht, zu erkennen, wo wir schuldig uns selbst gegenüber sind: Schuld reimt sich nicht auf Bestrafung, sondern auf Vergebung. Khalil Gibran sagt: »Und wie straft ihr jene, deren Reue allein schon größer ist als ihre Missetaten? Ist nicht Reue das Strafgericht, das durch das Gesetz verhängt wird, dem ihr so gerne dienen möchtet? Doch ihr vermöget nicht dem Unschuldigen Reue aufzuerlegen, noch das Herz des Schuldigen davon befreien.
Ungebeten wird Reue rufen in der Nacht, auf daß der Mensch wach bleibe und den Blick auf sich hefte.
Und ihr, die ihr vorgebet, Gerechtigkeit zu verstehen, wie solltet ihr dessen fähig sein, so ihr nicht alle Taten betrachtet, im vollen Lichte? Erst dann werdet ihr wissen, daß der Aufrechte und Gefallene wie ein Mensch sind, stehend im Dämmern zwischen der Nacht seines Zwergseins und dem Tag seines göttlichen Ich.
Und daß der Eckstein des Tempels nicht höher ist, als der niedrigste Stein im Fundamente.«
Bei Menschen, deren Wesen gespalten ist, können ganze Persönlichkeitsbereiche brachliegen, denn diese Menschen müssen viel Energie aufwenden, um die eine oder andere Seite des Konflikts zu unterdrücken oder zu verleugnen. Auf diese Weise versuchen sie,

seelische Ganzheit zu erreichen. Der Teil unserer Persönlichkeit, den wir unterdrücken, ist noch immer genügend aktiviert, um einzugreifen, aber er kann nicht konstruktiv genutzt werden. Der Vorgang ruft einen Energieverlust hervor — Energie, die für Selbstbehauptung, Zusammenarbeit oder zum Beispiel zum Aufbau guter Beziehungen eingesetzt werden könnte.

Mangelnde Energie ist ein anderes Anzeichen für einen verborgenen Abhängigkeitskonflikt. Das Energiedefizit manifestiert sich in Unentschlossenheit, wie es bei Sandra zu beobachten war. Energieverlust zeigt sich in lähmender Untätigkeit.

Das Gefühl des Frustes, der Zerrissenheit entleert uns und behindert aktiv unser Leistungsvermögen.

Schwäche, die durch innere Anspannungen entsteht, zeigt sich üblicherweise auch im Umgang mit anderen Menschen. Eine Frau wie Sandra, die sich behaupten und gleichzeitig auch unterordnen möchte, wird nach außen unschlüssig wirken. Wenn sie um etwas bitten muß, gleichzeitig aber glaubt, es fordern zu können, klingt sie anmaßend. Wenn sie Sex möchte, aber innerlich wünscht, ihren Partner zu frustrieren, hat sie Orgasmusschwierigkeiten. Vielleicht führt sie alle Probleme auf zuviel Arbeit, zuwenig Schlaf, »geringe Widerstandskraft« oder anderes zurück, aber ihre Unausgeglichenheit hat vermutlich sehr viel mehr mit den einander zuwiderlaufenden Strömen in ihr zu tun. Und Männern geht es nicht viel anders auf der umgekehrten Seite. Den Konflikt überwinden bedeutet mehr, als Pflaster über all die kleinen Risse und Spalten, die uns durchziehen, zu kleben. Es bedeutet, das Übel an der Wurzel anzugehen, damit das Bedürfnis nach Spaltung nicht überleben kann.

Die positive Enttäuschung

Das »Leiden am Alter« leuchtet die Vergangenheit aus, Heimweh nach Jugend stellt sich ein — doch nicht die Farben der wirkenden Vergangenheit, sondern wirklichkeitsenthobenen Träumens geben den alten guten Bildern Farbe. Das Gegenwärtige bleibt grau und malt seine Anstriche, seine Vorstellung mit Grau und Grau. Nur ein Mensch, der keine Hoffnung mehr hat und sich dessen bewußt ist, hat keine Zukunft mehr, und darum geht es: Die Gegenwart mag noch irgendwo erträglich sein, nur die Schatten der Zukunft machen es unerträglich. Der Hoffnung beraubt zu sein, heißt noch nicht verzweifeln.

Die Verzweiflung kommt aus der Zukunft, aus der Erkenntnis, daß alles Hoffen unerfüllbar ist, da nur Angst und Schrecken im »noch nicht Gegenwärtigen« hausen. Wenn wir diese Zeilen lesen, dann erwecken sie vielleicht den Eindruck, der Mensch brauche nur zu hoffen, und alles wäre gut. Nur positiv denken, und die Sonne würde schon wieder scheinen. Viele, gar zuviele möchten daran glauben, aber die Wirklichkeit sieht ganz anders aus. Wenn das alles so leicht wäre, dann gäbe es viel weniger Leid auf der Welt.

Ich denke da an Melanie, 45 Jahre alt. Sie hatte ihren Mann verloren. Und ihre Geschichte ist eine Geschichte der Trauer. Der Tod des nächsten Menschen war zum Tod eines Lebensinhaltes geworden. Der geliebte Mensch war nicht einfach durch einen anderen ersetzbar. Aus der Trauer entwickelte sich der Rückzug. Rückzug in Drogen und Tabletten, Rückzug in die Wohnung — sie verließ das Haus kaum noch. Welche Gefühle erweckt die Situation eines Menschen, von dem wir eine ähnliche Geschichte erfahren? Mitleid? Mitleid ist nichts anderes als Selbstmitleid und hilft dem Leidenden nicht einen Schritt weiter. Wer eine tiefe Trauer in sich zu verarbeiten hat, der verdient unser Mitgefühl, aber niemals Mitleid; wir können nicht »mit-leiden«, können nicht das gleiche Gefühl wie der Trauernde in uns entwickeln. Wir können ihm aber zur Seite stehen.

Wir können dem anderen die Trauerarbeit nicht abnehmen, denn sie ist ein wichtiger Bestandteil seines Lebens, seines Reifeprozesses.

Denn im Verdrängen der Trauer, des Schmerzes, all der Gefühle, die diesen Prozeß begleiten, bleibt der betreffende Mensch im Prozeß von Tod und Wiedergeburt verhaftet. Nichts Eigentliches passiert, es kommt zur Stagnation, zur Hoffnungslosigkeit, zur Resignation. Leidenszeiten sind Reifezeiten. Sonst würde Hoffnung ins Nichts führen.

Wer mit Trauer, Leid und Schmerz behaftet ist, für den ist jeder kommende Tag schon »Zukunft«. Heil und Unheil erwarten jeden von uns, Heil und Unheil, das nicht vorauszusehen, nicht vorauszuahnen ist. Daran vorbeizuschauen, hieße Realität übersehen, wir müssen uns immer den positiven wie den negativen Geschehnissen stellen. Darum ist, zumindest aus dieser Sicht, Angst etwas sehr Reales. Angst hat also ihren festen Platz im Zukunftserwarten. Aber sie darf weder unser Leben noch unser Handeln bestimmen. Der dunkle Gegenstand der Angst muß Gestalt annehmen können, aus der Angst muß Furcht werden, ehe wir handeln können. Das sind Situationen und Gegebenheiten, die jedem von uns begegnen. Es gibt aber auch die pathologische Angst. Die Angst, die sich — oft unbewußt — formuliert in der Feststellung: »Es kann nur noch schlimmer werden.« Derartige Angst mit neurotischem Hintergrund entfremdet uns von uns selbst. Der sich Ängstigende flieht aus der Wirklichkeit in eine Scheinwelt, zielloses Träumen ist häufig die Folge, die panische Angst vor der Zukunft ist nicht selten Ergebnis des nicht bewältigten eigenen Sterbenmüssens. Der irreale Wunsch von ewiger Jugend ist entfremdete Folge entfremdeten Bewußtseins. Insofern der Mensch stets vor der Zukunft lebt, bedeutet das Verdrängen des Zukünftigen immer ein Ausweichen in eine abstrakte Welt. Das ist stets entfremdend. Hoffnung ist stets menschlicher als Hoffnungslosigkeit, Hoffnungslosigkeit hat meist ihren Grund in dem Erlebnis einer furchtbaren Vergangenheit, die keine Zukunft erlaubt. Die Projektion einer schlimmen Vergangenheit in die Zukunft macht den Weg frei für eine schlimme Zukunft. Ebenso gibt eine positive Vergangenheitsbewältigung Kraft und Mut für eine lebensbejahende Zukunft.

Wie Hoffnung, so ist Furcht Grundhaltung des Menschen vor Zukunft. Wer hofft, der fürchtet auch immer, daß das Erhoffte nicht wirklich wird; wer fürchtet, der hofft immer, daß das Befürchtete nicht eintreffen mag. Furcht ruft nicht nur Hoffnung auf den Plan, sondern begleitet sie auch.

Anders mit der Angst. Angst zeigt sich immer da, wo der Mensch, wie schon aufgezeigt, seine nicht verarbeiteten Erlebnisse und Erfahrungen der Vergangenheit in die Zukunft wirft. Während Furcht und Hoffnung und Zukunft zusammengehören, hat die Angst keinen festen Platz. Angst hat nichts mit Erkenntnis zu tun, sondern ist bloße Emotion. Aber, weil Angst so häufig auftritt, ist es nur allzumenschlich als Zeichen einer Unversöhnlichkeit von dem Jetzt und dem noch nicht Seienden. Aber über Hoffnung und Furcht kann Angst verschwinden. So hat zum Beispiel die große Lebensangst ihren Bestimmungsort vor allem in der Pubertät, in den Wechseljahren, also in den großen Wendepunkten des Lebens. Wir finden sie vor Schulabschlüssen, vor der Hochzeit, vor der Geburt eines Kindes. Bei Krankheit und Tod. Überall, wo es um große Lebensumbrüche geht. Angst weiß nicht, was kommen sollte oder kommen könnte. Angst ist Zeichen von Desorientierung, des Sich-verirrt-Habens in den Irrgärten der Zukunft. Nicht Sinn und Ziel geben die Richtung, wie zum Beispiel Sinn in der Hoffnung. Die Angst zeigt sich gelegentlich als Regression in Haltung und Stimmungen der Zeit der Umbrüche, die die Orientierung am bloß Vergangenen so leicht machen, die Zeiten nostalgischer Schwermut neigen dazu, das Entsetzen, das keinen Namen trägt, in die Zukunft zu katapultieren. Unbewältigte Pubertät wird zur Alterserscheinung, zeigt den nahen Untergang einer verblühenden Zeit und das Noch-nicht-Wissen um Strukturen der Zukunft.

Was ist die große Hoffnung? Hoffen auf Freiheit, auf Friede, auf Liebe?

Und wer ist schon in der Lage, die kleine Hoffnung an der großen zu messen. Ein Mensch ist so groß, wie seine absolute Hoffnung groß ist. Fehlt sie ihm, leidet er an Minderwertigkeitsgefühlen, empfindet sich klein und den Kräften des Lebens machtlos ausgeliefert. Schon in der Gegenwart empfindet er sich orientierungslos. Aus den Stimmen der Depressionen flüstern die Stimmen der Resignation. Verstandenwerden wäre notwendig, aber wer kann uns verstehen, wenn wir uns selbst nicht verstehen, wer kann mit uns hoffen, wenn wir längst alle Hoffnung aufgegeben haben?

Mit dieser Einstellung nehmen wir Vereinsamung und Vereinzelung als Schicksal hin. Die Hoffnung aber sagt: Wenn Depression eine menschliche Krankheit ist, dann ist sie menschlichem Verstehen auch zugänglich. Verstehen aber gelingt uns nur, wenn der Betreffende sich ein ganz klein wenig öffnet, damit wir in ihn hineinschauen können. Da aber, wo auch nur eine winzige Öffnung ist, da schlüpft auch die Hoffnung durch den engen Spalt hinein. Aber dazu dann die andere Seite: um verstehen zu können, muß uns ein Bild vom Menschen lebendig sein, das auch Krankheit und Unglück mit einbezieht. Wo wir gegen Krankheit und Unglück kämpfen, wie Siegfried gegen den Drachen, da ist Menschsein eingeengt. Dem seelisch Belasteten fällt das Hoffen schwer. Er ist sosehr mit der Abwehr der negativen Kräfte in sich beschäftigt, daß er den beginnenden Tag nicht zu erkennen vermag. Erst in der besinnlichen Betrachtung über Ursache und Sinn von Erkrankung und Übel wird erkannt, wo das Leben mit uns hinwill. Wir krallen am Alten, hängen am Schmerz, am Leiden in einer Weise, die es uns fast unmöglich zu machen scheinen, auf unserem Weg fortzuschreiten. Häufig werde ich gefragt, was eigentlich Loslassen ist, wie es funktioniert: Loslassen bedeutet ganz einfach weitergehen. Nichts anderes. Nicht stehen bleiben, die Gegenwart sich nicht von der Vergangenheit verderben lassen.

Hoffnung heißt Wagnis, ohne Wagnis keine Hoffnung, jedenfalls keine kreative. Wer zögert, wird schon vom Nächsten überrundet. Hoffnung gibt dem Leben Sinn, kleine Hoffnung den kleinen Sinn, große Hoffnung den großen Sinn. Hoffnung sagt uns, warum wir leben, wozu wir leben, erklärt die Gegenwart als die erste Phase des Zukünftigen. Loslassen und Hoffnung sagen uns, daß Leid und Leben, Täuschung und Enttäuschung, all das, was uns in unserem Lebensablauf zu bremsen scheint, ertragen werden.

Hoffnung fordert uns zum Handeln auf, ohne Handeln wäre die Hoffnung ein ungedeckter Scheck auf die Zukunft. Hoffen heißt Wandlung zulassen: Entscheidung, Verantwortung und bewußte Auseinandersetzung, Fürsorge. Das Leben an sich ist passiv. Gäbe es nicht den Drang nach Wandlung, Werdung (Ganzwerdung), wir würden in den Kinderschuhen steckenbleiben. Das Einstimmen der Eigenaktivität in die Hoffnung macht diese zu einem tragenden Lebenselement.

Bestimmte Ideologien gehen davon aus, daß mit gutem Willen und ehrlichem Einsatz das Leben immer positiver werden kann und die »Ja-Erfahrungen« überwiegen. Sie gehen dabei von einem paradiesischen Weltbild aus, in dem Zerstörung und Tod nur »Betriebsunfälle« sind: eigentlich könnte in der Welt alles gut und harmonisch und aufbauend sein. Derlei Paradies-Wunsch-Ideologien können nur in Menschen Anklang finden, die nicht um ihre eigene widersprüchliche Emotionalität wissen. Schon aus dem Bereich der Partnerschaft kennen wir, wie viele unerhört belebende, aber auch wie viele zerstörerische Emotionen in zwei Menschen wachgerufen werden, die mit Leib und Seele aufeinander bezogen sind. Und trotzdem hoffen wir immer wieder auf eine glückselige Partnerschaft. Das aber wäre die Hoffnung der Narren. Hoffnung ist ohne Wertung gewissermaßen Narr und Weiser gemeinsam. Nur jeder auf seine Weise. Hoffnung beinhaltet immer nur das Zukünftige. Und gerade darin zeigt sich der Unterschied zwischen Narren und Weisen. Der Narr hofft blindlings, glaubt, jede Tagträumerei könne sich erfüllen, wogegen der Weise nur das hofft, was sich ihm auch eröffnen und erfüllen kann. Aber der Schwierigkeitsgrad liegt ganz woanders. Gewissermaßen leben Weiser und Narr gemeinsam in uns. Wir leben beide Teile und erst in der Wandlung des inneren Narren werden wir weise und schreiten dadurch voran. Das bedeutet aber auch, daß Hoffnung, die ins Nichts führt, eine destruktive Sache ist. Das heißt, wir müssen das, was wir erhoffen, anschauen, ob es sich auch für uns erfüllen kann. Lernen wir zwischen begründeter und unbegründeter Hoffnung zu unterscheiden, dann können wir uns der großen Hoffnung annähern, dann leben wir im Bereich der Möglichkeiten. Wir wollen nicht in dem Sinne moralisieren, was vernünftig oder unvernünftig sei. Vernunft ist moralisch und vor allem subjektiv. Jeder muß für sich ermessen können, was er erreichen kann und was er erreichen will.
Auch die moderne Wahrsagerei deckt tiefe Ängste und Hoffnungen der Ratsuchenden auf, die sich sogar erfüllen. Allerdings, die Wahrsagerei zeigt oft eine verhängnisvolle Grundhaltung, nämlich den Glauben, daß das Schicksal uns zugesprochen wird. Eben diese passive Haltung bewirkt, daß sich unser Schicksal genauso erfüllt, wie es unsere Ängste oder im günstigsten Fall das Vertrauen

auf den glücklichen Stern wollen. Schicksal als passive Annahme dessen, was sich im Leben ohne unser Zutun ergibt. Viele Mythen schildern solche Schicksalsabläufe. Die Hingabe an das Leben ist die Macht, die wirksam in das Schicksal eingreifen kann, so daß unser Leben schließlich zu einer unverwechselbaren Mischung zwischen schicksalhaft Vorgegebenem und eigener bewußter Wahl wird.
Orakel machen Schicksalszwänge deutlich, seelische Abläufe, die so und nicht anders erfolgen können, weil kein rettendes Bewußtsein in sie eingreift. Zum Schicksalszwang der patriarchalischen Ehe zum Beispiel gehört es, daß nach außen der Mann und nach innen die Frau regiert, und zwar nicht nur im Haus, sondern auch in der Seele. Im sozialen Verhalten gilt das patriarchalische Wertesystem: Der Mann bestimmt über die Frau und die Frau läßt sich von ihm bestimmen. Doch innerpsychisch regiert die Frau. Sie bestimmt über die Gefühlsatmosphäre in der Ehe. In der patriarchalischen Welt haben Frauen mehr innere Kraft als Männer. Aber auch die Kraft der Frauen ist nicht unbegrenzt. So wie Gaby es schildert: Es begann am Abend ihres 35. Geburtstages. Die Gäste gingen. Gaby winkte ihnen nach und kam zurück ins Wohnzimmer. Ihr Mann Michael drapierte Sofakissen. Korrekt mit dem Knick in der Mitte. Wie er es liebte. Wie sie es haßte. »Laß uns ins Bett gehen. Ich habe morgen einen anstrengenden Tag im Büro«, sagte er.
Gaby schüttelte den Kopf. »Geh schon vor, ich möchte noch ein bißchen aufräumen. Ich mag nicht, wenn morgens alles herumsteht.« Es war nur die halbe Wahrheit. Sie wollte in Wirklichkeit allein sein. Sie wollte nachdenken, Bilanz ziehen. »35 Jahre ist das beste Alter für eine Frau. Da beginnt das Leben doch erst so richtig«, hatte irgend jemand gesagt.
Als Gaby allein im Wohnzimmer saß, dachte sie über diesen Satz nach. Sie war nun 35 Jahre alt. Aber was war wirklich toll an ihrem Leben? Ihre Ehe mit Michael? Sie meinte, nein. Er hielt sie immer noch für das 18jährige Mädchen, das er geheiratet hatte. Er stellte die Sofakissen korrekt und spießig auf, wie sie meinte. Er würgte unbequeme Diskussionen mit dem Satz ab: »Davon verstehst du nichts.« Er stellte sie bloß, auch vor anderen Leuten. Seine nächtlichen Umarmungen schienen mit Liebe wenig zu tun zu haben. Sie kam sich benutzt vor in seinen Armen und im Leben über-

haupt. Sie »durfte« nicht einmal mit seinem Auto fahren. Wenn sie davon sprach, daß sie zurück in ihren Beruf als Arzthelferin wollte, hieß es nur: »Meine Frau hat es nicht nötig zu arbeiten. Außerdem hast du die Kinder und mich.«

Natürlich hatte sie die Kinder. Aber was würde in ein paar Jahren sein, wenn die Kinder aus dem Haus waren. Wer würde Gaby dann sein? Eine Frau von Anfang 40, die abends auf ihren Mann wartet. Mehr nicht? Mit diesen Gedanken kam die Angst, Angst vor der ungewissen Zukunft. Sie war schon 35? Sie war erst 35? Sollte diese Ehe, in der sie nie richtig glücklich war, schon alles gewesen sein, was das Leben ihr zu bieten hatte? Das durfte einfach nicht sein. Sie mußte etwas unternehmen. Jetzt, bevor es zu spät war. Sie brauchte einen neuen Start, eine neue Perspektive für sich. Am nächsten Morgen sprach sie mit ihrem Mann über sich und über ihre Zukunftsängste. Er winkte nur etwas von oben herab ab.

»Dann muß ich mich von dir trennen«, sagte sie. Es war ihr bitterernst. Drei Wochen später hatte sie eine kleine Wohnung gefunden und einen Halbtagsjob als Arzthelferin.

Als sie die Koffer packte, beunruhigte das ihren Mann immer noch nicht. Er konnte sich nicht vorstellen, daß sie ohne ihn überhaupt existieren konnte. Er fuhr sie sogar mit dem Wagen zur neuen Wohnung. »So, nun hast du dich bewiesen, jetzt kannst du mit dem Unsinn aufhören — und wieder mit nach Hause fahren«, erklärte er gönnerhaft. Er glaubte einfach nicht, daß sie aussteigen wollte.

Doch heute leben Gaby und Michael wieder zusammen.

Gaby ist eine typische Frau dieser Altersgruppe. Sie gehört zu jenen Frauen, die sich plötzlich in einer Lebenskrise erleben, wo der bisherige Weg scheinbar keine Hoffnung mehr bringt. So wie sie handeln viele. Sie brechen aus, laufen davon. In der Hoffnung, daß eine neue Partnerschaft mehr Glück bringen könnte. Häufig, allzuoft sehen sie sich aber getäuscht. Veränderungen, die aufs Außen projiziert sind, laufen nicht selten in eine Sackgasse. Der neue Partner, die neue Partnerin sind auch nur Menschen und auch bei ihnen wird eben nur mit Wasser gekocht. Was sagen will, daß wir unsere Schwierigkeiten, unsere falschen Hoffnungen, unsere frühen Glaubenskernsätze mitnehmen und das neue Scheitern sozusagen als Mitgift mitbringen. Wirkliche Veränderungen müssen aber im

Innern stattfinden, damit sie im Außen gelebt werden können. Gaby und Michael haben doch noch gelernt, daß sie auch gemeinsam reifen können. Bei einer neuen Partnerschaft hätte erst alles Alte, die eigenen Fehler und Mißverständnisse ausgeräumt werden müssen. Danach wäre es zu einer tieferen echten Bindung gekommen, erst wenn die gefestigt ist, kann es zu einem erneuten Reifungsprozeß kommen. Erst wenn in der folgenden Partnerschaft die Hinwendung zum Du glücklich abgeschlossen ist, können sich, was Hoffnung in der Partnerschaft anbelangt, diese auch erfüllen.
Im Rückblick auf die eigene Kindheit stellen viele Menschen fest, daß sie zu dieser Zeit irgendwie vernachlässigt wurden. Die Eltern gingen beide arbeiten und die Kinder wurden irgendwie und irgendwo hingeschoben. Was solchen Kindern fehlte, war die ständig vorhandene Gelegenheit, eine enge bestätigende Bindung an Erwachsene zu bilden und aufrechtzuerhalten, die ihm das Gefühl gibt, ein »besonderes«, ein »einzigartiges« und wertvolles Kind zu sein. Fehlt einem Kind diese Beziehung, so entwickelt es sich in bezug auf sich selbst und andere in dumpfe, unsichere, verzerrte und inhaltsleere Gefühle hinein. Wo Beziehungen auf einer weitgehenden Verleugnung der eigenen und der Realität des Partners beruhen, ist es fast unmöglich, liebevolle Gefühle über eine Veränderung einer ursprünglichen Erwartungshaltung hinaus zu erhalten. Einer von zwei Menschen, der sich trennen möchte, beispielsweise, kündigt damit an, daß er von der Erwartungshaltung herunter möchte. Von diesem Zeitpunkt an beginnt eine erbarmungslose Abrechnung, die bei Gaby dazu führte, daß sie nach ihrem Auszug jeden Kontakt abbrach. Sie wäre lieber gestorben, als von Michael, der ihr doch so viel »schuldig geblieben« war, auch nur eine krumme Zuwendung anzunehmen. Was Gaby nicht auffiel, war, daß sie wieder einmal ihrem alten Grundmuster von Hoffnung und Resignation erlegen war. Sie hoffte auf eine andere Zukunft. Frei wollte sie sein, Frieden wollte sie haben und glücklich wollte sie werden — mit einem anderen.
Als Gaby allmählich wieder stärker geworden war und sie sich mit ihrem Mann traf, erschrak sie sehr über sich bei diesen Treffen, sie bemerkte, wie kalt und distanziert sie sein konnte. Trotzdem spürte sie den vollen Schmerz ihres Verlustes, den sie sich selbst einge-

brockt hatte. Den Verlustschmerz spürte sie, als sie sich von ihm verabschiedete. Als sie draußen war, sagte sie sich: »Ich will doch gar nichts von ihm.« Aber wer sie kannte, spürte die tiefe Resignation in ihr. Schließlich hatte es mit Michael bessere Zeiten gegeben. In ihrer »Seele« war ein gutes Bild eingeprägt gewesen. Und dieses Bild wäre ein Paß in eine freie Welt, meinte sie. Da sie aber keinen Zugang zu diesem Bild hatte, ist Gaby in eine Symbiose eingeschlossen, immer unsicher, ob Ersatz für eine nicht tausendfach durch Erwartungshaltung gesicherte Zuwendung auffindbar ist. Mancheiner läuft von einer Symbiose in die nächste und erlebt immer wieder dieses Grundmuster von Hoffnung und Resignation. Gaby fuhr in die Berge, nahm einen Rucksack mit und machte eine Klettertour.

»Zum ersten Mal seit Jahren hatte ich nur mich selbst«, berichtete sie. »Aber ich kam mir nicht einsam und verlassen vor. Ich war eins mit meiner Umgebung, eins mit der Natur, und zwar einfach deshalb, weil ich mit mir selbst im reinen war — wie ich glaubte. Ich war imstande, über mein Leben nachzudenken — und dachte doch in die falsche Richtung.«

»Ich vermute, der Katzenjammer kam, als du wieder daheim in deiner neuen Wohnung warst?« sagte ich ihr.

»Daheim, neue Wohnung«, sie schüttelte resigniert den Kopf. »Das war ein ganz anderes Gefühl. Die Wohnung war mir fremd, kam mir kalt vor, ich wollte es mir nicht eingestehen, ich bekam Heimweh nach unserer gemütlichen Wohnung, nach den Abenden mit Michael. Es war einfach zum Kotzen. Ich bin dann ausgegangen, um den Katzenjammer zu überwinden, habe einen Mann kennengelernt, den ich irgendwie ›süß‹ fand. Ich habe mit ihm geschlafen. Hinterher war alles nur noch schlimmer.«

»Wie kamst du darauf, daß alles besser werden könnte, wenn du mit einem anderen Mann ins Bett gehst? Unsere Sexualität ist eines der feinsten Systeme in unserem körperlichen Bereich. Sie ist eng mit unserer Liebesfähigkeit verknüpft und reagiert wie ein Seismograph. Deine Trennung von Michael hat dich in eine tiefere Frustration getrieben, als du ahntest.«

»Es war Rache, einfach Rache an Michael. Ich wußte, er würde es nicht erfahren, aber der Umstand, daß ich in den Armen eines anderen Mannes lag, ihm die gleichen Zärtlichkeiten ins Ohr flüsterte, die ich zu Michael gesagt hatte, meine Art, mit dem Körper während der Erregung zu zucken, ihn sich aufbäumen zu lassen beim Orgasmus, das fand ich toll. Grade darum, weil es ihn treffen sollte. Es war so wie mit ihm, nur daß ich dabei dachte, daß es ihm jetzt weh tun sollte. Ich stellte mir dabei vor, daß er am Fenster stand, sich vor Schmerz krümmte, vor Schmerz und Ohnmacht. Das gab mir ein Gefühl von Stolz und Genugtuung. Er hätte sich mehr um mich kümmern sollen.«

»Und hinterher hattest du nur so einen Katzenjammer«, stachelte ich.

»Ja, so war das. Ich fühlte mich elend und ... schuldig! Ich war gemein — nicht nur gegen Michael — auch gegen den anderen Mann, ich habe ihn benutzt für meine Rache. Ich fühlte mich beschmutzt, gedemütigt — ich schäme mich.«

Von da an wendete sich das Blatt. Gaby war nicht mehr die Selbstsichere, die sich von ihrem Mann getrennt hatte. Sie war nicht mehr diejenige, die glaubte, davonrennen genüge, um sich ein anderes Leben aufzubauen. Es dauerte nicht lange, bis seltsame, beunruhigende Anzeichen einer Verwirrung an die Oberfläche drangen. Gaby fühlte sich entsetzlich abgespannt, sie erlebte heftige Weinkrämpfe, und manchmal konnte sie nicht schlafen. Diesen Symptomen der Depression standen Aufwallungen von Euphorie gegenüber, Momente eines Hochgefühls, die fast schon manisch waren, ein typisches Anzeichen ihres Grundmusters von Hoffnung und Resignation.

An solchen Tagen gingen ihr »tausend Wünsche durch den Kopf«. Sie war voller Hoffnung, plante, machte sich Illusionen, was sie aus ihrem Leben machen wollte. Tage und Nächte voller Verzweiflung und Mutlosigkeit folgten dann wieder, bis die Wünsche kamen.

Mit unseren Wünschen liegen wir im argen. Kinder werden gezwungen, die meisten ihrer autonomen, echten Wünsche und Interessen und ihren eigenen Willen aufzugeben und einen Willen, Wünsche und Gefühle anzunehmen, die nicht aus ihnen selber kommen, sondern ihnen durch die gesellschaftlichen Denk- und Gefühlsmuster aufgenötigt werden. Die Gesellschaft und die Familie verfolgen einen Plan, der erst im späteren Erwachsenenalter Wirkung zeigt: Wie brechen wir den Willen eines Menschen, ohne daß dieser es merkt?

Durch ein heimtückisches Spiel von Belohnungen und Bestrafungen wird der Mensch in eine Ecke gestoßen, daß er nicht einmal merkt, daß er manipuliert wird. Er meint dann später, seine eigenen Wünsche zu leben; das ist allerdings eine Täuschung: er lebt das, was Gesellschaft und Familie ihm suggeriert haben, das er wünschen sollte.

Das macht für den Erwachsenen den Umgang mit Wünschen und Bedürfnissen so schwierig. Die einen spüren ihre eigenen Wünsche und Bedürfnisse nicht mehr, die anderen getrauen sie weder zu äußern noch zu leben, aus Angst vor einer unsichtbaren »Mutter«, einem unsichtbaren »Vater«, einem strafenden »Gott«: Lebten sie ihre Wünsche, würden sie sofort Schuldgefühle bekommen.

Es entsteht ein Gefühl des Mangels, betreffende Menschen leben in der Empfindung, es »sei nichts los«, weder in ihnen noch um sie herum. Sobald der Mensch die innere Leere spürt, »kippt« etwas in ihm um, in Richtung Frustration. Wenn Wünsche zurückgedrängt werden, dann entsteht eine unbewußte Gefühlssituation von Ungenügen, Mißbehagen, Unzufriedenheit und Unruhe. Wir fühlen dann: Es ist nicht so, wie es sein sollte. Es ist nicht so, wie wir es haben möchten. Etwas soll anders werden, wir wissen nur noch nicht, was. Manchmal entsteht dann eine totale Unzufriedenheit, in der wir empfinden, alles sollte anders werden, ich bin rundherum unzufrieden. Wir wissen nicht, was nicht in uns stimmt, wir spüren nur, irgend etwas ist nicht in Ordnung. Aus dem Mißbehagen entwickelt sich allmählich eine Art Drang. Sobald dieser Antrieb sich deutlicher herausschält, wird er dann erkennbar als Hunger, Durst, Geilheit, Geltungsdrang, Angriffslust, Fluchttrieb, Suche nach Sicherheit und Geborgenheit, Drang, etwas zu tun, und und und. Aus dem Ungenügen schält sich allmählich etwas heraus, das zwar noch kein Wunsch ist, aber schon ein Trieb. Es wird nach einem ganz bestimmten Erlebnis gesucht — sich satt zu essen, zu trinken, sich auszutoben, sich Geltung zu verschaffen und vieles mehr. Solange wir von einem Trieb oder Drang erfüllt sind, nehmen wir alles, was uns begegnet, auf der Objektstufe wahr, das gut oder weniger gut ist, um diese Ersatzbedürfnisse zu befriedigen. Da ist dann alles recht, was den Hunger stillt. Und der Hunger ist nicht selten ein seelischer Hunger. Weil wir seit unserer Kindheit unseren Bedürfnissen nicht mehr trauen konnten, verwechseln wir einiges. Wenn wir das Bedürfnis nach Liebe haben, essen einige mehr als sonst. Wer nach Anerkennung sucht, bläht sich vielleicht auf wie ein Gockelhahn, aus Angst, er könnte sonst von der Umwelt nicht beachtet werden.

In meiner gegenwärtigen Gruppe sind zwei etwa 30jährige Frauen. Die eine bricht immer gleich in Tränen aus, wenn sie signalisieren will: »Ich habe Angst, von dir nicht anerkannt zu werden. Ich fühle mich allein, ich möchte in den Arm genommen werden.« Das Bedürfnis nach Schutz und Sicherheit soll über Tränen »erpreßt« werden. Die andere zeigt sich immer lustig und heiter, fröhlich wie ein kleines Kind. Selbst wenn sie davon spricht, daß sie einmal vergewaltigt worden ist, lachen und glänzen ihre Augen. Fröhlich plappert sie daher, als sei Vergewaltigung das höchste Vergnügen. Auch sie sagt in Wirklichkeit: ich möchte in den Arm genommen werden. Wir sehen, bei dem gleichen Bedürfnis zweier junger Frauen zeigen sich zwei verschiedene Varianten, dieses Bedürfnis auszudrücken. Ein Mensch, der in seiner inneren Realität lebt, wäre imstande, zu sagen: »Ich fühle mich jetzt alleine, ich würde so gerne einmal in den Arm genommen werden. Daraus wird ersichtlich, wie unehrlich wir mit uns selbst umgehen können, aus einer falschen Verletzlichkeit heraus. Sicher ist diese Verletzbarkeit verständlich, denn sie zeigt, daß die Betreffenden mit inneren Wunden und Schmerzen leben. Nur, dadurch, daß sie ihre Verwundbarkeit verstecken, können Menschen mit weniger Erfahrung nicht erkennen, was die wahren Bedürfnisse dieser Frauen sind. Das führt dann dazu, daß die Bedürfnisse unbefriedigt bleiben, der Frust größer wird. Es werden andere Wege gefunden, um zu signalisieren, was wirklich gewünscht wird. Die Umwelt steht der Situation ratlos gegenüber und denkt höchstens: »Die oder der spinnt heute mal wieder.«

Aus diesem tiefen Hunger heraus kann es passieren, daß bestimmte Männer zum Beispiel in jeder jüngeren Frau eine mögliche Geschlechtspartnerin sehen. In Wirklichkeit haben sie kein Bedürfnis nach Sexualität, sondern ebenfalls das Bedürfnis, angenommen zu werden. Einer meiner Klienten, ein 26jähriger junger Mann, kam ganz niedergeschmettert zu einer Stunde, er hatte solche Sehnsucht, endlich einmal wieder in den Armen einer Frau zu liegen, daß seine Gedanken für nichts anderes mehr frei waren. In der Imagination erlebte er sich als nackter Säugling, vor Kälte sich schüttelnd auf dem Wickeltisch und schrie nach seiner Mutter. Seine Mutter mußte kurz nach seiner Geburt für 6 Wochen ins Krankenhaus, eine fremde Frau versorgte ihn. Danach wußte er, wonach er sich in Wirklichkeit sehnte. Er konnte feststellen, daß er kein männliches Bedürfnis nach einer Frau hatte, eine Frau, und es war ihm ganz gleichgültig, welche es wäre — in dieser Situation hätte er nur benutzt, um seine frühen kindlichen Bedürfnisse nachzuholen.

Ein Trieb wählt nur in sehr geringem Maße aus; seine Ziele können sich weitgehend verschieben, oder es kommen Ersatzziele auf. Das Fatale ist, daß, wie im Fall von Gaby, durch Verschiebung der Ziele, durch ein Ersatzziel, es zu Trennung und Scheidung kommen kann. Manch einer, der geschieden wurde, ist sich bis heute noch nicht bewußt, daß er zum Opfer seiner eigenen Triebe wurde, durch eine Verlagerung, durch eine Verschiebung. Wenn es uns gelingt, unsere Ziele der Triebe, Wünsche und Bedürfnisse klar zu formulieren, leben wir ehrlicher, es kommt zu weniger Verwicklungen in unserem Leben und wir gewinnen dadurch die Entscheidungsfreiheit, unsere eigenen Leiden zu verringern. Der Wunsch unterscheidet sich von Drang oder Trieb darin, daß er konkreter, zielgerichteter ist. Der Trieb will auf irgendeine Weise befriedigt werden. Der Trieb sagt: »Ich bin geil, jetzt brauche ich eine Frau.« Der Wunsch sagt: »Ich wünsche mir, mit dieser Frau zusammen zu sein, weil ich sie liebe, weil ich nur diese eine begehre.«

Wunsch und Trieb sind nicht dasselbe, auch wenn sie sich wechselseitig beeinflussen können. Der Trieb wird durch Phantasien belebt und erst daraus entwickelt sich allmählich der Wunsch. Vielfältige Erinnerungsbilder werden hergeholt und vom Gefühl mit lebhaften neuen Farben ausgeschmückt. Wir durchbrechen sozusagen die »Schallmauer« der Vergangenheit, um dort nach »Lustgefühlen« zu suchen, nach Erfahrungen, die schon einmal Spaß gemacht haben. Wir fahren zum Beispiel nach Italien in Urlaub, weil wir dort etwas Schönes erlebt haben, Spanien dagegen war schon einmal ein Reinfall. Unsere Wunschphantasie ist daher ein kreativer Akt. Wir »malen uns sozusagen ein Bild dessen«, was wir erreichen möchten.

Wenn wir Realist bleiben, dann lassen sich die meisten Wünsche verwirklichen, es sei denn, die Schuldgefühle treten als Bremse auf. Problematisch wird die Sache dann, wenn wir nicht erkennen können, ob wir wirklich unsere eigenen Wünsche leben oder immer noch die Wünsche unserer Eltern oder die des Partners. Der Krebsforscher Lawrence LeShan sagt uns das mit Eindringlichkeit: »Menschen, die an einem rasch wuchernden und zum Tode führenden Krebs erkrankten, haben es in der Regel nicht fertiggebracht, eine innere Kehrtwendung zugunsten ihrer eigenen Wünsche und Bedürfnisse zu vollziehen. Für sie steht die Meinung der anderen immer noch an erster Stelle; sie sind in erster Linie zu ihrer Umgebung hin orientiert. Diese Vernachlässigung der eigenen Entwicklung und Entfaltung steht in einem sehr engen Zusammenhang mit ihrem dürftig ausgebildeten Lebenswillen.«

Es ist also weder Spiel noch Luxus, wenn wir beginnen, uns wieder für die eigenen Bedürfnisse und Wünsche zu interessieren und diese zu leben lernen.

Natürlich können unsere Wünsche auch in die falsche Richtung gehen, sie können illusorisch sein. Dann kommt es zu Enttäuschungen. Jedesmal, wenn wir von Enttäuschung reden, müssen wir uns, wenn wir selbstehrlich genug sind — eingestehen, daß wir uns getäuscht haben. Nicht andere haben das getan, das haben wir selbst zugelassen. Wenn wir uns eingestehen, daß wir oft im Leben getäuscht wurden, dann gestehen wir gleichzeitig, daß wir uns selbst getäuscht haben, daß es mit unserem Urteils- und Kritikvermögen schlecht bestellt ist. Wir haben es zugelassen, daß andere uns täuschen, wir haben es, wenn auch unbewußt, »erlaubt«. Damit haben wir uns selbst einen schlechten Dienst erwiesen. Eine Ent-täuschung ist zwar schmerzhaft, aber sie rückt auch die Wahrheit ins reale Licht. Wir können diese Ent-täuschung beiseite schieben, uns sozusagen auf die nächste Enttäuschung vorbereiten, bis wir gelernt haben, selbstehrlicher mit uns umzugehen. Das Dilemma ist dann, daß wir mit jeder erneuten Täuschung unsere Schuldgefühle »füttern«. Denn instinktiv spüren wir auf unbewußter Ebene, daß wir wieder einmal auf eine Täuschung zugehen. Wenn zum Beispiel ein Mann sich mit sexuellen Gefühlen einer Frau nähert, die ihn irgendwo an seine Mutter erinnert, dann spürt er auch irgendwo, daß über diesen

Menschen Schmerzen kommen werden. Sein Ich sagt dann: »Ach was, was soll's, die hat tolle Beine, Augen wie Bergseen, und diese schmalen Hände, die können sicher sehr zärtlich sein.« Das andere, daß diese Augen wie Bergseen in Wirklichkeit eiskalte Augen, strafende Augen, interesselose Augen sein können, will er gar nicht sehen. Später beklagt er sich dann, wie gefühlskalt diese Frau ist, daß er in ihrer Nähe friert, das gesteht er sich nicht ein. In ständigen Streitereien wirft er ihr vor, wie gefühlskalt sie sei; daß er mehr Liebe, Wärme und Nähe braucht, das wagt er gar nicht zu sagen. Sie hat ihn eben getäuscht, und zu seinem besten Freund sagt er dann: »Ich bin enttäuscht von ihr!« Daß wir selbst es aber sind, die innere Botschaften immer wieder überhören, sehen wir nicht ein.
Meine Mutter sagte immer: »Wer nicht hören will, muß fühlen.« Sie meinte damit die Prügel, die sie nachfolgend verabreichte. Sie ahnte damals sicher nicht, welche Bedeutung diese Worte im späteren Leben für mich bekommen sollten. Heute sage ich mir: »Wer nicht hören will, wer nicht sehen will, der muß fühlen, nämlich den Schmerz, das Leid, das der Täuschung, und zwar der Selbsttäuschung folgen. Nicht der andere hat mir etwas angetan, ich selbst habe diesen Menschen erwählt. Es ist so, als hätten wir so einen »inneren Laserstrahl«, mit dem wir andere Menschen innerlich abfühlen. Und mit Sicherheit erwischen wir den, der das innere eigene »Bestrafungsspiel« in uns anregt. Wünsche und Bedürfnisse bekommen so eine weitaus größere Bedeutung für unser Leben, als wir bisher ahnten.
Wir wollen ernst genommen werden von den Menschen, die uns begegnen, also beginnen wir, uns selbst ernst zu nehmen. Wir wollen geliebt werden von anderen, also beginnen wir...
Halt, so einfach ist das nicht! Uns selbst zu lieben, das funktioniert irgendwie nicht, die Erfahrung haben viele Menschen machen müssen. Sie haben es immer wieder versucht, sich selbst anzunehmen, wie sie sind, aber es mißlang, und nach jedem Versuch stellte sich ein wenig mehr Resignation ein. Aber warum gelingt es denn nicht? Sind wir etwa nicht liebenswert? Sind wir Menschen dritter Klasse? Haben wir einen Mangel, haben wir irgend etwas, was nicht liebenswert ist? Ja, haben wir! Unsere Schuldgefühle sorgen dafür, daß es uns nicht gut geht. Wie könnten wir denn einen Menschen lieben,

der schon pauschal schuldig ist, so viele Fehler hat und macht. Das haben uns Eltern jedenfalls seit unserer Kindheit eingeimpft. Und das sollte heute keine Gültigkeit mehr haben? Und so einen sollten wir lieben können, den die anderen auch nicht mochten?

Wir haben Erfahrungen gemacht. Durch unser Handeln und durch das Handeln anderer geschieht etwas, und das so Geschehene wird zur Erfahrung. Waren die Erfahrungen der Kindheit positiv, dann gelingt es uns leichter, unsere eigenen Wünsche zu verwirklichen. Waren diese Erfahrungen aber negativ, dann haben wir leider die Erfahrungen machen müssen, daß unseren Wünschen und Bedürfnissen nicht zu trauen ist. Denn wir haben ja, indem wir versucht haben, unsere Wünsche zu leben, Bestrafung in verschiedener Form erlitten. Unseren Wünschen und Bedürfnissen ist also nicht zu trauen. Wir sind verunsichert. Und die Schuldgefühle wachen nun streng darüber, daß derartige Wünsche, auf die Bestrafung folgt, nicht zu trauen ist. Wir müssen also zwei Dinge lernen: Uns wieder den eigenen inneren Wünschen zuwenden, zwangsläufig aktivieren wir dadurch unsere inneren Schuldgefühle. Dann haben wir wieder zwei Möglichkeiten, wir schieben diese Schuldgefühle erneut beiseite, sind frustriert, und der Kreislauf beginnt von neuem. Oder wir untersuchen einmal genau, ob Wünsche und Schuldgefühle irgendeine Relation haben. Das heißt, ob das, was uns als Kind einmal eingeimpft wurde, heute noch eine Gültigkeit hat. Zugegeben, es ist ein mühseliger Weg, aber nur so kommen wir von unserer Selbstbestrafung herunter. Das heißt aber auch, daß wir alle unsere Wünsche kritisch untersuchen müssen, denn es wäre ja auch möglich, daß unser »inneres Rumpelstilzchen« uns Wünsche vorgibt, die keiner Realität entsprechen. Vielleicht folgen Sie meiner Anregung und erlauben sich, den Wunsch zu äußern, sich selbst zu finden, sich selbst näher zu kommen, selbstehrlicher zu werden. Wenn das erst zum Wunsch wird, dann zur Entscheidung, dann befinden Sie sich schon auf dem Weg dorthin. Wann Sie allerdings dort ankommen werden, das kann Ihnen keiner sagen, denn Tempo und Kraft bestimmen nur Sie selbst. Und die Weggefährten, die Ihnen immer wieder den Schritt beschleunigen oder hemmen, das sind die Gesellen Hoffnung und Resignation.

Was Hoffnung ist, das wissen Sie. Die Resignation, das ist der Schatten unseres Gewissens. Die Resignation ist eine innere Stimme, das ist dieses Rumpelstilzchen in uns, das uns zuruft: »Hat ja doch alles keinen Zweck!«

Wenn es um unser Wünschen geht, dann sagt die Resignation nicht: »Darauf kann ich verzichten«, sondern: »Da kann man halt nichts machen, das ist aussichtslos. — Ich bin eben ein hoffnungsloser Fall! Mir kann keiner raten oder helfen! Das war wieder einmal eine Enttäuschung!«

Bei der Resignation gibt es einen unterschwelligen Gefühlston. Etwa so: »Wie schade — wie bedauerlich — wie schmerzlich — wie deprimierend; oder auch: wie gemein! — wie niederträchtig — wie boshaft — wie unverschämt — das darf doch nicht passieren — das darf nicht wahr sein — warum gerade mir? — wie kann es solche Ungerechtigkeit auf der Welt geben?« Die Resignation hat einen Zwilling, der heißt Selbstmitleid. Solange wir selbstmitleidig mit uns umgehen, solange kommen wir aus dem Teufelskreis nicht heraus, denn wir drehen uns im Kreise unserer Schuldgefühle. Hoffnung bedeutet, das Leben aktiv angehen, weitergehen, auch dann, wenn die Straße einmal eng ist. In der Resignation wird der Spannungsbogen zwischen Wunsch und Wirklichkeit nicht aufgehoben oder in den Dienst der weiteren Persönlichkeitsentwicklung gestellt. Der Resignierende verzichtet nicht wirklich auf etwas — weder vorläufig noch endgültig, sondern er beugt sich einer scheinbar unabdingbaren Notwendigkeit: der inneren Stimme seines Schuldgefühls.

In einer solchen Situation bleiben wir entweder in einer »passiven Märthyrerhaltung« oder in einem eher aktiv trotzigen Protest an das Gewünschte fixiert. Der Resignierende sagt kein aktives Ja, sondern erfährt ein passives Nein. Zu diesem Nein sagt er wieder sein bockiges Nein.

Kant hat gelehrt, daß wir nicht der »Neigung«, also unseren Wünschen, sondern der »Pflicht« folgen sollten, weil dadurch ein sittliches Verhalten möglich sei. Demgemäß brachte man uns von klein auf bei, unseren Wünschen gegenüber nicht allzu nachgiebig zu sein, sie zu »beherrschen«, uns im Verzichten zu üben, Bescheidenheit zu lernen. Im Wort Bescheiden liegt der Begriff »scheiden«, sich also von etwas zu trennen, konkret von unseren Wünschen. Wün-

sche wurden mit Trieben gleichgesetzt und als etwas Unethisches, Egoistisches betrachtet. Die Erziehung im alten patriarchalischen Stil ließ für Kinder außer dem jährlichen Wunschzettel zu Weihnachten kaum noch Spielraum. Aber auch der Begriff Spielraum sagt uns etwas, nämlich, wer seine Wünsche unterdrücken mußte, der hatte keinen Raum zum Spielen, keinen Spielraum in sich. Unterdrückung von Wünschen engt uns also persönlich ein.
Es geht in diesem Buch nicht um ethische, moralische Fragen, es geht um unsere innere Welt, es geht um die Welt unseres Seins. Wenn Wünsche also tatsächlich etwas Schlechtes, Unsittliches wären, aber für das Seelenleben eine große Bedeutung haben, dann ist es unverständlich, daß auch heute immer noch Kinderwünsche heruntergespielt werden. Natürlich geht es um den Geldbeutel der Erwachsenen, es geht auch darum, das Wünschen in gute Bahnen zu lenken. Aber vor allem geht es beim Kind um das Artikulieren der Wünsche und darüber hinaus um das Anhören und um ernsthafte Zuwendung, daß das Kind lernen kann, mit Wünschen richtig umzugehen. Kinderwünsche ufern immer aus. Sie abzuwürgen hieße, einen Lebenszweig abzuschneiden. Da, wo immer wieder über zu enge Ge- und Verbote die Wunschfähigkeit des Kindes mit seiner Wunschphantasie zu eng beschnitten wird, da züchten wir zwangsläufig Schuldgefühle. Nicht die Triebe, sondern die Wünsche sind entscheidend, wenn es um den Umgang des Menschen mit sich selbst, um die Überwindung von Zweifeln am eigenen Ich geht. Im Wünschen geschieht unablässig das, was Freud meinte, als er seine Forderung erhob: »Wo es war, soll ich werden.« Die Wünsche machen es zu ich, machen Triebe zu Bestandteilen des Lebens. Wenn das nicht geschieht, werden Triebe entweder kurzschlüssig realisiert in Affekt- oder Symptomhandlungen, in Panikreaktionen oder sie werden zurückgestaut, bleiben persönlichkeitsfremd und werden zu den bösen Dämonen, die dem Ich mit Vernichtung drohen. Um dem Menschen in seinen Lebensschwierigkeiten wirklich zu helfen, müßte unser Rat laut und deutlich erhallen: »Lerne Wünschen!«
Was stellen wir uns aber unter einem guten und richtigen Wünschen vor? Manch einer mag die Erfahrung gemacht haben: »Ich wollte, ich könnte alles so gut wie das Wünschen. Darin bin ich

super! Aber wer erfüllt mir meine Wünsche? Bringt mir den Weihnachtsmann, der mir alle meine Wünsche erfüllt!«

Wer immer noch so dächte, der hätte alles, was in diesem Buch bisher gesagt wurde, noch nicht verstanden. Wenn das Lesen dieses Buches ein Gesellschaftsspiel mit Würfeln wäre, würde ich sagen: Sie haben eine Sechs gewürfelt, zurück an den Anfang! Es geht ja nicht darum, recht viel und sehr materiell zu wünschen, das kann in vielen Fällen ein Ersatz sein, wie wir bereits gesehen haben. Es geht darum, die Wünsche in ein Verhältnis zu unserem Leben, zu unserer Persönlichkeit zu bringen. Wünschen ist nicht eine isolierte Tätigkeit in uns, die man üben könnte, sondern eine Phase im Entwicklungskreis des Erlebens, es ist immer ein Übergang zwischen zwei anderen Phasen. Der praktische Wert des Wünschens hängt davon ab, inwieweit es seine Funktion des Überganges erfüllt. Genauso falsch, wie die Wünsche ein Leben lang wegzudrücken, wäre es, jetzt den Wünschen freien Raum zu geben. Wer nicht richtig wünschen kann, ist von seinen Trieben oder seinen Pflichten besessen. In beiden Fällen scheitert seine Selbstverwirklichung, bleibt er sich selbst fremd. Der reine Pflichtmensch, der das, was ihm geboten ist, wirklich aus keinerlei Wunsch, aus keinerlei innerer Neigung heraus tut, sondern nur aus einem Pflichtgefühl heraus, den wird seine Tätigkeit nie zufriedenstellen, er bleibt innerlich frustriert und häufig auch isoliert. Er wird zur Marionette seines Tuns. Erst wenn die Pflicht sich mit dem Wunsch, der Neigung zusammentut — was im Grunde auch Kants eigentlicher Gedanke war, wird sie zum Faktor der persönlichen Entwicklung. Die Vereinigung geschieht zuerst in der Wunschphantasie, in der die Wirklichkeiten der Triebe und die der Pflicht frei in verschiedene Zusammenhänge gebracht werden, dann im Planen und zuletzt in der Realisierung. Wenn die Wunschphantasie gelähmt ist, bleiben Pflicht und Trieb immer isoliert voneinander, statt einer Begegnung findet ein totaler Macht- und Vernichtungskampf zwischen ihnen statt, und die Entwicklungseinheit des Seelenlebens zerbricht.

Ebenso wie der hundertprozentige Pflichtmensch, der nicht wünschen kann, wäre auch der hundertprozentige Egoist, der nur wünscht, ein Dilettant in der Kunst des Wünschens. Er bleibt höchstens im Phantastischen stecken.

Wenn wir uns jetzt wieder an Gaby erinnern, an die junge Frau unserer Geschichte, dann können wir erkennen, daß ihre Flucht aus der Ehe nicht eine Wunschbefriedigung war, höchstens als unklares Motiv die Triebbefriedigung übrigblieb. Darum schwankte sie auch stets zwischen Hoffnung und Resignation hin und her. Es war ihr bislang noch nicht gelungen, ihre Wünsche und Schuldgefühle in Verbindung zu bringen.

Wenn man den inneren Konflikt zwischen den Wünschen und den Schuldgefühlen erst einmal aufgespürt, identifiziert und aus dem engmaschigen Gewebe des Alltagslebens herausgelöst hat, kann man den Sprung aus dem kleinen stickigen Raum der Angst hinaus in die weiten Ebenen der Freiheit wagen?

So einfach ist es nicht. Den Prozeß, den es fordert, nennen wir »aufarbeiten«. Man muß nicht unbedingt in eine Psychotherapie gehen, um zu lernen, wie man einen Konflikt aufarbeitet. Aber man muß systematisch und hartnäckig sein. Ein vages, allgemeines Bewußtsein davon, daß man in einem Konflikt steckt, bringt einen nicht viel weiter. Arbeit bewirkt das. Man muß eine bewußte freiwillige Anstrengung auf sich nehmen, den verwirrten Fäden des inneren Konflikts folgen und sie entwirren — nur so kann man sich aus der bewegungslosen Starre befreien. Der Konflikt zwischen dem Wunsch, frei, und dem Wunsch, behütet und beschützt zu sein, ist heimtückisch, denn er trägt einen versteckten Vorteil in sich: Konflikte erlauben uns, dort stehenzubleiben, wo wir uns befinden. Der Zustand, den wir nach eigenen Worten erreichen wollen — die Unabhängigkeit, dient als Deckmantel für etwas, das wir uns ebensosehr wünschen, uns aber nicht eingestehen können: die Abhängigkeit — das Bedürfnis nach der Ursicherheit. Nach der eigenen Erfahrung bedeutet diese Abhängigkeit aber auch oft die Aufgabe von eigenen Wünschen. Abhängigkeit und Schuldgefühle gehören häufig zusammen.

Wir werden von zwei gegenseitigen Wünschen getrieben und bleiben im Leeren stecken. Die Leere hat Vorteile. Es ist vielleicht nicht sehr warm da, aber es ist auch nicht sehr kalt. Es ist nicht aufregend, aber es ist auch nicht ganz dasselbe wie tot sein.

Es stellt sich die Frage: Dürfen wir wünschen?

Ja, wir dürfen wünschen, wir sollen sogar wünschen, wenn man in einer prospektiven Weise mit sich umgehen will. Es kommt nur darauf an, daß man das Wünschen so lernt, wie es allein wertvoll ist: nicht als Sucht oder Leidenschaft eines mutlosen, abseits vom Leben stehenden Menschen, nicht als leere Tagträumerei oder egoistisches Begehren, sondern als eine sinnvolle, der Entwicklung dienenden Zwischenphase zwischen dem Drängen und Treiben des Unbewußten und der Verwirklichung in Planen, Handeln, Erfahren und Sichneubesinnen. Entscheidend für diese Kunst des Wünschens ist die Lebendigkeit, Wachheit, Tiefe, Freiheit und Kraft der prospektiven Phantasie. Als prospekte Phantasie bezeichnen wir diejenige, die uns Möglichkeiten unseres künftigen Erlebens und Verhaltens zeigt, die sowohl mit unserem inneren Begehren und Verlangen als auch mit den wirklichen Gegebenheiten in Übereinstimmung stehen. Es geht also nicht darum, sich mit unmöglichen Dingen zu beschäftigen, mit Träumen, Illusionen, Phantasmen und Wahnideen. Es geht auch nicht darum, das einmal wirklich Gewesene, aber längst Vergangene hervorzuholen, um sich immer wieder in sehnsüchtiger Erinnerung daran zu klammern. Es geht auch nicht darum, was ich in der äußeren Wirklichkeit ändern sollte, ohne dabei die Selbsttätigkeit der eigenen Person mit in Betracht zu ziehen. Prospektive Phantasie ist ein inneres Geschehenlassen derjenigen Dinge in uns, die im Dienst der wirklichen seelischen Weiterentwicklung zu uns steht.

Diese Art Phantasie zu wecken, sie anzuregen, zu bereichern und zu üben, ist die Hauptaufgabe im Umgang mit dem eigenen Ich. Es gibt keine Selbsterkenntnis ohne die prospektive Phantasie; wir bleiben sonst in der Selbsttäuschung oder in fruchtlosen Grübeleien stecken. Goethe sagt mit Recht: »Wie kann man sich selbst kennenlernen? Durch Betrachten niemals, wohl aber durch Handeln.« Um aber handeln zu können, um Möglichkeiten dafür zu sehen, und um dann aus dem Erfahrenen brauchbare Lehren für die Zukunft ziehen zu können, brauchen wir die prospektive Phantasie, denn die besten Ermahnungen zur Pflicht sind wirkungslos, wenn man sich ihre Realisierung nicht vorstellen kann. Es gibt keine Selbstverwirklichung ohne prospektive Phantasie.

Der eigentliche Erwachsenenwunsch unterscheidet sich von den Kinderwünschen dadurch, daß er Maß und Ziel hat. Der Erwachsene lebt nicht mehr in der Märchenwelt der Kinder. Sein Denken ist gegenständlich, nach bleibenden Gesetzen geordnet und im Tun gestaltete Realität.

Wie können wir nun mit unseren Wünschen umgehen? Zunächst können wir jeden auftauchenden Wunsch daraufhin untersuchen, ob er einer Realität entspricht und nicht kindliche Motive hat. Das erreichen wir dadurch, daß wir zunächst unserer Phantasie freien Raum geben, um zu sehen, wohin sie diesen Wunsch treibt. Wenn es ein naiver Wunsch wäre, würden wir bald merken, daß er sich kaum in die Realität umsetzen läßt. Es kommt also darauf an, unseren Wünschen das Illusionäre zu nehmen, die Wünsche von Trugbildern und Selbsttäuschungen zu befreien. Es taucht in diesem Zusammenhang dann die Frage auf, was wollen wir wirklich mit diesem Wunsch befriedigen. Wenn sich jemand beispielsweise als Mann einer Frau nähert, dann könnte dahinter, statt Sexualität zu wünschen, der Wunsch des inneren Kindes stecken — wie wir bereits gesehen haben —, das einfach nur in den Arm der Mutter genommen werden möchte, um sich dort wohlzufühlen. Das ist wohl kaum der Wunsch des Mannes. Wer echt in seinen Gefühlen lebt, der wird sich einer Frau annähern, von der er sich nicht nur angezogen fühlt, sondern er wird die Begegnung zulassen, sie sozusagen »sich gestatten«, wird Gespräche führen wollen, den anderen Menschen zu erkunden versuchen, sich in ihn hineinversetzen, ihn fühlen wollen. Aus solchen Begegnungen entsteht dann ein allmähliches Zusammenwachsen, wir fühlen Resonanz, fühlen die Offenheit des anderen für uns und unsere Offenheit für ihn. Sich einem anderen Menschen öffnen heißt ja auch, ihn in sich aufnehmen. In einer solchen Begegnung ist natürlich der Trieb — und nicht der Wunsch nach Sexualität — von Anfang an da. Wenn wir einen guten Umgang mit uns selbst pflegen, dann geben wir ihm nicht gleich nach, lassen Liebe und Spannung wachsen. Wir fordern vom Partner nichts und lassen uns selbst nicht fordern. Irgendwann wird es dann passieren, daß der ehemalige Trieb zum Wunsch von zwei Menschen wird. Keiner muß fragen, keiner muß bitten, keiner muß fordern, keiner muß drängen, in stiller unausgesprochener Übereinkunft geschieht dann das, was die Herzen und die Körper aufeinander zugehen läßt, eine Sexualität, die nicht Hauptausdruck zweier Liebender ist, sondern Höhepunkt eines Gefühls, das aus zwei Menschen strömt.

Wünsche jeglicher Art müssen in uns wachsen und reifen. Wir können sie uns von allen Seiten betrachten, geistig mit ihnen »spielen«, bis sie ein festes Bild in uns geworden sind und sich selbst verwirklichen. Richtig wünschen bedeutet daher, sich von innen her zu öffnen, und mit dieser Öffnung den Wunsch nach außen fließen zu lassen, um ihn zu einer Handlung werden zu lassen.

Der richtige Umgang mit den Wünschen bedeutet immer wieder, daß wir sie mit der Realität konfrontieren und zuschauen, inwieweit sie sich mit ihr schon vereinbaren lassen. Solange wir erkennen, daß unsere prospektive Phantasie noch nicht reicht, solange also das »innere Bild« noch nicht »steht«, wir also immer noch auf eine Art Wunder von außen warten, das helfend eingreifen könnte, müssen wir erkennen, daß der Wunsch noch unausgereift ist, daß es in unserem Innern noch weiter wachsen muß, damit es ins Handeln einfließen kann.

Wer sich ein Haus wünscht, aber weder genügend Einkommen hat noch genügend angespartes Geld, der muß erkennen, daß er diesen Wunsch noch nicht verwirklichen kann. Er müßte wohl den Beruf, die Tätigkeit wechseln, und sehen, wie er mehr verdienen kann, müßte sparen, er müßte den Wunsch vorläufig aufgeben. Wenn ein vorläufig aufgegebener Wunsch nun ständig unsere Phantasie blockiert, dann sind wir im Denken und Handeln nicht frei für aktuellere Dinge. Eine solche Zurückweisung eines Wunsches bedeutet aber nicht, daß wir ihn für alle Zeiten aufgegeben hätten. Wir haben ihn dann sozusagen in die Mappe mit der »Wiedervorlage« zu einem späteren Termin gelegt.

Auf der anderen Seite, wenn zum Beispiel einer von zwei Eheleuten plötzlich ankündigt, daß er zu einem Klassentreffen möchte, dann sollte er sich gründlich fragen, ob das ein echter Wunsch ist, alte Freunde wiederzusehen, oder ob die Gelegenheit benutzt wird, für einige Stunden der Gemeinschaft zu entfliehen, oder ob darin ein »Racheakt« verborgen ist. In den Wünschen sind sehr viele Selbsttäuschungen verborgen und nicht immer ist uns klar, aus welchen Motiven wir handeln.

Man kann die Entwicklung von Wünschen mit der Gestaltung

eines Kunstwerkes vergleichen, das zunächst nur in einer sehr allgemeinen, schemenhaften Konzeption seinem Urheber vorschwebt, dann skizzenhaft ausgeführt, geprüft, vorläufig verworfen, verbessert, nochmals skizziert, wieder geprüft und so weiter durchgearbeitet wird, bis schließlich die endgültige Form vom Künstler angenommen wird. Genauso muß auch immer wieder ein Stück von unseren Wünschen zurücktreten, um sie nüchtern auf ihre Gesamtwirkung zu prüfen, störende oder mangelnde Details herauszufinden und um uns Änderungen zu ermöglichen. Dann gehen wir wieder dicht heran, wenden uns wieder ganz den Details zu, und versuchen, sie so auszuformen, daß sie besser in die Konzeption passen. Dieser fortwährende Wechsel von Nah- und Fernbetrachtung verhindert, daß unsere Phantasie zwanghaft eingeengt wird oder ins Unbestimmte zerflattert. Wünsche sind, wie Kinder, besonders zwei Gefahren ausgesetzt: der verwöhnenden und der überstrengen Erziehung. Die verwöhnende Erziehung versucht dem Kind — dem Wunsch — unklugerweise jede Begegnung mit der Wirklichkeit zu ersparen. Sie schafft eine Atmosphäre von Illusion und Projektion, in der keine Entwicklung geschehen kann. Später erfolgt dann irgendwann doch einmal die unausbleibliche Gegenüberstellung von Wunsch und Wirklichkeit, und nun bricht für den »Zögling«, der auf sie gar nicht vorbereitet wurde, mit einmal die ganze Welt zusammen. Verwöhnte Kinder werden im Leben zu enttäuschten Kindern, die aus Protest gegen die Wirklichkeit auf die früheren Stufen ihres Erlebens zurückkehren und auf ihnen verharren.

Sehr viele Menschen klagen darüber, daß sie unentschlossen sind. Nie gelingt es ihnen, sich zu Entscheidungen durchzuringen. Wenn sie sich wirklich einmal zu etwas durchgerungen haben, dann bringen sie es nicht fertig, das, was ansteht, auch zu realisieren. Sie lassen sich immer wieder von einem Vorhaben abbringen, lassen sich zu Zweifeln oder zum endgültigen Aufgeben verleiten. Alles Selbstvorwürfe, die sie nachträglich gegen sich selbst richten, haben keinen Wert, »der Geist war willig, aber das Fleisch war schwach«, heißt es dann.

Meist steckt dahinter ein Konflikt innerhalb der eigenen Persönlichkeit. Der Entschluß, der gefaßt werden soll, wird von den inneren Stimmen der Schuldgefühle, den Stimmen des Zweifels, den Stimmen der Selbstvorwürfe »beraten« und dann beiseitegeschoben. Das heißt, all die unguten Gefühle, die gegen die Wunscherfüllung rebellieren, haben die Oberhand. Es gibt sozusagen in »diesem Hause« keinen Hausmeister, der Ordnung schaffen kann.

Warum ist das so? Weil das Grundmuster von Hoffnung und Resignation schon seit frühester Kindheit existiert. »Das hat ja doch alles keinen Zweck«, sagt zumindest eine innere Stimme. Die nächste erwidert dann: »Weißt du noch, damals? Du wolltest ein Fahrrad! Ausgelacht hat man dich. Deine Schwester sollte die Lehrstelle antreten und dafür mußte sie eingekleidet werden. Dein Fahrrad? Später vielleicht, aus dem Später wurde ein Niemals.«

Eine andere Stimme sagt: »Das steht dir nicht zu. Es gibt so viel Armut auf der Welt.« Die nächste sagt: »Was, nach Spanien willst du reisen? Bist du aber verschwenderisch. Spare dein Geld lieber, lege das Geld auf die Bank. Wenn dann jemand einmal dringend etwas braucht, dann ist das Geld da.« Es gibt viele solcher Stimmen. Es gibt ein regelrechtes inneres Chaos, jede der inneren Stimmen möchte zu Wort kommen. Bis jemand daherkommt und Ihnen die Entscheidung abnimmt. »In Spanien sind die Strände so schmutzig in diesem Jahr. Laß uns Tagesfahrten machen. Außerdem könnte ich das Geld für meine neuen Reifen gebrauchen.« Die Entscheidung ist gefallen. Eine der inneren Stimmen triumphiert: »Ich habe ja gleich gesagt: Es hat einfach keinen Zweck!« Eine andere, die auch noch zu Wort kommen möchte, wispert: »Sie schafft so etwas nie.« Die nächste: »Schon als kleines Mädchen war sie immer so schüchtern. Immer haben die anderen alles bekommen. Sie kann sich nie so richtig durchsetzen.« Eine andere Stimme: »Na ja, eine wie sie...?«

Was ist wirklich passiert? Die ganze innere Schattenwelt hat wie schon oft im Leben Sabotage betrieben. Hätte dieser Mensch jede einzelne Stimme unter die Lupe genommen, nach Sachlichkeit und Richtigkeit geprüft, es wäre nichts anderes übriggeblieben als der realistische Wunsch, eine Urlaubsreise nach Spanien zu machen. Real hätte nichts, überhaupt nichts dagegengesprochen. Die Stimme der Resignation, die das gesagt hat: »Es hat ja doch alles keinen Zweck«, meldet sich schon sehr früh in der Kindheit. Etwa so: Ein Mädchen

soll vierjährig für einige Monate zu den Großeltern aufs Land. Das Kind protestiert, möchte bei den Eltern bleiben. Die Eltern denken, fürs Kind wird es das Beste sein. Die frische Luft wird dem Kind gut tun. Das Kind sträubt sich, hat Angst, ohne die Eltern leben zu müssen, in einer fremden Umgebung noch dazu. Zu den Großeltern hat es keine Beziehung. Kaum ist es bei den Großeltern, kommt das Heimweh dazu. Außerdem spürt es dumpfe Gefühle in sich, weil die Eltern seine Wünsche nicht berücksichtigt haben. Die Eltern spüren das Heimweh ja nicht. Das Kind war der Macht und Willkür der Eltern ausgeliefert, kein Mensch bemerkt das Ohnmachtsgefühl. Das Heimweh hält über Wochen an, das Kind kann nicht schreiben, nicht anrufen, kann nicht zeigen, wie ihm zumute ist. Schließlich ist nur noch das eine da: »Es hat ja doch alles keinen Zweck!« Und das bleibt, vielleicht ein Leben lang.
Immer wenn bei einer Wunscherfüllung innere Widerstände auftauchen, dann sind die inneren Rebellen am Werk, die, jeder für sich, ihre eigenen Erfahrungen im Laufe eines Lebens gemacht haben. Diese inneren Widerstände blockieren unsere Kraft, jene Kraft, die wir gerade zur Wunscherfüllung so nötig hätten. Wenn eine Maschine nicht so richtig arbeitet, weil Teile sich verklemmt haben oder Sand ins Getriebe geraten ist, hilft es nichts, wenn die Antriebskraft verdoppelt wird, um die Hemmung gewaltsam zu überwinden. Der Schaden wird dadurch meist verschlimmert.
Eine menschliche Gemeinschaft ist dann in Ordnung und funktionstüchtig, wenn sie ihren Mitgliedern Sicherheit und Vertrauen gibt, so daß diese Mitglieder sich freudig dem ganzen einfügen, sich in ihm nicht beengt und vergewaltigt fühlen, aber auch nicht in ein anarchistisches Gegeneinander geraten, sondern freiwillig alle Kräfte in den gemeinsamen Dienst einer Aufgabe stellen. Was für die Gemeinschaft gilt, gilt ebenso für die inneren Kräfte des Menschen, da, wo alle Energien ungeordnet wirken, kann nichts Überzeugendes leben.
Dort also, wo Wünsche geprüft, für gut befunden und gelebt werden dürfen, dort ist auch das System in Ordnung. Immer wieder sind es gerade die unterdrückten Bedürfnisse, die uns Menschen einengen, sie rufen Schuldgefühle hervor, die Schuldgefühle ein Kontroll- und Ordnungssystem, das darüber wiederum wacht, daß

keine Wünsche sich durchsetzen dürfen. Die innere Resolution verzehrt die Kräfte, und das eigentliche Leben wird nicht wahrgenommen, weil alle Aufmerksamkeit darauf gelenkt wird, daß dieses Kontrollsystem funktioniert.

Das Kontrollsystem verhindert, daß die eigene, natürliche Ordnung, nämlich jene Ordnung, die eingebettet im Strom allen Lebens aus sich selbst heraus funktioniert, fließen kann.

Die Trugbilder in der moralischen Wertung

Lisa hat mich heute morgen schon vor neun angerufen. Für Lisa ist das normalerweise noch nachtschlafende Zeit. Denn vor zehn steht sie selten auf.

Sie habe ziemlich schlecht geschlafen, meinte sie. Mit ihrem Freund Frank hätte sie gestern mal wieder eine längere Aussprache gehabt. »Die letzte zu diesem Thema«, sagte Lisa heute morgen. Das glaube ich zwar nicht, denn schließlich geht es mit Lisa und Frank schon ein paar Monate hin und her.

Dabei war Frank vor wenigen Tagen noch in Hochstimmung gewesen. Er hatte sein zweites Staatsexamen in Jura bestanden und sogar schon eine feste Zusage, demnächst bei einem ziemlich prominenten Anwalt zu arbeiten.

Wie Lisa ihren Frank darauf vorbereitet hat, daß sie nun eigentlich gern heiraten und ein Kind bekommen wolle, weiß ich gar nicht. Ich hab davon erst erfahren, als die Stimmung zwischen ihnen schon frostig war. Beide hatten gute Argumente für ihre Einstellung. Lisa sagt, daß sie jetzt, wo sie noch studiert, besser ein Kind großziehen kann als später, wenn sie erst einmal berufstätig ist. Sie ist 25, aber erst im vierten Semester, weil sie vor ihrem Betriebswirtschaftsstudium als Dolmetscherin gearbeitet hat.

Ihr Traum ist es, im Management einer großen Firma Karriere zu machen. Sicherlich ein Beruf, in dem man Kinder nicht so nebenher haben kann. Schon gar nicht kleine. Wenn sie erst einmal in den Kindergarten gehen, kann sich nachmittags eine Kinderfrau um sie kümmern«, sagt Lisa. Daß Lisa ihr Leben so klar vorausplant, das ist so ihre Art. Und meist erreicht sie auch, was sie sich vorgenommen hat.

Ob Frank sich allerdings ihren Heiratsplänen anschließt, steht auf einem ganz anderen Blatt. Prinzipiell hat er überhaupt nichts dagegen, Lisa zu heiraten — irgendwann. Zunächst möchte er sich eine Existenz aufbauen. Und noch ein paar Jahre lang seine Freiheit genießen.

Und genau diese Freiheit war der Grund für Lisas Anruf heute

morgen. Vor Lisa gab es in Franks Leben schon ein paar Freundinnen.
Während ich mich mit meinem Honigbrötchen beschäftigte, polterte Lisa ins Telefon: »Ich kann alles ertragen, nur nicht, daß er mich belügt.«
»Hat er dich denn belogen?«
»Nein, nicht direkt, ich spüre was, ich spüre so was immer.«
»Und woran spürst du es?«
»Wir hatten uns geschworen, wenn je etwas zwischen uns tritt, das sofort zu sagen.«
»Und jetzt ist etwas dazwischengekommen, was Frank dir verschwiegen hat?«
»Nein!«
»Dann versteh ich dich nicht.«
»Ich spüre es.«
»Du hast immer auf Frank geschworen«, sagte ich.
Ihre Stimme klang weinerlich und verzagt, als suche sie nach etwas. »Er hat zwar früher seine Freundinnen betrogen, aber ich bin eben die große Ausnahme in seinem Leben.«
Ich wollte ihr nicht den Mut nehmen, aber ich mußte ihr erklären, daß viele Männer und Frauen, die es immer schon mal woanders probiert hatten, in der Regel auch Wechsler bleiben können. Aber das war nicht das eigentliche, was wichtig für Lisa war: Das unbestimmte Gefühl sagte noch gar nichts aus. Wir alle haben einmal unbestimmte Gefühle und können uns gewaltig täuschen. Das Dilemma an der Sache war, daß sie wertete. Sie tat so, als ob etwas geschehen war. Es lebte nur in ihrer Phantasie. Und sie wertete es. In ihrem Innern hatte sie Frank schon verurteilt. Sie hatte ihm noch nicht einmal die Chance eingeräumt, Stellung zu nehmen. Sie hatte ein Urteil gefällt und »trug es unter die Leute«. »Hast du außer mit mir schon mit jemandem darüber gesprochen?« fragte ich sie.
»Nur mit meiner besten Freundin«, erwiderte sie.
»Und was hast du der erzählt?« Vielleicht war noch etwas zu retten. Ich spürte, wie sie wütend wurde. Die Situation schien sie zu überrollen. »›Ich glaube, Frank betrügt mich‹, habe ich gesagt. ›Und das ist schließlich unehrlich und es ist außerdem eine böse Täuschung, richtig arglistig ist das‹, habe ich gesagt.«

»Schlimm, schlimm«, sagte ich.
»Gell, du findest Frank auch gemein?«
»Nein, weil überhaupt noch nicht feststeht, daß er dir etwas angetan hat. Und das schlimme daran ist, du hast deinen Frank verurteilt, und du bist schon dabei, ihn zu bestrafen.«
»Wieso ich?«
»Du ruinierst Franks Ruf,« sagte ich.
Sie schien gar nicht hinzuhören. »Wenn er mich hintergeht, dann ist das eine Form von Unehrlichkeit. Und wenn er mit anderen Frauen nur flirten würde, dann würde auch das schon unehrlich sein.«
Ich gab ihr für den Nachmittag einen Termin, das schien mir wichtig. Denn, was Lisa da tat, war nicht nur eine böse Kiste, die sich gegen Frank richtete, schlimmer war noch, was sie sich selbst antat. Vor kurzem wollte sie Frank heiraten, ein Kind von ihm, und jetzt betrieb sie Rufmord an dem Menschen, den sie doch so sehr liebte.
Lisas moralisch wertendes und kausal erklärendes Denken schaffen gemeinsam daran, ihr eine illusionäre Welt anstelle der wirklichen aufzubauen, die ihr in ihrer Angst verlorengegangen war. Je besser es ihr gelingt, je mehr sie sich in ihrer Scheinwelt häuslich einrichtet und ihre magischen Praktiken für geltende Naturgesetze hält, um so geringer wird auch die Aussicht, daß sie jemals wieder aus ihrem komplexhaften Erleben herausfindet. Dank ihrer unrealistischen Betrachtungsweise mauert sie sich in ihren Komplexen ein.
Wie sollte sie die Dinge dann betrachten? Daß sie keine moralischen Werturteile fällen sollte, leuchtet einem ja noch ein. Aber warum sollte sie sich keine kausalen Erklärungen geben? Ist es nicht das Ziel unseres heutigen Denkens, kausale Zusammenhänge zu erkennen?
Es kann nicht das Ziel unseres Denkens sein, etwas zu erkennen, was nicht vorhanden ist – oder was einer gründlichen systematischen Nachprüfung nicht standhält. Es gibt keine seelische kausale Gesetzmäßigkeit.
Im Umgang mit uns selbst werden wir nie einen eindeutigen und bedingt gültigen kausalen Zusammenhang finden, so etwa, daß wir von da an nicht mehr nachdenken müßten. Wir können eine Sach-

lage nur beschreiben und zu verstehen versuchen, ohne voreilige Erklärungen zu wagen. Da wir unser Erleben nur als Ganzes kennen, in dem alles mit allem in Beziehung steht, können wir es nicht so behandeln, als wäre es ein aus leblosen Einzelstücken notdürftig zusammengefügter Mechanismus. Dazu gäbe uns keine Erfahrung das Recht, höchstens eine müßige Spekulation. Und unsere praktische Aufgabe kann es nicht sein, an uns herumzubasteln wie an einer Maschine, schadhafte Teile zu entfernen und neue für sie einzusetzen. Wir können unsere einzelnen Erlebnisse höchstens wie kleine Kinder betrachten, die jeweils ihre besondere, uns noch unbekannte Eigenart haben, und bei denen uns vor allem daran liegt, daß sie sich unserem inneren »Regime«, dem Gefüge unserer Gesamtpersönlichkeit einfügen. Worum geht es denn? Es geht darum, Komplexe als solche zu erkennen und uns klarzumachen, mit welchen Gesellen wir es da zu tun haben. Und unsere Schuldgefühle gibt es gar nicht. Es gibt Gefühle der Angst, der Freude, der Traurigkeit, aber keine Schuldgefühle. Wenn wir von Schuldgefühlen reden, dann reden wir eigentlich von einem Schuldkomplex, der aus verschiedenen widersprüchlichen Gefühlen besteht. Angst gehört dazu, Wut ebenso, Trotzgefühle, Rachegedanken, Schmerz und noch einige mehr. Und wenn wir mit den »Schuldgefühlen« fertig werden wollen, dann müssen wir uns eben klarmachen, daß es sich um ein ganzes Gefühlsbündel handelt, und das macht die Sache besonders schwierig, Klarheit in uns zu schaffen. Mit einem Kausalitätsdenken kämen wir da nicht weiter.

Moralisch wertendes und kausal erklärendes Denken würden kaum dazu beitragen, mit einem Schuldkomplex fertig zu werden, sie würden uns immer wieder in die Irre führen. Es geht ja doch darum, im Laufe einer bestimmten Zeit einen Komplex aufzulösen und in die Persönlichkeit zu integrieren. Denn ganz so hilflos, wie es manchmal erscheinen mag, ist die psychologische Denk- und Betrachtungsweise nicht. Sie ist zumindest die einzige, die einen praktischen Wert hat, wenn wir gegen unsere Komplexe angehen wollen und nicht auf ein Wunder von außen warten. Unsere erste Aufgabe ist es also, Komplexe als solche zu erkennen. Das ist nicht immer ganz leicht, wie wir noch im nächsten Kapitel sehen werden.

Ein sicheres Anzeichen für das Vorhandensein eines Komplexes fin-

den wir auch nicht etwa darin, daß wir bei uns eine gewisse Ängstlichkeit, Verlegenheit, Aufgeregtheit, Unentschlossenheit, Zaghaftigkeit oder Selbstunsicherheit feststellen.
Ferner kann man Komplexe nicht daran erkennen, daß unter ihrem Einfluß nur moralisch minderwertige, schädliche oder gesellschaftsfeindliche Handlungen begangen würden. Ein seelisch stark gestörter Mensch kann sich geradezu aufopfernd um andere Menschen, die in Not sind, bemühen, oder sich in den Dienst großer gemeinschaftlicher Aufgaben stellen.
Stärke oder Schwäche des Gefühls haben in diesem Zusammenhang auch wenig damit zu tun. Es gibt echte große Leidenschaften, und es gibt die Besessenheit von komplexhaft gewordenen Wünschen, die alle Maße und Grenzen sprengt.
Beim komplexhaften Erleben fehlt fast jede prospektive Phantasie. Der Betreffende vermag sich das, was in den nächsten Phasen des Entwicklungskreises geschehen sollte, gar nicht vorzustellen. Es taucht in ihm zwar ein Bild des Endzustandes auf, wie er gerne sein möchte, aber für das Hier und Heute fällt ihm nichts ein. Manch einer sieht sich mit einer Frau in irgendeiner Ferne glücklich, sieht sich im Hier und Jetzt aber nicht in der Lage, seine Bedürfnisse zu äußern. Die Phantasie überspringt eine ganze Reihe von Entwicklungsgängen, oder sie bleibt an die Gegebenheit des Augenblicks gefesselt. Sie wird zur illusionären oder zur verkümmerten, aber nicht zur prospektiven Wunschphantasie.
Ein gesundes Erleben drängt schon von sich aus immer weiter in die jeweils folgende Phase des Entwicklungskreises hinein. Ein Trieb will ja als Wunsch ausphantasiert, ein Wunsch zum Plan fortgebildet, eine Erfahrung überdacht werden. Je mehr dagegen Komplexe in uns bestimmend werden, um so mehr können wir uns dabei ertappen, wie wir vor jedem neuen Entwicklungsschritt zurückscheuen. Dafür finden wir auch jedesmal moralische Rechtfertigungen oder kausale Erklärungen, aber die sind für den psychologischen Sachverhalt ja bedeutungslos. Ein Komplex kennt die Entwicklungsrichtung nach vorn nicht. Frank, dem jungen Mann unserer Fallgeschichte, wäre also kaum anzuraten, Lisa zu heiraten. Denn das, was sich zunächst nur vage ausdrückt in ärgerlichen Vermutungen und Behauptungen, würde in einer Ehe eines Tages zum massiven

Angriff werden. In ihrem komplexhaften »Wahn« würde Lisa ihn immer mehr verdächtigen, Frank würde wahrscheinlich über jede Minute, die außerhalb der Arbeitszeit bleibt, Rechenschaft ablegen müssen. Kurzum: Bei dieser Einstellung von Lisa könnte Frank möglicherweise die »Hölle auf Erden« erleben. Eines Tages käme es dann zur Scheidung und Frank und Lisa würden sich in die Heerscharen der an der Trennung Leidenden einfügen müssen.

Jede Trennung aber, die bewußt erlebt wird, hinterläßt »tiefe Kerben« in den Seelen der Betreffenden. Und es ist ja wirklich nicht so, daß wir alle Erfahrungen dieser Welt machen müßten. Einen Menschen zu verlieren — wie auch immer —, heißt alles verlieren, heißt zurückzufallen in frühere Isolierungen. Das Heer der Schuldgefühle bekäme Raum und könnte eine Weile sein Unwesen treiben. Bei Menschen, die eine zentrale Beziehung verloren haben, eine Rolle, die ihr Leben sinnvoll gemacht hat, kommt es zu einer doppelten Blockierung. Auf der einen Seite sind sie der emotionalen Ausdrucksmöglichkeiten beraubt, die ihr Leben sinnvoll gemacht haben. Sie sind aber auch unfähig, die Gefühle von Groll oder Feindseligkeit auszudrücken, die dieser Verlust hervorruft. Beide Blockierungen vergrößern eine innere Verzweiflung und schaffen jenes gefühlsmäßige Klima, in welchem die Widerstandskraft gegen Erkrankungen vermindert erscheint.

Jeder hat seine eigene Wirklichkeit, aber was ist Wirklichkeit? Ist Wirklichkeit nur jener öde Ernst des Lebens, den uns Moralisten einzutrichtern versuchen? Ist sie so hart, so streng, so nüchtern, wie sie uns unsere eigene Selbstbestrafung aufsetzt? Das Wort Wirklichkeit kennt drei Bedeutungen: Nämlich die subjektive psychische Aktualität, die »Wirklichkeit für mich«, die objektive phänomenale Wirklichkeit, jene Wirklichkeit, die für alle Gültigkeit hat, und die absolute Wirklichkeit, die Wirklichkeit an sich.

Unsere eigene Wirklichkeit gilt nur für uns persönlich, andere Menschen haben ihre eigene Wirklichkeit. In dieser Wirklichkeit erleben wir uns mit unseren Ängsten, Schuldgefühlen oder Freuden und anderen Gefühlen. In der Wirklichkeit erleben wir dieses: »So bin ich eben.«

Das Gegenteil dieser Wirklichkeit für mich ist das, was wir als den Kern dieses Buches betrachten: es ist das nur Vorgetäuschte, Er-

logene, äußerlich zur Schau getragene, ohne innere Beteiligung Nachgeahmte, das nur anerzogene Gemachte, die äußerliche Fassade, die Heuchelei, die leere Förmlichkeit, die Konvention, das Unechte jeder Art. Oder das gefühlsmäßig nicht Beeindruckende, das Schemenhafte, Unlebendige, Blasse, für uns Belanglose, uns nicht ansprechende, das mit nur halber Seele, nur mit dem Verstand oder gar nicht Geglaubte.
Mit der phänomenalen Wirklichkeit ist all das gemeint, was nicht von unserem persönlichen Erleben abhängig ist, sondern wovon wir wissen, daß alle Menschen es immer wieder auf grundsätzlich gleiche Weise erleben; daß es also auch dann fortbesteht, wenn es im Augenblick für uns keine Aktualität hat. Das braucht noch keine letzte, von jedem Erleben unabhängige Wirklichkeit zu sein, sondern ihre Bestätigung liegt gerade im Erleben, in der Gemeinschaft der Erfahrungen, Denk- und Urteilsweisen zwischen vielen Menschen. So gibt es ein objektives phänomenales Weltbild, das jedermann immer wieder sieht: die Erde, auf der wir stehen, als eine flache Scheibe, und über ihr sich das drehende Himmelsgewölbe mit den Bewegungen von Sonne, Mond, Planeten und Fixsternen. Phänomenal wirklich ist auch jeder einzelne Gegenstand, den wir wahrnehmen, insofern jeder andere Mensch mit gesunden Sinnen ihn ebenso wahrnehmen müßte: der Kirchtum des Dorfes, zu dem wir aufschauen, und auch sein Spiegelbild im Teich. Neben den Gegenständen der Welt sind aber auch Erlebnisse, wie Denken, Fühlen, Wollen oder Träume phänomenal möglich, insofern eben nicht nur ich allein diese Erlebnisse haben kann, sondern grundsätzlich jeder Mensch.
Der Gegensatz zur phänomenalen objektiven Wirklichkeit ist das nur Eingebildete, Wahnhafte, die Sinnentäuschung, das einzelne Traum- oder Phantasiebild, die bloße Vorstellung, die Illusion, das nur gedanklich Konstruierte, die Vermutung, die rein subjektive Annahme, die irrige Auslegung einer Teilwahrheit, die Sinnes- oder Seelenblindheit.
Bei der subjektiven psychischen Aktualität ebenso wie bei der objektiven phänomenalen Wirklichkeit gibt es nicht nur die schroffe Unterscheidung von »wirklich« und »unwirklich«, sondern verschiedene Grade des Wirklichseins. Im ersten Fall sind es Grade der

Gefühlsintensität, der erlebten Gegenwärtigkeit. Die Erinnerung an ein schönes Erlebnis, das einige Tage zurückliegt, ist mir vielleicht subjektiv »wirklicher« als das Getriebe auf der Straße, über die ich gerade gehe. Dieses Getriebe aber, in das ich mich ja einfügen muß, hat immer noch mehr »Wirklichkeit« als etwa die Melodie, die ich halb in Gedanken vor mich hinsumme und die mir gar nichts besagt.
Im zweiten Fall unterscheiden wir Grade der objektiven phänomenalen Wirklichkeit je nachdem, wie viele und wie maßgebliche Urteile uns eine Gemeinsamkeit des Erlebens bestätigen.
Erst in der letzten, vom Erleben völlig unabhängigen Art der Wirklichkeit, die wir die »Wirklichkeit an sich« oder die absolute Wirklichkeit nennen, gibt es keine Abstufungen, keine Grade und Übergänge mehr. Das ist jene Wirklichkeit, wie sie etwa Kant mit dem »Ding an sich« meinte, das von allen Erscheinungen jeder phänomenalen Wirklichkeit grundsätzlich verschieden sei. Absolute Wirklichkeit können wir nicht mehr als solche wahrnehmen, erleben oder erfahren, sondern sie nur — gemäß den »a priori geltenden Gesetzen der Logik« — aus dem phänomenal Wahrgenommenen zu erschließen versuchen oder sie dank einer übernatürlichen, göttlichen Offenbarung mitgeteilt erhalten.
Viele Menschen leben mit einem sogenannten Wirklichkeitsverlust. Ein solcher Wirklichkeitsverlust ist immer dann eingetreten, wenn jemanden das Gefühl überkommt: »Ach, immer nur dasselbe! Wie langweilig! Wie monoton! Will denn gar nichts Neues geschehen?« Oder wenn wir zwischen dem, was gestern war, und dem, was heute ist, überhaupt keinen Zusammenhang mehr finden: »Ich weiß gar nicht, was los ist! Ich finde mich da gar nicht mehr zurecht! Ich verstehe die Welt nicht mehr!« Dann findet keine wirkliche Begegnung, kein wirkliches Erleben, keine wirkliche Entwicklung mehr statt. Dann hat unsere subjektive Wirklichkeit den Bezug zur objektiven, also der gültigen Orientierung verloren. Wir leben dann außerhalb der Wirklichkeit.
Unsere Zukunft ist wie ein endloser dunkler Tunnel und irgendwie ist das Hineinwachsen in die Zukunft ein Abenteuer, ein Wagnis. Wenn wir an die Zukunft denken, wissen wir nicht, wo die Sonne sein wird, wenn wir sie erreicht haben. Noch ist die Zukunft ein Nichts, etwas, was noch werden will, es gibt keine klaren Weg-

weiser, und mancher wandert irrend, ohne Ziel in die Zukunft hinein. Aber der Weg führt nicht an der Zukunft vorbei, wir müssen diesen Weg gehen. Furcht vor der Zukunft erschwert den Weg, das einzige, was weiterhilft, ist die Hoffnung.
Hoffnung ist keine Emotion, kein Gefühl — sie ist menschliche Grundhaltung. Hoffnung umfaßt das Gegenwärtige und trägt es gewandelt in die Ferne kommender Tage. Dumme Sprüche wie: »Wer nicht wagt, der nicht gewinnt«, helfen uns nicht über die Zukunftsangst hinaus. Alles auf eine Karte setzen? — Alles oder nichts? Oder die anderen, die sich rückversichern müssen. Oder jene, die längst resigniert haben?
Da wo Resignation ist, da ist Hoffnungslosigkeit. Wenn wir einen resignierenden Menschen beobachten, dann ist da die Gebärde der Hoffnungslosigkeit, ein hilfloses Achselzucken. Diese Gebärde zeigen Menschen, die keine Worte mehr für ihre Hoffnungslosigkeit haben.
Nicht nur in der Gebärde des Achselzuckens verbergen Menschen ihre Hoffnungslosigkeit. Es ist häufig der ganze Mensch, der dieses Sinnlose, dieses »hat ja doch keinen Zweck« ausdrückt. Der Resignierende macht sich — und das macht die Sache noch schlimmer — für andere zum bequemen Mitmenschen. So ein Mensch gibt sich mit wenig zufrieden. Resignierende lassen ihre Mitmenschen in Ruhe und wollen in Ruhe gelassen werden. Für andere ein Zeichen, diese Mauer der Resignation nicht zu durchbrechen. Bringt es doch nur unbequeme Auseinandersetzung mit sich. Die Bequemlichkeit, die der Mensch ohne Hoffnung seiner Umgebung verschafft, läßt jeden Ansatz in Richtung Hoffnung ersticken, einfach verdrängen. Die Resignation ist die »Krankheit hinter der Krankheit«. Resignation ist eine Zeitkrankheit, die den Menschen der Gegenwart bedroht. Resignation verhindert den Durchbruch zur »Freiheit des Lebens«. Wenn Hoffnungslosigkeit uns derart lähmen kann, hilflos macht, dann kann ihr Gegenpol, die Hoffnung, uns eine gewaltige Kraft verleihen.
Ich erinnere mich: Ich traf diesen alten Gammler auf einer Bank. Seine Augen waren irgendwie leer. Er fragte mich nach einer Zigarette. Ich gab ihm eine. Sein Lächeln, das ihn schwach die Lippen verziehen ließ, war Maske. Der Mann kam mir wie eine leere Hülle

vor. Wie einer, der bereits gestorben war und es nur noch nicht wußte. Ich war aufgestanden und weitergegangen. Ein paar Schritte nur. Dann war da eine innere Stimme: »Du hast ihm nur eine Zigarette gegeben.« Die innere Gegenstimme: »Er hat nicht nach mehr verlangt.« Dann wieder die erste Stimme: »Du hast gesehen, wie leer er ist. Willst du nicht wissen, wie man so wird? Welches Schicksal dahintersteht? Wünsche, Bedürfnisse, versagte Freuden? Ist das alles, was du zu geben hast — eine Zigarette?« Ich ging zu ihm zurück. Er sah mich kommen, blickte mit seinen leeren Augen durch mich durch. Du mußt ihm eine Hoffnung geben, dachte ich. Der Mensch kann nur erfüllt leben, wenn er eine Hoffnung hat: Mithelfen, daß ein Mensch menschlicher lebt. Ich erkannte, alles, was ich über dieses Thema wußte, waren meine eigenen Erfahrungen und meine theoretischen Erkenntnisse. Ich sprach mit ihm, heute weiß ich nicht mehr genau, was alles. Aber ich erkannte ganz deutlich, während dieses Fragens, Wissens, Glaubens und Erkennens zerbröckelte etwas von der Maske der Resignation in seinem Gesicht. Ich weiß nicht und fragte auch nicht danach, wie lange ihm kein Mensch mehr zugehört hatte. Seine Geschichte war die Geschichte von Verzweiflung, Leid, Krankheit, vom Zerbrechen einer Ehe, vom Verlust der Arbeitsfähigkeit. Es war keine Geschichte der Faulheit, des Schmarotzertums an der Gesellschaft. Das hier war kein Faulpelz. Er war ein Mensch, dem alle Hoffnung und damit alle Kraft geschwunden war. Wir haben uns nach diesem Tage noch oft unterhalten: In meiner Praxis, dorthin hatte ich ihn eingeladen. Und in gemeinsamer Arbeit gelang es uns, daß er neue Hoffnung und neuen Mut bekam. Heute geht es ihm wieder besser. Er hat sich gefangen. Wochenlang hatten wir gerungen zwischen den Begriffen »wieder leben« oder »versanden« — »hoffen« und »resignieren«. Ich freue mich noch heute, daß ich ihm mehr geben konnte als nur eine Zigarette.

Wie beginnen derartige Schicksale? Irgendwann hört ein Sohn von seinem Vater: »Du bist ein Versager!« Oder: »Immer wieder dieser Taugenichts!« Was so ein Sohn sich von seinem Vater mit Recht ersehnt, ist das Gefühl: mein Vater liebt mich. Er achtet mich. Er ist mir behilflich bei meinem Werdegang zu einem lebensbejahenden Menschen. Aber statt dessen: »Das kannst du nicht« — oder:

»Das schaffst du nie, dein Bruder ja, aber du?« Dieser ewige Zweifel, diese innere Getriebenheit, es dem Vater doch noch zu zeigen, mit der ständigen Hoffnung, eines Tages wird er mich lieben, zehrt ständig an der Kraft, untermauert Gesundheit und Selbstvertrauen. Die Angst, es dem Vater nicht recht zu machen, läßt so einen Sohn durch Prüfungen fallen, und schon kommt die Bestätigung: »Ich hab's ja gewußt, du schaffst das nie!« Und irgendwann kommt das Wort: »Du bist ein Versager!« Und das sind keine Vaterworte mehr, das ist ein Richterspruch, ein endgültiges Urteil, gegen das es keinen Widerspruch gibt. So ein Sohn hat ein Etikett bekommen, ein »Kainsmal«, er ist für alle Zeiten abgestempelt. Dieses endgültige Urteil lebt im Innern eines Menschen weiter, und es wird kaum eine Überzeugung geben, die stärker wirkt.
Vielleicht begegnet ihm ein Mensch, der ihm auf die Schulter klopft: »Nicht resignieren, alter Junge, auch ein blindes Huhn findet ein Korn.« Möglich, aber so ein blindes Huhn würde dieses Korn übersehen, weil die innere Stimme des Vaters es verbietet, dieses Korn zu finden. So ein Junge wird dieses Wort: »Nicht resignieren« noch öfter hören, aber es nützt ihm nichts, weil er schon in früher Jugend längst resigniert hat, und er weiß nicht, was Hoffnung ist. Viele suchen diese innere Resignation durch den Glauben an Gott zu überbrücken. Eine ältere Frau erzählte: »Ich sitze in der Kirche, im Gottesdienst, leide seit einiger Zeit an Depressionen. Ich weiß gar nicht warum. Ich bin doch ein gläubiger Mensch. Alle um mich herum beten, ich möchte so gerne mitbeten, möchte dem Herrgott von meiner inneren Not erzählen, ihn bitten, mich davon zu befreien. Aber da ist eine unsichtbare Wand, zwischen mir und Gott. Zwischen denen, die neben mir sitzen, die hinter mir sitzen, die vor mir sitzen. Ich habe das Gefühl, ich lebe ganz allein auf dieser Welt. Außer mir gibt es niemanden. Ich könnte schreien, weiß aber, daß dieser Schrei ins Nichts, in die Leere verhallt. Der Prediger spricht von Hoffnung, von neuen Schritten ins Leben. Ich denke an die Dinge, die ich tun sollte, die ich tun müßte, aber ich kann es nicht tun! Die Predigt verwirrt mich, Angst steigt in mir auf. Ich stehe auf, zwänge mich eilig an den anderen vorbei, haste nach draußen. Man mag vielleicht gedacht haben, mir gefällt nicht, was der Prediger gesagt hat, aber es ist anders: Wie soll ich Schritte in ein neues

Leben finden, wenn ich mich auch von Gott verlassen fühle?
Der große Gegenpol der Hoffnung ist die Hoffnungslosigkeit. Hoffnungslosigkeit verwehrt uns die Blicke in die Zukunft, den hoffenden, den fürchtenden, ja selbst den ängstigenden Blick. Sie ist in Vergangenheit und Gegenwart gebunden. Häufig ist darin das nicht Wahrhabenwollen jedes Sinnes, jedes Be-sinnenden, das in die Hoffnungslosigkeit führt. In der Hoffnungslosigkeit liegt die Vermeidung der Auseinandersetzung mit dem Leben, mit sich selbst.
Darin liegt nicht selten die Sehnsucht nach »besseren alten Zeiten«, es ist eine Rückschau in Träume und Phantasien. Was bleibt, ist eine stinkende, verwesende Leiche in uns: die Hoffnungslosigkeit. Hegel hat einmal gesagt: »Wenn die Philosophie ihr Grau in Grau malt, dann ist die Gestalt des Lebens alt geworden, und mit Grau in Grau läßt sie sich nicht verjüngen, sondern nur erkennen; die Eule der Minerva beginnt erst mit der einbrechenden Dämmerung ihren Flug.«
Der Sufi Khalil Gibran sagt: »Saget nicht, ich habe die Wahrheit gefunden — sagt lieber: Ich habe eine Wahrheit gefunden. Saget nicht, ich habe den Pfad der Seele entdeckt, saget lieber: Ich habe die Seele getroffen, auf meinem Pfad wandelnd. Denn die Seele wandelt auf allen Pfaden. Die Seele wandelt nicht auf einer Bahn, noch wächst sie wie ein Schilfrohr. Die Seele entfaltet sich gleich einer Lotusblume, aus Blütenblättern ohne Zahl.«
Der Mensch ist so ziemlich das einzige Lebewesen, das sich langweilt, unzufrieden ist und sich aus dem Paradies ausgeschlossen glaubt. Seine eigene Existenz ist ihm zum Problem geworden, das er lösen möchte und dem er nicht entfliehen kann. Der Mensch ist bestrebt, sich zu entwickeln und dadurch sich eine eigene Welt zu schaffen, in der er sich mit sich selbst und seinen Mitmenschen zu Hause fühlen kann. Jede Stufe, die er in Richtung »Himmel« getan hat, läßt ihn wieder unbefriedigt und verwirrt ihn. Und diese Verwirrung nötigt ihn, neue Lösungen anzustreben: Da er das Paradies — die Einheit mit der Natur — verloren hat, wurde er zum ewigen Wanderer und Sucher. Ständig geht er vorwärts, versucht angestrengt das Unbekannte zu erkennen, indem er Lücken seines Wissens mit Antworten ausfüllt und weiß doch nicht, was er ei-

gentlich sucht. Über sich und den Sinn seines Lebens versucht er sich Rechenschaft zu geben. Um diesen inneren Zwiespalt zu überwinden, drängt es ihn — getrieben von einem Willen nach Absolutheit — eine neue Form von Harmonie zu finden, die den Fluch von ihm nimmt, durch den er von der Natur, seinen Mitmenschen und sich selbst getrennt wurde. Diese ewige innere Unzufriedenheit bringt Bedürfnisse, die weit über die hinausgehen, die ihm von seiner Seinsstufe her gut tun. Diese Bedürfnisse bewirken aber auch einen dringenden Wunsch, die Einheit und das Gleichgewicht zwischen sich und der übrigen Natur wiederherzustellen.
Es gibt auf der anderen Seite Menschen, die Harmonie in der Gleichheit suchen. Man muß sich nur einmal vorstellen, wie unser Zusammenleben aussähe, wenn es die unabsehbar vielen Verschiedenheiten nicht gäbe. Es begegneten uns dann immer Leute, die genauso wären wie wir, fühlten, dächten, handelten so wie wir, sie hätten immer die gleichen Einstellungen, die gleichen Erfahngen wie wir, die gleichen Ansichten, die gleichen Werturteile, die gleichen Wünsche, Ziele und Bedürfnisse wie wir. Wir lebten in einem Spiegelkabinett, indem wir immer nur uns selbst in unendlicher gleichförmiger Wiederholung sähen — oder auch nicht uns selbst, denn wir wüßten nicht einmal mehr, ob wir selbst das Urbild aller dieser Spiegelungen wären, oder auch nur ein schattenhaftes Abbild der vielen anderen. Wir wären von niemandem unterschieden und könnten darum auch in allen Begegnungen nichts, aber auch gar nichts Neues mehr erfahren. Niemand könnte uns etwas mitteilen, was wir nicht auch schon längst gewußt oder gerade in diesem Augenblick selbst gedacht hätten. Wegen unserer völligen Gleichheit hätten wir Spiegelbilder uns nicht das geringste zu sagen. Ein Verstehen wäre unmöglich, denn es gäbe ja nichts mehr zu verstehen.
Wer so leben wollte, der könnte Auseinandersetzungen mit anderen nicht ertragen. Wenn man den Gedanken nicht ertragen kann, mit einem bestimmten Menschen jemals Meinungsverschiedenheiten zu haben, sich mit ihm »auseinandersetzen« und wieder »zusammenraufen« zu müssen — wenn man an diesem Menschen in ängstlicher, höriger oder eifersüchtiger Verliebtheit hängt, dann ist nicht zu erwarten, daß man mit ihm ein wirklich konstruktives Ge-

spräch führen könnte. Nicht die Stärke der Gefühlszuwendung beider Partner ist entscheidend — vom einseitigen Gefühl ganz abgesehen, das ohnehin nur unglücklich macht —, sondern das Maß, in dem man einander als wirklich erfährt und bejaht.
Fünf lange Wochen sind vergangen seit Lisas morgendlichem Anruf. Frank hatte sich aufgrund ihrer Verdächtigungen von ihr getrennt. Ihren Termin, den wir ausgemacht hatten, hatte sie ebenfalls abgesagt. In dieser Zeit ging Lisa, wie sie mir später gestand, auf einen Sehnsuchtstrip. Sie dachte an Frank, träumte von ihm, malte sich ihr Wiedersehen sehnsüchtig köstlich in allen Einzelheiten aus. Und so wurde es dann auch. Langsam gingen sie wieder aufeinander zu, versöhnten sich stürmisch, und nach einer Woche war der Alltag wieder da.
Und dann fühlte Lisa sich schon wieder ein bißchen reingelegt. Wieder einmal konnte das Leben nicht halten, was Märchen versprechen, nämlich, daß wenn man erst einmal am Ziel der Sehnsucht angelangt ist, alles für immer schön und gut bleibt. Das Leben hört eben nicht auf, wo die Märchen enden. Und die Augenblicke, wo man »wunschlos glücklich« ist und alle Sehnsucht erfüllt scheint, sind nur Momentaufnahmen in einem Film, der sich nicht an den Höhepunkten stoppen läßt. Nur ein paar Szenen weiter und schon melden sich wieder alte Zweifel, alte Wertvorstellungen, Sehnsüchte, Dinge, die aus den Träumen stammen und manchmal uferlos enden.
Sehnsucht setzt Trennung voraus. Man kann sich nur nach etwas sehnen, das man nicht hat. Und da es soviele Dinge gibt, die man zu irgendeinem Zeitpunkt des Lebens nicht hat, nistet sich die Sehnsucht in unzähligen Verkleidungen in den betreffenden Menschen ein. Ein Ausweg sind derartige Sehnsuchtsphantasien nicht — eher ein Irrweg. Wer sich das Objekt der Sehnsucht, den Traumpartner zur realen Gestalt ausmalt, der mißt — auf der Jagd nach dem Phantom — den bereits anwesenden, wirklichen Partner an dem Traumbild. Davor kann kein Mensch bestehen. In seiner Sehnsucht lebt der Mensch ein anderes Leben. Die Sehnsucht nach einer perfekten Geliebten machte aus Marcel Proust zwar einen begnadeten Schreiber, aber auch einen Sonderling, der die Intensität des realen Hier und Jetzt nicht ertragen konnte. Nur bei dicht geschlossenen

Fenstern und Vorhängen konnte er leben und atmen. Ein bißchen von jener seltsamen Sehnsucht nach einer anderen Zeit steckt vielen von uns im Blut.
Für die einen geht es um die Sehnsucht nach der »guten alten Zeit«, die niemals wiederkommt und die es genau betrachtet auch nie gegeben hat. Die anderen zieht es in eine unbestimmte goldene Zukunft. Die Sehnsucht nach etwas Unerreichbarem birgt eine Gefahr: Sie vernebelt den Blick für die Wirklichkeit. Und das Leben tut das, was es schon immer getan hat: es verrinnt. Mit dem sehnsuchtsvollen Blick nach vorne oder der wehmütigen Schau nach hinten kann man nicht die Blumen sehen, die jetzt blühen.
Aus Sehnsucht wird neue Sehnsucht geboren, wenn einer das Gefühl der Sehnsucht stärker empfindet als die Erfüllung der Sehnsucht. Wer immer wieder sich der Sehnsucht hingibt, der täuscht sich hundertmal und er muß ebenso hundertmal die Enttäuschung erleben, er findet keine Zeit für sich selbst und für die Gegenwart. Sehnsucht gehört zum Grundmuster der Wertungen und der Vergleichungen und des Beurteilens. Alles war gut, die Vergangenheit, die Zukunft wird — so Gott will — gut sein. Nur die Gegenwart, die ist halt wieder einmal mies. Vergessen wird häufig dabei, daß auch die Vergangenheit einmal eine »miese Gegenwart« war. Und daß es auch die Zukunft sein wird, sollte der Betreffende seinen Betrachtungswinkel nicht verändern.
Der Grund für unsere Energiekäfige ist die Angst vor dem Nichts. Sie bildet die tiefste Dimension aller seelischen und vieler körperlichen Erkrankungen. Dahinter steht nicht selten eine zwanghafte Todesangst, die als solche oft unbewußt ist, die Angst, unsere Käfige zu sprengen, also zu leben. Um in uns das Sterben totschweigen zu können, bringen wir uns um das Leben. Denn intensiv leben bedeutet auch immer intensiv weitergehen — Abschied nehmen, loslassen, sterben. Leben ist Verzicht auf die trügerische Geborgenheit in Energiekäfigen und Einstimmung in den fließenden Augenblick. Peter Schellenbaum veranschaulicht das in einer Geschichte in seinem Buch *Abschied von der Selbstzerstörung*: »Ein Mann mittleren Alters befragte vor seiner Entlassung aus dem Krankenhaus, wo er nach einer schweren Operation einen Monat gelegen hatte, den Arzt, wie lange er nach dieser schlimmen Geschichte wohl noch

zu leben habe. Dieser antwortete, er habe gute Chancen. Der Patient beharrte auf seiner Frage: ›Gibt es denn Statistiken, die darüber Auskunft geben, welches Alter man nach dem, was ich erlebt habe, erreichen kann?‹ Der Arzt holte ein Buch mit Statistiken aus dem Regal, blätterte darin und sagte schließlich: ›Nach Ihrer statistischen Lebenserwartung können Sie noch 30 Jahre leben.‹ Frohgemut, wenn auch noch unsicheren Schrittes, stieg der Mann die Treppe zum Erdgeschoß hinunter und vergaß, am Krankenhauskiosk die Zeitung zu kaufen, wozu er vor dem Gespräch mit dem Arzt noch Lust gehabt hatte. Während er die Straße vor dem Krankenhaus überquerte und dabei vor sich hinlächelte, übersah er ein Auto, das in rascher Fahrt von links herkam, wurde von ihm überfahren und war auf der Stelle tot.«

Weil er über das vergangene Gespräch, das sowieso Zukunft betraf, nachdachte, übersah er die tatsächliche Gefahr der Gegenwart. Das Verweilen in der Zukunft mußte er mit dem Leben bezahlen. Das Verharren in der Vergangenheit oder Zukunft zwingt uns, wollen wir das ändern, uns unsere Gedankenmuster zu betrachten.

Sobald wir die Gedankenmuster durchdringen, löst sich starres Denken in Klarheit und tiefe Befriedigung auf. Diese Klarheit ist vollkommene Bewußtheit, die weder eine Stütze noch eine bestimmte Ausrichtung benötigt. In ihrer Fülle versuchen wir nicht, irgend etwas zu tun, wir versuchen nicht einmal mehr zu »meditieren«. Es gibt kein Ding mehr, das irgendwie gelenkt oder dirigiert werden müßte. Wir selbst sind der Mittelpunkt des Gedankens, und die Mitte bedeutet wahres Gleichgewicht. Wenn wir davon ausgehen, daß Gott in uns lebt, daß unser Kern ein göttlicher Kern ist, dann können wir Psalm 145,8–9 im Sinne unserer falschen Gedankenströme deuten: »Der Herr macht die Gefangenen frei, der Herr macht die Blinden sehend. Der Herr liebt die Gerechten, der Herr behütet die Fremdlinge, und erhält Waisen und Witwen. Aber die Gottlosen führt er in die Irre.«

Die Gefangenen könnten in unserem Kontext die Gefangenen der eigenen Glaubensüberzeugungen sein, die Blinden jene, die noch nicht sehend sind. Weil sie gefangen und verblendet von den falschen Gedankengängen sind. Die Gottlosen aber, die führt er in die Irre. Wer aber sind die Gottlosen? Für mich sind die Gottlosen

nicht etwa die amoralischen, die Sünder oder was immer die Theologen in ihnen sehen mögen. Gottlose sind für mich jene Menschen, die uneinsichtig sind, die aus ihrem Leid und aus ihrer Lebensgeschichte nichts lernen wollen, die sich weigern, die Verantwortung für sich selbst zu übernehmen.
Es gibt eine ganze Reihe von Menschen, die in der Überzeugung leben, auf dem richtigen Weg zu sein, da sie ja sowieso und immer positiv dächten. Gegen das positive Denken ist im Grunde nichts einzuwenden. Die Gefahr besteht einfach darin, daß sie die Mechanismen der dadurch verdrängten negativen Gefühle und Gedanken außer acht lassen. Das wird einfach in irgendeine Schublade gekehrt und so getan, als gäbe es so etwas nicht.
Diese Gedanken und Empfindungen haben nun die Eigenschaft, auch dann noch, wenn sie in der Schublade längst vergessen wurden, unbewußt weiter zu wirken und den Menschen zu quälen. Ein typisches Beispiel für diese Art positiv zu denken ist die Klischeevorstellung von der glücklichen Partnerschaft. Es gibt immer noch Menschen, die an das Märchen einer glücklichen Ehe glauben. Wie sieht nun so eine sogenannte glückliche Ehe aus? Menschen in einer glücklichen Verbindung streiten nicht. Glückliche Menschen sind immer nur einer Meinung, nämlich der Meinung des glücklichen Paares. In der glücklichen Partnerschaft verwöhnen sich beide Partner wechselseitig. Im glücklichen Paar ergänzen sich Mann und Frau harmonisch. So eine Verbindung müßte traumhaft sein, meinen Sie? Für bewußt lebende Menschen wäre so eine Partnerschaft ein Horrortraum. Trotzallem. Es ist die Vorstellung von Glück, die wir in bestimmten Romanen finden, die uns von Kinoplakaten anlächelt, diese Art von Glück verbreiten bestimmte Boulevardblätter. Aber ist das eine erstrebenswerte Wirklichkeit?
Liebe besteht aus der aktiven Hingabe an das Du. Wer sich dabei vom Bedürfnis von harmonischer Ergänzung leiten läßt, verbirgt die interessantesten und aufwühlendsten Seiten der eigenen Persönlichkeit. Zwei Liebende sollten davon ausgehen, daß sie sich in keinem Punkt ergänzen und trotzdem lieben. Tatsächliche Ergänzungen Liebender finden wir in Persönlichkeitstiefen, wo sie nie ganz eingesehen werden können, vor allem nicht in den ersten Jahren einer Beziehung. Dieses sich in der Partnerschaft Ergänzen-Wollen ver-

hindert die Selbstverwirklichung des Einzelnen. Denn auch in der Liebe, in der Partnerschaft, bleibt der Einzelne immer getrennt vom Du, und das ist gut so, tatsächliche Verschmelzung hieße Aufgabe der Persönlichkeit und damit Aufgabe des persönlichen Reifeprozesses. Liebe läßt sich nicht mit Bedingungen verknüpfen, auch nicht mit positiven Bedingungen. Nicht die ständige positive Harmonie macht eine gute Partnerschaft aus, sondern es ist gerade dieses Getrenntbleiben vom anderen, eine eigene Persönlichkeit bleiben zu wollen, das die gute Partnerschaft ausmacht. Diese Eigenständigkeit beinhaltet aber auf der anderen Seite die Entscheidung für das Du, Verantwortung, bewußte Auseinandersetzung, Fürsorge. Es kommt nicht auf das positive Denken an, sondern auf das richtige Denken. Auf ein Denken, das frei ist von Trugbildern, falschen Glaubensvorstellungen, Illusionen und bestimmten Phantasien.

Erich Neumann sagt dazu: »Wirklichkeit der Seele bedeutet, zu wissen, daß die Folgen einer Phantasie ebenso ernst sein können wie die einer Tat. Die bestimmte Wirklichkeit der Seele, welche die Tiefenpsychologie zu entdecken eben erst beginnt, ist größer und hintergründiger als das naive Durchschnittsbewußtsein des Abendländers ahnt. Einzelne und Gruppen, aber auch Völker und Geschichtsabläufe sind geprägt von der Kraft seelischer innerer Wirklichkeit, die oft genug zunächst als Phantasie im Einzelnen aufgetaucht sind. Nicht nur die Religion und die Kunst, auch die Politik und die Technik gehören zu den Äußerungsgebieten der inneren Welt. Das Phantasiebild eines von Machtphantasien Getriebenen verwüstet immer wieder die Welt in Krieg und Zerstörung, ebenso wie das innere Bild des schöpferischen Menschen zum Kulturbesitz der Menschheit wird. Die Wirklichkeit der Innenwelt besagt nun aber auch, daß das Annehmen des Bösen nicht in jedem Falle und für jeden Menschen ein äußerliches Tun bedeutet.« Was Neumann meint, ist, daß es auch genügt, die inneren Einstellungen zu ändern, sich ein neues Gedankenbild zu bestimmten Dingen zu machen.

Wie sehr das Innen und Außen im Menschen ineinanderwirkt, darüber wissen wir noch lange nicht genug. Die gesellschaftliche Bedingtheit unseres Seins steht außerhalb jeden Zweifels. Immerhin ist uns bekannt, in welch hohem Maße jede Sozialisierung des Menschen von seinem sozialen Feld, in dem er lebt, abhängt und letztlich jeder sein Menschsein in leiblicher, seelischer und geistiger Hinsicht von anderen Menschen empfängt. Die Prägung reicht weit zurück und geht über die persönlichen Einzelkontakte wie auch über kollektive Beziehungen hinaus. Wir sind alle in Gewordenes hineingeworfen und werden von diesem Gewordenen mitbestimmt, das gilt besonders für Glaubens- und Wertvorstellungen. Mensch sein heißt Empfangender, Tragender und Gestaltender sein. Auch die Bedeutung ökonomischer Verhältnisse und ihre prägende Wirkung darf dabei nicht übersehen werden. Um den von der Außenwelt und ihrer prägenden Wirkung herrührenden Gefährdungen zu entgehen, um Umgestaltungen zu ersinnen und zu realisieren, bedarf es eines klugen Kopfes, der zu denken, zu schreiben und zu reden vermag. Dazu gehören auch viel Wissen um den Menschen und die Erkenntnisse psychologischer Abläufe.

Viele großartige Ideen, die tiefen Überzeugungen und Glaubensvorstellungen entstammten, haben sich einfach totgelaufen, weil sie den Menschen in seiner Unvollkommenheit und letztlich seine Psychologie nicht kannten. Mit anderen Worten, Menschen mit großen Ideen sind manchmal nicht vom Ich zum Du gekommen, haben den Weg vom Kopf zum Herzen nicht geschafft. Manchen großartigen Ideen und Glaubensvorstellungen fehlte jener letzte Pfiff, jene letzte Kraft, die alles entzündet. »In dir muß brennen, was du in anderen entfachen willst«, hat schon Augustinus gesagt.

Es ist nicht einfach, über den Glauben zu schreiben, weil manche nicht wissen, worum es eigentlich geht. Sobald das Wort Glaube auftaucht, sind Assoziationen im Spiel wie Kirche, Christentum, Gott, Sekten, Gurus und andere. Dabei spielt der Glaube in so viele menschliche Bereiche hinein, und selbst der Atheist spürt nicht, daß er von morgens bis abends Glaubenssätze lebt, die ihm nicht einmal bewußt sind.

Der Theologe James Fowler hat ein Modell »der sieben Stufen des Glaubens« entwickelt, die aufzeigen, daß Glauben weit über das hinausreicht, was wir Religion nennen:

1. Ursprünglicher Glaube (Säuglingsalter):
Eine vorsprachliche Gestimmtheit von Vertrauen entsteht in der Gegenseitigkeit der Beziehung zu den Eltern und zu anderen Personen. Sie soll die Angst kompensieren, die durch Trennung in diesem Alter aufkommt.

2. Intuitiv projektiver Glaube (frühe Kindheit):
Die Phantasie wird angeregt durch Geschichten, Symbole und Gesten und wirkt — noch nicht durch logisches Denken kontrolliert — mit Wahrnehmungen und Gefühlen zusammen. Dadurch werden langlebige Leitbilder geschaffen, die sowohl die beschützenden als auch die bedrohlichen Mächte repräsentieren, die das Leben des Einzelnen umgeben.

3. Mysthisch wortgetreuer Glaube (Kindheit und frühe Jugend):
Die sich entwickelnde Fähigkeit zu logischem Denken hilft dabei, die Welt in Begriffen von Kausalität, Raum und Zeit zu ordnen, sich auch in andere hineinzuversetzen und in Geschichten die Bedeutung für das eigene Leben erkennen.

4. Synthetisch-konventioneller Glaube (Jugend):
Neue kognitive Fähigkeiten machen es möglich, andere Sichtweisen zu übernehmen, und zwingen dazu, unterschiedliche Selbstvorstellungen zu einer gemeinsamen Identität zusammenzufassen. Eine persönliche und größtenteils unreflektierte Synthese von Überzeugungen und Werten entsteht, um die Identität zu stützen und den Einzelnen in einem Gefühl der Gemeinsamkeit mit anderen zu vereinigen.

5. Individualisierend-reflektiver Glaube (frühes Erwachsenenalter und spätere Jugend):
Die kritische Reflexion der eigenen Überzeugungen und Werte, das Verständnis von sich und anderen als Teile eines sozialen Systems und die Übernahme der Verantwortung für die Wahl von Ideologien und Lebensstilen öffnet den Weg für Bindungen in Beziehung und Beruf.

6. Verbindlicher Glaube (mittleres Lebensalter und später):
Die Klammerung der Polaritäten im Leben des Menschen, die Wachsamkeit gegenüber Paradoxien und das Bedürfnis nach verschiedenen Interpretationen von Wirklichkeit bezeichnen diese Stufe. Symbol und Geschichte, Metapher und Mythos werden erneut als Mittel geschätzt, Wahrheit zu erfassen.

7. Allumfassender Glaube (mittleres Lebensalter und später):
Über Paradoxien wurzeln die Menschen auf dieser Stufe in der Einheit mit der Macht des Seins. Ihre Visionen und Bindungen befreien sie für eine leidenschaftliche, aber losgelöste Hingabe des Selbst in Liebe, die dem Sieg über Zwietracht, Unterdrückung und Brutalität gewidmet ist.

Wie kommen wir nun unseren Gedankenmustern auf die Spur? Der 1986 verstorbene Tschögyam Trungpa sagt dazu: »Es heißt häufig in den Schriften, daß man ohne Theorien und Vorstellungen gar nichts anfangen kann. Darum beginne mit Vorstellungen und baue dann eine Theorie auf. Schöpfe diese aus, und sie wird langsam der Weisheit der intuitiven Kenntnis Platz machen. Zuletzt verbindet sich dieses Wissen mit der Wirklichkeit. Zu Beginn soll man also das Auftauchen von bestimmten Gedanken nicht verhindern und ihnen nicht entgegenwirken. Wenn man beispielsweise einem Menschen helfen will, so gibt es zweierlei Motive: Einmal willst du ihm helfen, weil du ihn anders haben und nach deinen Gedanken umformen willst. Du möchtest, daß er deinem Weg folgt. Das ist noch Mitleid mit dem Ich, Mitleid mit einem Objekt, Mitleid, das dir sowohl dem anderen Wohltaten bringt. Das ist aber nicht wirkliches Erbarmen. Die Absicht, anderen zu helfen, mag wirklich gut sein, dennoch genügt emotionale Haltung, der Wunsch, die Welt zu retten und Frieden zu bringen, nicht ganz. Es bedarf noch mehr — es bedarf der Tiefe.«
Was hier gemeint ist, das ist jene Selbstlosigkeit und absolute Ehrlichkeit sich selbst gegenüber. Tschögyam Trungpa berichtet an anderer Stelle davon, wie wir mit dem Unguten in uns umgehen sollten. Viele Leute meinen, man müsse das Böse in der Welt ausmerzen, und das ist schon eine große Lebenslüge. Mir gefällt die Auslegung

Trungpas wesentlich besser: »Es heißt, daß unfähige Bauern ihren Abfall fortwerfen und von anderen Dünger kaufen. Fähige Bauern aber sammeln ihren Abfall trotz schlechten Geruchs und schmutziger Arbeit, und wenn er gebrauchsfähig ist, verteilen sie ihn über ihren Acker, und aus dem so Gedüngten wächst die Frucht.«
Wir können all das Ungute, die Leidenschaften, das Böse, den Neid, den Haß und vieles mehr nicht einfach beiseite schieben, sie sozusagen wegwerfen. Wir sollten sie erst bejahen, erforschen und erfahren. Wie die Bauern ihren Mist bearbeiten, so sollten auch wir das Ungute bearbeiten, um es dann fruchtbar werden zu lassen. Wir werden Schuldgefühle beispielsweise nicht dadurch los, daß wir sie nicht beachten. Bearbeitet werden sie aber zum Nährboden für die guten Früchte. Die Vereinigung der getrennten Gegensätze in sich ist letztlich weniger ein strukturelles als ein energetisches Problem. Wir können das Dunkle in uns nicht integrieren, indem wir ihm bloß ein Zimmer in unserem Haus zugestehen. Die Gegensatzvereinigung geschieht im wesentlichen vor allem und mühelos durch die sogenannte »vibrierende Existenz«. Was heißt das?
Wenn wir merken, daß unser Nacken verspannt ist, lockern wir ihn durch kreisende Bewegungen des Kopfes: Jetzt ist auch der Kopf an die Vibration des Körpers angeschlossen. Das gleiche gilt auch für die Psyche: Wenn uns eine unmoralische Vorstellung plagt, etwa das Bedürfnis, sich für etwas zu rächen — dieses Bedürfnis ist ein Satellit unserer Schuldgefühle —, gestehen wir uns doch ein, daß auch dieser Wunsch nach Rache ohne das Verdikt eines schlechten Gewissens kräftig in uns pulsieren darf: Ein dunkler Ton braucht einen kräftigen Resonanzkasten. Ob es angezeigt ist, die Rache wirklich auszuführen, ist eine andere Frage. Nur freie Menschen, in denen auch tiefe Töne kräftig klingen, können ethische Entscheidungen treffen. Wo immer wir durch unausgelebte Energien eingeengt sind, etwas, das uns einengt, isoliert uns, sollten wir das Urteil unseres inneren Richters (Wertung) zerreißen und die Tür öffnen. Was in uns lebt, ist lebenswert: Das ist die Grundaussage; die Art und Weise, wie wir in unserem sozialen Umfeld leben, ist das zweite Problem.
Das erste ist dieses: Sich nicht gegen das Leben stellen, wie immer es sich ankündigt. Durch Faszination, Anziehung, aber auch durch

Empfindungen von Druck, Verspannung, Blockierung, Stauung. Wer gegen die eigene Anlage kämpft, statt sich mit ihr zu versöhnen, verzehrt sein Leben in ungesunder Eile. Das Zurück zur eigenen Anlage ist kein bloß gefühlshaftes »Zurück zur Natur«. Es ist alles andere als naiv. Der konkrete Integrationsweg ist oft langwierig und kompliziert. Aber es ist der einzige Weg in die eigene Lebendigkeit.

Der Augenblick, in dem ein Mensch sich von der ängstlichen Beschäftigung mit den Meinungen und Reaktionen anderer Menschen abwendet und seine Aufmerksamkeit nun eher auf die eigenen Bedürfnisse und die eigene Entfaltung richtet, ist häufig durch eine Krise gekennzeichnet. Diese Existenzkrise — oder auch Existenzchance — tritt gewöhnlich dann ein, wenn der Mensch tatsächlich begriffen hat, daß es einen anderen Weg gibt. Zunächst hat er das Gefühl, als wären alle seine Wünsche und Bedürfnisse stärker geworden — in seinem Innern herrscht so etwas wie ein emotionaler Wirbelsturm. Die alten Formen des Umgangs mit den Mitmenhen sind unbrauchbar geworden, denn es wurde erkannt, daß sie sich im Grunde gegen ihn richten; andererseits ist da noch kein rechtes Zutrauen zu seiner neuen Art der Annäherung an andere und des Zusammenlebens mit ihnen. Er hat also das Gefühl der Verlorenheit und des Umhergetriebenseins; er hat noch keinen festen Anker.

Wandlung bedarf eines Entschlusses und einer Entscheidung, die uns niemand abnehmen kann. Nur das Bekenntnis zu sich selbst, wenn auch gewiß vorsichtige Annahme der Korrekturen des eigenen Selbstbildes, hilft aus dem Dilemma heraus. Das umfaßt die Bereitschaft, Gefühle offen und klar auszusprechen, ohne die Absicht, andere dadurch zu treffen, verletzen oder sich rächen zu wollen. Das mag ein Widerspruch zu dem sein, was an anderer Stelle steht, Gefühle der Rache kommen zu lassen. Es ist aber ein Unterschied, ob wir diese Satisfaktion verlangen, oder uns dieser Gefühle einfach bewußt sind. Solange wir derartige Gefühle anderen überstülpen müssen, stagnieren wir und kommen nicht weiter. Das ist keineswegs leicht und bedeutet Überwindung von Ängsten wie auch Verringerung von Mißtrauen sich selbst und anderen gegenüber. Vertrauen nähert, Mißtrauen entfernt uns von anderen — aber auch von uns selbst. Manchmal entfernt das Mißtrauen so weit, daß es keine Brücke zum anderen, aber auch zu sich selbst nicht mehr gibt. Aber solange wir nicht die Ursachen und Quellen von Mißtrauen und Zweifel aufspüren, uns unseren inneren Konflikten endlich stellen, solange gibt es keine Klärung der Wirklichkeit. Wie kann unser Wille, etwas zu ändern, der Wille, neue Lebensformen zu finden, uns weiterhelfen?

Wenn wir den Lebenswillen mobilisieren wollen, dann gilt es auch neue Ziele für die Zukunft zu setzen. Wir brauchen ein Ideal, auf das wir hinarbeiten können. Wir brauchen das Ideal des erfüllten Selbst, der freien Selbstentfaltung, des Rechts, uneingeschränkt und ohne Furcht Ich-selbst zu sein, das ist das Ziel, um dessentwillen es sich zu leben lohnt. Dieses Idealbild verschwindet immer wieder dann, wenn Zweifel, Mißtrauen, Schuldgefühle, Resignation uns plagen. Ein Ziel wird aber weder größer noch kleiner, wenn wir sagen: »Das schaffe ich nicht« — »das ist viel zu schwierig« — »der Graben ist viel zu tief.«

Das Ziel behält seine Qualität. Nur wir müssen uns selbst die Frage stellen: »Habe ich alle meine Möglichkeiten zur Erreichung dieses Ziels eingesetzt?«

Wenn der Mut zur Änderung da ist, dann werden wir vieles von dem, was vorher war, in Frage stellen. Dann stehen wir eines Tages im Niemandsland einer Identitätskrise. Genau wie ein Kleinkind, das laufen lernt, sind wir noch nicht fest im Sattel. Wir können noch nicht richtig »laufen«, aber stillsitzen mögen wir auch nicht mehr. Übergangssituationen verunsichern immer, weil die Erfahrung zu dem Neuen fehlt. Und ohne Erfahrung sind wir immer etwas verunsichert.

Das, womit wir uns bisher fraglos identifiziert haben, ist tot. Das zwingt uns zur Distanzierung vom Bisherigen. Wenn wir in diesem Sinne unsere Identitätskrise wach überleben, gelangen wir nicht nur zur angestrebten Neuorientierung, sondern darüber hinaus in unserer Grundeinstellung zu einer offenen Beziehungsidentität. Nie mehr werden wir in einer Identitätshülle gefangen sein wie in der bisherigen. Wir sind durchlässiger geworden. Die anfängliche Traurigkeit weicht einer neuen Freiheit und einer Lebenslust, die immer der Spur des stärksten Energiegefälles folgt.

Wir haben immer alle Seinsregionen in unserem Gehirn registriert. Das mag sachlich richtig sein. Der Mensch ohne Sach- und Fachkenntnisse hat sich immer von seinem Herzzentrum her erlebt. Aus diesem Grunde bleiben wir bei diesem Beispiel und sagen: Das Herz ist das Zentrum für Glauben, Vertrauen und Zuversicht. Sich dem Neuen öffnen heißt, sein Herz zu öffnen. Die Bereitschaft hilft uns weiter, aus unseren gewohnten Begrenzungen und Ansichten herauszutreten und die Welt auf andere Weise zu betrachten. Betrachten wir die Welt als jene Bühne, auf der nicht nur eine Rolle spielbar ist. Verscheuchen wir jene inneren Regisseure, die unser Leben eingeengt haben. Lassen wir die eine Rolle zu, mit der wir in diesem Leben angetreten sind: nämlich wir selbst zu sein.
Die Öffnung für das Neue erfordert auch die Bereitschaft, das Alte nicht mit Zorn, Abscheu oder anderen negativen Gefühlen zu betrachten. Denken wir daran, daß der stinkendste Mist den besten Dünger ergibt. Betrachten wir also nicht den »Mist«, sondern die Pflanze, die daraus erwachsen kann.
Seien wir offen für Überraschungen und neue Elemente in unserem Leben. Bewahren wir uns ein offenes Herz. Manch einer empfindet eine Art Verwundbarkeit oder Angst bei dem Gedanken, daß neue Menschen oder Dinge in ihr Leben treten könnten. Was wir als Spannung oder Erwartungsangst bezeichnen, läßt sich auch ebensogut als Konzentration unserer Energie betrachten, um uns auf etwas Neues vorzubereiten. Es ist eine Veränderung in unserer »Schwingung«, um uns auf etwas vorzubereiten, das »höher« und »freier« sein kann. Wichtig ist, daß wir das Kommende wertfrei betrachten. Würden wir unser altes Wertesystem auf das Kommende anwenden, hätte sich in Wirklichkeit nichts in uns geändert.

So knacken Sie den Sündenbock-Kode

Einen Konflikt zu überwinden bedeutet mehr, als Pflaster über all die kleinen Risse und Spalten, die uns durchziehen, zu kleben. Es bedeutet, das Übel an der Wurzel anzugehen, damit das Bedürfnis nach Spaltung nicht überleben kann.

Wie tut man das? Wir können unbarmherzig unsere Aufmerksamkeit auf uns selbst richten. Wir können jeden Stein in uns wenden, um die Motive, die Haltungen, die Denkweisen zu untersuchen. Und wenn ein Faden auftaucht, irgendeine seltsame, unbedeutende Einstellung oder Verhaltensweise, die mit der übrigen Persönlichkeit nicht im Einklang steht, sollten wir ihm folgen. Wir brauchen nicht zu sagen: »Das ist nur ein kleiner Widerspruch in meinem Charakter, eigentlich hat das gar nichts mit mir zu tun.« Das sind immer wir. Wenn wir diesem kleinen Widerspruch folgen, wird er uns zu dem großen Lager des verborgenen Konflikts führen.

Was den Schuldkomplex betrifft, kann das zum Beispiel das Verlangen sein, sich herabzusetzen, es kann die Fähigkeit sein, sich erfolgreich durchzusetzen, während gleichzeitig der Drang, über andere zu triumphieren, zwanghaft wird. Wir beobachten vielleicht, daß wir alle Rechte für uns in Anspruch nehmen, während wir gleichzeitig das Gefühl haben, kein Recht in der Welt zu haben. Sich alle Rechte anmaßen heißt nichts anderes, als daß man immer seinen Willen durchsetzen will. Und dies ist ein todsicherer Hinweis auf eine abhängige Persönlichkeit.

»Ich habe immer das Gefühl, daß ich nur Kritik, Ärger und Verachtung ernte, sobald ich mich zeige, wie ich wirklich bin«, sagte Susanne, eine 25jährige Frau, zu mir. »Und dann habe ich immer das Gefühl, daß ich nichts tauge, daß ich irgendwie ein schrecklicher Mensch bin, und manchmal wünsche ich mir dann, ich wäre tot. Aber wenn ich mich so gebe, wie die anderen mich haben möchten, dann respektieren und bewundern mich die anderen. Aber ich selbst fühle mich niedergeschlagen. Ich habe dann keine Hoffnungen.«

»Sind das die einzigen Möglichkeiten für dich?« fragte ich sie. Sie nickte und schaute dann resignierend zu Boden. »Ganz egal was ich tue, ich weiß immer, daß es zwecklos ist. Immer wieder, mein ganzes Leben habe ich es versucht und versucht und es klappt nie und kann auch nicht klappen.«

Wir alle können zu irgendeinem Zeitpunkt in unserem Leben in eine Situation geraten, in der wir das Gefühl haben, daß es keine dritte Möglichkeit gibt. Selbstverständlich gibt es sie, aber wir sind im Augenblick nicht in der Lage, das zu erkennen. Manch »schuldbeladener« Mensch hat dieses Gefühl aber ständig: es ist ein grundsätzlicher Bestandteil der Betrachtung seines Lebens — und deshalb ist er verzweifelt.

Wenn wir uns mit dieser Verzweiflung auseinandersetzen müssen, dann ist es ganz wichtig, zu erkennen, daß dieses Weltbild verständlich ist, aber eben nur aus dieser Perspektive verständlich ist. Weil die Perspektive falsch ist, ist zwangsläufig auch das Weltbild falsch. Die Lösung liegt in uns selbst und nicht in einer äußeren Situation. Wenn wir die ewig abgewiesenen Teile unseres Selbst finden, akzeptieren und zum Ausdruck bringen können, dann werden uns die anderen ebenfalls akzeptieren und in positiver Weise auf uns eingehen. Aber damit das möglich wird, müssen wir zunächst einmal verstehen, daß wir uns selbst ständig zurückweisen. Es ist häufig recht schwierig, zu erkennen, wie sehr wir uns zurückweisen und wie sehr wir den Kontakt mit unseren Gefühlen verloren haben. Wir brauchen uns ja nur einmal vorzustellen, wie wir eine Zeitmaschine betreten, zurückreisen zu einem bestimmten Tag in unsere Kindheit, erleben, wie wir abgelehnt wurden, wie wir weinend in unserem Kinderbett liegen, wie wir weinend uns in irgendeiner Weise verkrochen haben, wir können dieses alte Gefühl der Zurückweisung uns vergegenwärtigen, empfinden, wie wir von den eigenen Bedürfnissen abgeschnitten wurden. Wir können nachempfinn, wie irgend etwas in uns abstarb, und wie wir dann begannen, uns selbst genauso abzulehnen und zu behandeln, wie es die Erwachsenen taten. Stellen Sie sich doch selbst einmal die Frage, wann, wo und wie Sie sich selbst zuletzt zurückgewiesen haben. Und dann stellen Sie sich tief und ehrlich die Frage: »Was bin ich mir selbst in meinem Leben schuldig geblieben?«

Die Liebe?

Die Selbstachtung?
Die Fürsorglichkeit?
Die Anerkennung?
Es würde Seiten füllen, wollte ich alle betreffenden Fragen aufführen. Die Zeitmaschine kann sehr hilfreich sein, wenn es um Erkennen von Grundmustern geht. Sie erweist sich gerade in Krisenzeiten als sehr sinnvoll. In Zeiten, in denen wir besonders verzweifelt sind, gelingt es uns recht gut, mit der Zeitmaschine betreffende Grundmuster zu lokalisieren.
Versuchen wir, das noch ein wenig genauer uns anzuschauen. Unannehmlichkeiten ertragen zu können, scheint zusammenzuhängen mit der frühen Erfahrung, innig und rücksichtsvoll getragen zu werden von beschützenden und umschließenden Armen. Dies gibt dem Kind ein Gefühl von voller Körper-Selbst-Integrität. Die Sicherheit, innerhalb eines kollektiven Rahmens geborgen zu sein, stärkt dieses Gefühl. Die Erfahrung tatsächlichen und symbolischen Geborgenseins erlaubt uns in der Vorstufe der Ich-Entwicklung, unsere eigenen Erfahrungen zu erleiden und zu genießen und sie dem Entwicklungsstand entsprechend zu verarbeiten.
Wenn ein Elternteil fähig ist, überwältigende Emotionen und Frustrationen zu vermitteln, wie es zum Beispiel bei den meisten Sündenbock-Verursachern der Fall ist, oder wenn die Bezugsperson ein starkes Tabu gegen Berührung oder Berührtwerden — psychisch oder emotional — empfindet, fühlt sich das kleine Kind nicht angemessen geborgen. Das kann zur Unsicherheit darüber führen, wie weit das Körper-Ich dagegen gefeit ist, in Teile zu zerfallen, mit der Umgebung zu verschmelzen oder durch unbewußte Mächte bewältigt zu werden. Das Kind erfährt dies als zeitweilige Zusammenbrüche seines Identitätsgefühls.
Das Gefühl, aus der Berührung gefallen zu sein, nie eine beschützende, umschließende Umarmung gehabt zu haben, ist etwas Zentrales in der Erfahrung von mit dem Sündenbock identifizierten Menschen, denn sie sind mit dem Exil und lediglich mit den Teilen des Ganzen identifiziert — in erster Linie mit den Schattenteilen. Sie hatten gewöhnlich Bindungsprobleme und wußten sich seit den ersten Wochen nicht sicher umfangen aufgrund der schwachen psychologischen Übereinstimmung mit der Elternfigur.

Der im Sündenbockkomplex gefangene Mensch glaubt, daß seine Kräfte und sein Reaktionsvermögen die Ursache seiner Leiden seien, so als wäre er ein besonders auserwähltes Opfer, das in einem ständigen Ritual geopfert würde. Dies führt zu der eigenartigen Logik, daß alle Schmerzen Bestrafungen sind und daß, weil der betreffende Mensch die Schattenprojektion aufnehmen konnte, diese verdient war. Nicht selten hört man Worte wie: »Weil ich leide, weiß ich, daß ich schlecht bin. Wenn ich keinen Schmerz verspürte, wüßte ich, daß ich in Ordnung bin.« Als Kind glauben viele, verantwortlich zu sein für das Benehmen von Geschwistern und Eltern. Wer sich aufregt, weil er sich unberechtigt beschuldigt fühlt, erfährt, daß seine Reaktion ein »Beweis« von Schuld sei. Als Erwachsene fahren viele fort, psychischen Schmerz gleichzusetzen mit dem Gefühl, zurückgewiesen und minderwertig zu sein.
Ein herzkranker Mann mit Angina-pectoris-Anfällen fühlte sich nicht krank, er fühlte sich für sein Kranksein schuldig. Über die Schmerzattacke bekam er das Gefühl von Minderwertigkeit, und wenn Menschen in der Nähe waren, entschuldigte er sich auch regelmäßig dafür.
Die Gleichsetzung mit dem Schmerz und zurückgewiesen und minderwertig zu sein, führt zur Ablehnung der eigenen Gefühle und Empfindlichkeiten, weil sie als Ursprung der Schuld empfunden werden und weil sie die Möglichkeiten weiterer Schmerzen beinhalten. Wenn der betreffende Mensch erst erkannt hat, wie sehr er sein inneres Selbst verachtet und wie heftig er es zurückgewiesen hat, dann ist es manchmal von Nutzen, ihn darauf hinzuweisen, wie sehr er in seinem Leben Ankläger, Richter und Verteidiger in Sachen »Ich« gewesen ist. Das Kind, das noch keinen rechten Überblick über die Dinge besaß und dem das vorgetragene »Beweismaterial« nur in Teilen verständlich war, sprach sich am Ende schuldig. Heute haben diese Menschen längst vergessen, daß dieser Prozeß jemals stattgefunden hat, aber ihr gesamter Umgang mit sich selbst ist in all den Jahren durch jenen falschen Urteilsspruch bestimmt gewesen. Die Wiedergutmachung an sich selbst ist eine »Wiederaufnahme des Verfahrens«, in dem heute ein sachkundiger Verteidiger auftritt. Das heißt: Nicht mehr das Kind ist angeklagt und verurteilt, sondern es wird jetzt von der »höheren Instanz« eines lebenserfahrenen Erwachsenen verteidigt.

Es gilt also zu klären, welches Verbrechen ein so kleines Kind begangen haben könnte. Im Rahmen eines solchen neuen Prozesses ist es besonders wichtig, nach den eigenen Bedürfnissen zu fragen. Zu erkunden, was im Leben angestrebt und erhofft werden sollte. Darum heißt die Frage nach der Frage: »Was haben Sie aus Ihrem Leben bisher gemacht?«, nun: »Was wollen Sie künftig aus Ihrem Leben machen?«
Diese Frage muß immer wieder und jedesmal anders gestellt werden. Es gilt, sich endlich einmal über die eigenen Bedürfnisse klar zu werden. Sagen Sie sich nicht, ich bin ja krank und kann dieses und jenes nicht tun oder haben, sondern denken Sie unabhängig von Ihren Beschwerden: »Was möchte ich gerne tun, was bereitet mir Lust, was bereitet mir Freude? Und vor allem: bestrafen Sie sich nicht schon wieder dafür, daß sie so gewünscht oder gehandelt haben.
Die als Aggression empfundene Selbstbehauptung wurde kulturell verdrängt in den christlichen Schatten. Mit dem Sündenbock-Komplex Identifizierte haben gelernt, die Selbstbehauptung zu fürchten. Ihnen wurde gelehrt, daß sie etwas Schlechtes sei, und sie wurden oft schwer bestraft, wenn sie es doch wagten, sich selbst zu behaupten. Sie neigen daher dazu, ihren selbstschützenden Instinkt zu leugnen.
Trotzdem ist es ein Lernprozeß, aus dem großen »inneren Schweigen« herauszutreten und zum Handeln zu kommen. Über eines müssen wir uns im klaren sein. Wer seine Schuldgefühle loswerden will, der muß seine passiv abwartende Haltung aufgeben und ins Handeln kommen. Bekanntlich führt nur Handeln zum Ziel. Dieser Gedanke — nämlich handeln zu müssen — ist in sich schon geeignet, das Ziel realer, erreichbarer und vernünftiger erscheinen zu lassen. Wenn man in Gedanken an sein Ziel handeln kann — dann ist man fast schon davon überzeugt, daß das Ziel sich tatsächlich erreichen läßt.
Ein chinesisches Sprichwort sagt: »Die längste Reise nimmt ihren Anfang damit, daß du deinen linken Fuß ausstreckst.« Wenn wir lange genug danach fragen, welcher Fuß denn nun der linke sei — »was will ich denn nun wirklich?« —, dann zeigt sich in uns, daß wir an die Notwendigkeit der Reise und an die eigenen Fähigkeiten glauben, sie zu unternehmen.

Daß Begriffe wie Schuld, Sühne, Reue und Schuldgefühle von den Moralanschauungen einzelner Menschen oder ganzer Gruppen abhängen, haben wir bei den Moralstufen Kohlbergs erkennen können. Deutlich macht uns das die Schuldzuweisung bei Homosexuellen klar: Vor Jahren noch war Homosexualität ein strafbares Delikt und wurde in Strafprozessen von den Gerichten abgehandelt. Heute ist die Homosexualität straffrei und höchstens noch eine Angelegenheit für den Psychotherapeuten. Vor Jahren hatten wir ein Scheidungsrecht, bei dem ein Ehepartner von beiden schuldig gesprochen wurde. Heute gibt es die Schuldzuweisung in Ehescheidungsprozessen nicht mehr. Die Gesellschaft hat davon Abstand genommen, ihre Bürger für Schwächen im Zusammenleben zu bestrafen. Aber nicht alle Mitmenschen haben diesen Wandlungsprozeß vollzogen. Immer noch begegnen wir Menschen, die richten und verurteilen.

Schauen wir uns einmal eine Schattentätigkeit im Bereich der Schuld an: Heiner G., ein 35jähriger Klient von mir, erzählte mir eines Tages: »Irgendwie klingt die Sache verrückt, aber bei mir fing die Eifersucht immer dann an, wenn ich entweder meine Frau gerade betrogen hatte oder kurz davor war, es zu tun.« Ganz tief im Innern spürte dieser Mann, daß er sich gegenüber seiner Partnerin schuldig gemacht hatte, oder im Begriff war, es zu werden. Um der Sache näher zu kommen, unterscheiden wir einmal wieder zwischen einer realen Schuld und einem Schuldgefühl. Im gesellschaftlichmoralischen Sinne war Heiner G. schuldig geworden. Seine eigene innere Moral — er war in dem Sinne erzogen worden, daß er für seine »Schuld« bestraft werden müsse — ließ ihn unbewußt darunter leiden. Er spürte einen inneren Druck, wurde nervös, unruhig, aufbrausend. Er begann seine Frau argwöhnisch zu belauern, suchte ständig Verdachtsmomente irgendeiner Schuld bei ihr.

»Du lügst, du warst gar nicht bei einer Freundin, du warst mit einem Mann zusammen, na ja, aufreizend wie du dich immer anziehst!« Renate G. war tatsächlich bei einer Freundin gewesen. Was war tatsächlich passiert? Heiner hatte seine Frau belastet, um sich unbewußt selbst zu entlasten. Wir haben es hier mit einer Schuldprojektion zu tun. Im gleichen Augenblick, da er sich selbst schuldig fühlte, projizierte er diese Schuld auf die Partnerin, aber deshalb, weil er seine eigene Schuld nicht haben wollte. Er hätte sie dort als Spiegelung erkennen können, zurücknehmen und die Dinge ändern können. Dann wäre er reif damit umgegangen, aber in der Verblendung der Projektion erkannte er gar nicht das Spiel, das da ablief. Mit anderen Worten, wir brauchen einen Sündenbock für unsere eigene Schuld. Jede Familie hat so einen Sündenbock, auf den oft die ganze Kollektiv-Schuld der Familie abgeladen wird. Die sogenannten schwarzen Schafe einer Familie sind in Wirklichkeit nicht so »böse« wie man gemeinhin annehmen möchte, sondern über die Schuldprojektion wurden sie erst so böse gemacht. Die Welt braucht Sündenböcke, damit sie ihr Pharisäertum ausleben kann.

Der Makel der Schuld und Befleckung wurde in Riten früherer Zeiten abgewaschen, die Schuld wurde auf einen »Sündenbock« geladen, den man dann in die Wüste trieb.

Der Prozeß ist heute nicht viel anders. Die Gesellschaft oder der Einzelne sucht sich jemand, den sie schuldig machen können, um ihn in die Wüste schicken zu können. Diese Wüste ist aber heute eine innere Wüste und heißt Einsamkeit, Schuldgefühle, Verzweiflung.

Wenn wir unbewußte Prozesse beobachten, sehen wir, daß wirlich »böse Taten« nicht durch andere Menschen gerächt werden müssen, denn sie werden beim Täter von innen her bestraft. Letztlich tötet ein Mörder sich irgendwie selbst, das ist eine schreckliche Wahrheit, die sich immer wieder bestätigt. Häufig ist jemand schockiert von der Ungerechtigkeit menschlichen Lebens, wenn beispielsweise die »Bösen« erfolgreich sind und die »Guten« nicht, aber aus psychologischer Sicht stimmt das nicht, und manchmal läßt es einen erschauern, wenn man sich vergegenwärtigt, was Menschen wagen. Sie mögen in der Außenwelt erfolgreich sein, aber sie begegnen einer schrecklichen psychologischen Strafe im Innern.

Carl Gustav Jung berichtete eines Tages von einer Frau, die einen Mord begangen hatte. Sie mischte Gift in die Suppe einer anderen Frau, die in ihren eigenen Liebhaber verliebt war, und sie wurde nicht entdeckt. Sie kam völlig verstört zur Beichte: Sie fühlte sich abgeschnitten vom Leben, weil die Menschen begonnen hatten, sie zu meiden, obwohl sie nicht wußten, warum. Sie verlor ihr gesamtes Dienstpersonal und niemand wollte in ihrer Nähe leben. Sie lebte ganz allein. Jeden Tag ritt sie, aber dann begann das Pferd wegzulaufen und wollte sie nicht tragen; als sie eines Morgens ihren Hund rief, und dieser seinen Schwanz zwischen die Beine klemmte und davonschlich, brach sie zusammen. Über ihr eigenes Gewissen wurde sie langsam von innen her zermürbt.

Der Unterschied zwischen dieser »schuldigen« Frau und Menschen mit Schuldgefühlen ist, daß sie sich in ihrem Falle zu Unrecht von ihrem eigenen Gewissen genauso fertigmachen lassen wie diese Mörderin. Menschen mit Schuldgefühlen behandeln sich so, als hätten sie eine ähnlich schwere Tat begangen.

Schuldgefühle sind die »Kerkermeister« unserer Freude, unserer Lust und unserer Bedürfnisse, unserer Gefühle überhaupt. Wenn Menschen immer wieder klagen, sie kämen nicht an ihre Gefühle heran, dann kann man ihnen nur raten, schaut euch eure Schuldgefühle an. Denn die sind es ja, die verhindern, daß wir Gefühle nicht leben können. Sie sagen ja: »Das darfst du nicht, du bist im Grunde deines Wesens › bös ‹, du bist › schuldig ‹, darum darfst du dich auch nicht freuen, du darfst nichts Schönes erleben, du darfst nicht zufrieden sein.«

Die Aufarbeitung von Schuldgefühlen ist nicht leicht. Das darum, weil es sie als »Gefühle« gar nicht gibt. Eigentlich müßten wir von einem Schuld-Komplex sprechen, sozusagen von einem Kollektiv oder einer Genossenschaft.

Denn die eigentlichen Gefühle dieses »Kollektivs« sind Ablehnungsgefühle, Verlustgefühle, Trauer, Depression, Wut, Haß, Bock, Trotz, Rache, Satisfaktion, Einsamkeit. Wir müßten also diesen »brodelnden Topf« in die »Alchimistenküche« tun, die »Stoffe« trennen, die einzelnen Gefühle auseinandersortieren, um den »Gordischen Knoten« zu lösen. Ihn zu durchschlagen, brächte keinen weiter. Eng verwandt — oder besser — voneinander abhängig sind unsere Schuldfühle von unseren Bedürfnissen, von unseren Handlungen. Darüber hinaus müßten die Schuldgefühle von echter Schuld getrennt werden. Jeder Mensch macht sich irgendwann im Leben mehrere Male »schuldig«.

Manfred, ein fünfzigjähriger Mann, hatte folgenden Traum: »Jemand sollte eine Rolle in einem Film übernehmen. Es handelte sich um die Rolle eines korrekten Menschen, der › aufrecht ‹ durchs Leben ging. Ich sagte dem ›Regisseur‹, das schafft der nie. Worauf dieser meinte, dann sollte ich sie eben übernehmen. Ich winkte ab und antwortete: ›So was liegt mir nicht, ich mag Charakterrollen, wie sie von Karl-Heinz Schroth, Gert Fröbe oder Heinrich George gespielt wurden! Ich liebte jene schlitzohrigen Rollen, in der der ›Held‹ durch Gerissenheit ›besser durchs Leben kommt‹.«

Das ist also die andere Seite. Die Schuldgefühle haben für viele Menschen auch ihre Vorteile. Manch einer hat sich durch seine Schuldgefühle zu einem »cleveren« Menschen entwickelt. Er hat also sogenannte »Überlebensstrategien« herausgebildet, die ihm Vorteile bieten und die er nicht gerne hergeben will. Sie spielen ihren Schuldgefühlen gegenüber die Rolle: »Ich bin zwar bös, aber ihr kriegt mich nicht.« Das gleiche Spiel wird dann nach außen projiziert.

Projektionen spielen überhaupt eine große Rolle, wenn es darum geht, die scheinbare innere Schuld abzuwehren. Keiner gibt Schuld gerne zu, noch zeigt er, daß er unter Schuldgefühlen leidet. Statt dessen wird nach außen hin vermittelt: »Ich bin klein, mein Herz ist rein...« Also sucht man die Schuld im anderen, der andere ist schuldig, der andere ist böse, der andere hat gefälligst die Verantwortung zu übernehmen. Der mit dem Sündenbock-Komplex Behaftete macht andere Menschen wiederum zu Sündenböcken. Etwas anders verhält es sich bei den Menschen, die sowohl Schuldgefühle, die nicht berechtigt sind, als auch wirkliche Schuld zu sich nehmen, die sowohl die Verantwortung dafür übernehmen als auch für die von anderen zugeschobene. Wenn solche Menschen sich dann auseinandersetzen mit übernommener Schuld und dem, was sie getan haben, fällt ihnen die Trennung relativ leicht, weil sie ja bereit sind, ihre Schuldanteile anzunehmen. All jene Menschen, die sich ewig mit ihren Schuldgefühlen herumschlagen, werden sie gerade deshalb nicht los, weil sie ständig versuchen, sie auf andere abzuladen, aber von dort kommen sie wie ein Bumerang immer wieder zurück.

Der Wandel und die Besserung kann erst dann eintreten, wenn wir lernen, die Schuldgefühle und die reale Schuld bei uns zu lassen, sie anzunehmen und beides voneinander zu trennen beginnen. Wenn ich wirklich schuldhaftes Verhalten zu mir nehme, kann ich von anderen aufgeladene Schuld auch abgeben, dem betreffenden, der sie uns aufgeladen hat, zurückgeben. Weil ich meine Verantwortung für meinen Teil erkenne, kann ich auch die Verantwortung erkennen, die der andere für seine Teile hat. Aus diesem Erkennen heraus können wir unbelastet beginnen, »Wiedergutmachung« an uns selbst zu betreiben. Wenn wir beginnen, uns selbst anders zu behandeln, beginnen wir damit, andere besser zu behandeln. Wenn wir zukünftig liebevoller mit uns umgehen wollen, werden wir zwangsläufig uns anders der Außenwelt gegenüber verhalten. Eine solche Haltung zieht zwangsläufig nach sich, daß die noch unbewußten Schuldgefühle auch leichter bewußt werden, sie kommen aus ihren Verstecken heraus. Sie beginnen sich mehr und mehr zu demaskieren, und der Abtrennungsprozeß kann sich kontinuierlich fortsetzen. Wir werden feinfühliger in der Eigenwahrnehmung, erkennen, daß innere Ängste etwas mit Bestrafung oder Entdecktwerden zu tun haben können. Unsere Aggressionen, unsere Wut zeigt sich dann möglicherweise als Schmerz, als Ohnmachtsgefühl. Aber auch als innerer Protest, als Widerstand gegen die »böse Welt«, mit der meist die Mutter, der Vater, die Geschwister gemeint sind. Der Teufel in uns tritt auf in der Maske des Rumpelstilzchens und schreit ständig: »Ach wie gut, daß keiner weiß, daß ich Rumpelstilzchen heiß.« Oder besser: »Ach wie gut, daß keiner weiß, daß ich Sündenbockkomplex heiß.« Schauen wir uns den Spruch aus dem Märchen doch einmal genauer an: »Heute back ich, morgen brau ich, übermorgen hol ich mir der Königin ihr Kind.«

Zum Backen nehmen wir Sauerteig, es muß also etwas gären, etwas »aufgehen«, die Saat (der Schuldverschiebung) muß aufgehen. Das Brauen ist auch ein Gärvorgang, das Endprodukt ist etwas, das einen in Rausch und Betäubungszustand versetzt. Wer voll von »Gebrautem« ist, der ist nicht mehr klar bei Verstand. Der lebt eingeengt, der tut Dinge, die er bei normalem Verstand sicherlich nicht tun würde... »Übermorgen hol ich mir der Königin ihr Kind!« Einem Menschen, in dem es gärt, der innerlich schon »kocht«, oder einem Menschen, der seine Sinne nicht mehr beieinander hat, dem kann man leicht die Unschuld, das Reine, das Klare nehmen. Aus der Symbolik kennt man das Kind auch als den Kern der Persönlichkeit, dem Selbst. Mit anderen Worten, wenn der Königin das

Kind genommen wird, dann ist das der Moment der Abspaltung. Der betreffende Mensch ist abgespalten von seiner Ganzheit. Viele Menschen versuchen, das Rumpelstilzchen in sich auszutreiben, es zu töten, es zu bestrafen. Damit beginnt der Prozeß der Selbstbestrafung, der Selbstzerstörung. Andere ignorieren den inneren Kobold einfach, tun so, als ob er nicht da wäre. Das sind die Positivisten, die immer nur gut sein wollen und denen es letztendlich doch nicht gelingt. »Ach wie gut, daß keiner weiß, daß ich Rumpelstilzchen heiß.« Dieser Satz will anzeigen, daß es gilt, ein Geheimnis zu lüften. Dasselbe trifft auch auf die Realität zu, indem wir uns selbst schuldig machen oder andere, indem wir weiter wie kleine Kobolde, unbewußt, voller innerer »Gärungen« und berauscht, nicht im »Vollbesitz der geistigen Kräfte«, durchs Leben taumeln, kommen wir nicht weiter, wir müssen den Kobold demaskieren. Seien wir aber vorsichtig bei der Demaskierung, denn so ohne weiteres läßt er sich die Maske nicht nehmen und versucht immer neue Tricks. Ist es uns gelungen, ihm vorsichtig die Maske abzunehmen, dann erkennen wir zunächst mit Erschrecken uns selbst. Wir erkennen ein verletztes, weinendes inneres Kind voller Schmerzen, das niemals eine Chance bekam, seine wirklichen Potentiale zu leben. Es ist ein weinendes Kind voller Verzweiflung, voller Schmerzen, voller Traurigkeiten. All diese Gefühle »gären« in uns, nehmen uns die Klarsicht. Und wir erkennen gleichzeitig, daß es längst nicht mehr die Eltern sind, die dieses Kind zum Schweigen bringen wollen, sondern daß es etwas in uns gibt, das diese Rolle längst übernommen hat. Und hier zeigt sich der tiefere Sinn der Wiedergutmachung an uns selbst: solange wir Wiedergutmachung an anderen betreiben, die sicherlich berechtigt wäre, solange bleibt das innere Kind unbeachtet. Es gilt also das innere Kind zu beruhigen, es zu besänftigen, es in die Arme zu nehmen, das ist weitgehendst bekannt. Aber darüber dürfen wir auch Lehrmeister des inneren Kindes sein. Nehmen wir es bei der Hand, lehren wir ihm das Lachen, zeigen wir ihm, was uneingeschränkte Lust ist. Öffnen wir ihm die Wundertüte seiner Wünsche, erlauben wir ihm ins Füllhorn des Lebens hineinzugreifen und machen wir ihm begreiflich, daß es angenommen ist, daß es geliebt ist, daß es keine Bestrafung in der »bösen Welt da draußen« mehr gibt, daß es allein über Gut und Böse entscheiden kann, und er-

lauben wir ihm, daß es sich selbst lieben darf und sich als das, wie es ist, in Ordnung finden darf. Erst dann wird es ihm gelingen, Vertrauen zu sich und anderen zu fassen. Es wird anderen vertrauen lernen, es wird andere aus neuer Sicht lieben lernen, es wird lachen lernen, es wird Mut schöpfen, es wird das sein, was es schon immer sein wollte: Es selbst!
Der Anfang der Wiedergutmachung an sich selbst heißt daher zunächst: Rücknahme aller Projektionen. Die Ursachen für alle Verzweiflung, für allen Schmerz ganz allein in sich selbst zu suchen. Schuldgefühle bedingen immer ein großes Kontrollbewußtsein in uns. Erlauben wir diesem inneren Kontrolleur, sich umzuwandeln in einen stillen Beobachter. Für einen erfolgreichen Umwandlungsprozeß sind zwei Haltungen notwendig: Das Akzeptieren unserer Vielfalt als Mensch und die Umwandlung in Richtung innerer Freiheit. Viele glauben, sie hätten ein ganzes Arsenal voll aufziehbarer Puppen, die uns je nach Situation mal hier, mal da einen »Schabernack« spielen. Das ist einer der großen Irrtümer. Wir haben nur ein Rumpelstilzchen in uns, das in vielerlei Gestalt immer wieder uns einen Knüppel zwischen die Beine schiebt. In den archetypischen Mustern der Tarotkarten heißt diese Figur der »Narr«. Carl Gustav Jung nannte ihn den »Trickster«. Jeder kennt die Volksweisheit, daß der Weise und der Narr ein und derselbe sind. Wenn wir also dem Narren in uns zuviel Raum gegeben haben, dann können wir zukünftig der »Weisheit«, der Lebensklugheit mehr Raum in uns geben. Das heißt, wir können beginnen, uns in der Selbstwahrnehmung derart zu üben, daß wir die »Narreteien« des inneren Kindes, das doch nur auf seine innere Not aufmerksam machen will, erkennen. Das heißt, wir müssen dem Beobachter in uns sagen, daß er vor allem unparteiisch sein sollte. Das heißt, daß alle Dinge, die in uns leben sollten, wertfrei, urteilsfrei wahrgenommen werden. Das bedeutet nicht: »Ich bin nicht so, weil...«, sondern: »Ich bin so, und ich bin neugierig, was die Ursache meines Verhaltens ist.« Bei Schwierigkeiten und Enttäuschungen in der Partnerschaft, wie wir sie in diesem Buch in vielen Beispielen sehen konnten, muß immer wieder ins Bewußtsein geführt werden, was jeder vom anderen wohl erwartet, erhofft, sich erträumt hat. Wenn sich beide Partner dazu äußern, und dabei immer offener und ehrlicher vor

sich selbst und vor dem anderen werden, lernen sie auch erkennen, was sie sich und damit dem Partner schuldig geblieben sind, in welchem Maße sie die eigene Wirklichkeit und die Wirklichkeit des anderen, die eigenen Bedürfnisse und seine Bedürfnisse, unser eigenes persönliches Leben und das persönliche Leben des Partners nicht wahrgenommen haben.

Man spricht davon, daß Verliebtheit blind macht. Liebe fängt erst da an, wo wir sehend werden. Wer dazu nicht fähig ist, löst sich immer mehr von sich selbst und von seinem Partner, von diesem vor allem, wenn der nicht mehr zum Projektionsträger taugt, wenn die Realität langsam durchsickert und dann nicht verarbeitet werden kann. Überall, wo zu hohe Erwartungen, zu viele Hoffnungen in den anderen anstatt in sich selbst gesetzt werden, wo allzu festgelegte Vorstellungen ein Verhältnis prägen, können wir eine projektive Beziehung annehmen. Partnerschaften gehen immer an dem Punkt in eine Krise über, wo einer oder auch beide nicht mehr gewillt sind, in der Anpassung die Projektion des anderen weiterzuleben. Wenn auch nur einer sich ändert, müssen immer beide dazulernen. Die Zurücknahme der Projektionen fällt besonders denen schwer, die vom Leben noch infantile Wunscherfüllung erwarten, die haben wollen und noch nicht zu geben vermögen, die sich dem Realitätsprinzip noch nicht stellen können.

Das eigentliche Ziel ist emotionale Spontanität – eine innere Lebendigkeit, die alles durchdringt, was wir tun, jede Arbeit, jede Begegnung und jede Liebesbeziehung. Sie erwächst aus der Überzeugung: »Ich bin die erste Kraft in meinem Leben, ich entscheide verantwortlich, was für mich erlaubt und was verboten ist.«

Untersuchen wir das einmal am Beispiel ehelicher Treue. Jemand versucht mit einem anderen Partner seine sexuelle Lust zu leben. Meinetwegen ein Mann möchte mit einer anderen Frau schlafen. Er spürt das Begehren, das Verlangen, das Bedürfnis. Die Gelegenheit ist günstig, die andere Frau ist bereit. Er spielt, er flirtet, er lockt. Auf der anderen Seite spürt er in sich zunehmend ein inneres Unbehagen, das Unbehagen wird zur inneren Unruhe und nun schiebt man die Rationalisierung vor: »Du, es geht heute nicht. Ich muß nach Hause, ich habe ganz vergessen, die Unterlagen für morgen fertig zu machen. Ich habe morgen einen sehr wichtigen Termin.« So oder auch anders mag die Ausrede ausfallen. Und sie ist eine Lüge, eine Lüge der betreffenden Frau gegenüber, aber auch gegenüber sich selbst ist dieser Mann unehrlich. Er hat sich noch einmal aus der Schlinge gezogen, aber mit seinem Schuldgefühl ist er längst nicht fertig. Er hat nicht aus innerer Überzeugung den sexuellen Kontakt abgebrochen. Das Schuldgefühl war stärker als seine sexuelle Lust.

Wie würde dasselbe denn nun bei einem Mann aussehen, der keine Schuldgefühle mehr hat? Der sich seinen Gefühlen und sich selbst bewußt ist, der Zugang zu seinen eigenen wirklichen Gefühlen hat? Würde so ein Mann in einer Zweierbeziehung leben, die ihn nicht befriedigt? Er würde in einer Partnerschaft leben, in der das Verlangen nach einer anderen Frau nicht aufkommt, weil der Mensch, mit dem er lebt, ihn voll erfüllt. Er würde einen Seitensprung als eine Lüge gegen sich selbst empfinden und er würde nichts tun, was ihm selbst schaden kann. Er würde seine Sexualität nicht für eine Frustration oder für ein anderes Bedürfnis eintauschen. Da er einen guten Zugang zu seinem Lust- und Freudenpotential hat, wird er es mit seiner Partnerin voll ausleben, er würde nicht »hungrig nach Liebe« durchs Leben gehen.

Ich kenne Menschen, die diese Ernsthaftigkeit in sich tragen: Manche sind vielschichtige, kreative und höchst talentierte Menschen, andere führen ein einfacheres und äußerlich weniger dramatisches Leben; aber ihr Da-Sein, ihre Befreiung ist nicht zu leugnen. Ihr Leben unterscheidet sich qualitativ vom Leben der Menschen, die sich nicht befreit haben: Es ist reicher, weniger einförmig, weniger von Regeln und Institutionen geprägt. Sie sprechen auch anders über ihre Erfahrungen. Wenn wir beginnen, uns mit unseren Schuldgefühlen auseinanderzusetzen, dann kommt der Moment (ein großartiger Moment!), der oft als Meilenstein des Lebens empfunden wird, in dem die Bedingungen der Persönlichkeit, die den Konflikt schaffen, in Bewegung geraten wie Zahnräder im Getriebe. Der betreffende Mensch ist von den inneren Blockaden, Hemmnissen, Verzweiflungen befreit, die ihn vorher lähmten. Wenn dies geschieht, wird alles möglich. Vielleicht kommt es zu Veränderungen im Beruf, vielleicht zu Ortsveränderungen, zu neuen Beziehungen und zu kreativem Tun, von dem man zuvor nicht zu träumen wagte. Und das alles hat nichts mit unserem Lebensalter zu tun. Das Alter setzt inneren Prozessen keine Grenzen. Menschen, die sich befreit haben, entdecken plötzlich in sich die Fähigkeit, sich zu engagieren. Sie klammern nicht mehr hartnäckig an bestimmten Menschen oder äußeren Situationen. Sie entdecken in sich eine neue Verspieltheit. Sie sind durch und durch lebendig und freier als zuvor, im Einklang mit ihren Wünschen.

Große emotionale Erfahrungen warten auf alle, die ihr Drehbuch selbst schreiben, und es nicht von anderen schreiben lassen. Es ist ein großer innerer Einbruch, zu erfahren, daß man sein Leben lang die Wünsche anderer Menchen gelebt hat, und man muß sich auf die Suche machen, sich selbst zu finden und die Wünsche zu finden, die einen erfüllen können.

Kürzlich erzählte mir eine Klientin, daß sie sich als »Dame« fühle. Ich sagte ihr, daß eine Dame eine Schachfigur sei, die beliebig hin- und hergeschoben werden könne. Der Spieler könne sie vergessen, er könne sie Gefahren aussetzen, sie in Bedrohung bringen, und sie könne genommen werden. Sie sei absolut manipulierbar. Sie war sehr erschrocken. Und sie begann über sich nachzudenken und erkannte, wie sie in ihrem Leben manipuliert worden war. Darum ist es so notwendig, daß wir unser Drehbuch selbst schreiben.

Carl Rogers schreibt: »Eine der revolutionärsten Einsichten, die sich aus unseren klinischen Erfahrungen entwickelt hat, ist die wachsende Erkenntnis: der innerste Kern der menschlichen Natur, die am tiefsten liegenden Schichten seiner Persönlichkeit, die Grundlage seiner tierischen Natur ist von Natur aus positiv — von Grund auf sozial, vorwärtsgerichtet, rational und realistisch.«

Das ist der Mensch, der frei von Schuldgefühlen sein Leben lebt. Je freier der Mensch ist und je weiter er in seiner Selbstverwirklichung ist, desto mehr wird er sich in sozialer wie in persönlicher Hinsicht positiv verhalten. Der Drang nach Verwirklichung und Vervollkommnung der eigenen Persönlichkeit ist tief im Einzelnen verwurzelt.

Jeder, der sich mit seinem Sünden-Kollektiv auseinandersetzen will, macht die Erfahrung, daß Schuldbewußtsein sich noch mehr verstärkt, daß Widerstände noch größer werden, daß Wünsche und

Bedürfnisse sich noch mehr verkriechen. Aber allmählich spüren wir, daß sich die inneren Schutzmechanismen zu lockern beginnen. Sie können deswegen so furchterregend sein, weil unsere Schutzmaßnahmen als einzige bewußte Identität erlebt werden. Wenn sie aufgehoben werden, können die inneren Gefühle erlebt werden — sie beginnen zu strömen. Wenn die stolze, aber unbehagliche Strenge wegfällt, mit der wir uns behandelt haben, dann empfindet das entfremdete Ego schmerzlich sein Exil, spürt wieder seine nicht verheilten Wunden und leidet für das Kind und für den Erwachsenen, die mit der Erfahrung solchen Schmerzes beladen sind. Es können zunächst lähmende Depressionen auftreten, wir können einer tiefen Verwirrung, Einsamkeit, Angst und Wut begegnen. Körperliche Schmerzen können zunehmen. Das kann sich über Monate hinziehen. Die amerikanische Psychoanalytikerin Sylvia Brinton-Perera schreibt dazu: »Solche Erfahrungen erlauben dem Individuum, positiven Energien und Wünschen bis zu ihren lebenssteigernden und transpersonalen Ursprüngen nachzugehen. Wut kann dann als objektive Erfahrung des Selbst erkannt werden, die das Ego unterstützt und dessen Integrität verteidigt. Verlangen wird als etwas erkannt, daß › auf der Sehnsucht beruht, um von dem gespeist zu werden, was unvergänglich ist ‹. Die Heimat, die von den Sündenbock-Identifizierten so sehr gesucht wird, wird nicht da gefunden, wo sie in der frühen Kindheit zu sein schien, sondern in der Verbindung mit dem Transpersonalen. Heimat wird erschaffen und entdeckt als Ergebnis der eigenen Arbeit und Suche. Selbst Schmerz kann neu bewertet und nun als Teil des Lebens gesehen werden, als eine Begleiterscheinung jener Verletzbarkeit, die Sensibilität ermöglicht. Wenn dies objektiv erkannt ist, wird es leichter, sich nicht mit dem Schmerz zu identifizieren, sondern ihn kommen und gehen zu lassen als Teil des Strömens der Wirklichkeit.«

Wenn das auftauchende Ich sich vom Sündenbock-Komplex desinfiziert, kann es Zeuge einer Wirklichkeit werden, die tatsächlich zum Teil böse ist. Keine noch so große persönliche Schuld oder Buße kann diese Tatsache ändern. Wenn man dies akzeptiert, kann man die Illusion des »unschuldigen, verlorenen Kindes« aufgeben: Es gilt nicht gut zu sein, um ins Paradies zu gelangen, sondern zu erkennen, daß auch Böses in jedem steckt. Nicht ein Schicksal hat uns leiden lassen, sondern ein trotziges, bockiges inneres Kind, das gerne so tun möchte, als sei es rein und unschuldig.

Mit der Absicht, nicht mehr unbedingt gut sein zu wollen, können wir die üblichen Selbstidentifikationen des Komplexes aufgeben und unsere eigene Geschichte neu bewerten lernen, jene Merkmale unseres persönlichen Stils und Schicksals anzuerkennen, für die wir früher vom inneren Sündenbock-Bestimmer verbannt wurden. Auf diesem Wege kommt es zu einer Reihe von Begegnungen mit den vereinfachten Schwarzweiß-Wertungen des alten, zum Sündenbock abstempelnden Dämonen; hinzu kommt auch der Kampf um neue, auf dem Gewissen beruhende Werte — Werte, die zuerst oft in Träumen dargestellt werden.

Alle diese Opfer lassen radikale Verwandlung zu, die jedoch selten genug vom Ich angestrebt werden. Vielmehr werden wir in die Gründe des kollektiven Unbewußten gezwungen, um die Ursprünge zu finden, die den persönlichen Umwandlungsprozeß leiten und fördern, und um anzuerkennen, daß es für jeden notwendig ist, immer mit diesen Ursprüngen in Kontakt zu sein. Denn während die Heilwerdung — heil sein im Sinne von Ganzheit — in verschiedenen Graden stattfindet, verschwindet der Komplex nicht.

Es ist eine unumstößliche Tatsache, daß wir unser Leben auf langfristige Sicht einrichten müssen, daß wir unsere Ziele auf die Zukunft hin entwerfen und hart arbeiten müssen, um sie zu erreichen, und daß dieses Überschauen langer Zeiträume uns die Fähigkeit und Bereitschaft abverlangt, wenn nötig, unmittelbare Befriedigungen zurückzustellen und unvermeidliche Frustrationen auszuhalten. Selbst die einfachste Existenzform erfordert, daß wir die Konsequenzen unseres Handelns bedenken. Wir kommen um die Tatsache, daß es immer ein Morgen gibt, nicht herum.

Mit dem Irrtum derjenigen, die auf Kosten der Gegenwart »allein in der Zukunft« leben, hat es eine andere Bewandtnis. Vielleicht lernen wir zu akzeptieren, daß es ein Morgen gibt und daß Handlungen stets Folgen haben, so daß wir es fertigbringen, diesen Tatsachen realistisch und ohne Selbstmitleid ins Gesicht zu sehen und unseren Ehrgeiz für die Verwirklichung unserer Ideale aufzusparen. Vielleicht rebellieren wir auch voller Groll gegen eine Welt, die nicht alle unsere Wünsche augenblicklich erfüllt, indem wir aus blinder

Empörung gegenüber der Wirklichkeit nur noch nach solchen Werten suchen, die rasch und mühelos in die Tat umgesetzt werden können. Es ist eine unumstößliche Tatsache, daß jeder Mensch im Laufe seines Lebens ein gewisses Maß an Leid an sich selbst erfahren, aber auch bei anderen miterleben wird. Was jedoch nicht unvermeidbar vorgegeben ist, ist die Rolle, die wir dem Leiden zuweisen, das heißt, die Bedeutung, die wir ihm in unserer Lebensanschauung einräumen. So können wir uns ein relativ ungetrübtes Gefühl für den Wert unserer Existenz bewahren, obwohl wir viele leidvolle Erfahrungen machen. Wir können in der Not an der Überzeugung festhalten, daß Glück und Erfolg normal und natürlich, Schmerz, Niederlagen, Unglück und Enttäuschungen dagegen anormale und zufällige Erfahrungen sind. Genauso, wie wir auch Gesundheit anstatt Krankheit als unseren Normalzustand ansehen.

Andererseits können wir aber auch zu der Auffassung gelangen, daß Leid und Niederlagen das eigentliche Wesen unseres Daseins ausmachen, während Glück und Erfolg eher vorübergehende, ungewöhnliche und zufällige Ereignisse sind.

Es liegt im Wesen des lebenden Organismus, daß er handeln muß, um sein Leben und Wohlbefinden zu erhalten. Es gehört zur spezifischen Eigenart der Organismen, daß sie sich dafür entscheiden müssen, ihr Leben und ihr Glück genügend wichtig zu nehmen, um überhaupt das Maß an Bewußtheit, Überlegung, Anstrengung und Aktivität aufzubringen, das zu einer Aufrechterhaltung notwendig ist. Bei uns Menschen läuft der Prozeß nicht automatisch ab; wir sind biologisch keineswegs darauf »programmiert«, die richtige Entscheidung zu treffen, die Entscheidung, die unserem Wohlergehen dient. Wir können also entweder den jedem Lebewesen angemessenen lebensbejahenden Selbstrespekt entfalten und ernsthaft danach streben, glücklich zu werden und unseren persönlichen Werten treu zu bleiben. Oder wenn uns die Mühe und Verantwortung, die Integrität und Kühnheit, die solch rationaler Egoismus und Respekt vor dem Wert des eigenen Selbst erfordert, Angst einjagen, beginnen wir vielleicht, uns von unserem innersten, persönlichen Kern zu entfernen, noch bevor er sich dauerhaft geformt hat, indem wir auf eigenes Streben auf Glück und die Verwirklichung bestimmter Werte verzichten.

Unser Lebensgefühl spielt eine ausschlaggebende Rolle bei der Herausbildung unserer fundamentalen Werte, da alle Wertentscheidungen impliziert auf dem Bild des Wesens, das wertet, und der Welt, in der dieses Wesen handeln muß, beruhen. Wie eine Art Leitmotiv der Seele oder Grundthema der Persönlichkeit liegt unser Lebensgefühl allen unseren Gefühlen und emotionalen Reaktionen zugrunde. Darin liegt die herausragende Bedeutung des Lebensgefühls für uns alle.

An diesem Lebensgefühl entzünden sich Hoffnung oder Resignation, Stillstand oder Fortentwicklung unserer geistigen und psychischen Entwicklung.

Zur Hoffnung, zum Wachsen und Reifen gehört die zentrale und wichtige Rolle, die die Selbstachtung in unserem Leben und unserer Empfindung spielt. Das zeigt sich aus den drei Begriffen Liebe—Glaube—Hoffnung.

Selbstachtung als psychologisches Phänomen hat zwei Seiten, die eng miteinander verknüpft sind: das Gefühl persönlicher Wirksamkeit und das Gefühl persönlichen Wertes. Selbstachtung ist ein einheitliches Ganzes, in dem Selbstvertrauen und Selbstrespekt sich verbinden. Sie besteht aus der Überzeugung — oder besser gesagt: aus der Erfahrung, daß wir fähig und wert sind, zu leben. Selbstachtung ist die Erfahrung, den Erfordernissen und Herausforderungen des Lebens gewachsen zu sein.

Wenn sich ein Mensch zu schwach fühlt, den Anforderungen des Lebens entgegenzutreten, wenn es ihm an elementarem Selbstvertrauen, an Vertrauen zu seinem eigenen Denken und Fühlen fehlt, dann können wir darin eine Schädigung der Selbstachtung erkennen. Auch wenn einem Menschen der fundamentale Selbstrespekt, ein Selbstwertgefühl fehlt, das Empfinden, zur Durchsetzung seiner legitimen Wünsche und Bedürfnisse berechtigt zu sein, können wir von mangelnder Selbstachtung sprechen. Das Gefühl grundlegender Befähigung und das Gefühl grundlegenden Wertes sind die beiden Elemente, die zusammenkommen müssen, wenn Liebe—Glaube—Hoffnung in positiver Form vorhanden sind und daraus gesunde Selbstachtung entsteht.

Zu erfahren, daß ich lebenstüchtig bin, heißt Vertrauen zu haben zu der Funktionsfähigkeit meines Geistes und zu meinem Ver-

mögen, die Gegebenheiten der Realität innerhalb des Entfaltungsbereiches meiner Interessen und Bedürfnisse zu verstehen und zu beurteilen, das heißt, auf geistigem Gebiet Selbstvertrauen und Selbstsicherheit zu empfinden.
Zu erfahren, daß ich ein Mensch »von Wert« bin, heißt, mein Recht auf Leben und Glück und die Durchsetzung meiner eigenen Wünsche und Bedürfnisse zu bejahen, heißt, zu fühlen, daß Glück und Lebensfreude mein natürliches Geburtsrecht ist. Selbstachtung bildet eine Skala mit mannigfachen Abstufungen: Es ist nicht so, daß sich ein Mensch entweder ganz oder gar nicht achtet. Das Ausmaß der Selbstachtung kann nur graduell angegeben werden. Es fällt schwer, sich einen Menschen ohne ein »Fünkchen« Selbstachtung vorzustellen. Nicht minder schwer ist es, sich einen Menschen zu denken, der seine Selbstachtung nicht noch erhöhen könnte. Über allem aber darf und soll die Überzeugung stehen:

Wir sind es wert, geliebt zu werden!

Je mehr Bewußtheit gesteigert werden kann, um so mehr wächst Unabhängigkeit von den Gefahren unbewußter Prozesse, von Triebabhängigkeiten und libidinösen Fixierungen sowie die Kraft des Guten.
Dort, wo Schuld oder Schuldgefühle uns belasten, dort steht häufig als großer Bruder das Gewissen. Das, was wir Gewissen nennen, reicht in die tiefsten Schichten der menschlichen Persönlichkeit. Alle großen Entscheidungen in unserem Leben, die existentiell echten Entscheidungen im menschlichen Dasein kommen unreflektiert aus der unbewußten Ebene. Gerade dort aber ist das Gewissen der große Mahner und auch Wegweiser.
Das Gewissen ist unsere »innere Stimme«, die uns den Weg weist. Aber lassen wir uns zunächst nicht täuschen, ebensoviele abgespaltene Teile es in uns gibt, ebensoviele »innere Stimmen« gibt es auch. Auf welche sollen wir hören, welche ist die echte? Nun, soviel gleich vorweg, das Gewissen ist irrational und alogisch, das Gewissen ist nämlich vorbelastet durch unsere Moralvorstellungen. Das bedeutet, wo das Gewissen bei dem einen den mahnenden Zeigefinger hebt, lebt der andere ohne Skrupel völlig ungeniert. Das Gewissen ist niemals endgültig rationalisierbar, wenn überhaupt rationalisier-

bar, dann nur als sekundäre Beurteilung immer nur im nachhinein. Der Ratschluß unseres Gewissens ist daher immer ein unerforschbarer.

Viktor E. Frankl sagt dazu: »Dem Bewußtsein erschließt sich Seiendes, dem Gewissen jedoch erschließt sich nicht ein Seiendes, vielmehr ein noch nicht Seiendes, erst ein Sein-Wollendes. Dieses Sein-Wollende ist nichts Wirkliches. Es ist ein erst zu Verwirklichendes, es ist nichts Wirkliches, sondern ein bloß Mögliches (freilich nicht ohne daß diese bloße Möglichkeit in einem höheren Sinne wiederum eine Notwendigkeit darstellte). Sofern aber das, was uns vom Gewissen erschlossen wird, ein erst zu Verwirklichendes ist, sofern es erst realisiert werden soll, erhebt sich sofort die Frage, wie anders es realisiert werden sollte als dadurch, daß es vorerst geistig erst einmal antizipiert wird. Diese geistige Vorwegnahme erfolgt in dem, was wir Intuition nennen: Die geistige Vorwegnahme geschieht in einem Akt der Schau.«

Das Gewissen ist demnach etwas Intuitives. Darum ist es irrational. Das Gewissen ist ebenso irrational wie die Liebe. Beide, das Gewissen und die sich bildende Liebe setzen sich mit etwas noch nicht Seienden auseinander. Das Gewissen setzt sich mit dem erst Sein-Sollenden auseinander, während die Liebe sich mit dem noch nicht Seienden auseinandersetzt, das ein Nur-Sein-Könnendes ist. Die Liebe setzt sich mit Wertmöglichkeiten des geliebten Du auseinander. Das Leben aus dem Gewissen heraus ist immer ein ganz persönliches Leben auf eine ganz konkrete Situation hin, nämlich auf das hin, worauf es in unserem einmaligen und einzigartigen Dasein ankommen mag: Das Gewissen bezieht das konkrete »Da« unseres persönlichen Seins immer schon ein.

Unsere innere Stimme, das Gewissen, schweigt aber dort — wo wir eine Möglichkeit hätten, würden wir hinhören, um unserem Leben eine ganz bestimmte Wende zu geben —, wo es wohl um eine der wichtigsten Entscheidungen unseres Lebens geht.

Nicht umsonst haben wir darauf hingewiesen, daß Liebe und Gewissen etwas noch nicht Seiendes sein können. Was aber haben Gewissensentscheidung und Liebesentscheidung gemeinsam? Gerade in der Liebe geht es um das Höchste im Menschen, um das SEIN. Ich habe schon an anderer Stelle darauf hingewiesen, wie wichtig

die richtige Partnerwahl in unserem Leben ist. Gewissermaßen geht diese Fragestellung weit über das hinaus, was wir eigentlich Partnerwahl nennen. »Sein oder Nichtsein, das ist hier die Frage«, können wir an dieser Stelle treffend zitieren. Denn gerade in der Liebe ist menschliches SEIN »entscheidendes« SEIN. Wir können das ruhig so sehen, daß eine Partnerwahl nur dann die »richtige Wahl« ist, wenn sie nicht vom Triebhaften, von der Sexualität her, von der Mutterbrust her, vom »Habenwollen« her diktiert ist. Solange es bei dem Liebeswerben und bei der Liebeswahl um all das geht, was wir »Habenwollen« nennen, solange kann es sich höchstens um die Liebe eines kleinen Kindes handeln, nicht aber um die Beziehung eines erwachsenen Menschen zu einem Du. Im Showgeschäft, im Kino oder bei der Kreierung eines Songs dürfen sich Liebe und Triebe nicht reimen, das wäre zumindest unfein. In der Psychologie ist so etwas nicht nur unfein, da entwickeln sich zwei Menschen schon von Anfang an in eine Ehekatastrophe hinein. Solange in der Liebe das Ich nicht zum Du strebt, um dort zum Wir zu werden, sich wieder trennen, um erneut zum Ich und Du zu werden, ebensolange können wir nicht wirklich von Liebe reden. In der Liebe entscheidet sich ein Ich immer wieder zum Du. Das Gewissen hat nicht den Sinn, uns im religiösen Sinn als großer Mahner von Schuld und Sühne zur Seite zu stehen, wie die Moralisten es gerne sehen. Wir können Herr oder Knecht des Gewissens sein. Und so hat gerade das Gewissen etwas mit innerer Freiheit oder Unfreiheit zu tun. Alle Freiheit hat ein Wovon und ein Wozu: Das, »wovon« ein Mensch frei sein kann, ist sein Ge-trieben-Sein. Wozu der Mensch frei ist, ist seine Verantwortlichkeit sich selbst gegenüber. Mit anderen Worten: Freisein von den Triebkräften, Freisein für die Verantwortlichkeit in der Gewissensentscheidung. Die Stimme des Gewissens ist nicht ein »Pachtgrund« der Religionen.
Jeder Mensch, auch derjenige, der scheinbar nicht an Gott glaubt, kennt die Stimme des Gewissens, sofern er bereit ist, hinzuhören. Wenn wir dieses Wozu und Wovon in der Gewissensentscheidung in den Griff bekommen, wenn wir lernen, nach innen zu lauschen, dann können wir uns von unseren Schuldgefühlen lösen lernen. Wenn wir die Freiheit haben, Verantwortung dort zu übernehmen, wo wir schuldig gegenüber uns selbst oder anderen sind, dann

brauchen wir uns auch nicht mehr von unbewußten Schuldgefühlen quälen zu lassen.
Menschen, die auf irgendeiner der unteren Moralstufen, wie wir sie aufgezeigt haben, steckengeblieben sind, sind gelegentlich über das Dunkle, Ungeahnte in sich beunruhigt. Schuldgefühle plagen sie, weil sie auf irgendeiner Ebene ihre Eltern oder einen Elternteil hassen, wo doch das Gebot heißt: Du sollst Vater und Mutter ehren. Sie fühlen sich schuldig, weil sie gelegentlich eine tiefe Befriedigung spüren, wenn andere leiden, sie sind darüber kaum traurig, eher befriedigt, manchmal freuen sie sich über das Leid derjenigen, die sie zu lieben glauben, weil sie bestimmte sadistische Triebe in sich gegen andere kaum verleugnen können. Schuldgefühle werfen die Frage auf: Warum bin gerade ich böse, wogegen andere gut sind?
Daß hier schon ein Irrtum in diesem Glaubenssatz liegt, wurde bereits aufgezeigt. Gut und Böse stecken in jedem Menschen, und es steht uns auch nicht zu, zu wiegen und zu wägen, wieviel Gutes oder Böses ich im Vergleich zu anderen oder andere im Vergleich zu mir in sich tragen.
Woher kommt das Böse, das mir ständig einen dicken Knüppel zwischen die Beine wirft, das mich in meiner Persönlichkeitsentfaltung manchmal um Jahre zurückzuwerfen droht?
Und wir verfallen auf Erklärungsversuche, etwa so: Ich bin eben bockig seit meiner Kindheit, die haben mich aber so gemacht. Und wenn ich es heute noch bin? Na ja, meine Frau, mein Mann sind ja auch nicht viel anders als meine Eltern. Das ist nun mal so. Im Grunde bin ich ein guter Mensch, man läßt mich ja nur nicht. Immer muß ich für den Ärger, den andere mir verursachen, büßen.
Viele haben gelernt, daß wir im Laufe unseres Lebens andere Menschen verlassen und selbst verlassen werden und uns von vielem lösen, das wir lieben. Der Verlust ist der Preis, den wir für das Leben bezahlen. Es ist auch der Ursprung eines großen Teils unserer Weiterentwicklung und dessen, was wir gewinnen. Wenn wir unseren Weg von der Geburt bis zum Tode zurücklegen, müssen wir auch den Weg durch die Schmerzen zurücklegen, die es bedeutet, wieder und wieder und immer wieder etwas von dem, was uns lieb ist, aufzugeben. Wir müssen mit unseren notwendigen Verlusten zurechtkommen. Wir sollten verstehen, daß Verluste mit Gewinnen ver-

knüpft sind. Wenn wir nämlich die Seligkeit des Einsseins von Mutter und Kind mit seinen verschwommenen Grenzen aufheben, werden wir zu einem bewußten, einzigartigen, losgelösten Ich und tauschen die Illusion des absoluten Schutzes und der absoluten Sicherheit gegen die triumphalen Ängste des Alleinseins ein.
Wenn wir Unvermeidliches akzeptieren und den Wunsch nach dem Unmöglichen aufzugeben lernen, erarbeiten wir ein verantwortungsbewußtes, erwachsenes Ich, das — innerhalb der Einschränkungen, die uns die Notwendigkeit auferlegt — seine Freiheiten und Möglichkeiten zu autonomer Entscheidung entdeckt.
Wenn wir unsere unmöglichen Erwartungen aufgeben, werden wir zu einem mit anderen verbundenen liebevollen Ich und entsagen den Idealvorstellungen von einer vollkommenen Freundschaft, einer vollkommenen Ehe, vollkommenen Kindern, einem vollkommenen Familienleben zugunsten der zeitvollen Unvollkommenheiten allzumenschlicher Beziehungen.
Und bei unseren Auseinandersetzungen mit den zahlreichen Verlusten, die die Zeit mit sich bringt, werden wir Wandlungen erfahren. Wenn wir die menschliche Entwicklung als eine lebenslange Serie von notwendigen Verlusten und daraus resultierenden Gewinnen betrachten, dann verblüfft uns immer wieder der Umstand, daß in der menschlichen Erfahrung immer wieder Gegensätze zu einer Annäherung finden. Wir haben festgestellt, daß die Antwort auf die Frage »Ist es so oder so?« oft »Es ist so und so« lautet.
Wir haben festgestellt, daß wir denselben Menschen lieben und hassen können. Wir haben festgestellt, daß ein und derselbe Mensch, nämlich wir selbst, »gut« und »böse« zugleich sein können. Wir haben festgestellt, daß wir, auch wenn wir von Kräften angetrieben werden, die über unsere Kontrolle und über unsere Wahrnehmung hinausgehen, doch selbst aktive Gestalter unseres Schicksals sind.
Nicht jeder ist bereit, so ohne weiteres seine Schuldgefühle gegen anderes einzutauschen. Schuldgefühle haben für entsprechende Menschen auch den Vorteil, daß sie ihre Umwelt darüber manipulieren können. Stellen Sie sich vor, Sie hielten einen Ball in beiden Händen, der in sich eine Füllung hat, die Neid, Haß, Rache und vieles andere beinhalten würde. Jemand anderes möchte Ihnen einen anderen Ball zuwerfen, der Freude, Lust und Freiheit hieße. Sie trauen

diesem anderen Inhalt nicht. Sie müßten, um diesen neuen Ball zu fangen, den anderen loslassen. Ob Ihnen das gelingen würde?
Das Aufgeben aller Schuldgefühle bedeutet, autonom zu werden, die volle Verantwortung zu übernehmen für alles, was uns betrifft. Ein Klient sagte mir einmal: »Du kannst nicht an mich herankommen, wenn ich so bin, wie du es möchtest.« Mit ungewöhnlicher Wahrnehmungsfähigkeit konnte er das Denken und die Wünsche anderer erahnen. Und indem er fremden Wünschen entgegenkam, schützte er sich davor, sich selbst zu öffnen oder festzulegen. Er führte ja nur aus, was andere von ihm erwarteten. Er selbst war an seinen Handlungen nicht beteiligt. Weil er nie seinen eigenen Willen offenbarte, hielt er sich für »unverletzlich« und fühlte sich »frei«. Aber er war natürlich nur in einem potentiellen Sinne frei, da er seine eigenen Vorstellungen nie in Taten umsetzte. Auf diese Weise existierte seine Freiheit nur in seiner Phantasie.
Es ist ein Fall, wo die Freiheit in den Untergrund gegangen ist, um unverwundbar zu bleiben, und zwar durch eine allumfassende Bereitschaft zur Unterwerfung.
In ähnlicher Weise drückte ein anderer Klient durch eine spezifische Entwicklung seines Schuldbewußtseins seinen Kampf gegen die Manipulation aus. Er wurde dadurch genau zu dem, was von ihm erwartet wurde. Er sagte eines Tages: »Wenn du dich schuldbewußt fühlst, bist du beruhigt. Du fühlst dich dann sicher, denn du bist nicht frei, du selbst zu sein. Dein Verhalten wird dir vorgeschrieben, jemand anderes sagt dir, wie du dich zu verhalten hast. Dadurch versteckt man sich und bleibt in Sicherheit. Du kannst deine Überlegenheit und Verachtung für dich selbst behalten.«
Sein Schuldbewußtsein, das selber zur letzten möglichen Verbindung zu einer sonst unfaßbaren Mutter wurde, diente aber auch dazu, sein potentielles Selbst aus ihrer Reichweite zu halten. Indem er durch sein Schuldbewußtsein zum Objekt ihres Wissens wurde, konnte er seinen eigenen Willen ihrer Manipulation entziehen. Es war ein ohnmächtiger Versuch — und schrecklich für die Entwicklung seines Lebens, seine autonome Stellung durch eine phantasierte Unverwundbarkeit zu erhalten. Wenn wir darin aber die verdeckte Natur dieses Strebens nach Autonomie übersehen und sie lediglich als Ausdruck primärer Abhängigkeiten deuten, werden wir

weder den Kampf eines solchen Menschen verstehen noch ihm wirklich helfen können.

Gefühllosigkeit bedeutet immer gesteigerte Wut und Aggression. In dem Ausmaß, in welchem das eigene Selbst verlorengeht, die eigenen Mitgefühle und Verantwortung für sie verschwinden, wird der Mensch rachsüchtig, ohne sich dessen bewußt zu werden. Die Aggression im Zusammenhang mit Schuldgefühlen sind immer Reaktionen auf die Verminderung der eigenen Autonomie, selbst noch in den Fällen, in denen ein Mensch sich gegen diesen Verlust wehren möchte. Es wiederholt sich die ganze Fehlentwicklung: Die Unterdrückung der Gefühle der Kinder führt zu einem Gehorsam, der die hervorgerufene Aggression verdeckt, sie gleichzeitig aber auch steigert. Die Wut ist gegen das eigene Leiden und gegen die eigene Lebendigkeit gerichtet, denn sie ist es, die offensichtlich die Willkür und Unterdrückung seitens der Eltern hervorriefen. Das bewirkt die erste Spaltung im Sein: die eigene Zurückweisung dessen, was zum Anhaltspunkt der eigenen autonomen Entwicklung hätte führen können, nämlich die eigene Lebendigkeit. Und obwohl man selbst zum Werkzeug der eigenen Unterdrückung gemacht wurde, bedeutet das nicht, daß der Haß gegen das eigene Sein sich etwa verminderte. Im Gegenteil: es ist ein anhaltender Spaltungsprozeß, der durch die gesellschaftlichen Normen gefördert wird. Die Quelle unserer Aggression und Destruktivität liegt in der Kultur, nicht im einzelnen Menschen. Und alles, was unsere Spaltung fördert, unseren Zugang zu unserem Innersten verschließt, ist ein Teil dessen, was unsere selbstzerstörerischen Triebe erzeugt und vermehrt. Die wahren Geschädigten sind nicht die seelisch Erkrankten, es sind diejenigen, die uns ein reduziertes Menschsein suggerieren wollen. Die Kranken weisen uns unbewußt den Weg zu uns selbst zurück. Die anderen versperren ihn mit ihren pseudo-einleuchtenden und entlastenden theoretischen Gebilden.

Hier finden wir auch die Quelle der menschlichen Selbstzerstörung und des Bösen, in der Ätiologie eines Selbst, das auf der Unterdrückung und Beherrschung eines anderen beruht. Wir müssen uns daher mit Angst und Hilflosigkeit konfrontieren. Nur so können wir uns unserer Wut und ihren wirklichen Gründen bewußt werden. Nur dann können wir unsere Aufmerksamkeit auf diejenigen

Aspekte unserer Lebenssituation konzentrieren, die ganz spezifisch unser Dilemma hervorriefen. Auf diese Weise können wir unsere Wut überwinden, uns die Möglichkeit geben, uns vom Gefühl der Hilflosigkeit zu befreien und gleichzeitig von der Wut. Die Annahme der Hilflosigkeit führt dazu, sich in der Welt als Bestandteil eines großen Lebenszusammenhangs eingebettet zu sehen und nicht die Hilflosigkeit als Schwäche und Defekt zu definieren. Indem wir unsere Grenzen akzeptieren, Kräfte außerhalb von uns selbst erkennen, uns dadurch aber nicht mangelhaft empfinden, geben wir etwaige Grandiosität auf. Damit befreien wir uns von primärer und zerstörerischer Wut. Die Konfrontation mit der Hilflosigkeit und Verzweiflung führt zu der einzigen Kraft, die wesentlich ist, zu der Stärke, die aus der Konfrontation mit der Schwäche erwächst. Wenn man sich auf diese Konfrontation einläßt, entdeckt man, daß die Annahme der Hilflosigkeit zu einer Erfahrung führt, die uns nicht vernichtet, und daß wahre Beherrschung des Selbst möglich wird. Alles andere ist ein Ausweichen.

Die Freiheit, das Schicksal zu bestimmen

Der Prozeß der immer stärkeren Loslösung des Einzelnen von seinen Bindungen, den wir als Individuationsprozeß bezeichnen, ist eine Loslösung einer unsichtbaren Nabelschnur. Solange wir die Nabelschnur, die uns mit der Außenwelt verbindet, noch nicht durchtrennt haben, sind wir noch nicht frei. Andererseits sind es gerade die Bindungen, die uns Sicherheit und Verwurzelung geben. Gebunden sind wir an die Mutter, an die Familie, an die Natur. Ist einmal das Stadium der Individuation erreicht und hat der Einzelne sich von diesen primären Bindungen gelöst, sieht er sich vor eine neue Aufgabe gestellt: Er muß sich jetzt in der Welt orientieren, neue Wurzeln schlagen und zu einer neuen Sicherheit auf andere Weise gelangen, als es vorher der Fall war. Der Wunsch nach Freiheit entwickelt sich schon im Kindesalter. Je mehr das Kind heranwächst und sich von den primären Bindungen löst, um so mehr entwickelt sich bei ihm ein Suchen nach Freiheit und Unabhängigkeit. Wir können dieses Suchen nur ganz verstehen, wenn wir uns die Dialektik im Prozeß der zunehmenden Individuation klarmachen. Dieser Prozeß der zunehmenden Individuation hat zwei Aspekte. Der eine besteht darin, daß das Kind körperlich, seelisch, geistig kräftiger wird. In jedem dieser Bereiche nehmen Intensität und Aktivität zu. Gleichzeitig werden diese Sphären immer mehr integriert. Es entwickelt sich eine organische Struktur, die vom Willen und von der Vernunft des Betreffenden gelenkt wird. Wenn wir dieses organisierte und integrierte Ganze der Persönlichkeit als das Selbst bezeichnen, so können wir auch sagen, daß die eine Seite des Wachstumsprozesses der Individuation das Wachstum der Stärke des Selbst ist. Dem Wachstum der Individuation und des Selbst sind Grenzen gesetzt, teils durch individuelle Bedingungen, aber im wesentlichen durch die gesellschaftlichen Umstände. Wenn auch diese Unterschiede zwischen den einzelnen Menschen in dieser Hinsicht groß erscheinen mögen, so kennzeichnet doch jede Gesellschaft ein gewisses Individuationsniveau, über das der normale Einzelne nicht hinausgelangen kann.

Der andere Aspekt des Individuationsprozesses ist die zunehmende Vereinsamung. Die primären Bedingungen bieten Sicherheit und eine ursprüngliche Einheit mit der Welt außerhalb. Je mehr das Kind aus dieser Welt herauswächst, desto mehr merkt es, daß es allein und eine von allen anderen getrennte Größe ist. Diese Lostrennung von einer Welt, die im Vergleich zur eigenen individuellen Existenz überwältigend stark und mächtig ist, oft auch bedrohlich und gefährlich ist, erzeugt ein Gefühl der Ohnmacht und Angst.
Genauso wie das Kind in der Kindheit drei Phasen der Liebesentwicklung durchmacht, und der Erwachsene ebenfalls nochmals diese Phasen durchlaufen muß, bis alle drei Phasen friedlich und harmonisch nebeneinander existieren können, genauso läuft auch der erwachsene Mensch, etwa ab Mitte 40, den Individuationsweg durch, um jener Mensch werden zu können, der er immer schon sein wollte und sollte. Picodelle Mirandola sagte einmal: »Nicht himmlich, nicht irdisch, nicht sterblich und nicht unsterblich haben wir dich erschaffen, auf daß du mögest frei sein, deinen eigenen Willen und deiner Ehre gemäß, auf daß du mögest dein eigener Schöpfer und Bildner sein. Dir allein gab ich die Fähigkeit zu wachsen und dich nach deinem eigenen freien Willen zu entfalten. Du trägst in dir den Keim des allumfassenden Lebens.«
Die Erkenntnis, daß wir das Leben zur Freiheit in uns unbewußt verhindern, daß unbewußte Kräfte sich uns widersetzen, diesen Weg zur Freiheit zu gehen, kann uns erschüttern. Es ist eine Tatsache, auch wenn sie ungeheuerlich klingt: uns mit unseren transzendentalen Potentialen in unserer Welt durchzusetzen, hängt von uns selbst ab. Mit einer Ausnahme: Um Mensch zu werden, bedürfen wir der Gegenwart, der Hilfe Gottes. Eines Gottes, der in uns lebt und von innen her die Anstöße gibt. Wir müssen für ihn bereit sein. Carlfried Graf Dürckheim sagt dazu: »Nicht nur sucht der Mensch Gott, sondern Gott sucht auch den Menschen, und der Mensch muß sich finden lassen. Nicht nur erfüllt sich menschliches Leben, wo es im Überweltlichen mündet, sondern das überweltliche SEIN kommt zu seiner Erfüllung in der Menschenwelt erst, wo der Mensch es in sich aufnimmt, das heißt, zuläßt, daß sein überweltliches Wesen ›Fleisch‹ wird.«
So wir in der Blume ein unbedingtes Bild sich erzeugen und Gestalt

gewinnen möchte, in der Welt der Bedingungen, von Erde, Wasser, Licht, so auch im Menschen. So wie der Gärtner das in einer Knospe lebende Bild nicht ändern kann, aber verantwortlich ist für die Bedingungen, unter denen ihr Wesen zur Gestalt aufblühen kann, so auch der Mensch für das in seinem Wesen lebende Bild. Nur mit dem Unterschied, daß anders als bei der Blume beim Menschen die Gestaltwerdung nicht nur duch äußere Faktoren gefährdet oder gefördert wird. Die Blume ist nicht »schuld« an einer Deformation. Wohl aber häufig der Mensch. Wir können nur zum Teil äußere Bedingungen dafür verantwortlich machen, daß wir noch nicht der geworden sind, der wir eigentlich sein sollten. Wir können weder den Umständen noch unseren Mitmenschen die ganze Schuld zuschieben, wir sind verantwortlich dafür, wie das innere Bild, unser »Lebensplan« verwirklicht wird. Um es zu erwecken und mit Leben zu erfüllen, müssen wir auf die innere Stimme in uns hören lernen, die uns sagen will, wo es mit uns hinwachsen will.
Sicherlich besteht der Kern unserer menschlichen Entwicklung darin, die Grundfrage: »Wer bin ich?« auf immer tieferer Ebene zu beantworten. Die Antwort auf diese Frage und die Definition unseres Seins finden wir mit Hilfe unseres Denkens, Fühlens und Handelns, aufgrund der Bereitschaft, mehr und mehr Verantwortung für unser Leben und Wohlergehen zu übernehmen, und durch das Schöpferische in uns immer mehr auszudrücken, wer wir sind. Es ist eine Aufgabe, vor die wir ein Leben lang gestellt sind.
Wenn ein Kind bemerkt, daß seine Wahrnehmungen, Gefühle und Urteile denen seiner Eltern oder anderer Familienmitglieder widersprechen, und die Frage auftaucht, ob es lieber auf seine innere Stimme hören oder sie zugunsten der Stimme anderer verleugnen soll, wenn eine Frau findet, daß ihr Mann in einer grundlegenden Streitfrage unrecht hat, und die Frage auftaucht, ob sie ihre Ansicht äußern oder aus Rücksicht auf die »Nähe« in der Beziehung zugunsten des kleinen Friedens lieber schweigen soll, wenn sich ein schöpferisch Schaffender oder Wissenschaftler plötzlich einem Weg öffnet, der ihn weit von den »anerkannten« Meinungen und Werturteilen der Kollegen, weit vom Hauptstrom der zur Zeit herrschenden Auffassung und Ansichten weg führt, und die Frage auftaucht: »Soll ich diesem Pfad ins Ungewisse folgen, oder das Geschehene ver-

gessen«, dann taucht ein Grundproblem auf. Nämlich die Frage, soll ich auf diese inneren Signale hören oder sollte ich sie lieber verleugnen? Soll ich mich für Autonomie entscheiden oder für Konformität, für die Äußerung oder Ablehnung der Impulse des eigenen Selbst, für Selbstschöpfung oder Selbstvernichtung?
Schöpferisch Tätige sind Menschen, die den Zustand des Alleinseins besser ertragen können als der Durchschnittsmensch. Ihnen kommt es mehr darauf an, ihrer eigenen Version zu folgen, auch wenn diese weit von den sicheren Bezirken der menschlichen Gemeinschaft wegführt. Unentdeckte Räume schrecken sie nicht, zumindest nicht so sehr wie die anderen um sie herum. Darin liegt das Geheimnis ihrer Stärke. Was wir Genie nennen, beruht zum großen Teil auf Tapferkeit und Wagemut und Standhaftigkeit. Mancher mag darin neurotische Symptome finden.
Erich Fromm hat einmal gesagt: »Für die meisten Psychiater ist die Struktur ihrer eigenen Gesellschaft etwas so Selbstverständliches, daß für sie ein nicht gut angepaßter Mensch das Stigma der Minderwertigkeit trägt. Andererseits gibt man einer gut angepaßten Person auf der Skala menschlicher Werte einen höheren Wert. Wenn wir die beiden Begriffe ›normal‹ und ›neurotisch‹ einander gegenüberstellen, so kommen wir zu folgendem Schluß: Der gut angepaßte ›normale‹ Mensch ist im Hinblick auf die menschlichen Werte oftmals weniger gesund als der neurotische. Oft ist er nur deshalb so gut angepaßt, weil er sein Selbst aufgegeben hat, um mehr oder weniger so zu werden, wie man es von ihm erwartet. Dabei kann ihm jede echte Individualität und Spontanität verlorengegangen sein. Andererseits kann man den Neurotiker als einen Menschen charakterisieren, der nicht bereit ist, im Kampf um sein Selbst völlig die Waffen zu strecken.
Zunächst einmal war der Versuch des Neurotikers, das individuelle Selbst zu retten, nicht von Erfolg gekrönt, und anstatt sein Selbst produktiv zum Ausdruck zu bringen, suchte er sein Heil darin, daß er neurotische Symptome entwickelte und sich in ein Phantasieleben zurückzog. Trotzdem ist er vom Standpunkt der menschlichen Werte aus weniger verkrüppelt als der Normale, der seine Individualität eingebüßt hat.« Soweit Erich Fromm.
Selbstverständlich gibt es auch Menschen, die keine Neurotiker sind

und deren Individualität trotzdem nicht verlorengegangen ist. Wir neigen zu sehr dazu, einen Menschen in eine »Schublade« zu pressen und ihm das Etikett Neurotiker aufzukleben. Dieses Buch will gerade dieser großen Menschengruppe helfen, sich ein wenig besser zu verstehen, daraus zu lernen, besser mit sich umzugehen und trotzdem oder gerade deswegen ihren Individuationsweg zu finden.

Am Leben zu sein, heißt, ein Individuum zu sein. Ein Individuum zu sein, das ein Bewußtsein hat. Das heißt, die Welt aus einer einzigartigen Perspektive zu erleben, zumindest in manchen Zusammenhängen. Ein Individuum zu sein, das nicht nur Bewußtsein hat, sondern sich seiner selbst bewußt ist, heißt immer wieder — wenn auch nur für kurze Augenblicke, wenn auch nur in einer abgeschlossenen Welt des eigenen Geistes —, auf die unveränderliche Tatsache des eigenen Allein-Seins gestoßen zu werden. Zum Alleinsein gehört Selbstverantwortlichkeit. Kein anderer kann für uns denken, keiner kann für uns fühlen, keiner unser Leben für uns leben, keiner unserem Leben einen Sinn geben. All das sind Dinge, die wir selbst tun müssen. Tun wir das, leben wir danach, dann sind wir relativ frei.

Für die meisten Menschen sind diese Tatsachen schreckerregend. Es gibt wohl keine Realität in ihrem Leben, gegen die sie sich heftiger sträuben, die sie leidenschaftlicher verneinen. Die Formen, in denen diese Verneinung auftritt, machen unfrei und sie sind vielfältig: manche weigern sich zu denken und folgen unkritisch den Ansichten anderer, manche verleugnen ihre tiefsten Gefühle, um »dazuzugehören«, manche tun so, als wären sie hilflos oder verwirrt oder dumm, um nicht einen eigenen Standpunkt einnehmen zu müssen. Manche klammern sich an die Tatsache, daß sie eines Tages sterben müssen. Manche meinen, die Welt ging unter, wenn sie nicht diese oder jene Person dazu brächten, sie zu lieben.

Es gibt keine absolute Freiheit. Als Menschen sind wir mit anderen Mitgliedern der Gesellschaft verbunden. Als Lebewesen sind wir mit allen anderen Formen des Lebens verbunden. Als Bewohner des Weltalls sind wir verbunden mit allem, was existiert. Wir stecken in einem bis ins Unendliche reichenden Netz von Beziehungen. Getrenntheit und Verbundenheit sind die beiden Pole unseres Seins;

das eine wäre nicht möglich ohne das andere. Unbestreitbar sind wir alle ein Teil des einen Universums — doch innerhalb dieses Universums sind wir frei — frei, ein Einzelner zu sein mit der Freiheit, ein einzigartiges Ereignis zu sein, mit der Freiheit eines unwiederholbaren Mikrokosmos. Solange wir das nicht begreifen, bleibt uns unverständlich, was im Erleben des Verbundenseins und miteinander Verschmelzens mit uns geschieht.

Die Unfreiheit des Menschseins, die tragische Ironie des Menschenlebens liegt darin, daß jede Verleugnung der Realität unseres Alleinseins zugleich die Möglichkeit der Liebe leugnet und damit die Freiheit zur Liebe, damit zur Verbundenheit, zur Unfreiheit, die erst wahre Freiheit ermöglicht. Welchen Sinn sollte ein Leben in Freiheit haben, wenn es kein Ich gibt, das liebt, verbunden mit dem Wunsch, wiedergeliebt zu werden?

Erich Fromm bezeichnet Freiheit in dem Sinn, daß der Mensch sich erst von der Autorität be-»freien« müsse, in diesem Sinn wäre so ein Handeln der erste Akt der Freiheit. Er sagt: »Eine besonders aufschlußreiche Darstellung der grundsätzlichen Beziehung, die zwischen dem Menschen und der Freiheit besteht, finden wir im biblischen Mythos von der Vertreibung aus dem Paradies. Dieser Mythos setzt den Beginn der Menschheitsgeschichte mit einem Akt der Wahl gleich, doch betont er höchst nachdrücklich die Sündhaftigkeit dieses ersten Akts der Freiheit und das sich daraus ergebende Leiden. Mann und Frau im Garten Eden in vollkommener Harmonie miteinander und mit der Natur. Es herrscht Friede, und es besteht keine Notwendigkeit zu arbeiten. Auch gibt es keine Entscheidungen zu fällen, keine Freiheit und auch kein Denken. Dem Menschen ist es verboten, vom Baum der Erkenntnis des Guten und des Bösen zu essen. Er mißachtet Gottes Gebot und zerstört dadurch den Zustand der Harmonie mit der Natur, von der er zunächst ein Teil ist und die er nicht transzendiert.

Vom Standpunkt der Kirche aus, welche die Autorität repräsentiert, ist diese Handlung dem Wesen nach eine Sünde. Vom Standpunkt des Menschen aus bedeutet sie dagegen den Anfang menschlicher Freiheit. Gegen Gottes Gebot handeln heißt, sich vom Zwang zu befreien, von der unbewußten Existenz des vormenschlichen Lebens zum Niveau des Menschen emporzutauchen. Gegen das Gebot der Autorität handeln, eine Sünde begehen, ist in seinem positiven menschlichen Aspekt der erste Akt der Freiheit, das heißt, die erste menschliche Tat. Im Mythos besteht die Sünde in ihrem formalen Aspekt darin, daß der Mensch gegen Gottes Gebot handelt; in materieller Hinsicht besteht sie im Essen vom Baume der Erkenntnis. Der Akt des Ungehorsams als Akt der Freiheit ist der erste Akt der Vernunft. Der Mythos spricht auch noch von weiteren Konsequenzen dieses ersten Akts der Freiheit. Die ursprüngliche Harmonie zwischen Mensch und Natur ist zerbrochen. Gott erklärt den Krieg zwischen Mann und Frau, den Krieg zwischen Natur und Menschen. Der Mensch wird von der Natur abgesondert, er hat den ersten Schritt getan, dadurch menschlich zu werden, daß er ein Individuum wird. Er hat die erste Tat der Freiheit vollbracht. Der Mythos betont, daß diese Tat Leiden zur Folge hat. Der Mensch, der die Natur transzendiert, der sich von ihr und einem anderen menschlichen Wesen entfremdet, findet sich nackt und schämt sich. Er ist allein und frei, aber machtlos und voller Angst. Die neugewonnene Freiheit erscheint ihm als Flucht. Er ist frei von der süßen Knechtschaft des Paradieses, aber er besitzt noch nicht die Freiheit zur Selbstbestimmung, seine Individualität zu realisieren.«

Nach Erich Fromm ist die »Freiheit von« nicht das gleiche wie positive Freiheit, nämlich »Freiheit zu«. Das Auftauchen des Menschen aus der Natur ist ein sich lange hinziehender Prozeß. Der Mensch bleibt größtenteils an jene Welt gebunden, aus der er kam; er bleibt ein Teil der Natur, von der Erde, auf der er lebt, von Sonne, Mond und Sternen, von Bäumen, Blumen und Tieren, und von den anderen Menschen, mit denen er über das kollektive Unbewußte und in direkter Kommunikation verbunden ist, über die Art.

Die primären Bindungen des Menschen, einmal jene der Evolution, aber auch jene aus seinem individuellen Leben, blockieren seine Entfaltung. Sie stehen der Entwicklung unserer Vernunft und unseren kritischen Fähigkeiten im Wege. Sie blockieren unsere Entwicklung zu einem freien, über uns selbst bestimmenden kreativen Menschen. Die Identität mit der Natur, mit den anderen Menschen, auch mit der Religion, geben Sicherheit. Wir gehören zu einem Ganzen, nämlich unserer Art. Darin sind wir verwurzelt, darin haben wir unseren Platz, den uns niemand streitig macht. Wenn der Prozeß der

Entwicklung — der Evolution — sowie der persönlichen Entwicklung harmonisch verlaufen wäre, wenn alles nach unserem inneren Schicksalsplan abgelaufen wäre, so wären beide Seiten der Entwicklung — die wachsende Stärke und die wachsende Individuation — genau gegeneinander abgewogen. So aber ist die Geschichte der Menschheit und so ist unsere persönliche Geschichte eine Geschichte von Kampf und voller Konflikte.

Jeder Schritt auf die Individuation zu bedroht uns mit neuen Unsicherheiten, das war nicht nur in der Menschheitsgeschichte so, das können wir auch bei jenen Menschen beobachten, die bewußt den Individuationsweg gehen. Einmal gelöste primäre Bindungen können nicht mehr geflickt werden, in ein einmal verlassenes Paradies kann der Mensch nicht zurückkehren. Nicht ins Paradies der Bibel, noch in den Mutterleib, noch in das innere Paradies der völligen Unschuld. Es gibt nur eine einzige Lösung für uns: aktive Solidarität mit der Art Mensch, Solidarität mit sich selbst und unserer spontanen Liebe zu allem, was lebt. Nicht neue Bindungen, sondern Freiheit, innere Freiheit bringen uns zu uns selbst zurück und damit ins Pradies. Immer hat der Mensch auf dem Weg zu seiner jeweiligen Daseinsform vieles zum Schweigen gebracht, was im Grunde reden möchte, vieles eingesperrt, was frei sein möchte, vieles verdrängt, was leben möchte. Ehe das nicht bewußt gemacht wird, erkannt, ausgelebt oder eingereiht ist ohne Rücksicht auf die Folgen, auch auf Kosten der eingespielten Ordnung, steht jedes Daseinsgebäude auf Sand.

Wo immer der Mensch Transzendenz als das eigentlich Gemeinte zu ahnen beginnt, muß er unermüdlich danach forschen, wo er selber als der, der sich irgendwo festgesetzt hat, ihr im Wege steht. Wir können nicht mit einem Geistes-Salto mortale dort hinkommen. Immer müssen wir als Ich, als selbstbewußter Inhaber einer Position »eingehen«, damit wir innerlich »rein« werden, um uns damit dem ständigen Wandlungsprozeß hinzugeben. Das gilt auch für die Erfahrung des »inneren Lichts«. Um zu diesem Licht zu gelangen, damit es hell werde in uns, müssen wir die Reise durch die innerliche Schattenwelt wagen. Heute tritt der Unterschied zwischen zwei Gruppen deutlich hervor: Die einen begnügen sich für ihre Entwicklung mit lernbarem Wissen, Können und richtigem Verhalten in der äußeren Welt, die anderen suchen darüber hinaus ihr inneres Reifen zum wahren Selbst, das nicht ein Mehr an weltlichem Wissen, Können, Haben voraussetzt, vermittelt, sondern ein Mehr an Fühlung mit dem überweltlichen Sein. Dies erfordert ein andersgeartetes Wissen, das aufgrund von Erfahrungen in das Geheimnis des Seins hineinreicht und den Weg in sich hat, dorthin zu gelangen. Es gibt zwei Möglichkeiten, den Individuationsweg zu gehen: Die Tiefenpsychotherapieformen suchen den Sphären der Verdrängungen nachzugehen, sie aufzudecken, zu befreien. Die andere Art, mit dem Bösen fertig zu werden, ist die der unbedingten Gottbezogenheit. Hier opfert der Mensch in echter Demut seine heillosen Eigenansprüche auf. Ein echtes Opfer ist das nur, wo das Ich sich kleiner machen kann, also dort, wo der Mensch beginnt, sich selbst nicht mehr so wichtig zu nehmen.

Wo das Sein sich nicht offenbaren kann, herrschen Angst, Verzweiflung und Einsamkeit. Dort, wo das Göttliche Sein im Menschen sich verwirklicht, durch ihn offenbar werden kann als tragende Kraft, sinnerfüllte Gestalt und schöpferisch erlösende Liebe, da ist die Rückkehr in ein Paradies möglich.

Aus diesem Gefühl heraus wachsen die drei Arten des Selbstbewußtseins: Das Kraftselbstbewußtsein, das ein Ausdruck der Gewißheit ist, daß letztlich nichts uns umwerfen kann. Es ist das Gefühl, allem gewachsen zu sein, was immer auch an Gefahr drohen mag. Wir werden damit fertig werden, es irgendwie bewältigen. Es ist die Zuversicht, daß, falls etwas uns umwerfen sollte, die Kraft da ist, es wieder auszugleichen, uns wieder zu erneuern und wir die ursprüngliche Lage wieder herstellen können.

Selbstbewußtsein als Selbstwertbewußtsein, der zweite Aspekt, ist Ausdruck der Gewißheit, daß es in der Welt mit rechten Dingen zugeht, so daß wir auch selbst in ihr und mit ihr einen sinnvollen Platz im Rahmen des Ganzen ausfüllen und daß das Ganze in Ordnung ist, auch am Wert der eigenen Person und an der Gültigkeit der eigenen Existenz nicht zu zweifeln ist. Wir sind dann voll guten Glaubens und fern aller Verzweiflung. Die dritte Form von Selbstbewußtsein als Selbst-Wirbewußtsein ist Ausdruck der Gewißheit dafür, daß wir im Ganzen des Lebens wohl aufgehoben sind, daß wir »dazugehören«. Wir fühlen uns niemals draußen, sind überzeugt, daß wir geliebt werden und daß die Liebe, die wir für andere empfinden, angenommen und auch erwidert wird. Es ist das Gefühl, daß das Leben eine ganz selbstverständliche Gemeinschaft ist und sich überall auch letztlich als solche bewährt. Es herrscht das beglückende Gefühl des Einsseins mit sich und der Welt. Nicht nur die Natur, sondern vor allem auch die Mitwelt, die Gemeinschaft der Mitmenschen, ist bergender Raum einer mit Selbstverständlichkeit möglichen Selbstentfaltung. So können wir sein, wie wir sind, ohne Scheu, wir leben aus einem Allgeborgenheitsgefühl. Das Gegenteil ist das Leben mit der ständigen Frage: Gehöre ich dazu? Werde ich geliebt? Droht nicht in jedem Augenblick der Ausschluß? Der Mensch fühlt sich in seiner Mitte, wenn sein Selbstbewußtsein in keiner dieser drei Hinsichten gestört ist. Wir fühlen uns nicht in unserer Mitte, in dem Maße es irgendwo in diesen drei Bereichen gestört ist.

Viele Menschen begegnen dem Leben mit der Einstellung der Unfreiheit, etwa so: »Als ich fünf Jahre alt war, sind wichtige Bedürfnisse von mir unerfüllt geblieben — und solange sich das nicht ändert, habe ich keine Lust, sechs zu werden!« Diese Menschen sind auf einer elementaren Ebene passiv, auch wenn sie in oberflächlichen Bereichen ganz aktiv erscheinen mögen. Im tiefsten Innern verharren sie in Wartestellung. Sie warten darauf, daß jemand kommt und sie rettet. Sie warten darauf, daß jemand ihnen sagt, daß sie wirklich richtige Jungen und Mädchen sind. Sie warten darauf, daß irgendeine äußere Instanz sie bestätigt und bestärkt. So dreht sich das ganze Leben dieser Menschen um den Wunsch, zu gefallen, umsorgt zu werden, oder umgekehrt, zu herrschen und zu bestimmen, zu manipulieren und die Befriedigung ihrer Bedürfnisse und Wünsche zu erzwingen, da sie an der Echtheit der Liebe und Fürsorge zweifeln, die ihnen von anderen entgegengebracht wird. Sie haben kein Vertrauen, daß das, was sie ohne ihre Fassade und ohne ihre herrschaftssichernden Manipulationen sind, wirklich ausreicht. Ob sie nun nach außen die Rolle des Hilflosen und Abhängigen, Unfreien spielen oder sich eher beherrschend, »überbehütend«, »verantwortungsbewußt« und »erwachsen« geben — immer liegt der Vorspiegelung ein Gefühl der Unzulänglichkeit zugrunde, das Bewußtsein eines namenlosen, grundlegenden Defekts, der nun von

anderen Menschen ausgeglichen werden soll. Unreife Menschen sind von ihren inneren Kraftquellen abgeschnitten. Sie können sich weder innerlichen Halt noch innerliche Freiheit geben, sind sich ihrer inneren Kraft nicht bewußt.
Ob unreife Menschen nun durch Machtausübung oder Unterwerfung, durch Herrschen oder Beherrschtwerden, durch Befehlen oder durch Gehorchen nach Ergänzung und Erfüllung streben — sie werden in jedem Falle von dem gleichen fundamentalen Gefühl der Leere zu ihren Handlungen getrieben, als ob sich im Mittelpunkt ihres Wesens ein Vakuum und an der Stelle, an der sich kein autonomes Selbst bilden konnte, ein tiefes Loch befände. Diese Menschen haben die Grunderfahrung des Alleinseins niemals wirklich in sich aufgenommen und sich zu eigen gemacht. Unreife Menschen haben es niemals fertiggebracht, die Bildungsinstanz in ihrem Leben von außen nach innen, in ihr eigenes Selbst zu verlegen. Sie haben es nicht fertiggebracht, Selbstverantwortlichkeit zu entwickeln. Sie haben es nicht fertiggebracht, sich mit der unabänderlichen Tatsache ihres fundamentalen Alleinseins abzufinden, und sind deshalb in ihren Versuchen, sich an andere Menschen zu binden, schwer behindert. Unreife Menschen nehmen andere mit Mißtrauen, Feindseligkeit und einem Gefühl der Entfremdung wahr, oder aber sie erleben andere als Rettungsringe, die sie davor bewahren, in der stürmischen See ihrer eigenen Ängste und Unsicherheiten zu versinken. Unreife Menschen neigen dazu, anderen nicht als eigenständige Persönlichkeiten, sondern in erster Linie, wenn nicht sogar ausschließlich, als Quelle der Befriedigung ihrer Wünsche und Bedürfnisse wahrzunehmen — etwa so, wie ein Kleinkind seine Eltern erlebt. Ihre Beziehungen sind deshalb häufig durch Unfreiheit, Abhängigkeit und Manipulation gekennzeichnet. In ihnen trifft kein autonomes Selbst auf ein anderes autonomes Selbst, so daß beide sich frei fühlen, sich einander offen zu zeigen, und in der Lage wären, dem Wesen des anderen aufgeschlossen zu begegnen und sich darauf zu freuen. Autonomie bezeichnet die Fähigkeit des Einzelnen, sich selbst zu lenken und zu regulieren. Autonomie und Selbstachtung sind untrennbar miteinander verbunden; beide Phänomene setzen einen geglückten Loslösungs- und Individuationsprozeß voraus. Ein autonomer Mensch hat begriffen, daß die ande-

ren Menschen nicht nur zur Befriedigung seiner Bedürfnisse auf der Welt sind. Er hat sich damit abgefunden, daß — gleichgültig wieviel Liebe und Zuwendung es auch immer zwischen den Menschen geben mag — letztlich jeder von uns für sich selbst verantwortlich ist. Ein autonomer Mensch ist über das Bedürfnis hinausgewachsen, dauernd beweisen zu müssen, daß er wirklich ein braver Junge oder braves Mädchen ist, so wie er auch das Bestreben überwunden hat, in seinem Partner in der Ehe oder in einer nichtehelichen Liebesbeziehung seinen Vater oder seine Mutter zu suchen. Außerdem respektieren autonome Menschen das Bedürfnis des anderen, seine eigenen Zwecke zu verfolgen, hin und wieder allein zu sein und sich mit anderen Dingen zu beschäftigen und auch einmal nicht an die Beziehung, sondern an andere wichtige Belange zu denken, die den Partner vielleicht nicht direkt berühren.

Solange wir nicht die Freiheit haben, unsere Wünsche direkt zum Ausdruck zu bringen, versuchen wir oft, sie auf indirektem Weg, durch manipulatives Verhalten, durchzusetzen. Selbst wenn das Manipulieren kurzfristig zum Erfolg führen mag, hat es doch letztlich den Effekt, daß wir uns dem anderen Menschen entfremden und ihn zu unserem Gegner machen, da es nicht Nähe und Intimität erzeugt, sondern Distanz.

Es handelt sich hier um eine der grundlegenden Kommunikationsschwierigkeiten, nämlich um die Ersetzung des offenen Ausdrucks von Gedanken, Gefühlen und Wünschen durch Manipulation. Das ist eigene Unfreiheit und gleichzeitig auch Manipulation zur Unfreiheit.

Wenn wir aus einer tiefen Unsicherheit heraus uns nicht vorstellen können, daß wir unsere Wünsche nicht einer Erfüllung näherbringen, indem wir sie offen aussprechen, wenn wir meinen, allein durch Manipulation ans Ziel zu gelangen, dann unterminieren wir unweigerlich unsere Beziehung zum anderen Menschen. Darüber hinaus sabotieren wir ebenso alle unsere menschlichen Beziehungen.

Ich möchte an dieser Stelle nochmals betonen, daß kein Mensch uns ständig geben kann, was wir wollen, daß niemand immer so auf uns eingehen kann, wie wir es uns wünschen. Niemand ist allein zur Befriedigung unserer Wünsche auf der Welt.

Viele Menschen führen eine Automaten-Existenz: Sie leben von früheren Gedanken, früheren Wahrnehmungen und in der Vergangenheit erworbenem Wissen. Deshalb verliert ihr Leben schon früh an Frische. Ihre Begeisterungsfähigkeit nimmt rasch ab. Leidenschaftliche Gefühle werden nicht mehr empfunden.
Häufig wird darauf hingewiesen, daß kreative Menschen gewisse kindliche Züge haben, daß sie unbefangen und spontan wahrnehmen können und reagieren. Es gehört zum Wesen der Kreativität, die Fähigkeit zu bewahren, das Leben jeden Tag mit neuen Augen zu sehen und deshalb das Unerwartete wahrzunehmen, das Ungewohnte zu begrüßen und dem Neuen aufgeschlossen begegnen zu können. Dies ist genau die Einstellung, die nötig ist, um die eigene Lebendigkeit am Leben zu erhalten.
Was kann schöner sein, als einem anderen Menschen zu zeigen, welche Lebensfreude er in uns wachruft? Unglücklicherweise sind die meisten von uns dazu erzogen worden, ihre Lebenslust zu verbergen, zu dämpfen, zu unterdrücken und sogar zu ersticken, um dadurch erwachsener zu erscheinen. Das führt dazu, daß wir uns scheuen, andere Menschen wissen zu lassen, wieviel wir für sie empfinden, wie sehr wir sie mögen, wie schön es ist, gerade mit ihm zusammenzusein. Oder wir wollen uns anderen Menschen mitteilen, ihnen alle diese Gefühle zeigen, aber sie entziehen sich uns, sperren sich dagegen und signalisieren uns, daß solche Botschaften lieber unterbleiben sollen.
Als Psychotherapeut bin ich in der Regel in der Lage, anderen Menschen warm und offen zu begegnen, dabei beobachte ich sehr häufig, daß sie meine Wärme und Offenheit erschreckt, sie sich verunsichert fühlen und sich am liebsten irgendwie verkriechen würden. Es scheint so, daß offene Gefühlsbekundungen bei einigen anderen Menschen Angst auslösen. Sie können weder etwas damit anfangen, noch können sie sie annehmen.
Die Lebensfreude ist ein kostbarer Schatz und sie ist beileibe nicht selbstverständlich. Diesen Hinweis finden wir in der Bibel bei Matthäus 13, 44–45: »Das Himmelreich ist ein Schatz in einem verborgenen Acker, welchen ein Mensch fand und verbarg ihn; und in seiner Freude darüber geht er hin, und verkauft alles, was er hat, und kauft den Acker.

Abermals ist das Himmelreich gleich einem Kaufmann, der gute Perlen suchte, und da er eine köstliche Perle fand, verkaufte er alles, was er hatte, und kaufte sie.«

Und Khalil Gibran sagt im Propheten: »Eine Freude ist entlarvtes Leid. Und dieselbe Quelle, aus der euer Lachen entspringt, ward oft erfüllt von euren Tränen. Und wie könnte es anders sein? Je tiefer das Leid in eurem Innern bohrt, um so mehr Freude vermöget ihr zu fassen. Ist nicht die Schale, die euren Wein enthält, das gleiche Gefäß, das im Ofen des Töpfers gebrannt?«

Einer der Gründe des durch den Menschen hervorgerufenen Chaos liegt in der Spaltung unserer Persönlichkeit.

Weder ein üppig vegetierender Urwald noch eine öde Sandwüste, weder der von unheimlichem, zahllosem Leben erfüllte Meeresgrund, noch Fels und Schnee und Eis der ragenden Berge, weder Vulkane noch reißende Ströme, nicht die Leben oder Tod bringenden Strahlen der Sonne noch tosende Stürme gehören zum Chaos dieser Zeit, sind also Unordnung, sie gehorchen durchaus den in sie gelegten Gesetzen, sie sind der kosmischen Ordnung untertan. Das Chaos, das gemeint ist, gehört den Dingen an, über die der Mensch kraft der Freiheit seines Willens mehr oder weniger, zu seinem Heil oder seinem Unheil, verfügen kann, über die er mehr oder weniger Macht hat, nämlich entweder sie zu höheren vollkommeneren Ordnungen zu führen oder sie gehen zu lassen. Das Chaos dieser Zeit ist Menschenwerk, das gilt für das innere und äußere Chaos. Es ist eine mißverstandene Freiheit, was die Welt zerstören läßt. Auch die eigene innere Welt.

Am Anfang und Ende, im Ursprung und in der Entfaltung allen Lebens steht das transzendente »ICH BIN«; hinter, in und über allem, was ist, ahnt der Mensch das große »ICH BIN« allen Lebens als die Stille des göttlichen Seins, aus dem alles Leben ausgeht und in das es wieder eingeht. So verstanden meint das große »ICH BIN« den allumfassenden göttlichen Geist, dessen Bildkräfte Wesen und Dingen Gestalt und dem Menschen Bewußtsein verleihen.

Der Mensch, der zu seinem natürlichen Selbstbewußtsein kommt, sagt nicht nur »Ich bin«, sondern sagt »ICH BIN ICH«, das ist das Zentrum natürlichen menschlichen Bewußtseins und eine selbstverständliche Voraussetzung vollentwickelten menschlichen Lebens.

Im Talmud heißt es:

> Wenn nicht ich für mich bin, wer ist dann für mich?
> Wenn ich nur für mich bin, was bin ich dann?
> Wenn nicht jetzt — wann sonst?

Literaturverzeichnis

Allendy, René: Die Liebe, Kindler Verlag, München 1975
Balint, Michael: Therapeutische Aspekte der Regression, Rowohlt, Reinbek 1973
Binder, Hans: Die menschliche Person, Verlag Hans Huber, Stuttgart 1974
Branden, Nathaniel: Verliebt fürs ganze Leben, Rowohlt, Reinbek 1973
Brocher, Tobias: Von der Schwierigkeit zu lieben, Kreuz Verlag, Stuttgart 1975
Buber, Martin: Ich und Du, Verlag Lambert Schneider, Heidelberg 1983
Condreau, Gion: Transzendenz, Imagination und Kreativität. Die Psychologie des 20. Jahrunderts, Band XV, Kindler Verlag, München 1979
Dowling, Colette: Der Cinderella Komplex, Fischer Verlag, Frankfurt 1984
Dürckheim, Karlfried: Hara, Otto Wilhelm Barth Verlag, München 1981. Der Ruf nach dem Meister, Otto Wilhelm Barth Verlag, München 1975. Vom doppelten Ursprung des Menschen, Herder Verlag, Freiburg 1973
Erickson, Milton: Meine Stimme begleitet Sie überall hin, Klett Cotta, Stuttgart 1985
Fischle-Carl, Hildegund: Sich selbst begreifen, Kreuz Verlag, Stuttgart 1978. Fühlen was Leben ist, Kreuz Verlag, Stuttgart 1980
von Franz, Marie-Louise: Der Schatten und das Böse im Märchen, Kösel Verlag, München 1985
Frankl, Viktor: Der unbewußte Gott, Kösel Verlag, München 1978
Fromm, Erich: Die Kunst des Liebens, Ullstein Verlag, Frankfurt 1956. Haben oder Sein, Deutsche Verlags-Anstalt, Stuttgart 1976. Die Furcht vor der Freiheit, Deutsche Verlangs-Anstalt, Stuttgart 1980. Psychoanalyse und Religion, Diana Verlag, Zürich 1966
Gibran, Khalil: Rebellische Geister, Walter Verlag, Olten 1983. Der Prophet, Walter Verlag, Olten 1984
Gordon, Thomas: Familienkonferenz, Rowohlt Verlag, Reinbek 1982
Gruen, Arno: Der Verrat am Selbst, Causa Verlag, München 1984
Haecker, Theodor: Was ist der Mensch, Kösel Verlag, München 1965
Hannah, Barbara: Begegnungen mit der Seele, Kösel Verlag, München 1985
Kassel, Maria: Sei der, der du werden sollst, Pfeiffer Verlag, München 1982
Keen, Sam: Die Lust an der Liebe, Beltz Verlag, Weinheim 1984
Kohut, Heinz: Die Heilung des Selbst, Suhrkamp Verlag 1981
Lederer, William J./Jackson, Don D.: Ehe als Lernprozeß, Pfeiffer Verlag, München 1972
LeShan, Lawrence: Psychotherapie gegen den Krebs, Klett Cotta, Stuttgart 1986
Lowen, Alexander: Lust, Kösel Verlag, München 1979. Der Verrat am Körper, Scherz Verlag, München 1980. Depression, Kösel Verlag, München 1987
Mahler, Margaret S.: Die psychische Geburt des Menschen, Fischer Verlag, Frankfurt 1975
Maslow, Abraham A.: Psychologie des Seins, Kindler Verlag, München 1981
May, Rollo: Die Erfahrung: Ich bin, Jungfermann Verlag, Paderborn 1986

Mead, Margaret: Hoffnung und Überleben der Menschheit, Kreuz Verlag, Stuttgart 1972
Miller, Alice D.: Das Drama des begabten Kindes, Suhrkamp Verlag, Frankfurt 1979
Missildine, Hugh W.: In dir lebt das Kind, das du warst, Klett Cotta, Stuttgart 1979
Müller-Luckmann, Elisabeth: Die große Kränkung, Kabel Verlag, Hamburg 1985
Perera, Sylvia Brinton: Der Sündenbock-Komplex, Ansata Verlag, Freiburg 1987
Richter, Horst Eberhard: Eltern, Kind Neurose, Rowohlt Verlag, Reinbek 1969. Engagierte Analysen, Rowohlt Verlag, Reinbek 1978. Patient Familie, Rowohlt Verlag, Reinbek 1979
Riemann, Fritz: Grundformen der Angst, Reinhard Verlag, München 1984
Rogers, Carl R.: Die Kraft des Guten, Kindler Verlag, München 1978. Partnerschule, Fischer Verlag, Frankfurt 1982
Schellenbaum, Peter: Stichwort Gottesbild, Kreuz Verlag, Stuttgart 1981. Das Nein in der Liebe, Kreuz Verlag, Stuttgart 1985. Abschied von der Selbstzerstörung, Kreuz Verlag, Stuttgart 1987
Schmidbauer, Wolfgang: Die Angst vor Nähe, Rowohlt Verlag, Reinbek 1986
Tarthang, Tulku: Der verborgene Geist der Freiheit, Sphinx Verlag, Basel 1985
Tietze, Henry G.: Hypnose, ihre Möglichkeiten und Grenzen, Fackelträger Verlag, Hannover 1978. Wirken auf das Unbewußte, Moewig Verlag, Rastatt 1981. Die Kräfte der Hypnose, Heyne Verlag, München 1980. Schicksal und Chance, Ullstein Verlag, Berlin 1983. Imagination und Symboldeutung, Ariston Verlag, Genf 1983. Botschaften aus dem Mutterleib, Ariston Verlag, Genf 1984. Entschlüsselte Organsprache, Ariston Verlag, Genf 1985. Der Alpha-Mensch, Heyne Verlag, München 1987. Abschied von Dir, Kabel Verlag, Hamburg 1988
Tschögyam, Trungpa: Aktive Meditation, Walter Verlag, Olten 1984
Xylander, Ernst von: Vom Umgang mit sich selbst, Reinhard Verlag, München 1958. Vom Umgang mit schwierigen Menschen, Reinhard Verlag, München 1971

CHRISTEL VANDRÉ

Hör nicht auf den Mann im Ohr

Die Maskerade zwischen den Geschlechtern

180 Seiten, kartoniert · ISBN 3-7831-0989-2

Christel Vandré beschreibt in diesem Buch das »Mann-im-Ohr-Syndrom«: Die Sucht nach dem Männlichen, die Einflüsterungen des Patriarchats, die inneren Stimmen der Macht und Gewalt schädigen Frauen und Männer gleichermaßen.
Wir spielen falsche Rollen, um im Patriarchat zu überleben.
Die Autorin entwickelt mit Rollenbeschreibungen eine verblüffende Typologie, die ständig Aha-Erlebnisse produziert und Selbsterkenntnis in Gang bringt. Ihr Buch ist eines der witzigsten und wütendsten, die je zur Befreiung des Menschen von seinen krankmachenden Rollen geschrieben wurden.
Kritisch, ironisch, polemisch legt es den Finger auf die Wunde unserer Zeit, auf die Verletzungen und lieblosen Beziehungen, die Frauen und Männer eingehen.
Ein feministisches Buch, das weder die Frau noch den Mann schont, das aber auch ermutigende Wege zur Befreiung der Geschlechter aufzeigt:

»Das ernsthafte Bekämpfen der Mann-im-Ohr-Krankheit erfordert konsequent feministisch-therapeutische Arbeit. Alles, was wir ein Leben lang mühsam mit unserer Maskerade errichtet haben, müssen wir wieder abreißen. Wir können lediglich das verändern und erfolgreich bekämpfen, was wir erkannt haben. Das Erkennen unserer Maskerade ist der wichtigste Schritt zu unserer Rehumanisierung« (Christel Vandré).